Treasures for Scholars Worldwide

国家社会科学基金重大招标项目

中国西南少数民族地区濒危文字文献调查研究丛书

赵丽明　主编

争伍东巴文献的发现、解读与研究

赵丽明　夏津京
杨宇豪　张　琰　编著

下

广西师范大学出版社
·桂林·

（二）《小平安经》之《十二生肖争序》（甲阿若藏）解读

《小平安经》记录的是纳西族传统的驱鬼仪式。该仪式一般在纳西历七、八月份牲口的传染病容易滋生的时候做，用来防止牲畜的流行病爆发。仪式请来八方神仙菩萨，祛除各种侵扰人家的鬼怪，以此祈求牲口健康繁衍和家人平安顺遂。做法事的人家须宰杀一头猪、一只鸡来献祭。（猪肉和鸡肉在法事结束后可以在村民中分食。）做法事的日子的属相不能与家中任何一个人的属相冲突，只有在家人属相之外的日子才能做。[1]

这套《小平安经》的所有者是家住四川省木里藏族自治县依吉乡麦洛村争伍组1号的甲阿若东巴，他生于1976年，属龙。《小平安经》是甲阿若的祖先传下来的，到甲阿若已经传了七代。原来的经书太过破旧，这套经书是甲阿若东巴于1999年（兔年）新做的（抄写祖先的原文），用的是东巴纸，装订方式为线装左装订。

《小平安经》中的第二十五册为《十二生肖争序》，音译名为《枯嘎汝》［$k^hv^{55}gɑ^{33}zu^{31}$］，讲的是天地伊始之际十二生肖排定顺序的故事。万物鸿蒙之初，世间什么也没有。天地间白色的光与气结合，幻化成了阳间人的首领母立种兹［$mu^{33}ri^{55}ndzoŋ^{31}ʐ̩^{33}$］。同时，黑色的光变成一只大黑蛋，最终诞生了阴间鬼的首领母立属兹［$mu^{33}li^{55}ʂɣū^{31}ʐ̩^{33}$］。他们各自娶妻成家，生儿育女。这时十二生肖也出现了，十二种动物争夺自己的顺序，都希望在生肖中排在前面。母立种兹规定，十二生肖进行赛跑，谁先跨过山上流下的河流，谁就是第一个。牛第一个来到了河边，但过河的时候老鼠在它的尾巴上咬了一口，牛尾巴一甩，将老鼠甩过了河，于是老鼠成了十二生肖的老大。接下来，母立种兹生下了一个儿子，却不知道儿子的属相，他从神树的叶子上知道了儿子属鼠。母立属兹听说这个消息，牵了一头黑马来祝贺。然而母立属兹是鬼的首领，接受他的馈赠是不吉利的。于是母立种兹父子俩通过赠送皮大衣和精良的木材来消除母立属兹带来的厄运。最终，驱鬼仪式做完了，鬼怪都被赶走了，母立种兹全家也就幸福安康了。然后，母立种兹又生了属牛的、属虎的、属兔的等其他十一个生肖的儿子，母立属兹每次都牵着牲口来祝贺，母立种兹每次都带着儿子做驱鬼仪式来祛除母立属兹带来的厄运。等十二个生肖的儿子都做完了驱鬼仪式，母立种兹家终于平安了。

《十二生肖争序》记录的是纳西传说中关于属相的部分，属于纳西创世纪传说中重要的一部分。其中，十二生肖通过过河的先后顺序排定位次，老鼠通过作弊手段拔得头筹等与汉族传说相似，是研究汉族与纳西族文化相互交流和影响、十二生肖传说在多个民族之间流传情况的重要依据。经书中记录的通过馈赠的方式将带来厄运的鬼打发掉从而祈求平安的仪式过程，既是纳西东巴教大部分平安仪式的核心所在，也生动地反映了纳西先民的宗教世界观。这种与鬼的"接触"而产生邪祟，又通过仪式来祛除邪祟的过程，是许多原始宗教共有的特征。因此，《十二生肖争序》也能为相关的宗教人类学和宗教社会学研究提供翔实的材料。这本经书另一个十分明显的特征是黑白

---

[1] 参照甲阿若口述史历法部分。

二元对立。阳间世界的一切都是白色的，阳间的首领母立种兹也来自于白光。阴间的万事万物都是黑色的，阴间的首领母立属兹也是一个黑蛋孵化而来的。在全书中，黑与白的对比处处存在。黑白不仅是颜色的对立，更是善与恶、圣洁与邪祟的对立。这既反映了纳西族向来崇白恶黑的传统，也体现了初民社会中普遍存在的二元对立的世界观。关于这一点，详见《中国社会语言学》2014年第2期夏津京《纳西东巴教中的二元对立及其对纳西族世界观的建构——以争伍村《小平安经》中记录的十二生肖传说为例》一文。

封页

字符	国际音标	直译	意译	全句大意
	k^hv^{55}	年，岁	引申为十二生肖	
	ga^{33}	上	争夺向上	$k^hv^{55}ga^{33}z\underset{\;}{u}^{31}$ 十二生肖争序
	$z\underset{\;}{u}^{31}$	拿	夺取位置	

第一页

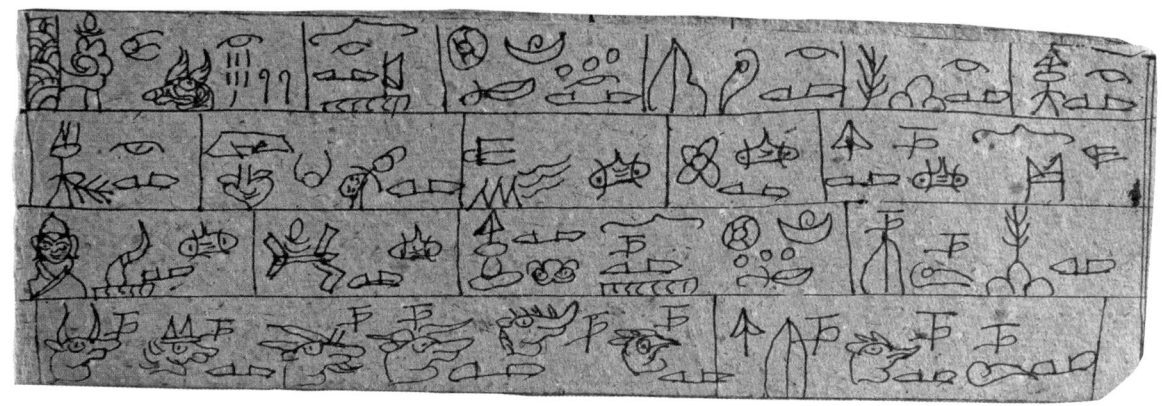

字符	国际音标	直译	意译	全句大意
	（无读音）	（代表开始）		
	a³³	开始		
	la³¹	老虎		a³³la²⁴ma³¹ʂʅ³³ni³³
	ma³¹	油	长，引申为长久，很久	很久很久以前，
	ʂʅ³³	七		
	ni³¹	二，两个	传来	

续表

字符	国际音标	直译	意译	全句大意
	mu^{33}	天	没有天	
	dy^{31}	地	没有地	mu^{33}t^{h}v^{33}dy^{31}k^{h}o^{33}ma^{31}t^{h}v^{33}tʂ^{h}ʅ^{33}dʐʅ^{33}dʑi^{31}（的时候）
	k^{h}o^{33}	地边		当天和地还没有的时候，
	ma^{31}	没有	没有	
	t^{h}v^{33}	来		
	ni^{33}	太阳	没有日月的时候	
	le^{31}	月亮		ni^{33}le^{31}ma^{31}t^{h}v^{33}（没出来）gu^{33}za^{31}ma^{31}t^{h}v^{33}tʂ^{h}ʅ^{33}dʐʅ^{33}dʑi^{31}（的时候）
	ku^{33}	星星	没有星星的时候	当日月星辰都没有的时候，
	za^{31}	火星		
	ma^{31}	没有		
	t^{h}v^{33}	来		
	dzɿ^{33}	山		dzɿ^{33}lo^{33}ma^{31}t^{h}v^{33}tʂ^{h}ʅ^{33}dʐʅ^{33}dʑi^{31}（的时候）
	lo^{33}	沟		没有山也没有沟的时候，
	ma^{31}	没有		
	t^{h}v^{33}	来		

续表

字符	国际音标	直译	意译	全句大意
	sɿ³¹	树枝		sɿ³³ni³³（和）lu³³ma³¹tʰv³³tʂʰʅ³³dʑʅ³³dʑi³¹（的时候） 没有树和石头的时候，
	lu³³	石头		
	ma³¹	没有		
	tʰv³³	来		
	mu³³ri⁵⁵ndzoŋ³¹zɿ³³	母立种兹，神灵的名字，阳间的首领		mu³³ri⁵⁵ndzoŋ³¹zɿ³³ma³¹tʰv³³tʂʰʅ³³dʑʅ³³dʑi³¹（的时候） 母立种兹神还没有出生的时候，
	ma³¹	没有		
	tʰv³³	来		
	mu³³li⁵⁵ʂɣũ³¹zɿ³³	母立属兹，鬼魂的名字，阴间的首领		mu³³li⁵⁵ʂɣũ³¹zɿ³³ma³¹tʰv³³tʂʰʅ³³dʑʅ³³dʑi³¹（的时候） 冥王母立属兹也没有出生的时候，
	ma³¹	没有		
	tʰv³³	来		
	gɑ³¹	上	引申为"天"	guɯ³¹ni³³qʰɑ³³ku³¹tʰv³³ 天上有一个声音传来。
	ni³³	心	上面	
	qʰuɑ³³	牛角	声音，声调	
	ku³¹	背	引申为"停下来""来"	
	tʰv³³	来		

字符	国际音标	直译	意译	全句大意
𖠺	mi^{33}	火	下面，底下	mi^{33}ni^{33}（心，此处意为上面，上来）sa^{33}ku^{31}t^{h}v^{33}（停下来）q^{h}ua^{33}i^{33}（声音）sa^{31}ni^{33}（相碰）p^{h}v^{33}pa^{33}bei^{33}（虚词）
	sa^{33}	空气，气		地下的空气升上来了。天上的声音和地上的空气相碰而生出了变化。
	sa^{31}	气，空气	声音和空气相碰	
	pa^{33}	青蛙	变成	
	ua^{33}	光		ua^{33}ɣɯ^{33}（好的）mo^{31}ru^{33}la^{31}mei^{33}t^{h}v^{33}。tʂʅ^{33}ni^{31}p^{h}v^{33}（虚词）pa^{33}bei^{33}（虚词）
	t^{h}v^{33}	来		（声音和空气）变化成了阳光射过来。阳光又发生了变化。
	pa^{33}	青蛙	变成	
	mu^{33}ri^{55}ndzoŋ^{31}zʅ^{33}	同㝉，阳间的首领母立种兹		mu^{33}ri^{55}ndzoŋ^{31}zʅ^{33}t^{h}v^{33}。[tʂʅ^{33}ni^{31}（和，也）p^{h}v^{33}pa^{33}bei^{33}]
	t^{h}v^{33}	来		母立种兹神出来了。（阳光变成了阳间的首领母立种兹。）
	（无发音）	天		
	sa^{33}	空气	萨伊窝杜（一个神的名字）	sa^{33}i^{33}（拟音字）uə^{33}dy^{31}（拟音字）t^{h}v^{33} 萨伊窝杜神也出来了。
	uə^{33}	村庄		

字符	国际音标	直译	意译	全句大意
	sa³³i³³uə³³dy³¹	萨伊窝杜神		
	qʰuɑ³³	角，声音	声音和心脏	sa³³i³³uə³³dy³¹qʰuɑ³³ni³³（心脏）pʰv³³pa³³bei³³
	（无读音）	来		萨伊窝杜神的气息和心脏继续变化。
	pa³³	青蛙	变成	
	ni⁵⁵ku³³a³¹kə³³	呢古阿哥，活佛名，呢古阿哥活佛		ni⁵⁵ku³³a³¹kə³³tʰv³³ tʂʰʅ³³ni³¹pʰv³³pa³³bei³³（虚词）
	tʰv³³	来		（萨伊窝杜神的心脏和气息变成的）活佛出来了，（活佛）也发生了变化。
	pa³³	青蛙	变成	
	mu³³ri⁵⁵ndzoŋ³¹zʅ³³	阳间的首领母立种兹		mu³³ri⁵⁵ndzoŋ³¹zʅ³³tʰv³³，tʂʰʅ³³ni³¹（和，也）pʰv³³ pa³³ bei³³（继续变化）
	tʰv³³	来	出来了	（活佛变成的）阳间的首领也出来了，他继续变化。
	mu³³	天		
	pʰv³¹	白	表示阳间的	mu³³pʰv³¹dy³¹ ni³³pʰv³¹（白色的）tʰv³³
	dy³¹	地		白色的天和地也都出现了。
	tʰv³³	来		

字符	国际音标	直译	意译	全句大意
⊗	ni^{33}	太阳		ni^{33}p^{h}v^{31}（白色，阳间的）le^{31}p^{h}v^{31}（白色，阳间的）kɯ^{33}p^{h}v^{31}（白色，阳间的）za^{31}p^{h}v^{31}（白色，阳间的）t^{h}v^{33}（来） 白色的日月星辰也都出来了。
◡	le^{31}	月亮		
○○○	kɯ^{33}	星星	不动的星星，恒星	
	za^{31}	火星	活动的星星，行星	
	dʐu^{33}	山	白色的山	dʐu^{33}p^{h}v^{31}lo^{33}p^{h}v^{31}（白色，阳间的）sɿ^{33}p^{h}v^{31}（白色，阳间的）lu^{33}p^{h}v^{31}（白色，阳间的）t^{h}v^{33} 白色的高山、水沟、树木、石头也都出来了。
	p^{h}v^{31}	白色的，阳间的		
	lo^{33}	沟	白色的沟	
	sɿ^{33}	树		
	lu^{33}	石头		
	t^{h}v^{33}	来		

字符	国际音标	直译	意译	全句大意
	ɣɯ^{33}	牛	白牛	ɣɯ^{33}p^{h}v^{31}ʐua^{31}p^{h}v^{31}t^{h}v^{33} 白牛白马也出来了。
	p^{h}v^{31}	白		

续表

字符	国际音标	直译	意译	全句大意
	ʐua³¹	马	白马	（同上）
	pʰv³¹	白		
	tʰv³³	来		
	tsʰɿ³³	山羊	白山羊	tsʰɿ³³pʰv³¹iəu³¹pʰv³¹tʰv³³ 白山羊和白绵羊也出来了。
	pʰv³¹	白		
	iəu³¹	绵羊	白绵羊	
	pʰv³¹	白		
	tʰv³³	来		
	bv¹¹	猪	白猪	bv¹¹pʰv³¹fiẽ³¹pʰv³¹tʰv³³ 白猪白鸡也都出来了。
	pʰv³¹	白		
	fiẽ³¹	鸡	白鸡	
	pʰv³¹	白		
	tʰv³³	来		

续表

字符	国际音标	直译	意译	全句大意
	mu³³ri⁵⁵ndzoŋ³¹	母立种兹神的简称	母立种兹的	
	dzu̱³³	山	白色的山	mu³³ri⁵⁵ndzoŋ³¹dzu̱³³pʰv³¹ɦĩɛ̃³¹pʰv³¹tʰv³³
	pʰv³¹	白		母立种兹神家的白色的山、白色的崖也出来了。
	ɦĩɛ̃³¹	鸡	"鸡"解作"崖"。白色的崖	
	pʰv³¹	白		
	tʰv³³	来		
	hũɯ̃⁵⁵	海	母立种兹的白色大海	ndzu³¹（母立种兹神的简称）hũɯ̃⁵⁵pʰv³¹mei³³（大）tʰv³³
	pʰv³¹	白		母立种兹家的白色大海也出来了。
	tʰv³³	来		

第二页

字符	国际音标	直译	意译	全句大意
	mu^{33}ri^{55}ndzoŋ^{31}zɿ^{33}	阳间的首领母立种兹		
	ni^{33}	太阳	一天	mu^{33}ri^{55}ndzoŋ^{31}zɿ^{33}ni^{33}ma^{31}dy^{33}dy^{31}
	ma^{31}	没有	不想去	一天，母立种兹想今天要不要出门。
	dy^{33}dy^{31}	打，捶打	想去	
	mu^{33}ri^{55}ndzoŋ^{31}zɿ^{33}		母立种兹神	mu^{33}ri^{55}ndzoŋ^{31}zɿ^{33}ndzu^{31}（母立种兹神的简称）hũ^{55}p^{h}v^{33}（白色，阳间的）mei^{33}（大）lo^{31}（虚词）lɛ^{33}（虚词）ly^{31}huɯ^{33}（虚词）
	hũ^{55}	海	白海	
	ly^{31}	看		母立种兹向白色的大海上看去。
	ni^{33}	太阳	白天	
	ndzu^{31}	坐		ni^{33}ndzu^{31}（伴侣）ndzu^{33}lɛ^{33}（虚词）bu^{31}mi^{33}（想要）
	mi^{33}	火	想	白天，他一个人坐着，想要一个伴儿。
	ŋo^{31}	晚上		
	xa^{33}	哈，拟声词	引申为"睡觉"	ŋo^{31}ɣi^{33}（想）xa^{33}ndzu^{33}（伴侣）lɛ^{33}bu^{31}mi^{33}
	lɛ^{33}		（虚词）	晚上他睡的时候也想要个伴儿。
	bu^{31}	猪，此处为假借字	想要	
	mi^{33}	火		

第三章 争伍经典文献选译 487

字符	国际音标	直译	意译	全句大意
	dʑin³¹	走路	一起走路	dʑin³¹ndʐu³³（伴侣）ɕə³³ndʐu³³（伴侣）lɛ³³（虚词）bu³¹mi³³（想要）
	ɕə³³	说话	一起说话	他走路说话的时候想要个伴儿。
	ru³³	牦羊		
	ko³¹	高山		pv³³（虚词）ru³³pv³³（虚词）ko³¹lɛ³³（虚词）bu³¹mi³³（想要）
	lɛ³³	人，此处为假借字	（虚词）	他在高山上放羊的时候也想要个伴儿。
	bu³¹	挖土，做		

字符	国际音标	直译	意译	全句大意
	dʑe³¹	小麦	种庄稼	pa³¹pʰv³³dʑe³¹pʰv³³lɛ³³（虚词）bu³¹mi³³（想要）
	mi³³	火	想	他在种庄稼的时候也想要个伴儿。
	mu³³ri⁵⁵ndʐoŋ³¹zɿ³³	母立种兹		mu³³ri⁵⁵ndʐoŋ³¹zɿ³³dʑi³¹kʰa³³（虚词，表倾向）ndʐu³¹（母立种兹的）hũ⁵⁵pʰv³³（白色，阳间的）mei³³lo³¹（大）la³¹tʰɕy³³（虚词）hũ⁵⁵
	hũ⁵⁵	海	母立种兹的白色大海	
	hũ⁵⁵	网	往，向	他朝白色的大海吐了一口水。

续表

字符	国际音标	直译	意译	全句大意
	ɣɯ³³	好的	好人	
	ɡɑ³³	上面		ɣɯ³³nie³³（表示形容的对象）ɡɑ³³mei³³ə³¹（虚词，表示朝向）tʰv³³ʐu³³
	tʰv³³	来		好人从海里上来了。
	ru³³	来		

字符	国际音标	直译	意译	全句大意
	kʰuɑ³³	坏的		
	mi³³	火	鬼和不好的事	kʰuɑ³³nie³³ʑɑ³³mie³¹（别上来）mi³³ɕi³³hũ⁵⁵ɡɑ³¹tʰɑ³³（不要上来）tʰv³³
	ɕi³³	鬼		
	hũ⁵⁵	海		不好的人和鬼不能从海里上来。
	tʰv³³	来		
	so³³	早上		su³³χɑ³³（三晚）ɣi³¹（来了）so³³ku³³（有了）三天三夜之后的早上，

第三章 争伍经典文献选译 489

字符	国际音标	直译	意译	全句大意
	dʑi³¹	水		dʑi³¹mi³³ua³¹pʰv³³ndʐu³¹（母立种兹神的简称）huĩ⁵⁵pʰv³³mei³³lo³¹（大）kə³¹tʰv³³tsʰɿ³¹（虚词） 阴间的一个好姑娘从白海里出来了。
	mi³³	姑娘		
	uã³¹	光	会意为"肉""白色""好"的意思	
	pʰv³³	白		
	huĩ⁵⁵	海	母立种兹的白色大海	
	pʰv³³	白		
	tʰv³³	来	出来	

字符	国际音标	直译	意译	全句大意
	mi³¹	火	名字	mi³³tsu³³（取）kv³³（会）ma³³dʑu³¹（有） 给她取名字的人不知道了。
	ma³³	没有	不知道	
	mi³³	女孩		ȵu³³mi³³ ȵu³³la³¹tsu³³（她叫自己的名字）tɕʰu³¹tɕa³³dʑi³¹mu³¹（人名）lɛ³³（虚词，动词用于动词前）mi³¹hɯ³³（虚词，动词用于动词后） 她给自己取名字叫楚佳吉母。
	dʑi³¹	水	人名楚佳吉母	
	mu³¹	竹篮，簸箕		
	mi³¹	火	取名字	

续表

字符	国际音标	直译	意译	全句大意
		男女结为夫妇一起住		tɕhi³¹zu³³dzʅ⁵⁵dʑi³³bei³¹ 母立种兹和楚佳吉母结婚成为了一家人。
	不念	母立种兹的		ku³³zo³³（儿子）ɕi³¹（养）ku³³（九）uə³¹tshu³³（建） 他们生了九个儿子，分别在九个村里住。
	ku³³	九	养了九个儿子	
	uə³¹	村庄	建九座房子住	
	ku³³	九		ku³³mi³³ɕi³¹（养）ku³³（九）dy³¹khu³³ 他们生的九个女儿，嫁到九个地方，家人都平安和顺，人丁兴旺。
	mi³³	女孩，女儿		
	dy³¹	地		
	khu³³	门	家庭平安富裕	

字符	国际音标	直译	意译	全句大意
	ʂu³¹	母立属兹神的简称，阴间的首领		
	zo³³	儿子		ʂu³¹zo³³ku³³（九个）ku³³ma³¹（虚词）thv³³tʂʅ³³dzʅ³³dʑi³¹（的时候） 在阴间的首领还没有九个儿子的时候，
	ku³³	大蒜	个	
	thv³³	没有		

续表

字符	国际音标	直译	意译	全句大意
	tṣʰu³¹	鬼怪		tṣʰu³¹ni³³（和）mi³³ma³¹tʰv³³（来，出现）tṣɿ³³dzɿ³³dʑi³¹（的时候）
	mi³³	妖怪		妖魔鬼怪都没有的时候，
	ma³¹	没有	没有……的时候	
	he³¹	活佛		
	ma³³	没有		
	tʰv³³	来		he³¹la³³（代词，他）ma³³tʰv³³sɿ³³la³³（代词，他）ma³¹tʰv³³tṣɿ³³dzɿ³³dʑi³¹（的时候）
	sɿ³³	树妖，山鬼		没有佛也没有山鬼的时代，
	ma³¹	没有		
	tʰv³³	来		

第三页

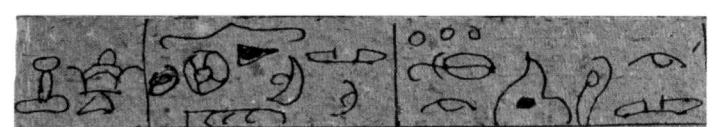

字符	国际音标	直译	意译	全句大意
	χa^{31}	哈，神的名字		$\chi a^{31} la^{33} ma^{31}$（没有）$t^h v^{33}$（出来）$ts\!\!\!,^{33} dz\!\!\!,^{33} \dot{z} i^{31}$（的时候）
	la^{33}	代词"他"		神也没有的时代，
	mu^{33}	天	黑天	
	na^{31}	黑色，代表阴间		
	dy^{31}	地	黑地	$mu^{33} na^{31} dy^{31} na^{31} ni^{33} na^{31}$（黑色的，阴间的）$l\varepsilon^{33} na^{31}$（黑色的，阴间的）$ma^{31} t^h v^{33} ts\!\!\!,^{33} dz\!\!\!,^{33} \dot{z} i^{31}$（的时候）
	na^{31}	黑		
	ni^{33}	太阳	黑太阳	阴间的天地日月都没有的时候，
	$l\varepsilon^{33}$	月亮	黑月亮	
	ma^{31}	没有		
	$t^h v^{33}$	来		
	ga^{33}	星星	黑色的恒星	$ga^{33} na^{31}$（黑色的，阴间的）$za^{31} na^{31}$（黑色的，阴间的）$ma^{31} t^h v^{33}$（来）$ts\!\!\!,^{33} dz\!\!\!,^{33} \dot{z} i^{31}$（的时候）
	za^{31}	火星	黑色的行星	
	ma^{31}	没有		没有恒星也没有行星的时候，

字符	国际音标	直译	意译	全句大意
⛰	dzu̱³¹	山	黑山	
〽	lo³³	沟	黑沟	dzu̱³¹na³¹（黑色的，阴间的）lo³³na³¹（黑色的，阴间的）ma³¹tʰv³³tʂʅ³³dzu̱³³dʑi³¹（的时候）
⌒	ma³¹	没有		阴间的山和阴间的沟也都没有的时候，
⊂⊃	tʰv³³	来		

字符	国际音标	直译	意译	全句大意
✿	tʂua³¹	宝珠		tʂua³¹na³¹（黑色的，阴间的）ua³³na³¹mo³¹ru³³lɛ³¹mei³³（没有）pʰv³³pa³³bei³³（虚词）
✿	ua³³na³¹	黑光		
🐸	pa³³	青蛙，蝙蝠		阴间的的黑宝珠出现了，它发出的光芒产生了变化。
↑	tsei³³	开始	黑色的蛋开始出现了	tsei³³ku³³（蛋）na³¹（黑色，阴间的）zu̱³³lɛ³¹（虚词）mei³³（出现）tʰv³³，tʂʰʅ³³ni³¹pʰv³³pa³³bei³³（虚词）
⊂⊃	tʰv³³	来		
🐸	pa³³	青蛙	变成	它变成了一只黑色的蛋，蛋又发生了变化。
👤	mu³¹ri³³ʂu³¹	母立属兹神的简称，阴间的首领		mu³¹ri³³ʂu³¹tʰv³³tʂʰʅ³³ni³¹pʰv³³pa³³bei³³（虚词）
⊂⊃	tʰv³³	来		黑蛋变成了阴间的首领母立属兹，他又继续变。
🐸	pa³³	青蛙	变成	

字符	国际音标	直译	意译	全句大意
	ku³³	蛋	黑蛋	
	na³¹	黑		ku³³na³¹dzʅ³³ly³³（虚词）tʰv³³tʂʰʅ³³ni³¹pʰv³³pa³³bei³³（虚词） （母立属兹变成了）一个黑色的蛋，他又继续变化。
	dzʅ³³	一个		
	tʰv³³	来		
	pa³³	青蛙	变成	
	tʂʰu³¹	鬼怪		tʂʰu³¹ni³³（妖怪）tʰi³¹ni³³（出现）tʰv³³tʂʰʅ³³ni³¹pʰv³³（虚词）pa³³bei³³（虚词） 蛋里出来了妖魔鬼怪，妖魔鬼怪继续变化。
	tʰv³³	来		
	pa³³	青蛙	变成	
	mu³³	天	黑天，阴间的天	
	na³¹	黑		mu³³na³¹（黑色的，阴间的）dy³¹na³¹（黑色的，阴间的）ni³³na³¹（黑色的，阴间的）lɛ³³na³¹（黑色的，阴间的）ma³¹（出来）tʰv³³tʂʅ³³dzʅ³³dʑi³¹（虚词） 鬼怪变成了阴间的天地日月。
	dy³¹	地	阴间的地	
	ni³³	太阳	阴间的太阳	
	lɛ³³	月亮	阴间的月亮	
	tʰv³³	来		

第三章 争伍经典文献选译　　495

续表

字符	国际音标	直译	意译	全句大意
○○○	ga³³	星星	恒星	ga³³na³¹（黑色的，阴间的）zа³¹na³¹（黑色的，阴间的）ma³¹（出现）tʰv³³tʂʅ³³dʑu³³dʑi³¹（的时候） 阴间的恒星和行星也出现了。
	za³¹	火星	行星	
	tʰv³³	来		

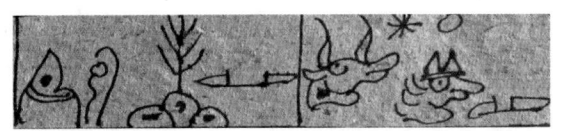

字符	国际音标	直译	意译	全句大意
	dʑu³¹	山	阴间的山	dʑu³¹na³¹（黑色的，阴间的）lo³³na³¹（黑色的，阴间的）tʰv³³sʅ³³na³¹（黑色的，阴间的）lu³³na³¹（黑色的，阴间的）tʰv³³ 阴间的山沟树石也都出来了。
	lo³³	沟	阴间的沟	
	sʅ³³	树枝	阴间的树	
	lu³³	石头	阴间的石头	
	tʰv³³	来		
	ɣɯ³³	牛	黑牛	ɣɯ³³na³¹（黑色的，阴间的）zua³³na³³（黑色的，阴间的） 黑牛黑马都出现了。
	zua³³	马	黑马	
	不发音	来		

续表

字符	国际音标	直译	意译	全句大意
※	tv³³	千	一千	dzɿ³³（一）tv³³dzɿ³¹（一）kə³¹tʰv³³ 阴间千千万万的事物都出来了。
○	kə³¹	万	一万	
◁▷	tʰv³³	来		

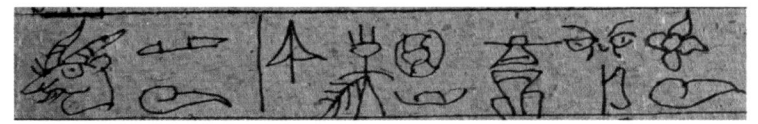

字符	国际音标	直译	意译	全句大意
	ʂu³¹	本意羊，此处为母立属兹的简称		ʂu³¹huĩ⁵⁵na³¹（黑色的，阴间的）mei³³（大）tʰv³³ 母立属兹家黑色的大海也出现了。
	huĩ⁵⁵	海		
	tʰv³³	来		
	mu³³ri⁵⁵ʂu³¹zɿ³³	母立属兹，阴间的神		mu³³ri⁵⁵ʂu³¹zɿ³³dzɿ³¹（一）ni³³ma³¹dy³³dy³¹ 一天，母立属兹在想他要不要出门。
	ni³³	太阳	一天	
	ma³¹	没有	不想去	
	dy³³dy³¹	想，考虑	想去	

续表

字符	国际音标	直译	意译	全句大意
	hũ⁵⁵（na³¹mei³³）	海（ʂu³¹，母立属兹的简称；na³¹，黑色的，阴间的；mei³³，大）	母立属兹在黑色的大海边	ʂu³¹hũ⁵⁵na3（黑色的，阴间的）mei³³kʰu³³lɛ³³lɛ³³ly³¹χɯ³³nu³³ua³¹hũ⁵⁵la³¹lɛ³³ 他站在海边看，看到了自己的影子。
	kʰo³³	地边		
	lɛ³³ly³¹χɯ³³	看		
	(nu³³)ua³¹(hũ⁵⁵la³¹lɛ³³)	光	反射的倒影	

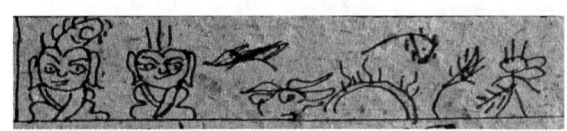

字符	国际音标	直译	意译	全句大意
	mu³³ri⁵⁵ʂu³¹zl³³	母立属兹		mu³³ri⁵⁵ʂu³¹zl³³ni³³ndʐu³¹ndʐu³³（伴侣）lɛ³³（虚词）bu³¹mi³³（想要） 母立属兹一个人坐着，想要一个伴侣。
	ni³³	坐		
	mi³³	火	想	
	ru³³	牦羊	放羊	
	ko³¹	高山		pv³³（虚词）ru³³pv³³（虚词）ko³¹lo³¹（虚词）be³³ʐu⁵⁵be³³lɛ³³（虚词）bu³¹mi³³（想要） 他在放羊时也想要一个伴侣。
	be³³	劳动	想要	
	ʐu⁵⁵	劳动		

字符	国际音标	直译	意译	全句大意
𖡨	$mu^{33}ri^{55}ʂu^{31}zɿ^{33}$	母立属兹		$mu^{33}ri^{55}ʂu^{31}zɿ^{33}dʑi^{31}kʰa^{33}$ $su^{31}pa^{33}$（吐）$ʂu^{31}$（母立属兹的简称）$hũ^{55}na^{31}mei^{33}$（大）$lo^{31}li^{31}tʰɕy^{33}$（朝向） 母立属兹向黑海里吐了三口水。
ᴈ	$dʑi^{31}kʰa^{33}$	口水		
ⅲ	su^{31}	三		
🝁	$hũ^{55}na^{31}$	黑色的海，阴间的海	母立属兹的黑色大海	
⽊	$kuɑ^{31}$	坏	坏的鬼	$qɑ^{31}ni^{33}$（鬼）$za^{33}mi^{33}$（虚词，表趋向）$ka^{33}tʰv^{33}$（出现）$tsʰɿ^{31}$ （海里）坏的鬼全部上来了。
·	za^{33}	坏中最坏的		
△	ga^{33}	上面		
ⅠⅠⅠⅠ	$tsʰɿ^{31}$	出	出来了	
⚙	$ɣɯ^{33}$	好的	好人好神	
𐠂	ka^{33}	好中最好的		$ɣɯ^{33}ka^{33}mi^{33}ɕi^{33}hũ^{55}$ 好人好神全都沉到海底（死）去了。
⋀⋀⋀	mi^{33}	火		
⻗	$ɕi^{33}$	死了	沉下海底死去	
⌒	$hũ^{55}$	海		

字符	国际音标	直译	意译	全句大意
川	su³³	三		
	χa³³	夜晚		su³³χa³³ɣi³¹so³³ku³³（有了） 三天三夜后的早上，
	ɣi³¹	天		
川	so³³	三		
	hũ⁵⁵na³¹	黑色的海，阴间的海	母立属兹家黑色的海	
	mei³³	姑娘		ʂu³¹（母立属兹的简称）hũ⁵⁵na³¹mei³³lo³¹（指人）kʰua³¹nie³³（虚词）za³³mɛ³¹kə³¹（虚词）tʰv³³tsʰɿ³¹ 三天三夜后从黑色的海里出来一个坏的姑娘。
	kʰua³¹	坏的		
	za³³	出来		
	tʰv³³	来		
	tsʰɿ³¹	来了		
	mi³¹	火	名字	mi³³tsu³³（取）kv³³（会）ma³³dʑu³¹（有） 给她取名字的人不知道了。
	ma³³	没有	不知道	
	nəu³³	我，自己		nəu³³mi³³nəu³³le³¹tsu³³ 她给自己取名字。

字符	国际音标	直译	意译	全句大意
	mi³³	火		
	nəu³³	我，自己	她自己	
	lɛ³¹	她		（同上）
	tsu³³	取		
	kə³¹	格，假借字	人名格撒娜姆	kə³¹za³³na³¹mu³¹lɛ³³（虚词，动词用于动词前）mi³¹（名字，取名）hũ⁵⁵（虚词，动词用于动词后） 说起来是格撒娜姆。
	za³³	假借字		
	ku³³（zo³³ɕi³¹）	九	养了九个儿子	ku³³zo³³（儿子）ɕi³¹（养）ku³³uə³¹tsʰu³³ 他们生了九个儿子，到九个村庄里住。
	ku³³	九	九个	
	uə³¹	村庄		
	tsʰu³³	修建	建房子，定居	

第四页

字符	国际音标	直译	意译	全句大意
	ku^{33}	九		
	mi^{33}	女孩，女儿		$ku^{33}mi^{33}\varepsilon i^{31}$（养）$ku^{33}dy^{31}k^hu^{33}$
	ku^{33}	九个		他们生的九个女儿，嫁到九个地方，家人都平安和顺，人丁兴旺。
	dy^{31}	地		
	k^ho^{33}	门	家庭平安富裕	
	$mu^{33}ri^{55}ndzoŋ^{31}z\gamma^{33}$	母立种兹		
	mu^{33}	天	白色的天天	$mu^{33}ri^{55}ndzoŋ^{31}z\gamma^{33}$ $mu^{33}p^hv^{31}$（白色，阳间的）$dy^{31}p^hv^{31}$（白色，阳间的）$ni^{33}p^hv^{31}$（白色，阳间的）$le^{31}p^hv^{31}$（白色，阳间的），$dzu^{33}p^hv^{31}$（白色，阳间的）γi^{31} $ts\gamma^{33}$ p^ha^{31}（方向）$ni^{33}dzu^{31}$（地盘）
	dy^{31}	地	白色的大地	
	ni^{33}	太阳	白色的太阳 阳间的太阳	
	le^{31}	月亮	白色的月亮 阳间的月亮	母立种兹和阳间白色的天地日月，住在山的右边。
	p^hv^{31}	白		
	dzu^{33}	山		
	γi^{31}	右边		

续表

字符	国际音标	直译	意译	全句大意
	mu³³ri⁵⁵ʂu³¹zɿ³³	母立属兹		
	dzʮ³³	山		
	ɣẹ³¹tʂɿ³³pʰa³¹	左边		mu³³ri⁵⁵ʂu³¹zɿ³³dzʮ³³na³¹（黑色的，阴间的）ɣẹ³¹tʂɿ³³pʰa³¹mu³³na³¹dy³¹（地）na³¹（黑色的，阴间的）ni³³na³¹（黑色的，阴间的）le³¹na³¹kʰo³¹ni³³dzʮ³¹
	mu³³	天		
	ni³³	太阳	黑太阳	母立属兹和阴间的天地日月住在山的左边。
	le³¹	月亮	黑月亮	
	kʰo³¹ni³³dzʮ³¹	坐	地盘	

字符	国际音标	直译	意译	全句大意
	ku³³	蒜头	一个，合起来意为"地支的开头"	
	fv³³	老鼠		kʰv⁵⁵（属相）ku³³fv³³kʰv⁵⁵（属相）xo³¹（中间）zʮa³¹kʰv⁵⁵（属相）me³³bv¹¹
	zʮa³¹	马		（十二属相争吵着说：）开头的属相是老鼠，中间的是马，最后的是猪。
	me³³	年底，最后	属相的最后一个	
	bv¹¹	猪		

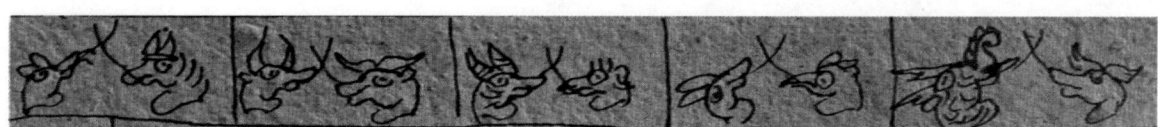

字符	国际音标	直译	意译	全句大意
	fv^{33}	老鼠		
	ʐua^{31}	马		fv^{33}ʐua^{31} k^{h}v^{55}ʐua^{31} k^{h}v^{55} e^{31}ni^{33} 老鼠和马争年份的顺序。
	e^{31}ni^{33}	争	争排序	
	ɣɯ^{33}	牛		
	iəu^{31}	牦羊		ɣɯ^{33}iəu^{31}k^{h}v^{55}ʐua^{31} k^{h}v^{55} e^{31}ni^{33} 牛和羊争年份的顺序。
	e^{31}ni^{33}	争	争排序	
	la^{31}	老虎		
	ʐu̩^{31}	猴子		la^{31}ʐu̩^{31} k^{h}v^{55}ʐua^{31} k^{h}v^{55} e^{31}ni^{33} 老虎和猴子争年份的顺序。
	e^{31}ni^{33}	争	争排序	
	t^{h}o^{55}ri^{55}	兔子		
	fiɛ̃^{31}	鸡		t^{h}o^{55}ri^{55}fiɛ̃^{31} k^{h}v^{55}ʐua^{31} k^{h}v^{55} e^{31}ni^{33} 兔子和鸡争年份的顺序。
	e^{31}ni^{33}	争	争排序	

续表

字符	国际音标	直译	意译	全句大意
	mu³³ru³¹	龙		
	kʰɯ³³	狗		mu³³ru³¹ kʰɯ³³ kʰv⁵⁵ʐua³¹ kʰv⁵⁵ e³¹ni³³ 龙和狗争年份的顺序。
	e³¹ni³³	争	争排序	

字符	国际音标	直译	意译	全句大意
	ʑi³¹bo³¹	蛇		
	bv¹¹	猪		ʑi³¹bo³¹ bv¹¹kʰv⁵⁵ bv¹¹ kʰv⁵⁵（年，属相）e³¹ni³³ 蛇和猪争年份的顺序。
	e³¹ni³³	争	争排序	
	tsei³¹	十		
	ni³³	二	一年	
	kʰv⁵⁵	老鼠		mu³¹ri³³（虚词）sei³¹ni³³kʰv⁵⁵kʰv⁵⁵ʐua³¹ kʰv⁵⁵ e³¹ni³³ pu³³ ri³³ ɕəu³¹mo³³（虚词）tʰi³¹ni³³（虚词）tʰv³³ 后来有一个传说,当十二属相争顺序的时候,
	kʰv⁵⁵ʐua³¹ kʰv⁵⁵e³¹ni³³	争	争地支的顺序	
	pu³³ri³³	笛子		
	tʰv³³	出来	有这样一个传说	

续表

字符	国际音标	直译	意译	全句大意
	mu³³ri⁵⁵ndzoŋ³¹zɿ³³	母立种兹神	母立种兹说	mu³³ri⁵⁵ndzoŋ³¹zɿ³³la³¹çə³³mɛ³¹（说）：mu³¹ri⁵⁵（虚词）tsei³¹ni³³kʰv⁵⁵kʰv⁵⁵ʐua³¹kʰv⁵⁵e³¹ni³³ma³³iə³¹ 母立种兹说：不用争十二属相的顺序了。
	tsei³¹	十		
	ni³³	二		
	kʰv⁵⁵	年		
	kʰv⁵⁵ʐua³¹kʰv⁵⁵e³¹ni³³	争顺序		
	ma³³	没有，不用	不用，不要	
	iə³¹	烟		

字符	国际音标	直译	意译	全句大意
	mu³¹ri⁵⁵	一年		mu³¹ri⁵⁵tsei³¹ni³³kʰv⁵⁵ 地支一轮十二年。
	tsei³¹	十	一轮十二年	
	ni³³	二		
	kʰv⁵⁵	老鼠	一年	

字符	国际音标	直译	意译	全句大意
	$mu^{33}ri^{55}$	高山，水源	从山上流下一条河	$mu^{33}ri^{55}ʂu^{31}dʑi^{31}ku^{33}$, $dʑi^{31}ku^{31}ni^{33}tɕʰəu^{33}mɛ^{31}kʰu^{31}ku^{33}tʂʰʅ^{33}ni^{31}pei^{33}da^{31}tsŋ^{33}$（第一个过河的属相排第一），$dʑi^{31}ku^{31}ni^{33}χuã^{33}mɛ^{31}kʰv^{33}me^{33}tʂʰʅ^{33}ni^{31}pei^{33}da^{31}tsŋ^{33}$（最后一个过河的属相排最后） 从山上流下一条河，第一个过河的属相排第一，最后一个过河的属相排最后。
	$ʂu^{31}$	树枝里流下的水		
	$dʑi^{31}$	水，河		
	ku^{33}	土		
	$ɣɯ^{33}$	牛		$dʑi^{33}ku^{33}ɣɯ^{33}ni^{31}tɕʰəu^{33}$（过河的时候牛最快），$fv^{33}ni^{33}$（咬）$ɣɯ^{33}$（牛）$me^{33}tʂʰʅ^{33}$（虚词），$ɣɯ^{33}$（牛）$me^{33}$（尾巴）$so^{31}pei^{33}χu^{33}fv^{33}dʑi^{31}tʂʅ^{31}pʰo^{33}la^{33}$（老鼠跳过了河） 过河的时候牛最快，老鼠在牛的尾巴上咬了一口，牛搧了搧尾巴，老鼠（从牛尾巴上一跳就过河了）。
	fv^{33}	老鼠		
	me^{33}	尾巴		
	so^{31}	搧动	（牛）搧动了（尾巴）	
	$kʰv^{55}$	年，属相		$kʰv^{55}ku^{33}fv^{33}$（老鼠）$ni^{33}pei^{33}$（就是他了） 十二属相的第一个就是老鼠了。
	ku^{33}	大蒜	开头	

字符	国际音标	直译	意译	全句大意
	$kh\upsilon^{55}$	老鼠	年，属相	
	me^{33}	尾巴		$kh\upsilon^{55}me^{33}b\upsilon^{11}ni^{33}pei^{33}$
	$b\upsilon^{11}$	猪		十二属相的最后一个是猪。
	ni^{33}	代词"它"		
	pei^{33}	来		
	$zi^{31}ɕi^{33}boŋ^{33}$	拟声字	以西泵若，一个东巴的名字	$zi^{31}ɕi^{33}boŋ^{33}zo^{33}la^{31}ɕə^{33}mɛ^{31}$
	zo^{33}	拟声字		东巴以西泵若说：
	$la^{31}ɕə^{33}mɛ^{31}$	说		

第五页

字符	国际音标	直译	意译	全句大意
	$t^ho^{33}ri^{33}$	兔	属兔的	
	la^{31}	虎	属虎的	$t^ho^{33}ri^{33}la^{31}k^hv^{55}$（属虎的）$ni^{33}m\varepsilon^{31}$（虚词）$t^hv^{33}\ l\varepsilon^{33}\ dzu^{31}h\tilde{u}^{55}$（去）
	ni^{33}	太阳	日出，东方	属兔的和属虎的去东方。
	t^hv^{33}	来		

字符	国际音标	直译	意译	全句大意
	$ʑi^{31}$	蛇	属蛇的	
	k^hv^{55}	年，属相		
	$ʐua^{31}$	马	属马的	$ʑi^{31}k^hv^{55}ʐua^{31}k^hv^{55}i^{31}\ tɕ^hi^{33}mi^{31}$（那边）$l\varepsilon^{33}dzu^{31}h\tilde{u}^{55}$（虚词）
	k^hv^{55}	年，属相		属蛇的和属马的去西边。
	i^{31}	西边		
	$l\varepsilon^{33}$	去	去，向	
	dzu^{31}	走去		

字符	国际音标	直译	意译	全句大意
	zɿ³¹	猴子		
	ɦiɛ³¹	鸡		
	kʰv⁵⁵	年，属相		
	ni³³	太阳		zɿ³¹kʰv⁵⁵（属相）ɦiɛ³¹kʰv⁵⁵（属相）ni³³mɛ³¹（虚词，表朝向）kʰv³¹lɛ³³dzɿ³¹hũ⁵⁵
	kʰv³¹	落下	日落之地，南方	
	lɛ³³	去		属猴的和属鸡的去南边。
	dzɿ³¹	走去		
	hũ⁵⁵	过去		

字符	国际音标	直译	意译	全句大意
	bv¹¹	猪	属猪的	bv¹¹kʰv⁵⁵（属相）fv³³kʰv⁵⁵（属相）χo³¹kʰv³³ lo³³lɛ³³ dzɿ³¹hũ⁵⁵（虚词）
	fv³³	老鼠	属鼠的	属猪的和属鼠的去北边。
	kʰv⁵⁵	年，属相		

续表

字符	国际音标	直译	意译	全句大意
	χo³¹kʰv³³	肋骨	北方	（同上）
	lo³³	水沟		
	lɛ³³	去		
	dʐu³¹	走去		
	mu³³ru³¹	龙		mu³³ru³¹kʰɯ³³kʰv⁵⁵mu³³ kʰo³³ kũ³¹ʑi³¹lɛ³³dʐu³¹hũ⁵⁵ 属龙的和属狗的朝天上去。
	kʰɯ³³	狗		
	kʰv⁵⁵	年，属相		
	mu³³	天	天际	
	kʰo³³	框，边		
	ku³¹	方向		
	dʐʅ³¹	右手		
	lɛ³³	去		
	dʐu³¹	走去		

第三章 争伍经典文献选译 511

字符	国际音标	直译	意译	全句大意
	ɣɯ³³	牛	属牛的人	
	iəu³¹	牦羊	属羊的人	ɣɯ³³iəu³¹kʰv⁵⁵（属相）dy³¹kʰo³³dzʐ³¹lɛ³³dzu³¹hũ⁵⁵（去，走去） 属牛的属羊的朝地的方向去。
	dy³¹	地		
	kʰo³³	框		
	dzʐ³¹	方向		
	mu³³ri⁵⁵ndzoŋ³¹zʐ³³	母立种兹		mu³³ri⁵⁵ndzoŋ³¹ zʐ³³xe³³ɕi³¹（虚词）dzu³¹ni³³zu³¹（出来） 阳间的首领母立种兹从金山上出生了。
	xe³³	金		
	dzu³¹	山		

字符	国际音标	直译	意译	全句大意
	tɕʰu³¹tɕa³³dʑi³¹mu³¹	楚佳吉母		tɕʰu³¹tɕa³³dʑi³¹mu³¹uã³¹χɑ³³（虚词）hũ⁵⁵ni³³zu³¹ 楚佳吉母从碧海上出生了。
	uã³¹	绿色		
	hũ⁵⁵	海		
	zu³¹	出来，出生		

续表

字符	国际音标	直译	意译	全句大意
||	ni^{31}	两		ni^{31}ku^{33}da^{24}sa^{31}（虚词）dzʅ^{55}dʑi^{33}bei^{31} 他们两个结婚成为了一家人。
	ku^{33}	蒜头		
	dzʅ^{55}dʑi^{33}bei^{31}	结婚，一起过		
	dzʅ^{31}	一		dzʅ^{31}k^{h}v^{55}ku^{31}ni^{33}zo^{33}uã^{31}zo^{33}zʅ^{31}（出来，出生） 一年后，他俩的儿子顺利出生了。
	k^{h}v^{55}ku^{31}	年		
	ni^{33}	心		
	zo^{33}	生育，生产		
	uã^{31}	好的，顺利地		
	zo^{33}	儿子		

字符	国际音标	直译	意译	全句大意
	mu^{33}	高山	每一年	mu^{33}ri^{55}k^{h}v^{55}ma^{31}ʂʅ^{33} 儿子属什么不知道。
	ri^{55}	茶		
	k^{h}v^{55}	年		
	ma^{31}	没有	知道	

续表

字符	国际音标	直译	意译	全句大意
	sɿ³³	树枝	属相	（同上）
	dzu³³		月份	
	sə³¹			
	xe³³	月亮		dzu³³sə³¹xe³³ma³¹mi³³ 他是哪一月（生的）也不知道。
	ma³¹	没有		
	mi³³	火	没听见，不清楚	

字符	国际音标	直译	意译	全句大意
	xe³³ba³³da³³zɿ³³	一棵神树的名字		
	ly³¹	看		xe³³ba³³da³³zɿ³³lɛ³³（他）ly³¹χɯ³³tsʰe³³na³¹（黑色的，阴间的）fv³³tsʰe³³dzu³¹ 他看了神树叶子（上的纹路），（知道儿子）属鼠。
	χɯ³³	看见		
	tsʰe³³	叶子		
	fv³³	老鼠		
			（虚词，无实意）	

续表

字符	国际音标	直译	意译	全句大意
	fv³³	老鼠	属鼠	fv³³kʰv⁵⁵zo³³（儿子）lɛ³³mi³³be³³mu³¹tsʅ³³（虚词） （母立种兹神说）要给这个儿子取一个属鼠的名字。
	kʰv⁵⁵	年，属相		
	lɛ³³	取	给儿子取名字	
	mi³³	火		
	be³³	劳动		

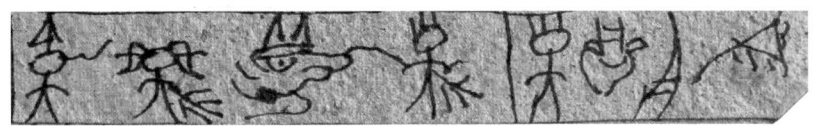

字符	国际音标	直译	意译	全句大意
	dzu³¹	母立种兹神的简称		dzu³¹ni³³（自己）ɕə³³mɛ³¹ ʂu³¹ni³³（自己）mi³³（听见） 母立种兹神这样说，母立属兹神听见了。
	ɕə³³mɛ³¹	说		
	ʂu³¹	母立属兹的简称		
	ʂu³¹	母立属兹的简称	母立属兹自己	
	zua³¹na³¹	黑马		ʂu³¹ni³³（自己）zua³¹na³¹ʂʅ³¹ 母立属兹牵了一匹黑马过来。
	ʂʅ³¹	牵		
	ʂu³¹	母立属兹的简称		ʂu³¹ni³³tɕʰi³³bei³³mɛ³¹（虚词） 母立属兹这么做，
	ni³³	心，自己		

续表

字符	国际音标	直译	意译	全句大意
	tɕʰi³³	此，这	这么做	（同上）
	bei³³	劳动，做		

第六页

字符	国际音标	直译	意译	全句大意
	dʐu³¹		母立种兹的简称	dʐu³¹ni³³nu³³mɛ³¹（虚词）ma³¹sa³¹sa³³（高兴）dʐu³³tʰv³³（虚词）dʐu³¹bv³³mu³¹dy³³ 母立种兹都知道了。他心中不舒服，于是请来一个东巴。
	ni³³	心	他心中	
	ma³¹	不	不舒服	
	dʐu³¹bv³³mu³¹dy³³	主布母都，东巴名		

516　　争伍东巴文献的发现、解读与研究

续表

字符	国际音标	直译	意译	全句大意
	$p^hv^{33}la^{31}$	菩萨，神		
	$ŋu^{33}$	银		$p^hv^{33}la^{31}ŋu^{33}xe^{31}uã^{31}$（好的）$ɕəu^{33}iə^{33}$（送）
	xe^{31}	金		东巴主布母都将金子银子和宝珠供奉给菩萨。
	$ɕəu^{33}$	宝珠		
	fv^{33}	鼠	属鼠的人	
	$ɕəu^{33}s_ɿ^{33}$	柏香树		$fv^{33}k^hv^{55}$（属相）$ɕəu^{33}s_ɿ^{33}$ $p^hv^{33}dy^{31}tsei^{31}lə^{31}tɕ^hy^{33}$（送过去）
	$p^hv^{33}dy^{31}tsei^{31}$ $lə^{31}tɕ^hy^{33}$	砍倒		这个属鼠的儿子砍了一棵柏香树送给母立属兹。
	$ʐua^{31}$	马	马后面	
	$fv^{33}so^{33}$	鼠皮大衣（fv^{33} 老鼠）（so^{33} 皮子）		$ʐua^{31}gu^{31}$（后面）fv^{33} $so^{33}ɕi^{33}$（套），$mu^{33}ri^{55}ʂu^{31}$ $dy^{31}lo^{31}$（鬼住的地方）$lɛ^{33}$（拿去）t^hy^{33}（送给）
	$mu^{33}ri^{55}ʂu^{31}$	母立属兹的		他们又将鼠皮大衣套在马身上，送到了母立属兹住的地方。
	dy^{31}	大地，地方	住的地方	
	$uə^{33}$	村庄	鬼的房子	
	ku^{33}	九	倒下	$uə^{33}ku^{33}pei^{33}p^hv^{31}$（倒下去）$q^he^{33}$ （他们刚送到，母立属兹家的）房子就塌了。
	q^he^{33}	斧头		

续表

字符	国际音标	直译	意译	全句大意
	ʂu³¹	母立属兹		ʂu³¹dy³¹tɕʰy³³
	dy³¹	地	住的地方	（他们把东西）送到了母立属兹的家。
	tɕʰy³³	送		

字符	国际音标	直译	意译	全句大意
	kʰɯ³³	狗	母立属兹家的狗	zu³¹（母立属兹的简称）kʰɯ³³ma³¹lu³¹（犬吠）zu³¹（母立属兹的简称）fiɛ̃³¹ma³¹tɕʰəu³¹（鸡鸣）
	ma³¹	没有		
	fiɛ̃³¹	鸡	母立属兹家的鸡	他家的狗不叫了，鸡也不叫了。
	ma³¹	没有		

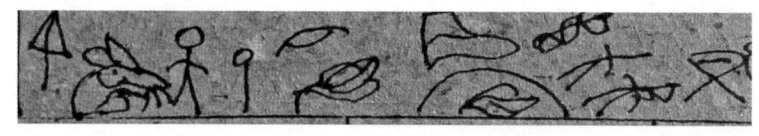

字符	国际音标	直译	意译	全句大意
	fv³³	老鼠		fv³³kʰv⁵⁵zo³³to³³kʰɯ³³zu³¹zɿ³³tɕʰua³¹mɛ³¹
	kʰv⁵⁵	年，属相		鼠年生的儿子做完了平安的法事。
	zo³³	儿子		

续表

字符	国际音标	直译	意译	全句大意
	to^{33}k^{h}ɯ^{33}	多柯，鬼的名字		
	zṳ^{31}	一种鬼	平安法事，平安仪式	
	zl̩^{33}	镇压鬼		（同上）
	tɕ^{h}ua^{31}	快	快做完了	
	mɛ^{31}	结束		

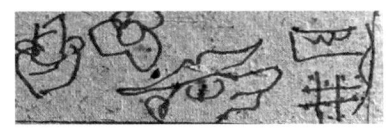

字符	国际音标	直译	意译	全句大意
	ni^{33}	心		
	ni^{33}	牲口		
	uã^{31}	好		ni^{33}ni^{33}uã^{31}xɛ^{31}ni^{33}tɕa^{33} （以后）天天开心，富裕安顺。
	xɛ^{31}	高兴	心中高兴	
	ni^{33}	心		
	tɕa^{33}	富裕		

第三章　争伍经典文献选译　　519

字符	国际音标	直译	意译	全句大意
	$mu^{33}ri^{55}ndzoŋ^{31}z_!^{33}$	母立种兹		
	xe^{33}	金		$mu^{33}ri^{55}ndzoŋ^{31}z_!^{33}xe^{33}ɕi^{31}$（虚词）$dz̺u^{31}ni^{33}$（虚词）$z̺u^{31}$
	$dz̺u^{31}$	山		阳间的首领母立种兹从金山上出生了。
	$z̺u^{31}$	来，出来		
	$tɕʰu^{31}tɕa^{33}dʑi^{31}mu^{31}$	楚佳吉母		
	$uã^{31}$	绿色		$tɕʰu^{31}tɕa^{33}dʑi^{31}mu^{31}uã^{31}χa^{33}$（虚词）$hũ^{55}ni^{33}$（虚词）$z̺u^{31}$
	$hũ^{55}$	海		楚佳吉母从碧海上出生了。
	$z̺u^{31}$	出来，出生		
	$dz̺ʅ^{31}$	一		
	$kʰv^{55}$	年		$dz̺ʅ^{31}kʰv^{55}ku^{31}ni^{33}$（好的，顺利地）$zo^{33}$（生育，生产）$uã^{31}zo^{33}z̺u^{31}$（出来）
	$uã^{31}$	好的		一年之后他们的儿子顺利地出生了。
	zo^{33}	儿子		
	zo^{33}	儿子	出生	$zo^{33}z̺u^{31}$（出生）$kʰv^{55}mi^{33}le^{31}$（虚词）$ma^{31}s_!^{33}$
	$kʰv^{55}$	年		儿子哪一年出生的不知道。

续表

字符	国际音标	直译	意译	全句大意
ᗱᗰᗰ	mi³³	火		
)	ma³¹	没有	不知道	（同上）
⚹	sɿ³³	树枝		

字符	国际音标	直译	意译	全句大意
𓀀𓀁	dzu³³sə³¹	月份		dzu³³sə³¹xe³³mi³³lɛ³¹（没有）ma³¹sɿ³³（树枝，此处指属相） 他是哪一月（生的）也不知道。
⌣	xe³³	月亮		
)	mi³³	没有		
ᗰᗰᗰ	ma³¹	火	没听见，不清楚	

字符	国际音标	直译	意译	全句大意
🌿	xe³³ba³³da³³zɿ³³	神树		xe³³ba³³da³³zɿ³³lɛ³¹ly³¹ɣɯ³³tsʰe³³na³¹（虚词，了）ɣɯ³³tsʰe³³（虚词）dʑu³¹ （他）看了神树叶子（上的纹路），（知道儿子）属牛。
𐂂	lɛ³³	去		
𓁹	ly³¹	看	去看	
𐂁	χɯ³³	看见		

续表

字符	国际音标	直译	意译	全句大意
	tsʰe³³	叶子		
	ɣɯ³³	牛		（同上）
	dʐu³¹	有		
	ɣɯ³³	牛	属牛	
	kʰv⁵⁵	年，属相		ɣɯ³³kʰv⁵⁵zo³³（儿子）lɛ³³mi³³be³³mu³¹tsɿ³³（虚词）
	lɛ³³		（虚词，用在动词前）	（母立种兹神说）要给这个儿子取一个属牛的名字。
	mi³³	名字	取名字	
	be³³	劳动	（虚词，用在动词后）	
	dʐu³³	母立种兹的简称		
	ɕə³³mɛ³¹	说		
	ʂu³¹	母立属兹的简称		dʐu³¹ni³³（自己）ɕə³³mɛ³¹ʂu³¹ni³³（自己）mi³³。ʂu³¹ni³³（自己）iəu³¹na³¹ʂɿ³¹。
	mi³³	听见了		母立种兹神这样说，母立属兹神听见了。母立属兹牵了一只黑羊给他。
	ʂu³¹	母立属兹的简称		
	iəu³¹na³¹	黑羊		
	ʂɿ³¹	牵		

522　争伍东巴文献的发现、解读与研究

第七页

字符	国际音标	直译	意译	全句大意
	dzʅ³¹	母立种兹的简称		
	ma³¹	没有		dzʅ³¹mɛ³¹（虚词）ma³¹ sa³¹sa³³dzʅ³³tʰv³³ 母立种兹心中不舒服。
	sa³³sa³³dzʅ³³tʰv³³	心里不高兴		
	dzʅ³¹bv³³mu³¹ dy³³	东巴主布母都		
	pʰv³³la³¹	菩萨		
	ŋu³³	银子		dzʅ³¹bv³³mu³¹dy³³pʰv³³la³¹ ŋu³³xe³¹uã³¹ɕəu³³iə³³（送） 东巴主布母都将金子银子和宝珠供奉给菩萨。
	xe³¹	金子		
	uã³¹	好的		
	ɕəu³³	珠		

第三章 争伍经典文献选译 523

字符	国际音标	直译	意译	全句大意
![牛]	ɣɯ³³kʰv⁵⁵	牛		
![儿子]	zo³³	儿子		ɣɯ³³kʰv⁵⁵zo³³go³¹qa³³la³³kʰa³³ʂʅ³³ pʰv³³dy³¹tsei³¹lə³¹tɕy³³（送过去） 这个属牛的儿子砍了一棵青白树送给母立属兹。
![针]	go³¹qa³³	针	砍	
![青白树]	la³³kʰa³³ʂʅ³³	青白树		
![砍倒]	pʰv³³dy³¹	砍倒		
![羊]	iəu³¹	羊		iəu³¹gu³¹（后面）ɣɯ³³so³³ɕi³³（套） 他们又将牛皮大衣套在羊身上。
![牛皮]	ɣɯ³³so³³	牛皮	牛皮大衣	

字符	国际音标	直译	意译	全句大意
![母立属兹]	mu³³ri⁵⁵ʂu³¹	母立属兹		
![土地]	dy³¹	土地	住的地方	mu³³ri⁵⁵ʂu³¹dy³¹lo³¹lɛ³³tʰy³³ 送到了母立属兹住的地方。
![山沟]	lo³¹	山沟		
![拿去]	lɛ³³	拿去		
![送给]	tʰy³³	送给		

续表

字符	国际音标	直译	意译	全句大意
	uə³³ku³³	歪		uə³³ku³³pei³³pʰv³¹（倒下去）qʰe³³
	qʰe³³	斧头		（他们刚送到，母立属兹家的）房子就塌了。
	ʐu³¹kʰɯ³³	狗	母立属兹家的狗	
	ma³¹lu³¹	没有		ʐu³¹kʰɯ³³ma³¹lu³¹ʐu³¹ɦĩ³¹ma³¹tɕʰəu³¹
	ʐu³¹ɦĩ³¹	鸡	母立属兹家的鸡	他家的狗不叫了，鸡也不叫了。
	ma³¹tɕʰəu³¹	没有		

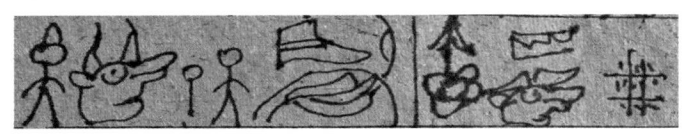

字符	国际音标	直译	意译	全句大意
	ɣɯ³³	牛	属牛的人	
	zo³³	儿子		
	to³³	多，拟声字	多柯，鬼的名字	ɣɯ³³kʰv⁵⁵（属相）zo³³to³³kʰɯ³³ʐu³¹zɿ³³tɕʰua³¹（快）mɛ³¹
	kʰɯ³³	柯，拟声字		牛年生的儿子做完了平安的法事。
	ʐu³¹	鬼		
	zɿ³³	镇压鬼	平安法事，平安仪式	
	mɛ³¹	做完了	快做完了	

第三章 争伍经典文献选译 　525

字符	国际音标	直译	意译	全句大意
	ni³³	好		
	uã³¹	好		ni³³ni³³（和）uã³¹xe³¹ni³³tɕa³³
	xe³¹	高兴		（以后）天天开心，富裕安顺。
	ni³³	和	心中高兴	
	tɕa³³	富裕		

字符	国际音标	直译	意译	全句大意
	mu³³ri⁵⁵ndzoŋ³¹zɿ³³	母立种兹		mu³³ri⁵⁵ndzoŋ³¹zɿ³³xe³³ɕi³¹（虚词）dzu³¹ni³³zu³¹（来）
	xe³³	金		阳间的首领母立种兹从金山上出生了。
	dzu³¹	山		
	tɕʰu³¹tɕa³³dʑi³¹mu³¹	楚佳吉母		tɕʰu³¹tɕa³³dʑi³¹mu³¹uã³¹χɑ³³（虚词）huɯ⁵⁵ni³³zu³¹（出来）。ni³¹（两）ku³³（个）da²⁴sa³¹（虚词）dzɿ⁵⁵dʑi³³bei³¹
	uã³¹	绿色		楚佳吉母从碧海上出生了。他们两个结婚成为了一家人。
	huɯ⁵⁵	海		
	dzɿ⁵⁵dʑi³³bei³¹	结婚，一起过		

续表

字符	国际音标	直译	意译	全句大意
	dzʅ³¹	一		dzʅ³¹kʰv⁵⁵ku³¹ni³³zo³³（生育）uã³¹zo³³zu̠³¹（出来，出生） 一年后，他俩的儿子顺利出生了。
	kʰv⁵⁵	年	有了一年	
	ku³¹	有		
	ni³³	心，好的	顺利地生下小孩	
	uã³¹	好的，顺利地		
	zo³³	儿子		
	zu̠³¹	生		
	kʰv⁵⁵	一年，每年		zo³³（儿子）zu̠³¹kʰv⁵⁵mi³³（虚词）lɛ³¹ma³¹sʅ³³ 儿子属什么不知道。
	lɛ³¹ma³¹	没有	不知道	
	sʅ³³	树枝，此处指属相		

字符	国际音标	直译	意译	全句大意
	dzu̠³³sə³¹	月份		dzu̠³³sə³¹xe³³mi³³（没有）lɛ³¹（没有）ma³¹sʅ³³（树枝，此处指属相） 他是哪一月（生的）也不知道。
	xe³³	月亮，月份		
	ma³¹	没有		

续表

字符	国际音标	直译	意译	全句大意
	xe³³ba³³da³³zɿ³³	神树		
	lɛ³³	虚词，动词用于动词前		
	ly³¹	看	看见	xe³³ba³³da³³zɿ³³lɛ³³ly³¹ʂɯ³³tsʰe³³na³¹la³¹tsʰe³³dʑɯ³¹（虚词） （他）看了神树叶子（上的纹路），（知道儿子）属虎。
	tsʰe³³	叶子		
	na³¹		（虚词，无实意）	
	la³¹	老虎		

字符	国际音标	直译	意译	全句大意
	dzu³¹	母立种兹的简称		
	ɕə³³mɛ³¹	说		dzu³¹ni³³（自己）ɕə³³mɛ³¹ʂu³¹ni³³（自己）mi³³ 母立种兹神这样说，母立属兹神听见了。
	ʂu³¹	母立属兹的简称		
	mi³³	听见		
	ʂu³¹	母立属兹	母立属兹	
	zu³¹na³¹	黑猴		ʂu³¹ni³³（自己）zu³¹na³¹ʂɿ³¹ 母立属兹牵了一只黑猴子过来。
	ʂɿ³¹	牵		

字符	国际音标	直译	意译	全句大意
	dzu³¹	母立种兹		dzu³¹ni³³mɛ³¹（虚词）ma³¹sa³¹sa³³（不高兴）dzu³³tʰv³³（虚词）母立种兹心中不舒服。
	ma³¹	没有		
	dzu³¹	拟声字	主布母都，东巴的名字	dzu³¹bv³³mu³¹dy³³（拟声字）pʰv³³la³¹（菩萨）ŋu³³xe³¹uã³¹（好的，珍贵的）ɕəu³³iə³³（送）（他请来）东巴主布母都，东巴将金子银子和宝珠供奉给菩萨。
	bv³³mu³³	拟声字		
	ŋu³³	银子		
	xe³¹	金子		
	ɕəu³³	珠		

第八页

字符	国际音标	直译	意译	全句大意
	la^{31}	虎	属虎的人	$la^{31}k^hv^{55}$（属相）zo^{33}（儿子）$go^{31}qa^{33}la^{33}s\eta^{33}$（砍倒）$p^hv^{33}dy^{31}tsei^{31}lə^{31}t\textcyr{¢}^hy^{33}$（送过去）
	$la^{33}s\eta^{33}$	黄青冈树		
	$p^hv^{33}dy^{31}$	砍倒		这个属虎的儿子砍了一棵黄青冈树送给母立属兹。
	$zu^{31}gu^{31}$	猴子		
	$la^{31}so^{33}$	老虎皮		$zu^{31}gu^{31}la^{31}so^{33}\textcyr{¢}i^{33}$（后面），$mu^{33}ri^{55}\d{s}u^{31}dy^{31}lo^{31}$（虚词）$l\varepsilon^{33}$（拿去）$t^hy^{33}$（送给）
	$mu^{33}ri^{55}\d{s}u^{31}$	母立属兹		
	dy^{31}	小鬼，这里指母立属兹住的地方		他们又将虎皮大衣套在猴子身上，送到了母立属兹住的地方。
	t^hy^{33}	送		
	$uə^{33}$	村庄	鬼的房子	
	ku^{33}	九，此处指"倒"		$uə^{33}ku^{33}pei^{33}p^hv^{31}$（倒下去）$q^he^{33}$ （他们刚送到，母立属兹家的）房子就塌了。
	q^he^{33}	斧头		
	$\d{s}u^{31}$	母立属兹的简称		
	dy^{31}	地	住的地方	$\d{s}u^{31}dy^{31}t\textcyr{¢}^hy^{33}$ （他们把东西）送到了母立属兹的家。
	$t\textcyr{¢}^hy^{33}$	送		

续表

字符	国际音标	直译	意译	全句大意
	kʰɯ³³	狗	母立属兹家的狗	
	ma³¹	没有		ʐu³¹（母立属兹家的）kʰɯ³³ ma³¹lu³¹（狗吠）ʐu³¹（母立属兹家的）ɦɛ̃³¹ ma³¹tɕʰəu³¹（鸡鸣） 他家的狗不叫了，鸡也不叫了。
	ɦɛ̃³¹	鸡	母立属兹家的鸡	
	ma³¹	没有		

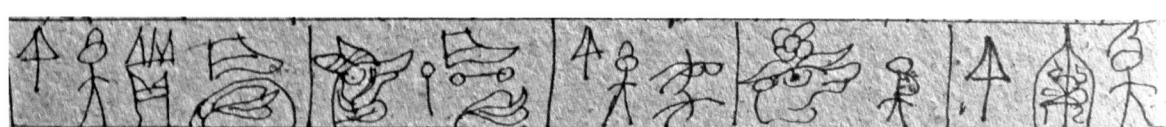

字符	国际音标	直译	意译	全句大意
	ʂu³¹zo³³	母立属兹		
	mi³³	火	母立属兹住的地方	ʂu³¹（母立属兹的简称）zo³³mi³³uə³³ʂu³¹（母立属兹的简称）uə³³mi³³ni³³dʑi³³ 母立属兹的房子被烧毁了。
	uə³³	村庄		
	ni³³	心		
	dʑi³³	压下去	烧完了	
	la³¹	虎	属虎的人	
	to³³kʰɯ³³	多柯，鬼的名字		la³¹kʰv⁵⁵（属相）zo³³（儿子）to³³kʰɯ³³ʐu³¹zɿ³³ tɕʰua³¹（快）mɛ³¹（结束） 虎年生的儿子做完了平安的法事。
	ʐu³¹	一种鬼	平安仪式，平安法事	
	zɿ³³	镇压鬼		

第三章 争伍经典文献选译 531

续表

字符	国际音标	直译	意译	全句大意
	ni^{33}	牲口好	家中一切都好	ni^{33}ni^{33}（和）uã^{31}xe^{31}ni^{33}tɕa^{33} （以后）天天开心，富裕安顺。
	uã^{31}	好		
	xe^{31}ni^{33}tɕa^{33}	开心富裕		
	mu^{33}ri^{55}ndʐoŋ^{31}zɿ^{33}	母立种兹		mu^{33}ri^{55}ndʐoŋ^{31}zɿ^{33}xe^{33}ɕi^{31}（虚词）dzu^{31} ni^{33}zu^{31}（出来） 阳间的首领母立种兹从金山上出生了。
	xe^{33}	金		
	dzu^{31}	山		

字符	国际音标	直译	意译	全句大意
	tɕʰu^{31}tɕa^{33}dʑi^{31}mu^{31}	楚佳吉母		tɕʰu^{31}tɕa^{33}dʑi^{31}mu^{31}uã^{31}χɑ^{33}（虚词）hũ^{55}ni^{33}（虚词）zu^{31} 楚佳吉母从碧海上出生了。
	uã^{31}	绿色		
	hũ^{55}	海		
	zu^{31}	出来，出生		

续表

字符	国际音标	直译	意译	全句大意
	dzʅ⁵⁵dʑi³³bei³¹	结婚，一起过		
	dzʅ³¹	一		
	kʰv⁵⁵	年		ni³¹ku³³（两个）da²⁴sa³¹（虚词）dzʅ⁵⁵dʑi³³bei³¹。dzʅ³¹ kʰv⁵⁵ku³¹（虚词）ni³³zo³³（虚词）uã³¹zo³³zu³¹（出来）。zo³³（儿子）zu³¹kʰv⁵⁵mi³³（虚词）lɛ³¹（虚词）ma³¹sʅ³³（虚词）。
	ni³³	牲畜平安	好	
	uã³¹	好		
	zo³³	生孩子		他们两人结婚了。一年后，他俩的儿子顺利出生了。这个儿子哪一年生的他们不知道。
	zu³¹	母立种兹	母立种兹家的儿子	
	kʰv⁵⁵	年		
	ma³¹	没有		

字符	国际音标	直译	意译	全句大意
	dzu³³sə³¹	月份		dzu³³sə³¹xe³³mi³³（没有）lɛ³¹（没有）ma³¹sʅ³³（树枝，此处指属相）
	xe³³	月亮		
	ma³¹	没有		他是哪一月（生的）也不知道。

第三章 争伍经典文献选译　533

续表

字符	国际音标	直译	意译	全句大意
	xe³³ba³³da³³zʅ³³	神树		
	ly³¹	看		xe³³ba³³da³³zʅ³³le³³（他）ly³¹χu³³（看见）tsʰe³³na³¹（虚词，了）ri⁵⁵tsʰe³³dʑu³¹（虚词）
	tsʰe³³	叶子		（他）看了神树叶子（上的纹路），（知道儿子）属兔。
	ri⁵⁵	兔子		
	zo³³	儿子		ri⁵⁵（兔）kʰv⁵⁵（属相）zo³³le³³（虚词）mi³³be³³mu³¹tsʅ³³（虚词）
	mi³³	火	取名字	
	be³³	劳动		（母立种兹神说）要给这个儿子取一个属兔的名字。

字符	国际音标	直译	意译	全句大意
	dʑu³¹	母立种兹		
	ʂu³¹	母立属兹		dʑu³¹ni³³（自己）ɕə³³mɛ³¹（说）ʂu³¹ni³³（自己）mi³³
	mi³³	原意为"没有"，此处指"听见"		母立种兹神这样说，母立属兹神听见了。
	ʂu³¹	母立属兹	母立属兹自己	
	fĩɛ̃³¹na³¹	黑鸡		ʂu³¹ni³³（自己）fĩɛ̃³¹na³¹ʂʅ³¹
	ʂʅ³¹	牵		母立属兹牵了一只黑鸡过来。

续表

字符	国际音标	直译	意译	全句大意
	dzu³¹	母立种兹的简称		
	ni³³	心		dzu³¹ni³³nu³³mɛ³¹（虚词）ma³¹（没有）sa³¹sa³³（开心）dzu³³tʰv³³（请来）dzu³¹bv³³mu³¹dy³³
	dzu³¹bv³³mu³¹	拟声字		
	dy³³	地，此处为拟声字	请来东巴主布母都	母立种兹心里不舒服，于是请来东巴主布母都。
	pʰv³³la³¹	菩萨		
	ŋu³³	银子		pʰv³³la³¹ŋu³³xe³¹uã³¹ɕəu³³iə³³（送）
	xe³¹	金子		（东巴主布母都将）金子银子和宝珠供奉给菩萨。
	uã³¹	好的		
	ɕəu³³	珠		

第九页

字符	国际音标	直译	意译	全句大意
	ri^{55}	兔	属兔的人	
	zo^{33}	儿子		ri^{55}k^{h}v^{55}（属相）zo^{33} go^{31}qa^{33}la^{33}k^{h}a^{33}s$\underset{\sim}{}$^{33} go^{31}qa^{33} p^{h}v^{33}dy^{31} tsei^{31}lə^{31}tɕ^{h}y^{33}（送过去）
	la^{33}k^{h}a^{33}s$\underset{\sim}{}$^{33}	黄勒树		这个属兔的儿子将一棵黄勒树送给（母立属兹）。
	go^{31}qa^{33}	针	砍倒	
	p^{h}v^{33}dy^{31}	砍倒		
	fiɛ̃^{31}gu^{31}	鸡		
	ri^{55}so^{33}	兔皮子		他们又将兔皮大衣套在鸡身上，送到了母立属兹住的地方。
	lo^{31}	一种鬼，此处指母立属兹住的地方		
	uə^{33}	歪		uə^{33}ku^{33}pei^{33}p^{h}v^{31}（倒下去）q^{h}e^{33}
	ku^{33}	九，此处"指倒"		（他们刚送到，母立属兹家的）房子就塌了。
	q^{h}e^{33}	斧头		
	k^{h}ɯ^{33}	狗	母立属兹家的狗	ʐu^{31}（母立属兹家的）k^{h}ɯ^{33}ma^{31}lu^{31}（狗吠）ʐu^{31}（母立属兹家的）fiɛ̃^{31}ma^{31}（没有）tɕ^{h}əu^{31}（鸡鸣）
	ma^{31}	没有		他家的狗不叫了，鸡也不叫了。
	fiɛ̃^{31}	鸡	母立属兹家的鸡	

字符	国际音标	直译	意译	全句大意
	无发音	母立种兹		
	ri⁵⁵	兔		
	zo³³	儿子		
	to³³	多，指多柯鬼		
	ʑu³¹	鬼		
	zɿ³³	镇压鬼	平安法事，平安仪式	ri⁵⁵kʰv⁵⁵（属相）zo³³ to³³kʰɯ³³（拟声字）ʑu³¹zɿ³³ tɕʰua³¹mɛ³¹，ni³³ni³³（和，又）uã³¹ xe³¹ni³³tɕa³³
	tɕʰua³¹	快		
	mɛ³¹	没有		母立种兹家兔年生的儿子做完平安仪式，天天开心，富裕安顺。
	tɕʰua³¹	同"快"	快做完了	
	mɛ³¹	同"没有"		
	ni³³	牲口好	家中一切都好	
	uã³¹	好		
	xe³¹ni³³tɕa³³	开心富裕		

字符	国际音标	直译	意译	全句大意
	mu³³ri⁵⁵ndʐoŋ³¹zʅ³³	母立种兹		
	xe³³	金		mu³³ri⁵⁵ndʐoŋ³¹zʅ³³xe³³ɕi³¹（虚词）dzu³¹ni³³（虚词）zu³¹
	dzu³¹	山		阳间的首领母立种兹从金山上出生了。
	zu³¹	来		
	tɕʰu³¹tɕa³³dʑi³¹mu³¹	楚佳吉母		tɕʰu³¹tɕa³³dʑi³¹mu³¹uã³¹χɑ³³hũ⁵⁵ni³³（虚词）zu³¹（出来）
	uã³¹χɑ³³	绿色		
	hũ⁵⁵	海		楚佳吉母从碧海上出生了。
	dzʅ⁵⁵dʑi³³bei³¹	结婚，一起过		
	dzʅ³¹	一	有一年了	ni³¹ku³³（两个）da²⁴sa³¹（虚词）dzʅ⁵⁵dʑi³³bei³¹dzʅ³¹kʰv⁵⁵ku³¹ni³³zo³³uã³¹zo³³（儿子）zu³¹（出生，生出来）
	kʰv⁵⁵ku³¹	有		
	ni³³	牲畜平安	好	他们两人结婚了。一年后，他俩的儿子顺利出生了。
	zo³³	生孩子		
	uã³¹	好		

字符	国际音标	直译	意译	全句大意
⍓	z̠u³¹	母立种兹	母立种兹家的儿子	zo³³zu³¹kʰv⁵⁵mi³³lɛ³¹（虚词）ma³¹sɿ³³（虚词） 这个儿子哪一年生的他们不知道。
𠂉	zo³³	儿子		
ƺ	kʰv⁵⁵	年		
⋀⋀⋀	mi³³	火	不知道	
ノ	ma³¹	没有		
𐅽𐅾	dzu̠³³sə³¹	月份		dzu̠³³sə³¹xe³³mi³³（没有）lɛ³¹（没有）ma³¹sɿ³³（树枝，此处指属相） 他是哪一月（生的）也不知道。
⌣	xe³³	月亮		
⌒	ma³¹	没有		

字符	国际音标	直译	意译	全句大意
🌿	xe³³ba³³da³³zɿ³³	神树		xe³³ba³³da³³zɿ³³lɛ³¹ly³¹χɯ³³ tsʰe³³（树叶）na³¹（虚词，了）ru⁵⁵ tsʰe³³ʥu³¹（虚词） （他）看了神树叶子（上的纹路），（知道儿子）属龙。
𠂉	lɛ³³	代词"他"		
👁👁	ly³¹χɯ³³	看		
🐉	ru³¹	龙		

第三章 争伍经典文献选译 539

字符	国际音标	直译	意译	全句大意
(龙图)	ru^{31}kʰv^{55}	龙		
(儿子图)	zo^{33}	儿子		ru^{31}kʰv^{55}zo^{33}le^{33}（取）mi^{33}（名字）be^{33}mu^{31}（虚词）tsŋ^{33}
(火图)	mi^{33}	火	取名字	（母立种兹神说：）"这个儿子取一个属龙名字。"
(捆扎图)	tsŋ^{33}	捆扎		

字符	国际音标	直译	意译	全句大意
(母立种兹图)	dzu^{31}	母立种兹		
(母立属兹图)	ʂu^{31}	母立属兹		dzu^{31}ni^{33}（自己）ɕə^{33}mɛ^{31}（说话）ʂu^{31}ni^{33}mi^{33}（听见）
(自己图)	ni^{33}	自己	知道了	母立种兹神这样说，母立属兹神听见了。
(没有图)	mi^{33}	没有，此处指"听见"		
(母立属兹图)	ʂu^{31}	母立属兹	母立属兹自己	ʂu^{31}ni^{33}（自己）kʰɯ^{33}na^{31}（黑色的，阴间的）ʂu^{31}
(狗图)	kʰɯ^{33}	狗	黑狗	母立属兹牵了一匹黑狗过来。
(牵图)	ʂŋ^{31}	牵		

字符	国际音标	直译	意译	全句大意
	dzu³¹	母立种兹		dzu³¹ni³³ma³¹sa³¹sa³³（开心）dzu³³tʰv³³（请来） 母立种兹心里不高兴，于是请来了（东巴主布母都）。
	ni³³	心		
	ma³¹	没有	不高兴	
	bv³³mu³¹dy³³	主布母都的简称	一个东巴的名字	
	pʰv³³la³¹	菩萨，神		bv³³mu³¹dy³³pʰv³³la³¹ŋu³³xe³¹uã³¹（好的，珍贵的）ɕəu³³iə³³（送） 东巴主布母都将金子银子和宝珠供奉给菩萨。
	ŋu³³	银		
	xe³¹	金		
	ɕəu³³	宝珠		

第十页

字符	国际音标	直译	意译	全句大意
	ru³¹kʰv⁵⁵	龙	属龙的儿子	
	zo³³	儿子		ru³¹kʰv⁵⁵zo³³go³¹（上面）qa³³ri³³na³¹sɿ³³pʰv³³dy³¹tsei³¹lə³¹tɕʰy³³（送过去）
	ga³³	上	山上	
	ri³³na³¹sɿ³³	白坡树		这个属龙的儿子砍了一棵白坡树送过去。
	dy³¹	倒地		
	kʰɯ³³gu³¹	狗		kʰɯ³³gu³¹（虚词）ru³¹so³³ɕi³³（套），mu³³ri⁵⁵ʂu³¹（母立属兹的简称）dy³¹lo³¹（虚词，动词用于动词前）lɛ³³（拿去）tʰy³³
	ru³¹so³³	龙皮		
	dy³¹	母立属兹住的地方		他们又将龙皮大衣套在狗身上，送到了母立属兹住的地方。
	tʰy³³	送		
	uə³³	村庄	鬼的房子	uə³³ku³³pei³³pʰv³¹（倒下去）qʰe³³
	ku³³	九，此处指"倒"		（他们刚送到，母立属兹家的）房子就塌了。
	tɕʰy³³	送		
	kʰɯ³³	狗	母立属兹家的狗	ʐu³¹（母立属兹家的）kʰɯ³³ma³¹lu³¹（狗吠）ʐu³¹（母立属兹家的）ɦĩ³¹ma³¹（没有）tɕʰəu³¹（鸡鸣）
	ma³¹	没有		
	ɦĩ³¹	鸡	母立属兹家的鸡	他家的狗不叫了，鸡也不叫了。

字符	国际音标	直译	意译	全句大意
	（无发音）	母立种兹		
	ru³¹	龙		
	zo³³	儿子		
	to³³kʰɯ³³	多柯，鬼的名字		
	zu³¹	鬼	平安法事，平安仪式	ru³¹kʰv⁵⁵（属相）zo³³to³³kʰɯ³³zu³¹zɿ³³ tɕʰua³¹mɛ³¹，ni³³ni³³（和，又）uã³¹xe³¹（开心）ni³³（和，又）tɕa³³（富裕）
	zɿ³³	镇压鬼		母立种兹家龙生的儿子做完平安的法事，天天开心，富裕安顺。
	tɕʰua³¹mɛ³¹	快结束了		
	tɕʰua³¹	快	做完了	
	mɛ³¹	没有		
	ni³³	牲口好	家中一切都好	
	uã³¹	好		

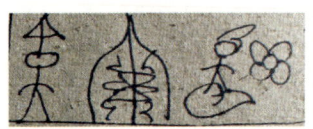 

字符	国际音标	直译	意译	全句大意
	mu³³ri⁵⁵ ndzoŋ³¹zɿ³³	母立种兹		
	xe³³	金		mu³³ri⁵⁵ndzoŋ³¹zɿ³³ xe³³ɕi³¹（虚词）dzu³¹ni³³（虚词）zu³¹（出来），tɕʰu³¹tɕa³³dʑi³¹mu³¹ uã³¹χɑ³³（虚词）hũ⁵⁵ni³³（虚词）zu³¹（出来）
	dzu³¹	山		
	tɕʰu³¹tɕa³³dʑi³¹mu³¹	楚佳吉母		阳间的首领母立种兹从金山上出生了，楚佳吉母从碧海上出生了。
	uã³¹	绿色		
	hũ⁵⁵	海		
	ni³¹ku³³da²⁴sa³¹ dzɿ⁵⁵dʑi³³bei³¹	结婚，一起过		
	dzɿ³¹	一		
	kʰv⁵⁵	年	有一年了	ni³¹ku³³da²⁴sa³¹dzɿ⁵⁵dʑi³³bei³¹。dzɿ³¹kʰv⁵⁵ku³¹ni³³zo³³uã³¹zo³³（儿子）zu³¹（出生，生出来）
	ku³¹	有		
	ni³³	心	好	他们两人结婚了。一年后，他俩的儿子顺利出生了。
	zo³³	生孩子		
	uã³¹	好		

续表

字符	国际音标	直译	意译	全句大意
	k^hv^{55}	年		
	mi^{33}	火		zo^{33}（儿子）zu^{31}（出生）$k^hv^{55}mi^{33}lɛ^{31}ma^{31}sı^{33}$
	$lɛ^{31}$	没有		这个儿子哪一年生的他们不知道。
	ma^{31}	没有	不知道	
	$sı^{33}$	树枝，此处指属相		
	$dzu^{33}sə^{31}$	月份		
	xe^{33}	月亮		$dzu^{33}sə^{31}xe^{33}mi^{33}lɛ^{31}ma^{31}sı^{33}$
	mi^{33}	没有		他是哪一月（生的）也不知道。
	$lɛ^{31}$	没有		
	ma^{31}	没有	不知道	
	$sı^{33}$	树，此处指属相		

第十一页

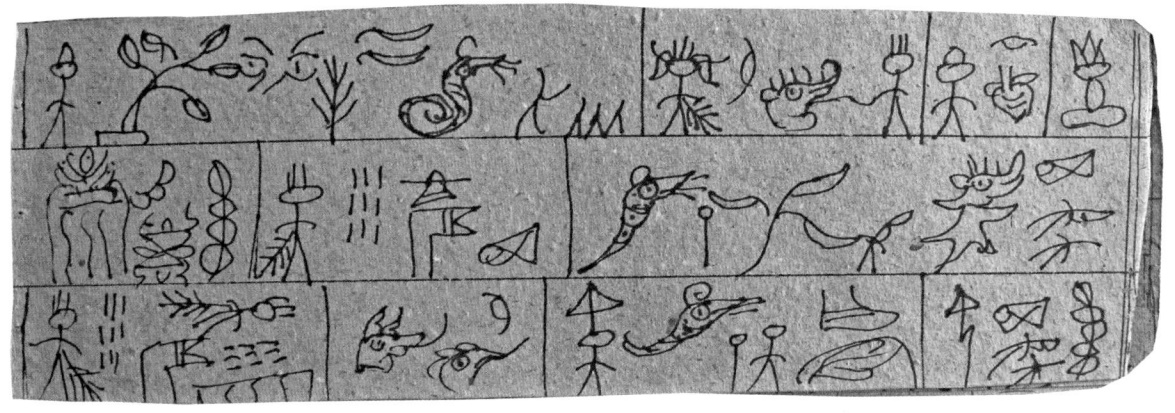

字符	国际音标	直译	意译	全句大意
	xe³³ba³³da³³zɿ³³	神树		
	lɛ³³	代词"他"		xe³³ba³³da³³zɿ³³lɛ³³（他）ly³¹χɯ³³（看见）tsʰe³³na³¹（虚词，了）ʑi³¹tsʰe³³dʐu³¹
	ly³¹	看		（他）看了神树叶子（上的纹路），（知道儿子）属蛇。
	tsʰe³³	树叶		
	ʑi³¹	蛇		
	dʐu³¹	有，无发音		
	ʂu³¹	母立属兹		母立种兹这样说，母立属兹听见了
	mi³³	没有，此处为"听见"		dʐu³¹（母立种兹的简称）ni³³（自己）ɕə³³mɛ³¹（说话）ʂu³¹ni³³mi³³（听见）。ʂu³¹ni³³（自己）bv¹¹na³¹（黑色，阴间的）ʂɿ³¹
	ʂu³¹	母立属兹	母立属兹自己	
	bv¹¹	猪	黑猪	母立种兹神这样说，母立属兹神听见了。母立属兹牵了一只黑猪来。
	ʂɿ³¹	牵		
	dʐu³¹	母立种兹		
	ni³³	心		dʐu³¹ni³³ma³¹sa³¹sa³³（高兴）dʐu³³tʰv³³（虚词） 母立种兹心里不高兴。
	ma³¹	没有	不高兴	

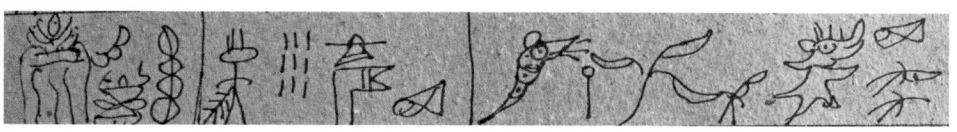

字符	国际音标	直译	意译	全句大意
	dzɿ³¹bv³³mu³¹dy³³	主布母都	一个东巴的名字	
	pʰv³³la³¹	菩萨，神		dzɿ³¹bv³³mu³¹dy³³pʰv³³la³¹ŋu³³xe³¹uã³¹ɕəu³³iə³³（送） 东巴主布母都将金子银子和宝珠供奉给菩萨。
	ŋu³³	银子		
	xe³¹	金子		
	uã³¹ɕəu³³	宝珠		
	ʐi³¹	蛇	属蛇的人	
	go³¹qa³³	砍倒		ʐi³¹kʰv⁵⁵（属相）zo³³（儿子）go³¹qa³³zu³³sʅ³³pʰv³³dy³¹（砍倒）tsei³¹（虚词）la³¹（去）tɕʰy³³。bv¹¹gu³¹（后面）ʐi³¹（蛇）so³³（皮）ɕi³³（套），mu³³ri⁵⁵ʂu³¹dy³¹lo³¹（虚词，用于动词前）le³³（拿去）tʰy³³ 这个属蛇的儿子砍了一棵柳树送给母立属兹。又将猪大衣套在蛇上[1]，送到了母立属兹住的地方。
	zu³³sʅ³³	柳树		
	bv¹¹	猪		
	dy³¹	母立属兹住的地方		
	tʰy³³	送去		

---

[1] 按"全句大意"中的国际音标，似为"将蛇皮套在猪上"。

字符	国际音标	直译	意译	全句大意
	uə³³	村庄	鬼的房子	
	ku³³	九，此处指"倒"		uə³³ku³³pei³³pʰv³¹（倒下去）qʰe³³, ʂu³¹dy³¹tɕʰy³³（送）
	qʰe³³	斧头		（他们刚送到）母立属兹住的地方，他家的房子就塌了。
	ʂu³¹	母立属兹的简称	母立属兹住的地方	
	dy³¹	地		
	kʰɯ³³	狗	母立属兹家的狗	ʐu³¹（母立属兹家的）kʰɯ³³ma³¹lu³¹（狗吠）ʐu³¹（母立属兹家的）ɦẽ³¹ma³¹（没有）tɕʰəu³¹（鸡鸣）
	ma³¹	没有		
	ɦẽ³¹	鸡	母立属兹家的鸡	他家的狗不叫了，鸡也不叫了。
	mu³³ri⁵⁵ndʐoŋ³¹zɿ³³	母立种兹	母立种兹这一代	
	tʂʰɿ³³	一代		
	zi³¹	蛇		mu³³ri⁵⁵ndʐoŋ³¹zɿ³³ tʂʰɿ³³ zi³¹kʰv⁵⁵（属相）zo³³ to³³kʰɯ³³ ʐu³¹ zɿ³¹tɕʰua³¹mɛ³¹
	zo³³	儿子		母立种兹家蛇年生的儿子做完平安的法事，
	to³³kʰɯ³³	多柯，鬼的名字	平安法事，平安仪式	
	ʐu³¹	鬼		

续表

字符	国际音标	直译	意译	全句大意
	$z\c{l}^{33}$	镇压鬼		
	tc^hua^{31}	快		（同上）
[1]	$m\varepsilon^{31}$	完了		

第十二页

字符	国际音标	直译	意译	全句大意
	ni^{33}	牲口好		$ni^{33}ni^{33}$（和，又）$u\tilde{a}^{31}xe^{31}ni^{33}tca^{33}$
	$u\tilde{a}^{31}$	好	家中一切都好	
	$xe^{31}ni^{33}tca^{33}$	开心富裕		（以后）天天开心，富裕安顺。

---

[1] 原图没有此符号。

字符	国际音标	直译	意译	全句大意
	$mu^{33}ri^{55}ndzoŋ^{31}z\eta^{33}$	母立种兹		
	xe^{33}	金		$mu^{33}ri^{55}ndzoŋ^{31}z\eta^{33}xe^{33}$ ci^{31}（虚词）$dzu^{31}ni^{33}$（虚词）zu^{31}（出来），$tc^hu^{31}tca^{33}dzi^{31}$ $mu^{31}ua^{31}$（绿色）χa^{33}（虚词）$hũ^{55}ni^{33}$（出来）zu^{31} 阳间的首领母立种兹从金山上出生了，楚佳吉母从碧海上出生了。
	dzu^{31}	山		
	$tc^hu^{31}tca^{33}dzi^{31}mu^{31}$	楚佳吉母		
	$hũ^{55}$	海		
	zu^{31}	出来，出生		
	$ni^{31}ku^{33}da^{24}sa^{31}dzu^{55}dzi^{33}bei^{31}$	结婚，一起过		
	dzu^{31}	一		$ni^{31}ku^{33}da^{24}sa^{31}dzu^{55}dzi^{33}bei^{31}dzu^{31}k^hv^{55}ku^{31}ni^{33}zo^{33}$（儿子）$ua^{31}zo^{33}zu^{31}$ 他们两人结婚了。一年后，他俩的儿子顺利出生了。
	k^hv^{55}	年	有一年了	
	ku^{31}	有		
	ni^{33}	好	好	
	ua^{31}	好		
	$zo^{33}zu^{31}$	生孩子		

续表

字符	国际音标	直译	意译	全句大意
	zo³³	儿子		zo³³ʐu³¹（出生）kʰv⁵⁵（属相）mi³³lɛ³¹ma³¹sɿ³³
	mi³³	火	不知道	这个儿子哪一年生的他们不知道。
	lɛ³¹ma³¹sɿ³³	没有		

字符	国际音标	直译	意译	全句大意
	dzʉ³³sə³¹	月份		dzʉ³³sə³¹xe³³mi³³（没有）lɛ³¹（没有）ma³¹sɿ³³（树枝，此处指属相）
	xe³³	月亮		他是哪一月（生的）也不知道。
	ma³¹	没有		
	xe³³ba³³da³³zɿ³³	神树		xe³³ba³³da³³zɿ³³lɛ³¹ly³¹χɯ³³（看见）tsʰe³³（树叶）na³¹（虚词，了）ʐua³¹tsʰe³³dzu³¹（虚词）
	lɛ³³	代词"他"		
	ly³¹	看		（他）看了神树叶子（上的纹路），（知道儿子）属马。
	ʐua³¹	马		
	ʐua³¹	马		
	lɛ³³	取		ʐua³¹kʰv⁵⁵（属相）zo³³（儿子）lɛ³³mi³³be³³mu³¹（虚词）tsɿ³³
	mi³³	火	取名字	（母立种兹神说）给这个儿子取一个属马的名字。
	tsɿ³³	捆扎，此处为虚词		

续表

字符	国际音标	直译	意译	全句大意
	ʂu³¹	母立属兹	母立属兹听见了	dzɿ³¹ni³³（自己）ɕə³³mɛ³¹（说话）ʂu³¹ni³³（自己）mi³³（听见）。ʂu³¹ni³³（自己）fv³³na³¹（黑色的，阴间的）ʂʅ³¹
	ʂu³¹	母立属兹	母立属兹自己	
	fv³³	老鼠	黑老鼠	母立种兹神这样说，母立属兹神听见了。母立属兹牵了一只黑老鼠来。
	ʂʅ³¹	牵		

字符	国际音标	直译	意译	全句大意
	dzɿ³¹	母立种兹的简称		
	ni³³	心		dzɿ³¹ni³³ma³¹sa³¹ sa³³（开心）dzɿ³³tʰv³³（请来）母立种兹心里不高兴。
	ma³¹	没有	不高兴	
	dzɿ³¹bv³³mu³¹dy³³	主布母都	一个东巴的名字	
	pʰv³³la³¹	菩萨，神		dzɿ³¹ bv³³mu³¹dy³³pʰv³³la³¹ŋu³³xe³¹uã³¹（好的，珍贵的）ɕəu³³iə³³（送）东巴主布母都将金子银子和宝珠供奉给菩萨。
	ŋu³³	银子		
	xe³¹	金子		
	uã³¹ɕəu³³	宝珠		

续表

字符	国际音标	直译	意译	全句大意
	ʐua³¹	马	属马的人	
	zo³³	儿子		ʐua³¹kʰv⁵⁵（属相）zo³³ go³¹qa³³mo³³ra³³sl̩³³ pʰv³³dy³¹（砍倒）tsei³¹（虚词）lə³¹（去）tɕʰy³³。fv³³gu³¹（后面）ʐua³¹ so³³ɕi³³（套），mu³³ri⁵⁵ʂu³¹dy³¹（地方）lo³¹（鬼住的地方）lɛ³³（拿去）tʰy³³
	go³¹qa³³mo³³ra³³sl̩³³	杨树		
	fv³³	老鼠		
	ʐua³¹so³³	马皮	马皮大衣	这个属马的人砍了一棵杨树送给母立属兹。又将马皮大衣套在老鼠身上，送到了母立属兹住的地方。
	mu³³ri⁵⁵ʂu³¹	母立属兹的简称	母立属兹住的地方	
	tʰy³³	送		

第十三页

第三章 争伍经典文献选译 553

字符	国际音标	直译	意译	全句大意
	uə³³	村庄	鬼的房子	uə³³ku³³pei³³pʰv³¹（倒下去）qʰe³³（斧头）。ʐu³¹（母立属兹家的）kʰɯ³³ma³¹lu³¹（狗吠）ʐu³¹（母立属兹家的）fĩẽ³¹ma³¹（没有）tɕʰəu³¹（鸡鸣） （他们刚送到，母立属兹家的）房子就塌了。他家的狗不叫了，鸡也不叫了。
	ku³³	九，此处指"倒"		
	kʰɯ³³	狗	母立属兹家的狗	
	ma³¹	没有		
	fĩẽ³¹	鸡	母立属兹家的鸡	
	（无发音）	母立种兹		ʐua³¹kʰv⁵⁵（属相）zo³³to³³kʰɯ³³ʐu³¹zl̩³³ tɕʰua³¹mɛ³¹ 母立种兹家年马年生的儿子做完平安的法事。
	ʐua³¹	马		
	zo³³	儿子		
	to³³kʰɯ³³	多柯，鬼的名字	平安法事，平安仪式	
	ʐu³¹	鬼		
	zl̩³³	镇压鬼		
	tɕʰua³¹	快		
	mɛ³¹	完了		

字符	国际音标	直译	意译	全句大意
	ni³³	牲畜平安，好		
	uã³¹	好		ni³³ni³³（和，又）uã³¹xe³¹ni³³（和，又）tɕa³³ （以后）天天开心，富裕安顺。
	xe³¹	高兴	心中高兴	
	ni³³	富裕		
	mu³³ri⁵⁵ndzoŋ³¹ zʅ³³	母立种兹		
	xe³³	金		
	dzʅ³¹	山		mu³³ri⁵⁵ndzoŋ³¹ zʅ³³ xe³³ɕi³¹（虚词）dzʅ³¹ni³³（虚词）zu³¹（出来），tɕʰu³¹tɕa³³ dʑi³¹mu³¹uã³¹χa³³（虚词）hũ⁵⁵ni³³（虚词）zu³¹ 阳间的首领母立种兹从金山上出生了，楚佳吉母从碧海上出生了。
	tɕʰu³¹tɕa³³dʑi³¹mu³¹	楚佳吉母		
	uã³¹	绿色		
	hũ⁵⁵	海		
	zu³¹	出来，出生		
	ni³¹ku³³da²⁴sa³¹ dzʅ⁵⁵ dʑi³³bei³¹	结婚，一起过		ni³¹ku³³da²⁴sa³¹dzʅ⁵⁵ dʑi³³bei³¹ dzʅ³¹kʰv⁵⁵ku³¹ni³³zo³³（儿子）uã³¹zo³³zu³¹（生出来） 他们两人结婚了。一年后，他俩的儿子顺利出生了。
	dzʅ³¹	一年	有一年了	
	kʰv⁵⁵	有		

第三章 争伍经典文献选译 555

续表

字符	国际音标	直译	意译	全句大意
	ni³³	好	好	
	uã³¹	好		（同上）
	zo³³	生孩子		
	zo³³	儿子		zo³³ʐu³¹（出生）kʰv⁵⁵（属相）mi³³lɛ³¹（虚词）ma³¹sɿ³³（虚词）
	mi³³	火		这个儿子哪一年生的他们不知道。
	ma³¹	没有	不知道	

字符	国际音标	直译	意译	全句大意
	dʐu³³sə³¹	月份		dʐu³³sə³¹xe³³mi³³（没有）lɛ³¹（没有）ma³¹sɿ³³（树枝，此处指属相）
	xe³³	月亮		
	ma³¹	没有		他是哪一月（生的）也不知道。
	xe³³ba³³da³³zɿ³³	神树		xe³³ba³³da³³zɿ³³lɛ³¹ ly³¹χɯ³³（看见）tsʰe³³na³¹iəu³¹tsʰe³³dʑu³¹（虚词）
	ly³¹	虚词，动词用于动词前		（他）看了神树叶子（上的纹路），（知道儿子）属羊。
	tsʰe³³	叶子		

续表

字符	国际音标	直译	意译	全句大意
	na³¹	虚词，了		（同上）
	iəu³¹	羊		

第十四页

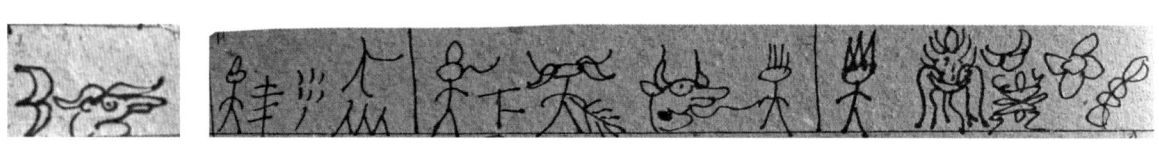

字符	国际音标	直译	意译	全句大意
	iəu³¹	羊	属羊的人	iəu³¹kʰv³³zo³³zʅ³³ʂʅ³¹lɛ³³mi³³be³³（虚词） （母立种兹神说：）"给这个儿子取一个属羊的长寿的名字。"
	kʰv³³	年，属相		
	zo³³	儿子		
	zʅ³³	草	长寿	
	ʂʅ³¹	七		

续表

字符	国际音标	直译	意译	全句大意
	$lɛ^{33}$	虚词，了	取名字	（同上）
	mi^{33}	火		
	$dʐu^{31}$	母立种兹		
	$ɕə^{33}mɛ^{31}$	说		$dʐu^{31}ni^{33}$（自己）$ɕə^{33}mɛ^{31}ʂu^{31}ni^{33}$（自己）$mi^{33}$（听见）。$ʂu^{31}ni^{33}$（自己）$fv^{33}na^{31}ʂʅ^{31}$
	$ʂu^{31}$	母立属兹	母立属兹听见了	
	$ʂu^{31}$	母立属兹	母立属兹	母立种兹神这样说，母立属兹神听见了。他牵了一匹黑牛过来。
	$ɣɯ^{33}$	牛	黑牛	
	$ʂʅ^{31}$	牵		
	$dʐu^{31}bv^{33}mu^{31}dy^{33}$	主布母都	母立种兹心里不高兴，请来东巴主布母都	
	$p^hv^{33}la^{31}$	菩萨，神		$dʐu^{31}ni^{33}ma^{31}sa^{31}sa^{33}dʐu^{33}t^hv^{33}$（母立种兹心里不高兴，请来），$dʐu^{31}bv^{33}mu^{31}dy^{33}p^hv^{33}la^{31}ŋu^{33}xe^{31}uã^{31}$（好的，珍贵的）$ɕəu^{33}iə^{33}$（送）
	$ŋu^{33}$	银子		
	xe^{31}	金子		母立种兹心里不高兴，请来东巴主布母都，东巴将金子银子和宝珠供奉给菩萨。
	$uã^{31}ɕəu^{33}$	宝珠		

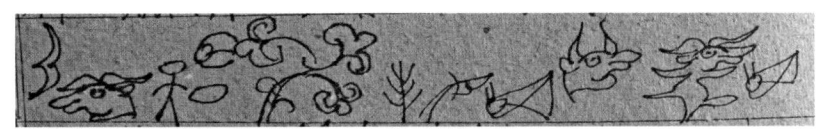

字符	国际音标	直译	意译	全句大意
	iəu³¹	羊		
	kʰv⁵⁵	年，属相		
	zo³³	儿子		
	a³³	啊，叹词		iəu³¹kʰv⁵⁵zo³³a³³gu³³zʅ³¹zʅ³¹sʅ³³ pʰv³³dy³¹tsei³¹（虚词）lə³¹（去）tɕʰy³³
	ku³³	蛋	青林树	这个属羊的儿子砍了一棵青林树送到（母立属兹家）。
	zʅ³¹zʅ³¹	青林树		
	sʅ³³	树枝		
	pʰv³³ dy³¹	砍倒		
	tɕʰy³³			
	ɣɯ³³	牛		ɣɯ³³gu³¹（后面）iəu³¹so³³ɕi³³（套）
	iəu³¹so³³	羊皮子	羊皮大衣	他们又将羊皮大衣套在牛身上。
	tʰy³³	送		

第三章 争伍经典文献选译　559

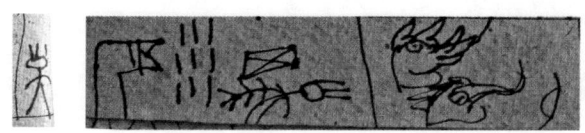

字符	国际音标	直译	意译	全句大意
	（无发音）	母立属兹		mu³³ri⁵⁵ʂu³¹（母立属兹的简称）dy³¹（地方）lo³¹（鬼住的地方）lɛ³³（拿去）tʰy³³，uə³³ku³³pei³³pʰv³¹（倒下去）qʰe³³（斧头）ʂu³¹dy³¹（地方）tɕʰy³³
	uə³³	村庄	鬼的房子	
	ku³³	九，此处指"倒"		
	ʂu³¹	母立属兹的简称		（他们刚送到）母立属兹住的地方，他家的房子就塌了。
	tɕʰy³³	送	送到母立属兹住的地方	
	kʰɯ³³	狗	母立属兹家的狗	ʐu³¹（母立属兹家的）kʰɯ³³ma³¹lu³¹（狗吠）ʐu³¹（母立属兹家的）ɦɛ̃³¹ma³¹（没有）tɕʰəu³¹（鸡鸣）
	ma³¹	没有		
	ɦɛ̃³¹	鸡	母立属兹家的鸡	他家的狗不叫了，鸡也不叫了。

字符	国际音标	直译	意译	全句大意
	（无发音）	母立种兹		iəu³¹kʰv⁵⁵zo³³（儿子）to³³kʰɯ³³ʐu³¹ʐɿ³³ tɕʰua³¹me³¹，ni³³ni³³（和，又）uã³¹ xe³¹ni³³（和，又）tɕa³³
	iəu³¹	羊		母立种兹家羊年生的儿子做完平安法事，天天开心，富裕安顺。
	kʰv⁵⁵	年，属相		

续表

字符	国际音标	直译	意译	全句大意
	to^{33}kʰɯ^{33}	多柯，鬼的名字		
	zu̱^{31}	鬼	平安法事，平安仪式	
	zɿ^{33}	镇压鬼		
	tɕʰua^{31}	快	快做完了	（同上）
	mɛ^{31}	完了		
	ni^{33}	心，好	天天开心，富裕安顺	
	uã^{31}	好		
	xe^{31}	高兴	心中高兴	
	tɕa^{33}	富裕		

第十五页

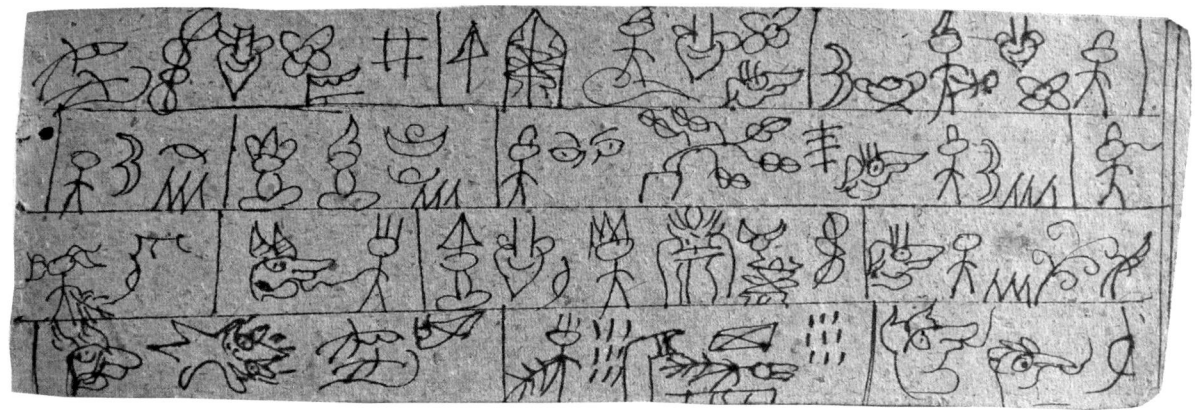

字符	国际音标	直译	意译	全句大意
	$mu^{33}ri^{55}ndzoŋ^{31}z\eta^{33}$	母立种兹		
	xe^{33}	金		
	dzu^{31}	山		$mu^{33}ri^{55}ndzoŋ^{31}z\eta^{33}$ $xe^{33}ɕi^{31}$（虚词）$dzu^{31}ni^{33}$（虚词）zu^{31}（出来）。$tɕhu^{31}$ $tɕa^{33}dʑi^{31}mu^{31}$ $uã^{31}χɑ^{33}$（虚词）$hũ^{55}ni^{33}$（虚词）zu^{31}
	$tɕhu^{31}tɕa^{33}$ $dʑi^{31}mu^{31}$	楚佳吉母		阳间的首领母立种兹从金山上出生了。楚佳吉母从碧海上出生了。
	$uã^{31}$	绿色		
	$hũ^{55}$	海		
	zu^{31}	出来，出生		
	$ni^{31}ku^{33}da^{24}sa^{31}$ $dz\eta^{55}dʑi^{33}bei^{31}$	结婚，一起过		
	khv^{55}	年	有一年了	
	ku^{31}	有		$ni^{31}ku^{33}da^{24}sa^{31}dz\eta^{55}dʑi^{33}$ $bei^{31}dz\eta^{31}$（一）$khv^{55}ku^{31}$ $ni^{33}zo^{33}$（儿子）$uã^{31}zo^{33}zu^{31}$
	ni^{33}	心		他们两人结婚了。一年后，他俩的儿子顺利出生了。
	$uã^{31}$	好	好，顺利的	
	zo^{33}	生孩子		
	zu^{31}	儿子		

字符	国际音标	直译	意译	全句大意
	zo^{33}	儿子		
	kh^{v55}	年		$zo^{33}z\underline{u}^{31}$（出生）$k^hv^{55}$ $mi^{33}l\varepsilon^{31}$（虚词）$ma^{31}s\eta^{33}$（虚词）
	mi^{33}	火	不知道	这个儿子哪一年生的他们不知道。
	ma^{31}	没有		
	$dz\underline{u}^{33}s\partial^{31}$	月份		
	xe^{33}	月亮		$dz\underline{u}^{33}s\partial^{31}xe^{33}mi^{33}l\varepsilon^{31}$（没有）$ma^{31}s\eta^{33}$（树枝，此处指属相）
	mi^{33}	火	没有	他是哪一月（生的）也不知道。
	ma^{31}	没有	没听见，不清楚	
	$xe^{33}ba^{33}da^{33}z\eta^{33}$	神树		
	$l\varepsilon^{33}$	虚词，动词用于动词前		$xe^{33}ba^{33}da^{33}z\eta^{33}l\varepsilon^{33}ly^{31}$ χw^{33}（看见）ts^he^{33}（叶子）na^{31}（虚词，了）$z\underline{u}^{31}ts^he^{33}$ dzu^{31}（有）
	ly^{31}	看		（他）看了神树叶子（上的纹路），（知道儿子）属猴。
	na^{31}	虚词，了		
	$z\underline{u}^{31}$	猴		

字符	国际音标	直译	意译	全句大意
ʒ	kʰv⁵⁵	年		ʐu³¹（猴）kʰv⁵⁵zo³³lɛ³³（取）mi³³be³³mu³¹tsʅ³³（名字）
禾	zo³³	儿子		（母立种兹神说：）"要给这个儿子取一个属猴的名字。"
ᴧᴧᴧ	mi³³	火		

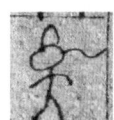 

字符	国际音标	直译	意译	全句大意
禾	dzu³¹	母立种兹的简称		
～	ɕə³³mɛ³¹	说		dzu³¹ni³³（自己）ɕə³³mɛ³¹ʂu³¹ni³³mi³³
𓃶	ʂu³¹	母立属兹		母立种兹神这样说，母立属兹神听见了。
ᴨᴄ	ni³³	好的，此处指"自己"	知道	
ʃ	mi³³	没有		
𓀀	ʂu³¹	母立属兹的简称	母立属兹自己	ʂu³¹ni³³（自己）la³¹na³¹ʂʅ³¹
𓃮	la³¹na³¹	黑老虎	黑老虎	母立属兹牵了一匹黑老虎过来。
～	ʂʅ³¹	牵		

续表

字符	国际音标	直译	意译	全句大意
	dzɿ³¹	母立种兹的简称		
	ni³³	心		
	ma³¹	没有		dzɿ³¹ni³³ma³¹ sa³¹sa³³（开心）dzɿ³³tʰv³³（请来）dzɿ³¹bv³³mu³¹dy³³ pʰv³³la³¹ ŋu³³xe³¹uã³¹（好的，珍贵的）ɕəu³³iə³³（送）
	dzɿ³¹bv³³mu³¹dy³³	主布母都		母立种兹心里不舒服，于是请来东巴主布母都，他将金子银子和宝珠供奉给菩萨。
	pʰv³³la³¹	菩萨，神		
	ŋu³³	银子		
	xe³¹	金子		
	uã³¹ɕəu³³	宝珠		

字符	国际音标	直译	意译	全句大意
	zɿ³¹	猴	属猴的儿子	zɿ³¹kʰv⁵⁵（属相）zo³³ go³¹qa³³（砍）kʰɯ³³mi³³sɿ³³ pʰv³³dy³¹ tsei³¹lə³¹tɕy³³（送过去）
	zo³³	儿子		这个属猴的儿子砍了一棵白叶树送给母立属兹。
	kʰɯ³³mi³³	火	白叶树	
	sɿ³³	树		

字符	国际音标	直译	意译	全句大意
	pʰv³³dy³¹	砍倒		（同上）
	la³¹	老虎		la³¹gu³¹（后面）ʐu³¹so³³ɕi³³（套），mu³³ri⁵⁵ʂu³¹dy³¹（地方）lo³¹（鬼住的地方）lɛ³³（拿去）tʰy³³
	ʐu³¹so³³	猴皮		
	mu³³ri⁵⁵ʂu³¹	母立属兹的简称	母立属兹住的地方	又将猴皮大衣套在老虎上，送到了母立属兹住的地方。
	tʰy³³	送		

字符	国际音标	直译	意译	全句大意
	uə³³	村庄	鬼的房子	
	ku³³	九，此处指"倒"		uə³³ku³³pei³³pʰv³¹（砍倒）qʰe³³（斧头），ʂu³¹dy³¹tɕʰy³³
	ʂu³¹	母立属兹		
	dy³¹	地	住的地方	（他们刚送到，母立属兹家的）房子就塌了，（他们把东西）送到了母立属兹的家。
	tɕʰy³³	送		
	kʰɯ³³	狗	母立属兹家的狗	ʐu³¹（母立属兹家的）kʰɯ³³ma³¹lu³¹（狗吠）ʐu³¹（母立属兹家的）ɦɛ̃³¹ma³¹（没有）tɕʰəu³¹（鸡鸣）
	ma³¹	没有		
	ɦɛ̃³¹	鸡	母立属兹家的鸡	他家的狗不叫了，鸡也不叫了。

第十六页

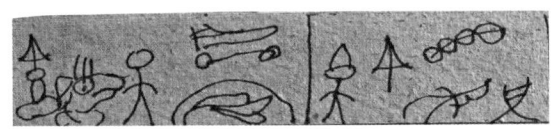

字符	国际音标	直译	意译	全句大意
	（无发音）	母立种兹		
	zu³¹	猴		
	zo³³	儿子		
	to³³kʰɯ³³	多柯，鬼的名字	平安仪式，平安法事	zu³¹kʰv⁵⁵zo³³to³³kʰɯ³³zu³¹zɿ³³tɕʰua³¹mɛ³¹，ni³³（牲畜平安）ni³³（和，又）uã³¹（好）xe³¹（开心）ni³³（和，又）tɕa³³（富裕） 母立种兹家猴年生的儿子做完平安法事，（从此以后天天快乐平安）。
	zu³¹	鬼		
	zɿ³³	镇压鬼		
	tɕʰua³¹	快	快结束了	
	mɛ³¹	结束		

字符	国际音标	直译	意译	全句大意
	mu³³ri⁵⁵ndzoŋ³¹zl³³	母立种兹		mu³³ri⁵⁵ndzoŋ³¹zl³³xe³³ɕi³¹（虚词）dzu³¹ni³³（虚词）zu³¹（出来）tɕʰu³¹tɕa³³dʑi³¹mu³¹uã³¹χa³³（虚词）huĩ⁵⁵ni³³（虚词）zu³¹（出来）ni³¹ku³³da²⁴sa³¹dzl⁵⁵dʑi³³bei³¹ 阳间的首领母立种兹从金山上出生了，楚佳吉母从碧海上出生了，两人结为夫妇。
	xe³³	金		
	dzu³¹	山		
	tɕʰu³¹tɕa³³dʑi³¹mu³¹	楚佳吉母		
	uã³¹	绿色		
	huĩ⁵⁵	海		
	ni³¹ku³³da²⁴sa³¹dzl⁵⁵dʑi³³bei³¹	结婚，一起过		
	ni³³	好	好	dzl³¹（一）kʰv⁵⁵（年）ku³¹（虚词）ni³³zo³³（儿子）uã³¹zo³³zu³¹（出生） 一年之后顺利生下一个儿子。
	uã³¹	好		
	zo³³	生孩子		
	zo³³	儿子		zo³³zu³¹kʰv⁵⁵（属相）mi³³lɛ³¹（虚词）ma³¹sl³³（虚词），dzu³³sə³¹xe³³mi³³（没有）lɛ³¹（没有）ma³¹sl³³（树枝，此处指属相） 这个儿子哪一年生的他们不知道，他是哪一月（生的）也不知道。
	mi³³	火		
	ma³¹	没有	不知道	
	dzu³³sə³¹	月份		

续表

字符	国际音标	直译	意译	全句大意
	xe³³	月亮		（同上）
	ma³¹	没有		

字符	国际音标	直译	意译	全句大意
	xe³³ba³³da³³ʐɿ³³	神树		
	ly³¹	看		xe³³ba³³da³³ʐɿ³³lɛ³³（他）ly³¹χɯ³³（看见）tsʰe³³na³¹ ɦɛ̃³¹ tsʰe³³dʐu³¹（虚词）
	tsʰe³³	叶子		
	na³¹	了		（他）看了神树叶子（上的纹路），（知道儿子）属鸡。
	ɦɛ̃³¹	鸡		
	kʰv⁵⁵	一年，属相		ɦɛ̃³¹（鸡）kʰv⁵⁵zo³³lɛ³³（虚词）mi³³be³³mu³¹tsɿ³³（劳动，表示动词）
	zo³³	儿子	取名字	（母立种兹神说：）"要给这个儿子取一个属鸡的名字。"
	mi³³	火		
	dʐu³¹	母立种兹的简称		dʐu³¹ni³³（自己）ɕə³³mɛ³¹ ʂu³¹ni³³mi³³。ʂu³¹ni³³（自己）ri⁵⁵na³¹ʂɿ³¹
	ɕə³³mɛ³¹	说		母立种兹神这样说，母立属兹神听见了。母立属兹牵来一只黑兔子。
	ʂu³¹	母立属兹		

字符	国际音标	直译	意译	全句大意
	ni³³	好的，此处指"自己"	知道	（同上）
	mi³³	没有		
	ʂu³¹	母立属兹的简称		
	ri⁵⁵na³¹	黑兔子		
	ʂɿ³¹	牵		

 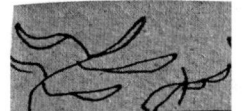

字符	国际音标	直译	意译	全句大意
	dzu³¹	母立种兹的简称		dzu³¹ni³³ma³¹sa³¹sa³³（开心）dzu³³tʰv³³（请来），dzu³¹bv³³mu³¹dy³³ pʰv³³la³¹ ŋu³³ xe³¹uã³¹（好的，珍贵的）çəu³³iə³³（送）母立种兹心里不高兴，东巴主布母都将金子银子和宝珠供奉给菩萨。
	ni³³	心		
	ma³¹	没有	不高兴	
	dzu³¹bv³³mu³¹dy³³	主布母都	一个东巴的名字	
	pʰv³³la³¹	菩萨，神		
	ŋu³³	银子		

续表

字符	国际音标	直译	意译	全句大意
	xe³¹	金子		（同上）
	uã³¹ɕəu³³	宝珠		
	ɦiɛ̃³¹	鸡	属鸡的儿子	ɦiɛ̃³¹kʰv⁵⁵zo³³go³¹qa³³（砍）la²⁴qe³¹gu³³du³¹sʅ³³ pʰv³³dy³¹tsei³¹lə³¹tɕʰy³³（送过去） 这个属鸡的儿子砍了一棵白叶树送给母立属兹。
	kʰv⁵⁵	年，属相		
	zo³³	儿子		
	la²⁴qe³¹gu³³du³¹	丹皮	丹皮树	
	sʅ³³	树		
	pʰv³³dy³¹	砍倒		

第十七页

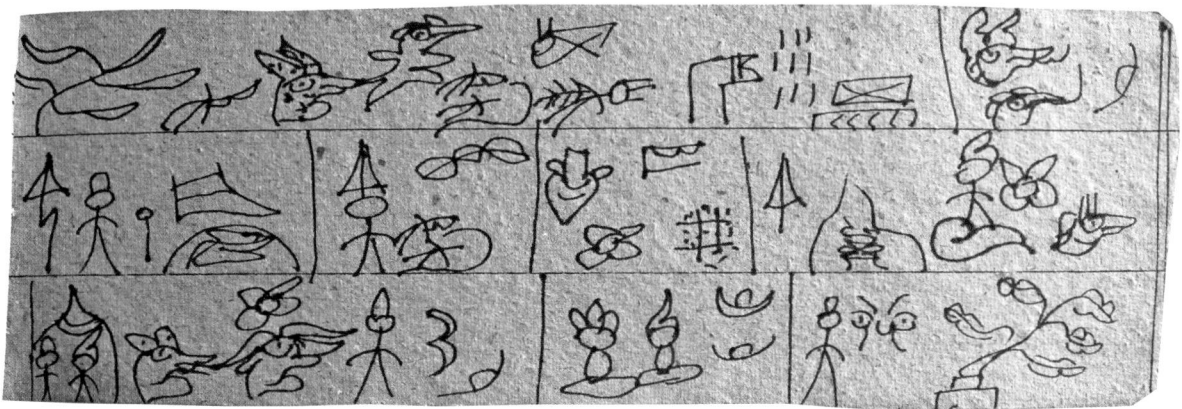

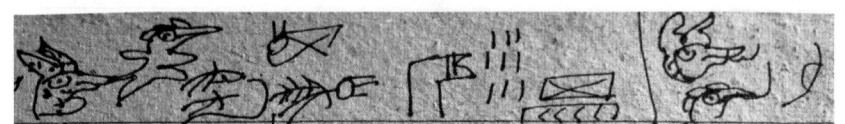

字符	国际音标	直译	意译	全句大意
	ri⁵⁵	兔		
	ɦiɛ̃³¹so³³	鸡皮子	鸡皮大衣	ri⁵⁵gu³¹（后面）ɦiɛ̃³¹so³³ ɕi³³（套），mu³³ri⁵⁵ʂu³¹dy³¹（地方）lo³¹（鬼住的地方）le³³（去）tʰy³³
	mu³³ri⁵⁵ʂu³¹	母立属兹的简称	母立属兹住的地方	他们又将鸡皮大衣套在兔身上，送给了母立属兹。
	lo³¹	山沟	鬼住的地方	
	tʰy³³	送		
	uə³³	村庄	鬼的房子	uə³³ku³³pei³³pʰv³¹（倒下去）qʰe³³（斧头），ʂu³¹（母立属兹的）dy³¹tɕʰy³³
	ku³³	九，此处指"倒"		（他们刚送到，母立属兹家的）房子就塌了，（他们把东西）送到了母立属兹的家。
	dy³¹	地	母立属兹住的地方	
	tɕʰy³³	送		
	kʰɯ³³	狗	母立属兹家的狗	ʐu³¹（母立属兹家的）kʰɯ³³ma³¹lu³¹（狗吠）ʐu³¹（母立属兹家的）ɦiɛ̃³¹ma³¹（没有）tɕʰəu³¹（鸡鸣）
	ma³¹	没有		他家的狗不叫了，鸡也不叫了。
	ɦiɛ̃³¹	鸡	母立属兹家的鸡	

字符	国际音标	直译	意译	全句大意
	（无发音）	母立种兹		ɕ̃ɛ³¹（鸡）kʰv⁵⁵（属相）zo³³ to³³kʰɯ³³zu³¹ zɿ³³ tɕʰua³¹ mɛ³¹（结束） 母立种兹家鸡年生的儿子做完平安的法事。
	zo³³	儿子	属鸡的儿子	
	to³³kʰɯ³³	多柯，鬼的名字		
	zu³¹	鬼		
	zɿ³³	镇压鬼		
	tɕʰua³¹	快		
	ni³³	心，好		ni³³ni³³（和，又）uã³¹ xe³¹ ni³³（和，又）tɕa³³ （以后）天天开心，富裕安顺。
	uã³¹	好		
	xe³¹	高兴		
	tɕa³³	富裕		

续表

字符	国际音标	直译	意译	全句大意
	mu³³ri⁵⁵ ndzoŋ³¹zɿ³³	母立种兹		mu³³ri⁵⁵ndzoŋ³¹zɿ³³xe³³ɕi³¹（虚词）dzu³¹ni³³（虚词）zu³¹（出来）。tɕʰu³¹tɕɑ³³dʑi³¹mu³¹ uã³¹χɑ³³（虚词）hũ⁵⁵ni³³（虚词）zu³¹
	xe³³	金		
	dzu³¹	山		
	tɕʰu³¹tɕɑ³³dʑi³¹mu³¹	楚佳吉母		阳间的首领母立种兹从金山上出生了。楚佳吉母从碧海上出生了。
	uã³¹	绿色		
	hũ⁵⁵	海		
	zu³¹	出来，出生		

字符	国际音标	直译	意译	全句大意
	ni³¹ku³³da²⁴sɑ³¹ dzɿ⁵⁵dʑi³³bei³¹	结婚，一起过		ni³¹ku³³da²⁴sɑ³¹dzɿ⁵⁵dʑi³³bei³¹。dzɿ³¹kʰv⁵⁵ku³¹（虚词）ni³³zo³³uã³¹zo³³（儿子）zu³¹（出生）
	dzɿ³¹	老鼠，年	一年之后	
	kʰv⁵⁵	年		他们两人结婚了。一年后，他俩的儿子顺利出生了。孩子哪一年生的不知道。
	ni³³	好		
	zo³³	生孩子		

续表

字符	国际音标	直译	意译	全句大意
	uã^{31}		（生了个）好儿子	（同上）
	（不发音）	没有		
	dʐu^{33}sə^{31}	月亮		dʐu^{33}sə^{31}xe^{33}mi^{33}（没有）lɛ^{31}（没有）ma^{31}sɿ^{33}（树枝，此处指属相）
	xe^{33}	月亮		他是哪一月（生的）也不知道。
	ma^{31}	没有		

 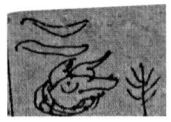

字符	国际音标	直译	意译	全句大意
	xe^{33}ba^{33}da^{33}zɿ^{33}	神树		
	lɛ^{33}	虚词，动词用于动词前		xe^{33}ba^{33}da^{33}zɿ^{33}lɛ^{33} ly^{31} χɯ^{33}（看见）tsʰe^{33}na^{31}（虚词，了）kʰɯ^{33}tsʰe^{33}dʑu^{31}
	ly^{31}	看		（他）看了神树叶子（上的纹路），（知道儿子）属狗。
	tsʰe^{33}	叶子		
	kʰɯ^{33}	狗		
	dʑu^{31}	有了		

第十八页

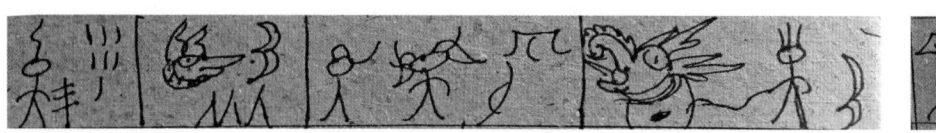 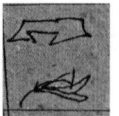

字符	国际音标	直译	意译	全句大意
	kʰɯ³³	狗		
	kʰv³³	年，属相		
	zo³³	儿子		kʰɯ³³kʰv³³zo³³ʐ̩³³ʂ̩³¹le³³mi³³be³³（取名字）
	ʐ̩³³	草		母立种兹给儿子取了一个属狗的长寿的名字。
	ʂ̩³¹	七	长寿	
	mi³³	火		
	dzu̥³¹	母立种兹		dzu̥³¹ni³³（自己）ɕə³³mɛ³¹,ʂu³¹ni³³mi³³
	ɕə³³mɛ³¹	说		母立种兹神这样说，母立属兹神听见了。
	ʂu³¹	母立属兹		

续表

字符	国际音标	直译	意译	全句大意
	ni³³	好的，自己	知道	（同上）
	mi³³	没有		
	ʂu³¹	母立属兹	母立属兹自己	ʂu³¹ni³³ru³¹na³¹ʂʅ³¹zu³³ tʂʰʅ³¹（地方）qɑ³³ 母立属兹牵了一条黑龙上来。
	ru³¹na³¹	黑龙		
	ʂʅ³¹	牵		
	zu³³	一种鬼	上来了，指从鬼住的阴间上到地面	
	gɑ³³	上面		

字符	国际音标	直译	意译	全句大意
	kʰɯ³³	狗		dʐu³¹ni³³ma³¹dʐu³¹ni³³ma³¹sa³¹sa³³（开心）dʐu³³tʰv³³（请来）dʐu³¹bv³³mu³¹dy³³pʰv³³lɑ³¹ŋu³³xe³¹uã³¹ɕəu³³iə³³ 母立种兹心里不高兴，东巴主布母都将金子银子和宝珠供奉给菩萨。 kʰɯ³³kʰv⁵⁵zo³³go³¹qɑ³³（砍）mo³³ra³³sʅ³³pʰv³³dy³¹tsei³¹lə³¹tɕʰy³³（送过去） 这个属狗的儿子砍了一棵杨树送给母立属兹。
	kʰv⁵⁵	年	属狗的儿子	
	zo³³	儿子		
	mo³³	牛缰绳		
	ra³³	阴鬼	杨树	
	sʅ³³	树		

续表

字符	国际音标	直译	意译	全句大意
	$p^hv^{33}dy^{31}$	砍倒		（同上）

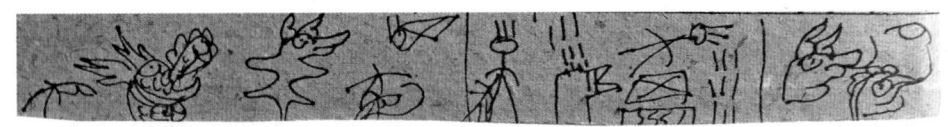

字符	国际音标	直译	意译	全句大意
	ru^{31}	龙		$ru^{31}gu^{31}$（背后）$k^hw^{33}so^{33}çi^{33}$（套），$mu^{33}ri^{55}ʂu^{31}$（母立属兹的简称）dy^{31}（地方）$lo^{31}lɛ^{33}$（去）t^hy^{33}
	$k^hw^{33}so^{33}$	狗皮子	狗皮大衣	
	lo^{31}	山沟	鬼住的地方	他们又将狗皮大衣套在龙身上，送到山沟（母立属兹的家）。
	t^hy^{33}	送		
	$uə^{33}$	村庄	鬼的房子	
	ku^{33}	倒		$uə^{33}ku^{33}pei^{33}p^hv^{31}$（倒下去）$q^he^{33}$（斧头），$ʂu^{31}dy^{31}t^hy^{33}$
	$ʂu^{31}$	母立属兹		
	dy^{31}	地	住的地方	（他们刚送到，母立属兹家的）房子就塌了，（他们把东西）送到了母立属兹的家。
	t^hy^{33}	送		
	k^hw^{33}	狗	母立属兹家的狗	$ʐu^{31}$（母立属兹家的）$k^hw^{33}ma^{31}lu^{31}$（狗吠），$ʐu^{31}$（母立属兹家的）$ɦiɛ̃^{31}ma^{31}$（没有）$tɕ^həu^{31}$（鸡鸣）
	ma^{31}	没有		
	$ɦiɛ̃^{31}$	鸡	母立属兹家的鸡	他家的狗不叫了，鸡也不叫了。

第十九页

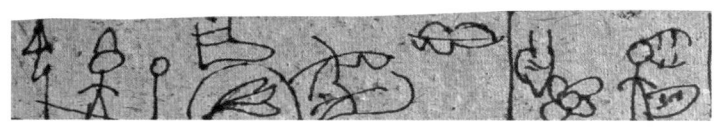

字符	国际音标	直译	意译	全句大意
		母立种兹		
	to^{33}k^{h}ɯ^{33}	多柯，鬼的名字		k^{h}ɯ^{33}（狗）k^{h}v^{55}（属相）zo^{33}（儿子）to^{33}k^{h}ɯ^{33} zu^{31}zɿ^{33} tɕ^{h}ua^{31}mɛ^{31}（结束）
	zu^{31}	鬼		母立种兹家狗年生的儿子做完平安的法事。
	zɿ^{33}	镇压鬼		
	tɕ^{h}ua^{31}	快		
	ni^{33}	心	家中一切都好	ni^{33}ni^{33}（和，又）uã^{31} xe^{31}ni^{33}tɕa^{33} （以后）天天开心，富裕安顺。
	uã^{31}	好		
	xe^{31}ni^{33}tɕa^{33}	开心富裕		

字符	国际音标	直译	意译	全句大意
	mu^{33}ri^{55} ndzoŋ^{31}zʅ^{33}	母立种兹		
	xe^{33}	金		mu^{33}ri^{55}ndzoŋ^{31}zʅ^{33} xe^{33}ɕi^{31}（虚词）dzu^{31}ni^{33}（虚词）zu^{31}（出来）。tɕʰu^{31}tɕa^{33}dʑi^{31}mu^{31}uã^{31}χɑ^{33}（虚词）hũ^{55}ni^{33}（虚词）zu^{31}
	dzu^{31}	山		
	tɕʰu^{31}tɕa^{33}dʑi^{31}mu^{31}	楚佳吉母		阳间的首领母立种兹从金山上出生了。楚佳吉母从碧海上出生了。
	uã^{31}	绿色		
	hũ^{55}	海		
	zu^{31}	出来，出生		
	ni^{33}	心		ni^{31}ku^{33}da^{24}sa^{31}dzʅ^{55}dʑi^{33}bei^{31}（两人结婚成为一家人）。dzʅ^{31}（一）kʰv^{55}（年）ku^{31}（虚词）ni^{33}zo^{33}uã^{31}zo^{33}（儿子）zu^{31}（出生）
	zo^{33}	生孩子		
	uã^{31}	好		（他们两人结为夫妇。）一年后，他们的儿子顺利出生了。
	zo^{33}	儿子		
	kʰv^{55}	年		zo^{33}zu^{31}（出生）kʰv^{55}mi^{33}lɛ^{31}（虚词）ma^{31}sʅ^{33}（虚词）
	mi^{33}	没有	不知道	这个儿子哪一年生的他们不知道。
	ma^{31}	火		

字符	国际音标	直译	意译	全句大意
	dzu³³sə³¹	计算月份的两个活佛	月份	
	xe³³	月亮	月份	dzu³³sə³¹xe³³mi³³lɛ³¹（没有）ma³¹sʅ³³（树枝，此处指属相）
	mi³³	没有		他是哪一月（生的）也不知道。
	ma³¹	火	没听见，不清楚	
	xe³³ba³³da³³ zʅ³³	神树		
	lɛ³³	代词，他		xe³³ba³³da³³zʅ³³lɛ³³ly³¹ɣɯ³³（看见）tsʰe³³na³¹bv¹¹ tsʰe³³dʑu³¹。bv¹¹（猪）kʰv⁵⁵（属相）zo³³（儿子）lɛ³³（取）mi³³（名字）be³³（做）mu³¹tsʅ³³（虚词）
	ly³¹	看见		
	tsʰe³³	叶子		（他）看了神树叶子（上的纹路），（知道儿子）属猪。（母立种兹神说：）"要给这个儿子取一个属猪的名字。"
	bv¹¹	猪		
	na³¹	虚词，了	此处为虚词	
	tsʅ³³	捆		
	dzu³¹	母立种兹		dzu³¹ni³³（自己）çə³³mɛ³¹，ʂu³¹ni³³mi³³
	çə³³mɛ³¹	说		母立种兹这样说，母立属兹听见了。
	ʂu³¹	母立属兹		

字符	国际音标	直译	意译	全句大意
	ʂu³¹	母立属兹	母立属兹自己	
	ʑi³¹na³¹	黑蛇		ʂu³¹ni³³（自己）ʑi³¹na³¹ ʂɿ³¹zu³³tʂʰɿ³¹（地方）qɑ³³ 母立属兹牵了一条黑蛇上来。
	ʂɿ³¹	牵		
	zu̥³³	一种鬼	上来了，从阴间上地面	
	gɑ³³	上面		
	dzu̥³¹	母立种兹		
	ni³³	心		
	ma³¹	没有	不高兴	
	dzu̥³¹bv³³ mu³¹dy³³	主布母都	一个东巴的名字	dzu̥³¹ni³³ma³¹sa³¹sa³³（开心）dzu̥³³tʰv³³（请来），dzu̥³¹bv³³mu³¹dy³³pʰv³³la³¹ŋu³³xe³¹uã³¹（好的，珍贵的）çəu³³iə³³ 母立种兹心里不高兴，请东巴主布母都将黄金白银和宝珠供奉给菩萨。
	pʰv³³la³¹	菩萨，神		
	（无发音）	白	白银	
	ŋu³³	银子		
	xe³¹	金子		
	çəu³³iə³³	宝珠		

 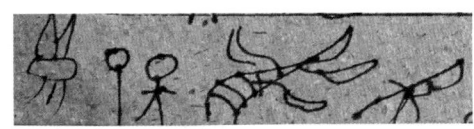

字符	国际音标	直译	意译	全句大意
(猪)	bv¹¹	猪		
(年)	kʰv⁵⁵	年	属猪的儿子	
(儿子)	zo³³	儿子		bv¹¹kʰv⁵⁵zo³³go³¹qa³³mbo³¹bv³³sɿ³³pʰv³³dy³¹（砍倒）tsei³¹（虚词）lə³¹（去）tɕʰy³³
(反)	go³¹	反		
(针)	qa³³	针	砍	这个属猪的儿子砍了一棵樱桃树送给母立属兹。
(樱桃树)	mbo³¹bv³³sɿ³³	樱桃树		
(送)	tɕʰy³³	送		

字符	国际音标	直译	意译	全句大意
(蛇)	ʑi³¹	蛇		ʑi³¹gu³¹（背后）bv¹¹so³³ɕi³³（套），mu³³ri⁵⁵ʂu³¹dy³¹（地方）lo³¹（鬼住的地方）lɛ³³（去）tʰy³³
(猪皮)	bv¹¹so³³	猪皮		
(母立属兹)	mu³³ri⁵⁵ʂu³¹	母立属兹	母立属兹住的地方	他们又将猪皮大衣套在蛇身上，送到了母立属兹住的地方。
(送)	tʰy³³	送		

字符	国际音标	直译	意译	全句大意
	uə³³	村庄	鬼的房子	
	ku³³	九，倒		uə³³ku³³pei³³pʰv³¹（倒下去）qʰe³³（斧头），ʂu³¹dy³¹tɕʰy³³
	ʂu³¹	母立属兹		（他们刚送到，母立属兹家的）房子就塌了。东西送到了母立属兹的家。
	dy³¹	地	住的地方	
	tɕʰy³³	送		

第二十页

字符	国际音标	直译	意译	全句大意
	kʰɯ³³	狗	母立属兹家的狗	z̢u³¹（母立属兹家的）kʰɯ³³ma³¹lu³¹（狗吠），z̢u³¹（母立属兹家的）ɦiɛ̃³¹ma³¹（没有）tɕʰəu³¹（鸡鸣）
	ma³¹	没有		
	ɦiɛ̃³¹	鸡	母立属兹家的鸡	他家的狗不叫了，鸡也不叫了。
	无发音	母立种兹	母立种兹这一代	
	无发音	一代		
	bv¹¹	猪		bv¹¹kʰv⁵⁵（属相）zo³³ to³³kʰɯ³³z̢u³¹z̩³³ tɕʰua³¹mɛ³¹
	zo³³	儿子		
	to³³kʰɯ³³z̢u³¹	鬼	平安法事，平安仪式	母立种兹家猪年生的儿子做完平安的法事。
	z̩³³	镇压鬼		
	tɕʰua³¹	快		
	mɛ³¹	结束		
	mu³³ri⁵⁵ndz̢u³¹	母立种兹神		mu³³ri⁵⁵ndz̢u³¹ to³³kʰɯ³³z̢u³¹（鬼）z̩³³（镇压）tɕʰua³¹mɛ³¹
	to³³kʰɯ³³	多柯，鬼名	平安仪式	母立种兹神家的平安仪式做完了。
	tɕʰua³¹ mɛ³¹	快完了	快结束了	

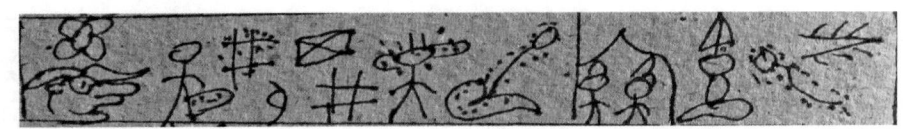

字符	国际音标	直译	意译	全句大意
(牛头)	ni³³	牲畜平安	好的	ni³³ni³³（和，又）uã³¹xe³¹ni³³（和，又）tɕa³³ 全家开心又富裕。
(花)	uã³¹	好		
(人)	xe³¹	高兴		
(禾)	tɕa³³	富裕		
(钩)	ma³¹	没有		ma³¹ku³¹ma³¹tʰʂʅ³³ 家人都没病没痛。
(井)	ku³¹	疾病		
(钩)	ma³¹	没有		
(方)	tʰʂʅ³³	疼痛		
(角)	qua³¹	角	声音传来听得很清楚	qua³¹ɣi³³（来）xe³³xɯ³³ dʑi³¹ɣi³³rua³³ʂʅ³³（满） 耳聪目明，金玉满堂。
	xe³³xɯ³³	听见		
(水)	dʑi³¹	水	水灌满了池塘，比喻富裕	
	ɣi³³	来		
(塘)	rua³³	池塘		

续表

字符	国际音标	直译	意译	全句大意
	tʂɿ³³dzɿ³³dʑi³¹	一家人		
	mu³³ri⁵⁵dzu³¹	母立种兹		tʂɿ³³dzɿ³³dʑi³¹mu³³ri⁵⁵dzu³¹gu³¹me³³gu³¹（后面）
	gu³¹	人	后代	母立种兹家的后代，
	me³³	尾巴		

字符	国际音标	直译	意译	全句大意
	tʂɿ³³dzɿ³³dʑi³¹	一家人		
	sɿ³¹	父亲		
	mei³¹	雪	生病	tʂɿ³³dzɿ³³dʑi³¹sɿ³¹kʰv⁵⁵（年）mei³¹mɛ³¹zo³³dʑi³¹ri³³mɛ³¹
	mɛ³¹	到了		
	zo³³	儿子		一家人中儿子因为父亲生病而难受（这样的坏事不要发生）。
	dʑi³¹	水	心里难受	
	ri³³	茶		
	mɛ³¹	到了		

第三章 争伍经典文献选译　　587

字符	国际音标	直译	意译	全句大意
	mɛ³¹	母亲		
	kʰv⁵⁵	岁，时候		
	mei³¹	雪	生病	
	mɛ³¹	到了		mɛ³¹kʰv⁵⁵mei³¹mɛ³¹mi³³dʑi³¹ri³³mɛ³¹ 一家人中女儿因为母亲生病而难受（这样的坏事也不要发生）。
	mi³³	女儿		
	dʑi³¹	水	心里难受	
	ri³³	茶		
	mɛ³¹	到了		
	sɿ³³	树		
	ŋua³³	枝		sɿ³³ŋua³³ku³³suei³¹pʰv³³dy³¹tsei³¹lə³¹tɕy³³（送给） 用九种树枝送给鬼。
	ku³³	九		
	suei³¹	种		
	pʰv³³dy³¹	砍倒		

续表

字符	国际音标	直译	意译	全句大意
ㄨ	su³¹ɕi³³	三百		
川	tʂʰua²⁴tʂʰɿ³¹	六十		su³¹ɕi³³tʂʰua²⁴tʂʰɿ³¹tʂʰu³¹qei³¹tɕʰy³³ 做他们生病时的替身。
鬼	tʂʰu³¹	鬼		
卩	qei³¹	一种鬼		
送	tɕʰy³³	送		

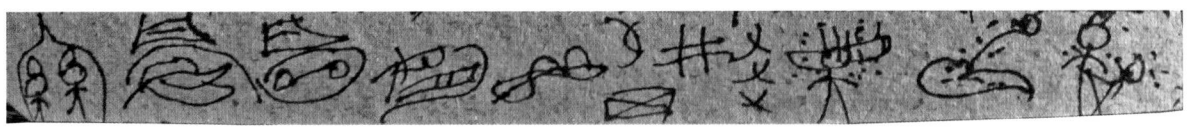

字符	国际音标	直译	意译	全句大意
	tʂɿ³³dzɿ³³dʑi³¹	一家人		
	to³³kʰɯ³³	多柯，鬼的名字		
	zu̥³¹	鬼	平安法事	tʂɿ³³dzɿ³³dʑi³¹to³³kʰɯ³³ zu̥³¹zɿ³³tɕʰua³¹mɛ³¹ 一家人做了平安法事。
	zɿ³³	镇鬼		
	tɕʰua³¹	快		
	mɛ³¹	完了		

字符	国际音标	直译	意译	全句大意
	ma³¹	没有		ma³¹ku³¹tɕʰua³¹mɛ³¹（结束）ma³¹tʰʂɿ³³tɕʰua³¹mɛ³¹（结束） 从此家里无病无痛无忧无惧。
	ku³¹	疾病		
	ma³¹	没有		
	tʰʂɿ³¹	疼痛		
	（无发音）	水		
	qua³¹	角，此处指声音	声音传来听得很清楚	qua³¹ɣi³³（来）χe³³χɯ³³ dʑi³¹ɣi³³rua³³ʂɿ³³mi³³xe³¹tsʰo³¹dzɿ³³ 耳聪目明，金玉满堂，子嗣绵长。
	χe³³χɯ³³	听见		
	dʑi³¹	水	水灌满了池塘，比喻富裕	
	ɣi³³	来		
	rua³³ʂɿ³³	池塘		
	mi³³xe³¹tsʰo³¹dzɿ³³	娶女孩传宗接代（mi³³，女儿；xe³¹，娶；tsʰo³¹传宗接代；dzɿ³³，儿孙繁衍）	儿孙满堂	

第二十一页

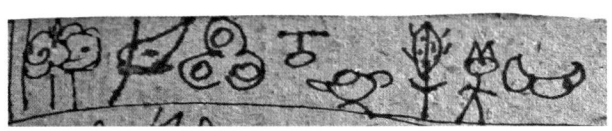 

字符	国际音标	直译	意译	全句大意
	tʰi³³	书		
	ɣɯ³³	经		
	tɕʰi³³	这		tʰi³³ɣɯ³³tɕʰi³³dzʐ³¹tse³¹tsə³³ŋu³³
	dzʐ³¹	一		这一本经书，
	tse³¹	本		
	tsə̃³³	拟声字		
	ŋu⁵⁵	拟声字	争伍村，地名	tsən³³ŋu⁵⁵ɢa³³dzɑ³¹zo³³ni³³bv³³se³¹mɛ³³
	ɢa³³	拟声字		（是）争伍村呷甲家的儿子我写的。
	tɕa³¹	拟声字	呷甲，家族名	

续表

字符	国际音标	直译	意译	全句大意
	zo³³	儿子		
	ni³³	我，自称		
	bv³³	写		（同上）
	se³¹	虚词，表完成时态	写出来了	
	mɛ³¹	结束		

字符	国际音标	直译	意译	全句大意
	tʰo⁵⁵	属		
	ri⁵⁵	兔		
	kʰv⁵⁵	年		tʰo³³ri³³kʰv⁵⁵lo³¹ni³³dzʅ³¹ru³³kʰv⁵⁵dzʅ³¹kʰv⁵⁵bv³³（写）se³¹mɛ³³
	lo³¹	那		地支为兔，（我）二十四岁那一年写的。
	ni³³dzʅ³¹	两个一	二十四	
	ru³³	四		
	kʰv⁵⁵	年，岁		

续表

字符	国际音标	直译	意译	全句大意
	$dz\underline{l}^{31}$	一		
	k^hv^{55}	年		（同上）
	se^{31}	虚词，表完成时态	写出来的	
	$m\varepsilon^{31}$	结束		

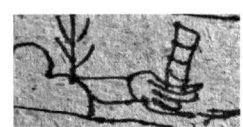 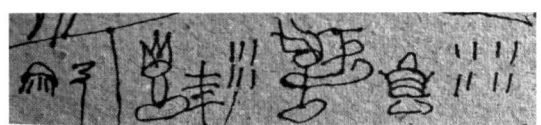

字符	国际音标	直译	意译	全句大意
	mo^{33}	甲子	五行	$mo^{33}t^ho^{33}dzi^{33}ni^{33}$（虚词）$z\underline{u}^{33}bv^{33}se^{31}$ 五行属土的那一年写出来的。
	t^ho^{33}	属		
	dzi^{33}	笛子，指土		
	$z\underline{u}^{33}$	那一年		
	bv^{33}	写		
	se^{31}	虚词，表完成时态		

第三章 争伍经典文献选译　593

续表

字符	国际音标	直译	意译	全句大意
	bu^{31}	东巴		
	z̩^{33}	草	长寿	
	ʂ̩^{31}	七		bu^{31}z̩^{33}ʂ̩^{31}pʰa^{31} χa^{33}ɣi^{33} χo^{33}
	pʰa^{31}χa^{33}	菩萨		（保佑）东巴长寿，菩萨安康。
	ɣi^{33}	马鹿	安康	
	χo^{33}	结束		

【全文通译】

很久很久以前，当天和地还没有的时候，当日月星辰都没有的时候，没有山也没有沟的时候，没有树和石头的时候，母立种兹神还没有出生的时候，冥王母立属兹也没有出生的时候，天上传来一个声音。地下升起了空气。天上的声音和地上的空气相碰而生出了变化，变化成了阳光射过来。阳光又发生了变化，变成了阳间的首领母立种兹。萨伊窝杜神也出来了。萨伊窝杜神的气息和心脏继续变化，变成了活佛。活佛也继续变化，变成了阳间的首领。阳间的首领继续变化，阳间白色的天和地也都出现了，白色的日月星辰也都出来了，白色的高山、水沟、树木、石头也都出来了，白牛白马也出来了，白山羊和白绵羊也出来了，白猪白鸡也都出来了。阳间的首领母立种兹神家的白色的山、白色的崖也出来了，母立种兹家的白色大海也出来了。

一天，母立种兹想着今天要不要出门。他向白色的大海上看去。白天，他一个人坐着，想要一个伴儿，晚上他睡的时候也想要个伴儿，他走路说话的时候想要个伴儿，他在高山上放羊的时候也想要个伴儿，他在种庄稼的时候也想要个伴儿。母立种兹朝白色的大海吐了一口水，好人从海里上来了，不好的人和鬼不能从海里上来。三天三夜之后的早上，阴间的一个好姑娘从白色的海里出来了，她给自己取名字叫楚佳吉母。母立种兹和楚佳吉母结婚成为了一家人。他们生了九个儿子，分别在九个村里住。他们生的九个女儿，嫁到九个地方，家人都平安和顺，人丁兴旺。

在阴间的首领还没有九个儿子的时候，妖魔鬼怪都没有的时候，没有佛也没有树妖的时代，神也没有的时代，阴间黑色的天地日月都没有的时候，黑色的恒星行星也没有的时候，黑色的山和黑色的沟都没有的时候，阴间的黑宝珠出现了，它发出的光芒产生了变化，变成了一只黑色的蛋。黑色的蛋又发生了变化，变成了阴间的首领母立属兹。他又继续变化，变成了一个黑色的蛋。蛋继续变化，蛋里出来了妖魔鬼怪。妖魔鬼怪继续变化，变成了阴间黑色的天地日月。阴间黑色的恒星和行星也出现了，黑山沟树石都出现了，黑牛黑马都出现了，阴间千千万万的事物都出来了，母立属兹家黑色的大海也出现了。

一天，母立属兹在想他要不要出门。他站在海边看，看到了自己的影子。母立属兹一个人坐着，想要一个伴侣，他在放羊时也想要一个伴侣。母立属兹向黑海里吐了三口水，海里坏的鬼全部上来了，好人好神全都沉到海底死去了。三天三夜后的早上，从黑色的海里出来一个坏的姑娘。给她取名字的人不知道了，她给自己取名字，说起来是格撒娜姆。母立属兹和格撒娜姆生了九个儿子，到九个村庄里住。他们生的九个女儿，嫁到九个地方，家人都平安和顺，人丁兴旺。

母立种兹和阳间白色的天地日月住在山的右边，母立属兹和阴间的天地日月住在山的左边。

十二属相争吵着说："开头的属相是老鼠，中间的是马，最后的是猪。"老鼠和马争年份的顺序，牛和羊争年份的顺序，老虎和猴子争年份的顺序，兔子和鸡争年份的顺序，龙和狗争年份的顺序，蛇和猪争年份的顺序。

后来有一个传说。当十二属相争顺序的时候，母立种兹说："不用争十二属相的顺序了。从山上流下一条河，第一个过河的属相排第一，最后一个过河的属相排最后。"过河的时候牛最快，老鼠在牛的尾巴上咬了一口，牛搧了搧尾巴，老鼠从牛尾巴上一跳就过河了。十二属相的第一个就是老鼠了，十二属相的最后一个是猪。东巴以西泵若说："属兔的和属虎的去东方，属蛇的和属马的去西边，属猴的和属鸡的去南边，属猪的和属鼠的去北边，属龙的和属狗的朝天上去，属牛的属羊的朝地的方向去。"

阳间的首领母立种兹从金山上出生了，楚佳吉母从碧海上出生了，他们两个结婚成为了一家人。一年后，他俩的儿子顺利出生了。儿子属什么不知道，他是哪一月生的也不知道。他看了神树叶子上的纹路，知道儿子属鼠。母立种兹神说："要给这个儿子取一个属鼠的名字。"母立种兹神这样说，母立属兹神听见了。母立属兹牵了一匹黑马过来。母立属兹这么做，母立种兹都知道了。他心中不舒服，于是请来一个东巴。东巴主布母都将金子银子和宝珠供奉给菩萨。这个属鼠的儿子砍了一棵柏香树送给母立属兹。父子俩又将鼠皮大衣套在马身上，送到了母立属兹住的地方。他们刚送到，母立属兹家的房子就塌了。他们把东西送到了母立属兹的家，他家的狗不叫了，鸡也不叫了。鼠年生的儿子做完了平安的法事，以后天天开心，富裕安顺。

阳间的首领母立种兹从金山上出生了，楚佳吉母从碧海上出生了，一年之后他们的儿子顺利地出生了。儿子哪一年出生的不知道，他是哪一月生的也不知道。他看了神树叶子上的纹路，知道儿子属牛。母立种兹神说："要给这个儿子取一个属牛的名字。"母立种兹神这样说，母立属兹神听见了。母立属兹牵了一只黑羊给他。母立种兹心中不舒服。东巴主布母都将金子银子和宝珠供奉给菩萨。这个属牛的儿子砍了一棵青白树送给母立属兹。他们又将牛皮大衣套在羊身上，送到了母立属兹住的地方。他们刚送到，母立属兹家的房子就塌了。他家的狗不叫了，鸡也不叫了。牛年生的儿子做完了平安的法事，以后天天开心，富裕安顺。

阳间的首领母立种兹从金山上出生了，楚佳吉母从碧海上出生了。他们两个结婚成为了一家人。一年后，他俩的儿子顺利出生了。儿子属什么不知道，他是哪一月生的也不知道。他看了神树叶子上的纹路，知道儿子属虎。母立种兹神说："要给这个儿子取一个属虎的名字。"母立种兹神这样说，母立属兹神听见了。母立属兹牵了一只黑猴子过来。母立种兹心中不舒服，他请来东巴主布母都。东巴将金子银子和宝珠供奉给菩萨。这个属虎的儿子砍了一棵黄青冈树送给母立属兹。他们又将虎皮大衣套在猴子身上，送到了母立属兹住的地方。他们刚送到，母立属兹家的房子就塌了。他家的狗不叫了，鸡也不叫了。母立属兹的房子被烧毁了。虎年生的儿子做完了平安的法事，以后天天开心，富裕安顺。

阳间的首领母立种兹从金山上出生了，楚佳吉母从碧海上出生了，他们两人结婚了。一年后，他俩的儿子顺利出生了。这个儿子哪一年生的他们不知道，他是哪一月生的也不知道。他看了神树叶子上的纹路，知道儿子属兔。母立种兹神说："要给这个儿子取一个属兔的名字。" 母立种兹神这样说，母立属兹神听见了。母立属兹牵了一只黑鸡过来。母立种兹心里不舒服，于是请来东巴主布母都。东巴主布母都将金子银子和宝珠供奉给菩萨。这个属兔的儿子砍了一棵黄勒树送给母立属兹。他们又将兔皮大衣套在鸡身上，送到了母立属兹住的地方。他们刚送到，母立属兹家的房子就塌了。他家的狗不叫了，鸡也不叫了。母立种兹家兔年生的儿子做完平安仪式，以后天天开心，富裕安顺。

阳间的首领母立种兹从金山上出生了，楚佳吉母从碧海上出生了，他们两人结婚了。一年后，他俩的儿子顺利出生了。这个儿子哪一年生的他们不知道，他是哪一月生的也不知道。他看了神树叶子上的纹路，知道儿子属龙。母立种兹神说："给这个儿子取一个属龙名字。"母立种兹神这样说，母立属兹神听见了。母立属兹牵了一匹黑狗过来。母立种兹心里不高兴，于是请来了东巴主布母都。东巴将金子银子和宝珠供奉给菩萨。这个属龙的儿子砍了一棵白坡树送过去。他们又将龙皮大衣套在狗身上，送到了母立属兹住的地方。他们刚送到，母立属兹家的房子就塌了。他家的狗不叫了，鸡也不叫了。母立种兹家龙生的儿子做完平安的法事，以后天天开心，富裕安顺。

阳间的首领母立种兹从金山上出生了，楚佳吉母从碧海上出生了，他们两人结婚了。一年后，他俩的儿子顺利出生了。这个儿子哪一年生的他们不知道，他是哪一月生的也不知道。他看了神树叶子上的纹路，知道儿子属蛇。母立种兹神说："要给这个儿子取一个属蛇的名字。"母立种兹神这样说，母立属兹神听见了。母立属兹牵了一匹黑猪来，母立种兹心里不高兴。东巴主布母都将金子银子和宝珠供奉给菩萨。这个属蛇的儿子砍了一棵柳树送给母立属兹。他们又将猪大衣套在蛇上，送到了母立属兹住的地方。他们刚送到母立属兹住的地方，他家的房子就塌了。他家的狗不叫了，鸡也不叫了。母立种兹家蛇年生的儿子做完平安的法事，以后天天开心，富裕安顺。

阳间的首领母立种兹从金山上出生了，楚佳吉母从碧海上出生了，他们两人结婚了。一年后，他俩的儿子顺利出生了。这个儿子哪一年生的他们不知道，他是哪一月生的也不知道。他看了神树叶子上的纹路，知道儿子属马。母立种兹神说给这个儿子取一个属马的名字。母立种兹神这样说，母立属兹神听见了。母立属兹牵了一只黑老鼠来，母立种兹心里不高兴。东巴主布母都将金子银子和宝珠供奉给菩萨，这个属马的人砍了一棵杨树送给母立属兹。他们又将马皮大衣套在鼠身上，送到了母立属兹住的地方。他们刚送到，母立属兹家的房子就塌了。他家的狗不叫了，鸡也不叫了。母立种兹家年马年生的儿子做完平安的法事，以后天天开心，富裕安顺。

阳间的首领母立种兹从金山上出生了，楚佳吉母从碧海上出生了，他们两人结婚了。一年后，他俩的儿子顺利出生了。这个儿子哪一年生的他们不知道，他是哪一月生的也不知道。他看了神树叶子上的纹路，知道儿子属羊。母立种兹神说："给这个儿子取一个属羊的长寿的名字。"母立种兹神这样说，母立属兹神听见了。他牵了一匹黑牛过来，母立种兹心里不高兴，请来东巴主布母都。东巴将金子银子和宝珠供奉给菩萨。这个属羊的儿子砍了一棵青林树送到母立属兹家，又将羊皮大衣套在牛身上。他们刚送到母立属兹住的地方，他家的房子就塌了，他家的狗不叫了，鸡也不叫了。母立种兹家羊年生的儿子做完平安法事，天天开心，富裕安顺。

阳间的首领母立种兹从金山上出生了，楚佳吉母从碧海上出生了，他们两人结婚了。一年后，他俩的儿子顺利出生了。这个儿子哪一年生的他们不知道，他是哪一月生的也不知道。他看了神树叶子上的纹路，知道儿子属猴。母立种兹神说："要给这个儿子取一个属猴的名字。"母立种兹神这样说，母立属兹神听见了。母立属兹牵了一匹黑老虎过来。母立种兹心里不舒服，于是请来东巴主布母都。东巴将金子银子和宝珠供奉给菩萨。这个属猴的儿子砍了一棵白叶树送给母立属兹。又将猴皮大衣套在老虎上，送到了母立属兹住的地方。他们刚送到，母立属兹家的房子就塌了。他们把东西送到了母立属兹的家。他家的狗不叫了，鸡也不叫了。母立种兹家猴年生的儿子做完平安法事，从此以后天天快乐平安。

阳间的首领母立种兹从金山上出生了，楚佳吉母从碧海上出生了，两人结为夫妇。一年之后顺利生下一个儿子，这个儿子哪一年生的他们不知道，他是哪一月生的也不知道。他看了神树叶子上的纹路，知道儿子属鸡。母立种兹神说："要给这个儿子取一个属鸡的名字。"母立种兹神这样说，母立属兹神听见了。母立属兹牵来一只黑兔子。母立种兹心里不高兴，东巴主布母都将金子银子和宝珠供奉给菩萨，这个属鸡的儿子砍了一棵白叶树送给母立属兹。他们又将鸡皮大衣套在兔身上，送给了母立属兹。他们刚送到，母立属兹家的房子就塌了，他们把东西送到了母立属兹的家。他家的狗不叫了，鸡也不叫了。母立种兹家鸡年生的儿子做完平安的法事，以后天天开心，富裕安顺。

阳间的首领母立种兹从金山上出生了，楚佳吉母从碧海上出生了，他们两人结婚了。一年后，他俩的儿子顺利出生了。孩子哪一年生的不知道，他是哪一月生的也不知道。他看了神树叶子上的纹路，知道儿子属狗。母立种兹给儿子取了一个属狗的长寿的名字。母立种兹神这样说，母立属兹神听见了。母立属兹牵了一条黑龙上来。（母立种兹心里不高兴。东巴主布母都将金子银子和宝珠供奉给菩萨。）这个属狗的儿子砍了一棵杨树送给母立属兹。他们又将狗皮大衣套在龙身上送到山沟母立属兹的家。他们刚送到，母立属兹家的房子就塌了，他们把东西送到了母立属兹的家。他家的狗不叫了，鸡也不叫了。母立种兹家狗年生的儿子做完平安的法事，以后天天开心，富裕安顺。

阳间的首领母立种兹从金山上出生了，楚佳吉母从碧海上出生了，他们两人结为夫妇。一年后，他们的儿子顺利出生了。这个儿子哪一年生的他们不知道。他是哪一月生的也不知道。他看了神树叶子上的纹路，知道儿子属猪。母立种兹神说："要给这个儿子取一个属猪的名字。"母立种兹这样说，母立属兹听见了。母立属兹牵了一条黑蛇上来。母立种兹心里不高兴。请东巴主布母都将黄金白银和宝珠供奉给菩萨。这个属猪的儿子砍了一棵樱桃树送给母立属兹。他们又将猪皮大衣套在蛇身上，送到了母立属兹住的地方。他们刚送到，母立属兹家的房子就塌了。东西送到了母立属兹的家。他家的狗不叫了，鸡也不叫了。母立种兹家猪年生的儿子做完平安的法事。母立种兹神家的平安仪式做完了，全家开心又富裕。家人都没病没痛，耳聪目明，金玉满堂。母立种兹家的后代，一家人中儿子因为父亲生病而难受这样的坏事不要发生，一家人中女儿因为母亲生病而难受这样的坏事也不要发生。用九种树枝送给鬼，做他们生病时的替身。一家人做了平安法事，从此家里无病无痛无忧无惧，耳聪目明，金玉满堂，子嗣绵长。

这一本经书，是争伍村呷甲家的儿子我写的。这一年地支为兔，是在我二十四岁那一年，即五行属土的那一年写出来的。保佑东巴长寿，菩萨安康。

（本节调查、记录整理人：夏津京）

（四）噶突家藏东巴历书选译（噶突家藏第十三册）

图一

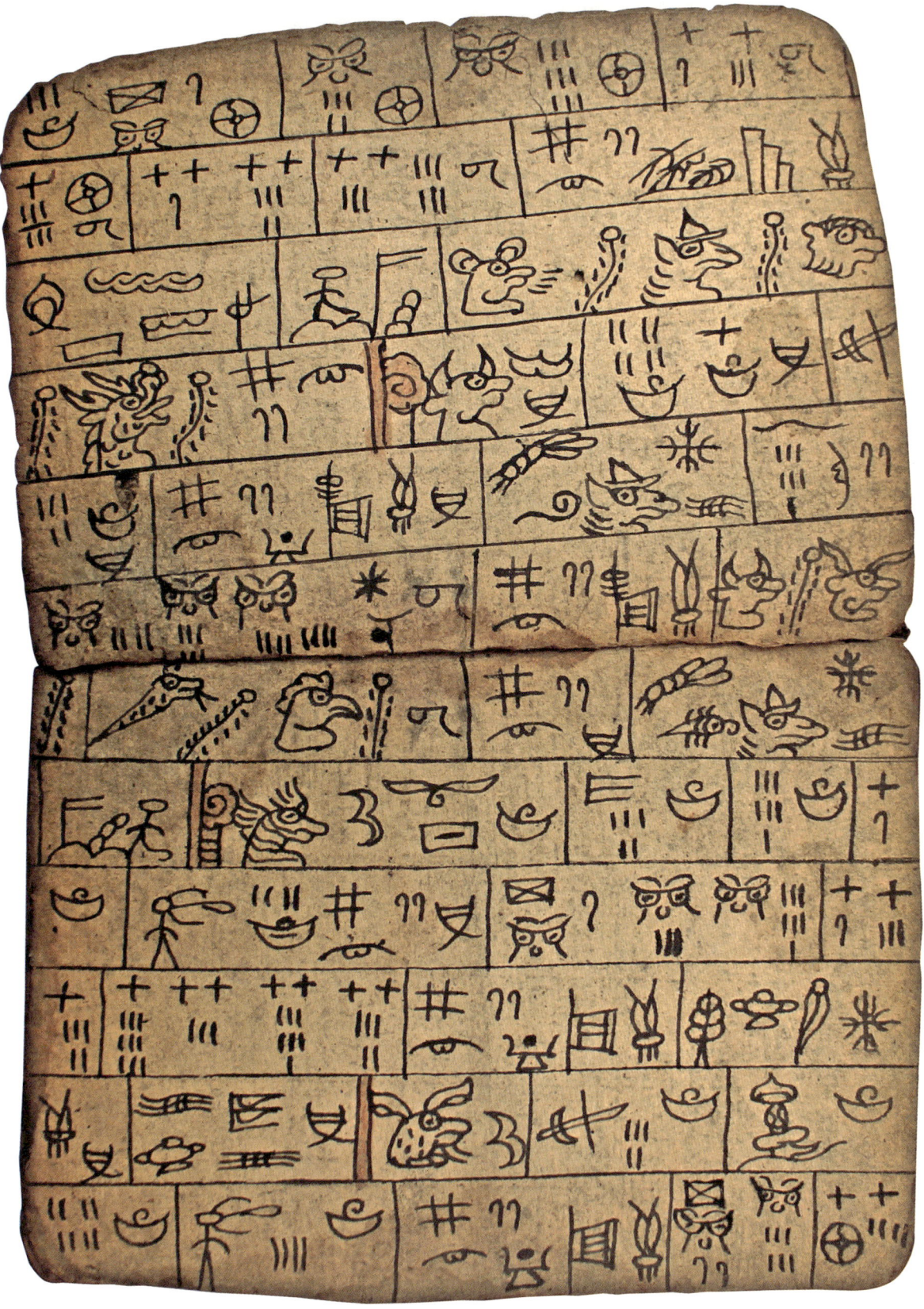

字符	国际音标	直译	意译	全句大意
〣	sɑ³³		三月	三月初一、初五、初九、十一、十三，平。
	uɑ̃³³			
⌣	hẽ³³	月		
⊠	tsʰe³³	盐	初一	
👁	do¹¹	见		
ʔ	dzɿ³¹	一		
⊕	ni³³	日		
	tsʰe³³		初五	
👁	do¹¹	见		
〣	uɑ̃³³	五		
⊕	ni³³	日		

续表

字符	国际音标	直译	意译	全句大意
	tsʰe³³			
	do¹¹	见	初九	
	ŋgu³³	九		
	ni³³	日		
	tsʰe³¹	十		
	dzɿ³³	一	十一	（同上）
	ni³³	日		
	tsʰe³¹	十		
	sy³³	三	十三	
	ni³³	日		
	kə³³		不好不坏	
	tsʰe³¹	十		
	ʂɿ³³	七	十七	十七，平。
	ni³³	日		
	kə³³		不好不坏	

字符	国际音标	直译	意译	全句大意
++	ni³³ tsʅ¹¹	二十		
ʔ	dzʅ³³	一	廿一	
	ni³³	日		
++	ni³³ tsʅ¹¹	二十		
⫿⫿	uã³³	五	廿五	
	ni³³	日		
++	ni³³ tsʅ¹¹	二十		廿一、廿五、廿三、廿六，平。
⫿⫿⫿	sy³³	三	廿三	
	ni³³	日		
	ni³³ tsʅ¹¹	二十		
⫿⫿⫿	tʂʰuɑ³³	六	廿六	
	ni³³	日		
ᒉ	kə³³		不好不坏	

 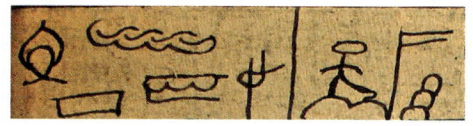

字符	国际音标	直译	意译	全句大意
	ŋu³³		病	
	ma³³		（否定）	
	ni³¹	二	允许	不能病。（病了，）要做小平安。
	ʂu³³tɕi¹¹		小平安	
	dʑy¹¹		存在	
	ku³³	蒜	（虚词，表推测判断）	
	ʁuə³³			
	sɿ³³		提前	
	tɕi³³		害怕	提前做平安仪式的话就没事。[1]
	be³³		做	
	xɯ⁵⁵		去	

[1] 受访人认为不能按字读本句。

续表

字符	国际音标	直译	意译	全句大意
	mbu³¹	山坡		
	ʂuɑ³¹	高		
	mbu³¹	山坡		他度过劫难就像翻过高山矮山一样。
	hỹ⁵⁵	矮		
	lo³³	翻越		

字符	国际音标	直译	意译	全句大意
	fv³³	鼠		
	dʑi³¹		时辰	
	zuɑ³¹	马		
	dʑi³¹		时辰	鼠时、马时、猴时、龙时，不能得病。
	zu¹¹	猴		
	dʑi³¹		时辰	
	ru³¹	龙		

续表

字符	国际音标	直译	意译	全句大意
	dʑi³¹		时辰	
	ŋgu³³		病	（同上）
	mɑ³³		否定	
	ni³¹		允许	

 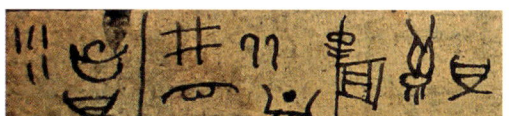

字符	国际音标	直译	意译	全句大意
	ɣə³³	牛	属牛	
	kʰv⁵⁵	岁		属牛的。
	me³³		（虚词）	
	ho³³	八		
	hẽ³³	月	八月	
	me³³			
	tsʰe³¹	十		八月、十月、十二月。
	hẽ³³	月	十月	
	me³³			

续表

字符	国际音标	直译	意译	全句大意
	ndɑ³³	砍		（同上）
	uã³³	五	十二月	
	hẽ³³	月		
	me³³		（虚词）	
	ŋgu³³		病	不能生病，病不容易好。
	mɑ³³		（否定）	
	ni³¹	二	允许	
	qʰuɑ³¹		不好	
	NGɑ³³		赢[1]	
	ku³³	蒜	（虚词，表推断）	
	me³³		（虚词）	

---

[1] 此处"赢"与"亏"、"凶"等相对，后文相同者不再赘述。

字符	国际音标	直译	意译	全句大意
	ku³³	蒜	（法事名）送鬼	好好地送鬼。
	ri³³	脱落		
	ʐuɑ³¹	马		
	be³³	雪	做	
	ndzą³³	制毡竹器	（虚词，表使役）	
	bv³³	肠子		不能拖延。
	sɿ³¹	七	长	
	mɑ³³		（否定）	
	ni³¹		允许	

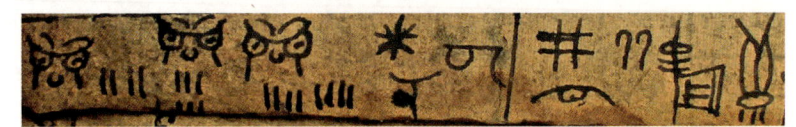

字符	国际音标	直译	意译	全句大意
	tsʰe³³	盐	初四	
	do¹¹	见		
	ru³³	四		
	ni³³	日		
	tsʰe³³	盐	初六	初四、初六、初八、初九，平。
	do¹¹	见		
	tʂʰuɑ³³	六		
	ni³³	日		
	tsʰe³³	盐	初八	
	do¹¹	见		
	ho³³	八		
	ni³³	日		
	nɑ³³	盐	初九	
	tu³¹	见		

续表

字符	国际音标	直译	意译	全句大意
	kə³³		不好不坏	（同上）
	ŋgu³³		病	
	mɑ³³		（否定）	
	ni³¹		允许	
	qʰuɑ³¹		不好	不能生病，病不容易好。
	NGɑ³³		赢	
	ku³³	蒜	（虚词，表推断）	

字符	国际音标	直译	意译	全句大意
	ɣə³³	牛		
	dʑi³¹		时辰	
	iu¹¹	羊		
	dʑi³¹		时辰	牛时、羊时、蛇时、鸡时，平。
	zi¹¹	蛇		
	dʑi³¹		时辰	

第三章　争伍经典文献选译　609

字符	国际音标	直译	意译	全句大意
	ɛ̃³³	鸡		
	dʑi³¹		时辰	（同上）
	kə³³		不好不坏	
	ŋgu³³		病	
	mɑ³³		（否定）	不能病。（病了不好治。）
	ni³¹	二	允许	
	me³³		（虚词）	

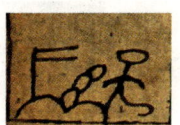

字符	国际音标	直译	意译	全句大意
	ku³³	蒜		
	ri³³	脱落	（法事名）送鬼	
	zuɑ³¹	马		好好地送鬼。
	be³³		做	
	ndzɑ³³	制毡竹器	（虚词，表使役）	

续表

字符	国际音标	直译	意译	全句大意
	mbu³¹	山坡		
	ʂuɑ³¹	高		
	mbu³¹	山坡		他度过劫难就像翻过高山矮山一样。
	hỹ⁵⁵	矮		
	lo³³	翻越		

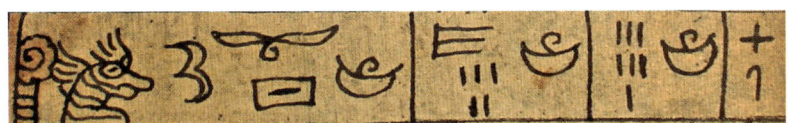

字符	国际音标	直译	意译	全句大意
	lɑ³³	虎	属虎	
	kʰu³³	岁		
	me³³		（虚词，指示名词性结构）	属虎的人，正月、三月、七月、十一月，那四个月不能病。
	iə³¹	植物名		
	pe³¹	一种定容衡器	正月	
	hẽ³³	月		

第三章 争伍经典文献选译 611

续表

字符	国际音标	直译	意译	全句大意
	sɑ³³	麻		
	uɑ̃³³	五	三月	
	hɛ̃³³	月		
	ʂʅ³¹	七		
	hɛ̃³³	月	七月	
	me³³			
	tsʰe³¹	十		
	dzʮə³³	一	十一月	（同上）
	hɛ̃³³			
	tʂʰʅ³¹		那，其	
	ru³³	四	四个月	
	hɛ̃³³	月		
	ŋgu³³		病	
	mɑ³³		（否定）	
	ni³¹	二	允许	

续表

字符	国际音标	直译	意译	全句大意
	me^{33}		（虚词）	（同上）

字符	国际音标	直译	意译	全句大意
	tsʰe^{33}	盐	初一	
	do^{11}	见		
	dzɿ^{33}	一		
	ni^{33}	日		
	tsʰe^{33}	盐		初一、初三、初七、十一、十三、十五、十九、廿三、廿七、廿五。
	do^{11}	见	初三	
	sy^{33}	三		
	ni^{33}	日		
	tsʰe^{33}	盐		
	do^{11}	见	初七	
	tsʅ^{33}	七		
	ni^{33}	日		

字符	国际音标	直译	意译	全句大意
十	tsʰe³¹	十		
?	dzɿ³³	一	十一	
	ni³³	日		
十	tsʰe³¹	十		
|||	sy³³	三	十三	
	ni³³	日		
十	tsʰe³¹	十		
|||	uã³³	五	十五	（同上）
	ni³³	日		
十	tsʰe³¹	十		
|||||||||	ŋgu³³	九	十九	
	ni³³	日		
++	ni³³ tsɿ¹¹	二十		
|||	sy³³	三	廿三	
	ni³³	日		

续表

字符	国际音标	直译	意译	全句大意
++	ni³³ tsʅ¹¹	二十		
⫿⫿⫿	ʂʅ³³	七	廿七	
	ni³³	日		（同上）
++	ni³³ tsʅ¹¹	二十		
⫿⫿	uã³³	五	廿五	
	ni³³	日		
井	ŋgu³³		病	
⌒	mɑ³³		（否定）	
ᕕ	ni³¹		允许	不能生病，病不容易好。
	qʰuɑ³¹		不好	
目	ɴGɑ³³		赢	
	ku³³	蒜	（虚词，表推断）	

 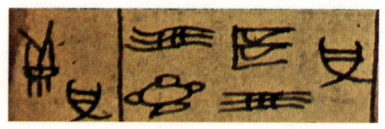

字符	国际音标	直译	意译	全句大意
	ʂu³³	植物名		做个大平安（仪式）。
	dzɿ³¹	大	大平安（仪式）	
	（不念）	水		
	be³³		做	
	ndzạ³³		（虚词，表使役）	
	ku³³	蒜	（虚词）	
	me³³		（虚词）	
	tɕʰu³¹		快	快点做个大平安（仪式）。
	be³³		做	
	dzɿ³³		大	
	be³³		做	
	ndzạ³³	一种制毡竹器	（虚词）	
	me³³		（虚词）	

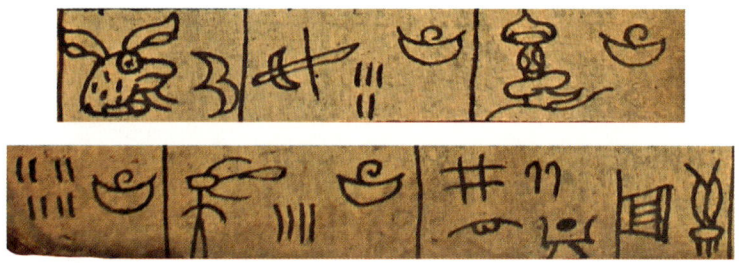

字符	国际音标	直译	意译	全句大意
	tʰo³³ li³³	兔	属兔	
	kʰu³³	岁		
	ndɑ³³	砍		
	uã³³	五	十二月	
	hɛ̃³³	月		
	hɛ̃³¹	神名		属兔的人，十二月、二月、八月，那四个月不能病。
	ndʑə³¹		二月	
	hɛ̃³³	月		
	ho³³	八		
	hɛ̃³³	月	八月	
	me³³			

字符	国际音标	直译	意译	全句大意
	tʂʰʅ³¹		那，其	（同上）
	ru³³	四	四个月	
	hẽ³³	月		
	ŋgu³³		病	
	mɑ³³		（否定）	
	ni³¹	二	允许	
	me³³		（虚词）	
	qʰuɑ³¹		不好	病了难好。
	NGɑ³³		赢	
	ku³³	蒜	（虚词，表推断）	

图二

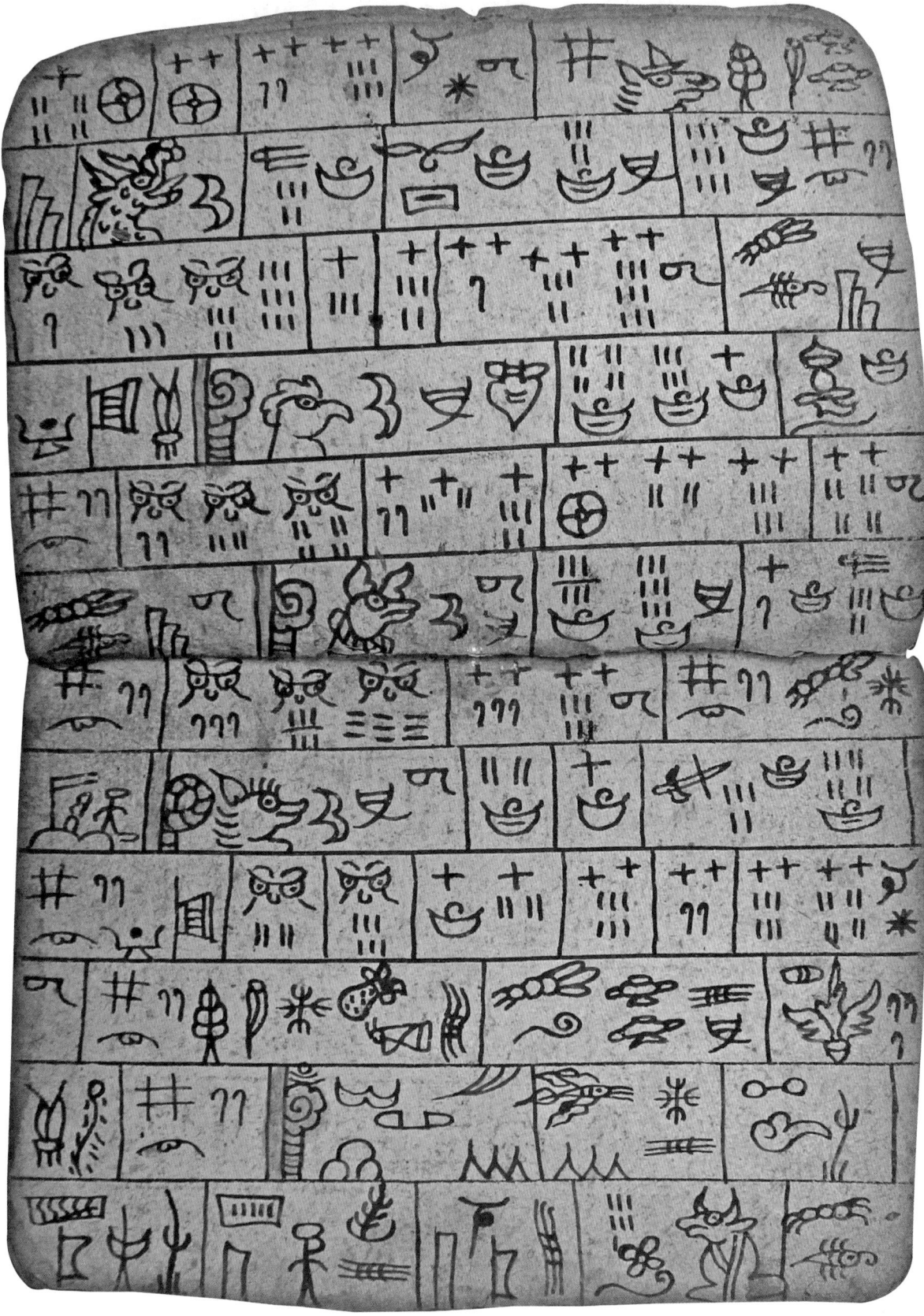

 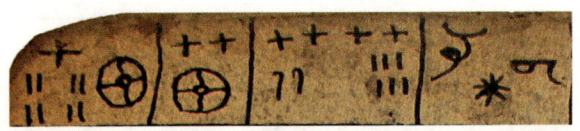

字符	国际音标	直译	意译	全句大意
⊠	tsʰe³³	盐		
	do¹¹	见	初二	
	ni³³	二		
	ni³³	日		
	tsʰe³³			
	do¹¹	见	初六	初二、初六、廿四、十八、二十、廿二、廿六、三十，平。
	tʂʰua³³	六		
	ni³³	日		
++	ni³³ tsɿ¹¹	二十		
	ru³³	四	廿四	
⊕	ni³³	日		
+	tsʰe³¹	十		
	ho³³	八	十八	
⊕	ȵi³³	日		

续表

字符	国际音标	直译	意译	全句大意
✝✝	ȵi³³		二十	
	tsɿ¹¹	十		
⊕	ȵi³³	日		
✝✝	ȵi³³	二十	廿二	
	tsɿ¹¹			
ʔʔ	ȵi³³	二		
	ȵi³³	日		（同上）
✝✝	ȵi³³	二十	廿六	
	tsɿ¹¹			
⫼	tʂʰua³³	六		
	ȵi³³	日		
ϟ	nɑ³³	黑	三十	
⚹	tu³¹			
ꭥ	kə³³		不好不坏	

第三章　争伍经典文献选译　　621

字符	国际音标	直译	意译	全句大意
井	ŋgu³³		病	如果病得厉害，要做大仪式。
	ʐua³¹	马	严重	
	nu³³		（虚词）	
	ʂu³³	植物名	仪式名	
	dʑi³¹	水		
	dʐɿ³³		大	如果病得厉害，要做大仪式。
	dʐɿ³³		大	
	dʑy¹¹		存在	
	ku³³		（虚词）	
	me³³		（虚词）	

字符	国际音标	直译	意译	全句大意
	ru³¹	龙		属龙的人。

续表

字符	国际音标	直译	意译	全句大意
	kʰu³³		岁	（同上）
	me³³		（虚词，指示名词性结构）	
	sã³³	麻		
	uã³³	五	三月份	
	hẽ³³	月		
	iə³¹	药草		
	pe³¹	一种定容衡器	十二月	
	hẽ³³	月		三月、十二月、五月、九月，（这些月份）不能病。[1]
	uã³³	五		
	hẽ³³	月	五月	
	me³³			
	ŋgu³³	九		
	hẽ³³	月	九月	
	me³³			

[1] 在这些月生病是凶兆。

第三章 争伍经典文献选译　623

字符	国际音标	直译	意译	全句大意
井	ŋgu³³		病	
ᴗ	mɑ³³		（否定）	（同上）
⁊⁊	ni³¹		（虚词，表允许）	

字符	国际音标	直译	意译	全句大意
	tsʰe³³			
👁	do¹¹	见	初一	
⁊	dzɿ³³	一		
	ni³³	日		初一、初三、初五、初九、十三、十五、廿一、廿五、廿九，平。
	tsʰe³³			
👁	do¹¹	见	初三	
Ⅲ	sy³³	三		
	ni³³	日		

续表

字符	国际音标	直译	意译	全句大意
	tsʰe³³			
👁	do¹¹	见		
川	uã³³	五	初五	
	ni³³	日		
	tsʰe³³			
	do¹¹			
川川	ŋgu³³	九	初九	（同上）
	ni³³	日		
十	tsʰe³¹	十		
川	sy³³	三	十三日	
	ni³³	日		
十	tsʰe³¹	十		
川川	uã³³	五	十五日	
	ni³³	日		

续表

字符	国际音标	直译	意译	全句大意
++	ni³³tsɿ¹¹	二十		
?	dzɿ³³	一	廿一	
	ni³³	日		
++	ni³³tsɿ¹¹	二十		
‖‖	uã³³	五	廿五	（同上）
	ni³³	日		
++	ni³³tsɿ¹¹	二十		
‖‖‖	ŋgu³³	九	廿九	
	ni³³	日		
∽	kə³³		不好不坏	

 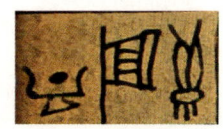

字符	国际音标	直译	意译	全句大意
	ku³³	蒜	（统称）法事	有点严重（要做法事）。
	ri⁵⁵	脱落		

续表

字符	国际音标	直译	意译	全句大意
	dzy¹¹		存在	
	ku³³		（虚词，表推断）	
	me³³		（虚词）	（同上）
	qʰua³¹		坏	
	ᴺGɑ³³		严重	
	ku³³	蒜	（虚词，表推断）	

字符	国际音标	直译	意译	全句大意
	ẽ³¹	鸡	属鸡	
	kʰu³³	岁		
	me³³		（虚词，指示名词性结构）	属鸡的人生病的情况。
	ni³³	心		
	ŋgu³³		病	
	nu³³		（虚词）	

字符	国际音标	直译	意译	全句大意
	ho³³	八		
	hẽ³³	月	八月	
	me³³			
	tʂʰuɑ³¹	六		
	hẽ³³	月	六月	
	me³³			
	tsʰe³¹	十		
	hẽ³³	月	十月	八月、六月、十月、二月，不能病。
	me³³			
	hẽ³¹ndʑə³³	神名	二月	
	hẽ³³	月		
	ŋgu³³		病	
	mɑ³³		（否定）	
	ni³³		（虚词，表允许）	

字符	国际音标	直译	意译	全句大意
	tsʰe³³			
ᢹ	do¹¹	见	初二	
ʔʔ	ni³³	二		
	ni³³	日		
	tsʰe³³			初二、初四、初八、十二、十四、十五、二十、廿四、廿六、廿八，平。
ᢹ	do¹¹	见	初四	
ΙΙΙ	ru³³	四		
	ni³³	日		
	tsʰe³³			
ᢹ	do¹¹	见	初八	
ΙΙΙ	ho³³	八		
	ni³³	日		

第三章　争伍经典文献选译　629

续表

字符	国际音标	直译	意译	全句大意
十	tsʰe³¹	十		
丌	ni³³	二	十二	
	ni³³	日		
十	tsʰe³¹	十		
₁‖	ru³³	四	十四	
	ni³³	日		
十	tsʰe³¹	十		（同上）
‖‖	uã³³	五	十五	
	ni³³	日		
††	ni³³tsɿ¹¹	二十	二十	
⊕	ni³³	日		
††	ni³³tsɿ¹¹	二十	廿四	
‖ ‖	ru³³	四		
	ni³³	日		

续表

字符	国际音标	直译	意译	全句大意
╪╪	ni³³tsɿ¹¹	二十		
⫼	tʂʰuɑ³³	六	廿六	
	ni³³	日		
╪╪	ni³³tsɿ¹¹	二十		（同上）
⫼⫼	ho³³	八	廿八	
	ni³³	日		
ᓄ	kə³³		不好不坏	

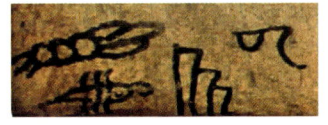

字符	国际音标	直译	意译	全句大意
〰	ku³³	蒜	仪式	
〰	ri³³	苗		做了法事以后便不好不坏。
⺆	dʑy¹¹		存在	
ᓄ	kə³³		不好不坏	

字符	国际音标	直译	意译	全句大意
	kʰə³³	狗	属狗	
	kʰu³³	岁		
	dzɿ³³		这天	属狗的人，那天（以下这些日子）病了，不好不坏。
	ni³³			
	ŋgu³³		病	
	me³³		（虚词）	
	kə³³		不好不坏	

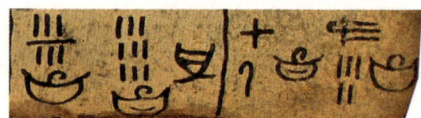 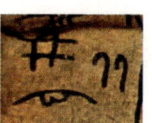

字符	国际音标	直译	意译	全句大意
	ʂl³³	七		七月、九月、十一月、三月、不能病[1]
	hẽ³³	月	七月	
	me³³			

---

[1] 这些月份生病是凶兆。

续表

字符	国际音标	直译	意译	全句大意
川	ŋgu³³	九		
ᗜ	hɛ̃³³	月	九月	
ꭰ	me³³			
十	tsʰe³¹	十		
ʔ	dzuə³³	一	十一月	
ᗜ	hɛ̃³³	月		
𠂇	sa³³	麻		（同上）
川	uã³³	五	三月	
ᗜ	hɛ̃³³	月		
丼	ŋgu³³		病	
⌒	mɑ³³		（否定）	
刀刀	ni³¹	二	（虚词，表允许）	

字符	国际音标	直译	意译	全句大意
	tsʰe³³		初三	
𓁹	do¹¹	见		
ᛧᛧᛧ	sy³³	三		
	ni³³	日		
	tsʰe³³		初七	初三、初七、初九、廿三、廿六，平。
𓁹	do¹¹	见		
‖‖	ʂʅ³³	七		
	ni³³	日		
	tsʰe³³		初九	
𓁹	do¹¹	见		
꜊꜊꜊	ŋgu³³	九		
	ni³³	日		

字符	国际音标	直译	意译	全句大意
++	ni³³tsʅ¹¹	二十		
???	sy³³	三	廿三	
	ni³³	日		
++	ni³³tsʅ¹¹	二十		（同上）
|||	tʂʰuɑ³³	六	廿六	
	ni³³	日		
ʡ	kə³³		不好不坏	

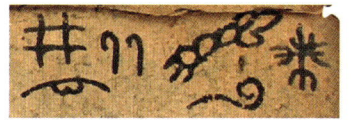
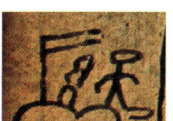

字符	国际音标	直译	意译	全句大意
#	ŋgu³³		病	
⌒	mɑ³³		（否定）	
??	ni³³		（虚词，表允许）	不能病，如果做法事，病情像翻过高山矮山一样。
	ku³¹			
	ri³³		法事	

续表

字符	国际音标	直译	意译	全句大意
	ˑbe³³		做	
	ndzᴀ³³		（虚词）	
	mbu³¹	山		
	ʂuɑ³¹	高		（同上）
	mbu³¹	山		
	fĩỹ³³	矮		
	lo⁵⁵	翻越		

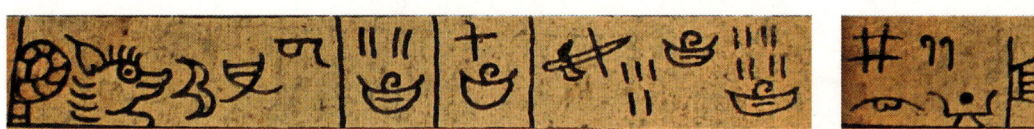

字符	国际音标	直译	意译	全句大意
	bo³¹	猪	属猪	
	kʰu³³	岁		属猪的人不好不坏（的时间）。
	me³³		（虚词，指示名词性结构）	
	kə³³		不好不坏	

续表

字符	国际音标	直译	意译	全句大意
川川	ru³³	四		
	hẽ³³	月	四月	
	me³³			
十	tsʰe³¹	十		
	hẽ³³	月	十月	
	me³³			
	ndɑ³³	砍		四月、十月、十二月、八月。
川	uã³³	五	十二月	
	hẽ	月		
川川	ho³¹	八		
	hẽ³³	月	八月	
	me³³			
#	ŋgu³³		病	
	mɑ³³		（否定）	不能病，（如果病）会有点严重。
刀刀	ni³¹	二	（虚词，表允许）	

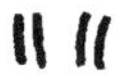

第三章　争伍经典文献选译　637

续表

字符	国际音标	直译	意译	全句大意
ᗡ	qʰua³¹		坏	
冃	ᶰGɑ³³		严重	（同上）
	ku³³		（虚词，表推断）	

字符	国际音标	直译	意译	全句大意
	tsʰe³³			
ᗡ	do¹¹	见	初四	
川	ru³³	四		
	ni³³	日		初四、初六、十月十四日、廿二、廿六、廿八、三十，平。
	tsʰe³³			
ᗡ	do¹¹	见	初六	
川	tʂʰua³³	六		
	ni³³	日		

续表

字符	国际音标	直译	意译	全句大意
十	tsʰe³¹	十		
ᗑ	hɛ̃³³	月		
	me³³		十月十四日	
十	tsʰe³¹	十		
⳽⳽	ru³³	四		
	ni³³	日		
十十	ni³³tsʅ¹¹	二十		
ᎵᎵ	ni³³	二	廿二	（同上）
	ni³³	日		
十十	ni³³tsʅ¹¹	二十		
⳽⳽⳽	tʂʰuɑ³³	六	廿六	
	ni³³	日		
十十	ni³³tsʅ¹¹	二十		
⳽⳽⳽	ho³³	八	廿八	
	ni³³	日		

续表

字符	国际音标	直译	意译	全句大意
	nɑ³³	黑		
	tu¹¹		三十	（同上）
	kə³³		不好不坏	

字符	国际音标	直译	意译	全句大意
	ŋgu³³		病	
	mɑ³³		（否定）	
	ȵi³¹		（虚词，表允许）	
	ʂu³³	植物名	平安经，或平安法事	
	dʑi³³	水		不能病，做个平安，把东西给鬼。
	be³³		做	
	pʰu³³		脱	
	tɕʰy³³		掉	
	ndzɑ³³	制毡竹器	（虚词，表使役）	

字符	国际音标	直译	意译	全句大意
	ku³³	蒜		
	ri³³		法事	
	dzɿ³¹		大	
	dzɿ³¹		大	要做大大的法事。
	be³³		做	
	ndza³³	制毡竹器	（虚词，表使役）	
	me³³		（虚词）	

字符	国际音标	直译	意译	全句大意
	tʰu³³	到		
	ndʐu³¹		冬天	
	sy³³	三	虚数	冬天的时候，不能病。
	ku³³	蒜		
	dʑi³¹		时辰	

第三章 争伍经典文献选译 641

续表

字符	国际音标	直译	意译	全句大意
井	ŋgu³³		病	
⌒	ma³³		（否定）	（同上）
𝜂𝜂	ȵi³¹		（虚词，表允许）	

字符	国际音标	直译	意译	全句大意
	kʰu³³		生肖	属相到南方[1]。
	lu³¹	石头		
	i¹¹tɕʰi³³mĩ¹¹	南方		
	(mĩ³¹)	（重复，不念）		
	tʰu³¹		到	

---

[1] 纳西岁数算法，（虚岁）一岁属东，两岁属东南，依此类推。

续表

字符	国际音标	直译	意译	全句大意
	tɕi³³		一种鬼的名字	
	tɕʰi³¹			要做"基其"的法事。
	be³³		做	
	ndza³³	制毡竹器	（虚词，表使役）	
	uã³³	骨头	仪式名	
	xɯ³³			做"弯诃"（灭口障）仪式。
	pv³¹		念（经）	
	tɕi³³		鬼名	
	kʰo³³	门		
	tʂɿ³³		圄	做送鬼——关门的仪式。
	pv³¹		念（经）	
	ndza³³		（虚词，表使役）	

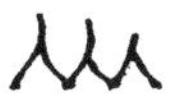

第三章　争伍经典文献选译　　643

续表

字符	国际音标	直译	意译	全句大意
	tɕə^{31}to^{33}mbɑ^{11}			要做"加多巴"仪式。
		板	一种僧人做的仪式名	
		叫喊		
	be^{33}		做	
	ndzɑ^{33}		（虚词，表使役）	
	to^{31}	木板		要做送替死鬼的仪式。
	na^{33}	黑		
	kʰo^{33}	门		
	ndzɑ^{33}	制毡竹器	（虚词，表使役）	
	ɕi^{31}ndʑi^{33}	一种有牛头的鬼		把被"信基"带走的魂喊回来。
	uã^{11}		魂	
	sɿ^{33}	七	喊	

续表

字符	国际音标	直译	意译	全句大意
	ku^{33}	蒜	（统称）法事	要做仪式。
	ri^{33}	脱落		
	be^{33}		做	
	ndza^{33}	制毡竹器	（虚词，表使役）	
	si^{33}si^{33}		完成	把所有的仪式都做完就能顺利。
	mĩ^{33}	火	下	
	tɕi^{33}	剪刀		
	tɕi^{33}	云		
	rẽ^{31}		瞄准	
	bo^{31}	定容衡器	（虚词，表假设）	
	dʐ̩^{31}	拴		
	tsõ^{33}	蜱		给有青蛙头的鬼做法。
	pɑ^{31}	青蛙头		
	iə^{33}	植物名		
	ndza^{33}	一种制毡竹器	（虚词，表使役）	

第三章　争伍经典文献选译　◆　645

图三

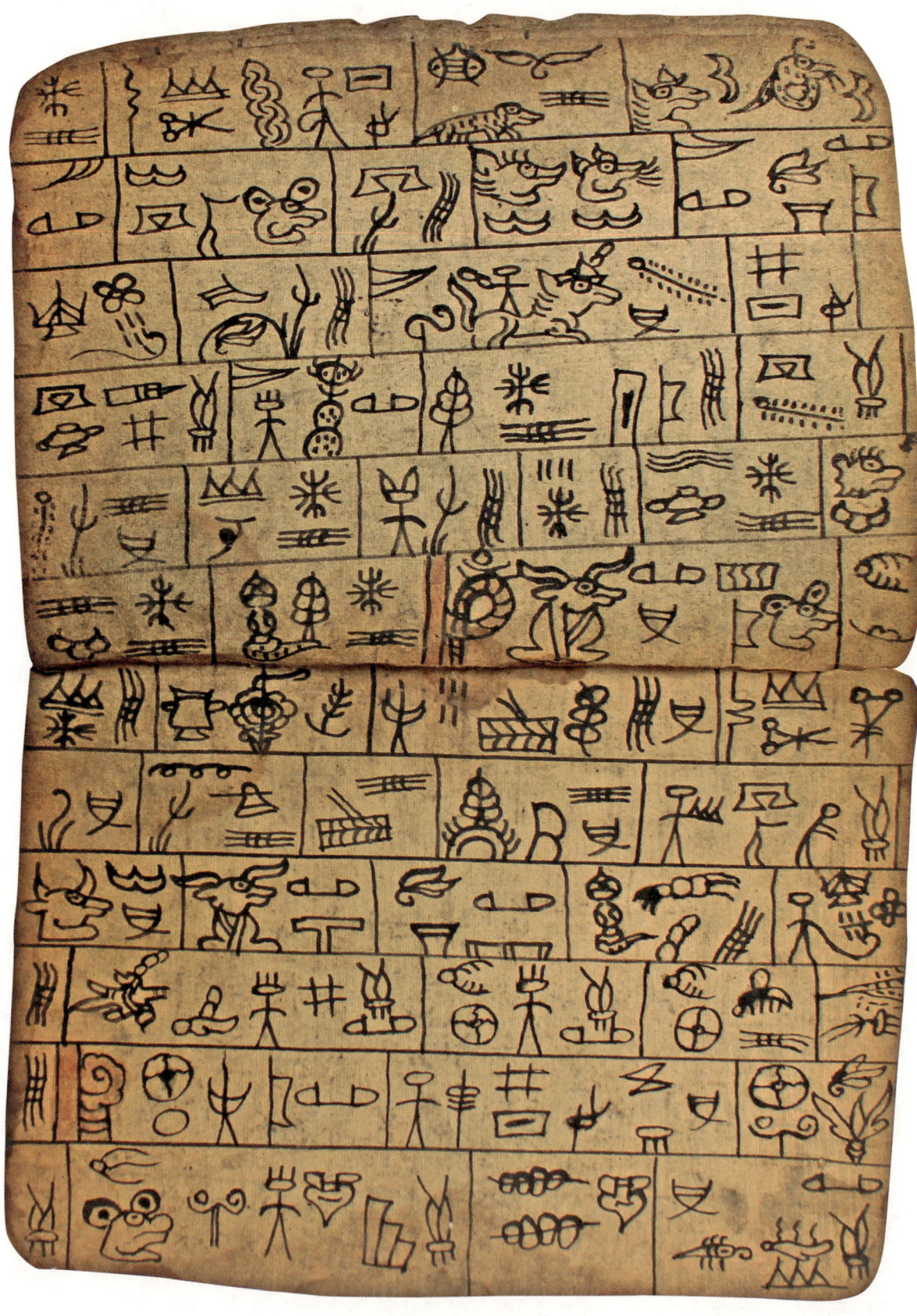

字符	国际音标	直译	意译	全句大意
	ʑi³¹	蛇		
	kʰu³³		岁	
	ɖuɑ³¹	马		
	kʰu³³		岁	属蛇属马的人如果到了南方。
	i¹¹tɕʰi³³m̃ĩ¹¹		南方	
	tʰu³³		到	
	kʰv³³		年	
	gə³¹		上	
	la³³		（虚词）	
	gu³³		好	到了跟自己属相做对的属相的那年，要做（仪式）。
	kʰv³³		年	
	zɿ³¹		（虚词）	
	gə³¹			

第三章　争伍经典文献选译　　647

字符	国际音标	直译	意译	全句大意
	pv³³		念	（同上）
	ndza̠³³	一种制毡竹器	（虚词，表使役）	

字符	国际音标	直译	意译	全句大意
	bo³¹	猪		
	kʰv³³		岁	
	fv³³	鼠		
	kʰv³³		岁	
	i¹¹tɕʰi³³mĩ¹¹		南方	属猪属鼠（的人），到南边会像鬼挡在门口一样。
	tʰu³³		到	
	ŋgu³³			
	bv³³			
	zu̠³¹			
	dzɿ³¹			

续表

字符	国际音标	直译	意译	全句大意
	me^{33}		（虚词）	
	k^{h}o^{33}	门		（同上）
	t^{h}u^{33}		到	
	sy^{33}		魂	
	uã^{33}	魂	喊魂	要喊魂。
	ʂʅ^{33}	七，喊		
	ndẓa^{33}		（虚词，表使役）	
	to^{55}			
	k^{h}ə^{33}		平安仪式	
	zu̠^{31}			要做平安仪式。
	zi^{31}			
	pv^{31}		念（经）	
	ndẓa^{33}		（虚词，表使役）	

第三章 争伍经典文献选译 649

字符	国际音标	直译	意译	全句大意
![]	i¹¹tɕʰi³³mĩ¹¹		南方	
![]	hĩ³³	人		
	hỹ³¹		红[1]	
![]	ɯɑ³³	马		南方的着红人（如着红装）骑红马就不好。
	hỹ³¹		红[2]	
	ndzɿ³		（虚词）	
	me³³		（虚词）	
![]	to³³			
![]	tɕʰy³¹			

[1][2] 人手处和马头上所绘"8"字形表示"红"的意思。

续表

字符	国际音标	直译	意译	全句大意
	ŋgu³³		病	
	pe³¹	定容衡器	（虚词，表假设）	如果病的话，病会严重。
	dzı³¹	拴		
	gə³¹		上	
	dzı³¹		大	
	tɕu³³			
	ŋgu³³		病	
	ku³³		（虚词，表推断）	
	i¹¹tɕʰi³³mĩ¹¹		南方	
	o³³		粮	
	tɕʰy⁵⁵	鬼	丢失	南方有东西要丢失（南方会死人）。
	dze³¹	小麦[1]		
	ri⁵⁵		逃	
	tʰu³¹		到	

[1] 一说此符下半部葫芦形表示"粮食"，上半部表示"麦子"。

字符	国际音标	直译	意译	全句大意
	ʂu³³	植物名	大或中平安仪式	要做平安仪式。
	be³³		做	
	ndzɑ̱³³		（虚词，表使役）	
	to⁵⁵	板	中平安仪式	
	kʰə³¹			
	ndzɑ̱³³		（虚词，表使役）	
	tɕʰy³¹		惊吓	会被吓生病。
	gə³¹	上		
	ku³³	蒜	（虚词，表推断）	
	tɕʰy³¹		仪式名	要做"定魂"仪式。
	pv³¹			
	ndzɑ̱³³	竹器名	（虚词，表使役）	
	me³³		（虚词）	

续表

字符	国际音标	直译	意译	全句大意
ᗱᗱᗱ	mĩ³¹	火	仪式名	要做"敏那"仪式。
⼑	nɑ³³	黑		
	tɕʰy³¹			
✻	be³³		做	
≣	ndzɑ³³	竹器名	（虚词，表使役）	
⽊	dzɑ³¹	山神		要做敬山神的仪式。
⼑	pv³¹		念（经）	
⼋	ndzɑ³³	竹器名	（虚词，表使役）	
‖‖	ru³³	四		做四种仪式。
	bɑ⁵⁵			
✻	be³³		做	
⼋	ndzɑ³³	竹器名	（虚词，表使役）	

续表

字符	国际音标	直译	意译	全句大意
	hã^{55}	风	敬山神仪式	做大的敬山神仪式。
	dzʐ^{31}	大		
	be^{33}		做	
	ndzạ^{33}	竹器名	（虚词，表使役）	
	zụ^{31}	猴	拿	要做埋鬼的仪式，要劳动。
	lu^{33}	石头		
	ndzạ^{33}	竹器名	（虚词，表使役）	
	lu^{33}	石头		
	be^{33}		做	
	ndzạ^{33}	竹器名	（虚词，表使役）	
	dʑi^{33}qʰuɑ^{33}	水龙	敬水龙	要做敬水龙的仪式。
	ʂu^{33}	植物名		
	be^{33}		做	
	ndzạ^{33}	竹器名	（虚词，表使役）	

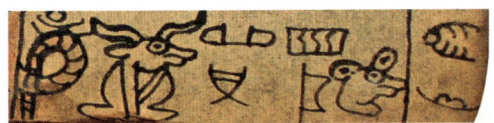

字符	国际音标	直译	意译	全句大意
	iu^{11}	羊		
	ndzu^{11}	坐	西南方	
	tsŋ^{33}	起		
	tʰu^{33}		到	到了西南方。
	me^{33}		（虚词）	
	tɕi^{31}			
	kʰo^{33}	门		
	ku^{33}		（虚词，表推断）	
	χə^{31}	齿		
	mɑ^{33}	否定		做远处的仪式。
	mĩ^{33}	火，听	远处	
	be^{33}		做	

续表

字符	国际音标	直译	意译	全句大意
	ndza³³	竹器名	（虚词，表使役）	（同上）
	zo³¹	柜子	男子，儿子	男人（儿子）要了解山。
	ndzʅu³¹		山	
	sʅ³³	柴	懂	
	ndza³³		（虚词，表使役）	
	dzʅ³¹	凶死的鬼	经书名	要读大平安经书。
	uã³³	五，惹		
	tʰe³¹ɣ³¹		书	
	tɕʰu³³		读	
	ndza³³	竹器名	（虚词，表使役）	
	me³³		（虚词）	
	si³¹		完成	要给小孩子做仪式。
	mĩ³³	火	女子	
	tɕi³³	剪子	小小	
	tɕi³³	剪子		

续表

字符	国际音标	直译	意译	全句大意
	pv³¹		念（经）	（同上）
	me³³		（虚词）	
	tɕʰə³³	粘	秽	
	pv³¹		念	
	tɕʰə³³	粘	秽	要做除秽的仪式。
	ɕu³³		除	
	ndzạ⁵⁵	竹器名	（虚词，表使役）	
	tɕʰə³³ɕu³³		除秽	
	tʰe³¹ɤ³¹		书	要念除秽的经书。
	tɕʰu³³		读	
	ndzạ³³	竹器名	（虚词，表使役）	
	nõ⁵⁵	财神		
	mbu³¹		请，延聘	如果做了请财神，家里会很顺利。
	ndzạ³³	竹器名	（虚词，表使役）	
	me³³		（虚词）	

续表

字符	国际音标	直译	意译	全句大意
	hĩ³¹	人		
	gə³¹	上		
	la⁵⁵		顺利，吉兆	（同上）
	gu³¹	背		
	ku³³	蒜	（虚词，表推断）	

字符	国际音标	直译	意译	全句大意
	ɣə³³	牛	属牛	
	kʰv³³			
	me³³		（虚词，表示名词化结构）	属牛的人，到西南方的话，就到了敌人的地方。
	iu¹¹ndzu³³tsɿ³³	羊坐 起	西南方	

续表

字符	国际音标	直译	意译	全句大意
	t^hu^{33}		到	
	$z\underset{\sim}{\imath}^{31}$	柳	敌人	（同上）
	$dz\underset{\sim}{\imath}^{31}$	砧板		
	dy^{31}		地	
	t^hu^{31}		到	
	$ṣu^{31}$	水龙		
	kv^{33}		请，延聘	要敬水龙。
	$hỹ^{33}$		敬	
	$ndzạ^{33}$	竹器名	（虚词，表使役）	
	（不念）			
	sy^{33}		喊魂仪式	
	$uã^{31}$		魂	要喊魂。
	$ṣɿ^{33}$		喊	
	$ndzạ^{33}$	竹器名	（虚词，表使役）	

续表

字符	国际音标	直译	意译	全句大意
	ɣə³³		皮	（如果见到）红皮红肉，会有病痛。
	hỹ³¹		红	
	çi³³		肉	
	hỹ³¹		红	
	ŋgu³¹		病	
	tsʰɿ³³		痛	
	tʰu³³		到	
	ku³³	蒜	（虚词，表推断）	
	gə³³	牙，饱		
	ni³³	太阳	凶死的和尚东巴的鬼	凶死的和尚东巴的鬼会到来。
	tsʰy³¹	鬼		
	tʰu³³		到	
	ku³³	蒜	（虚词，表推断）	
	gə³³	牙，饱		要敬（这些）和尚东巴的凶死鬼。
	ni³³	太阳	凶死的和尚东巴的鬼	

续表

字符	国际音标	直译	意译	全句大意
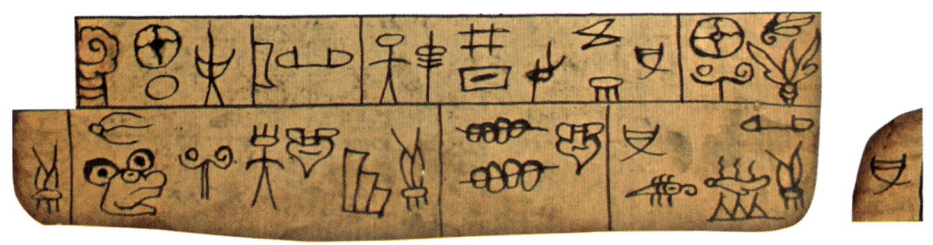	pv³³		供奉，供养	（同上）
	ndza³³	竹器名	（虚词，表使役）	
	hã⁵⁵	风		要送走风吹死的鬼。
	tsʰy³¹	鬼		
	pv³³		供养	
	ndza³³	竹器名	（虚词，表使役）	

字符	国际音标	直译	意译	全句大意
	ni³³	太阳	二	两个人到凶死鬼的门口。
	gv³¹		个	
	tʂʅ¹¹	凶死鬼		
	kʰo³³	门		
	tʰu³³		到	

续表

字符	国际音标	直译	意译	全句大意
	$hĩ^{33}$	人		中年人，如果病的话，会病死。
	ly^{33}		中	
	$ŋgu^{31}$		病	
	k^ho^{33}			
	t^hu^{33}		到	
	$dz\textipa{\|}^{31}$	拴	（虚词，表假设）	
	$ɕi^{33}$		死	
	ku^{33}	蒜	（虚词，表推断）	
	me^{33}		（虚词）	
	$ɑ^{33}ni^{33}$	太阳	姑姑	姑姑所在的那边有敌人。
	$dʑu^{33}$		那边	
	$z\textipa{\|}^{31}$		敌人	
	$ndʑu^{31}$		存在	
	ku^{33}	蒜	（虚词，表推断）	

续表

字符	国际音标	直译	意译	全句大意
	ɑ³³		舅舅	舅舅所在的那边有鬼。
	gu³³			
	dʑu³³		那边	
	tsʰy³¹	鬼		
	nẽ³³	心	（虚词）	
	dʑy¹¹		存在	
	ku³³	蒜	（虚词，表推断）	
	tɕʰu³³		快	快快的。
	tɕʰu³³		快	
	nẽ³³	心	（虚词）	
	me³³			有闲话会来。
	ri³³	苗脱落		
	mbv³¹			
	tʰu³³		到	
	ku³³	蒜	（虚词，表推断）	
			（虚词）	

第三章 争伍经典文献选译　663

图四

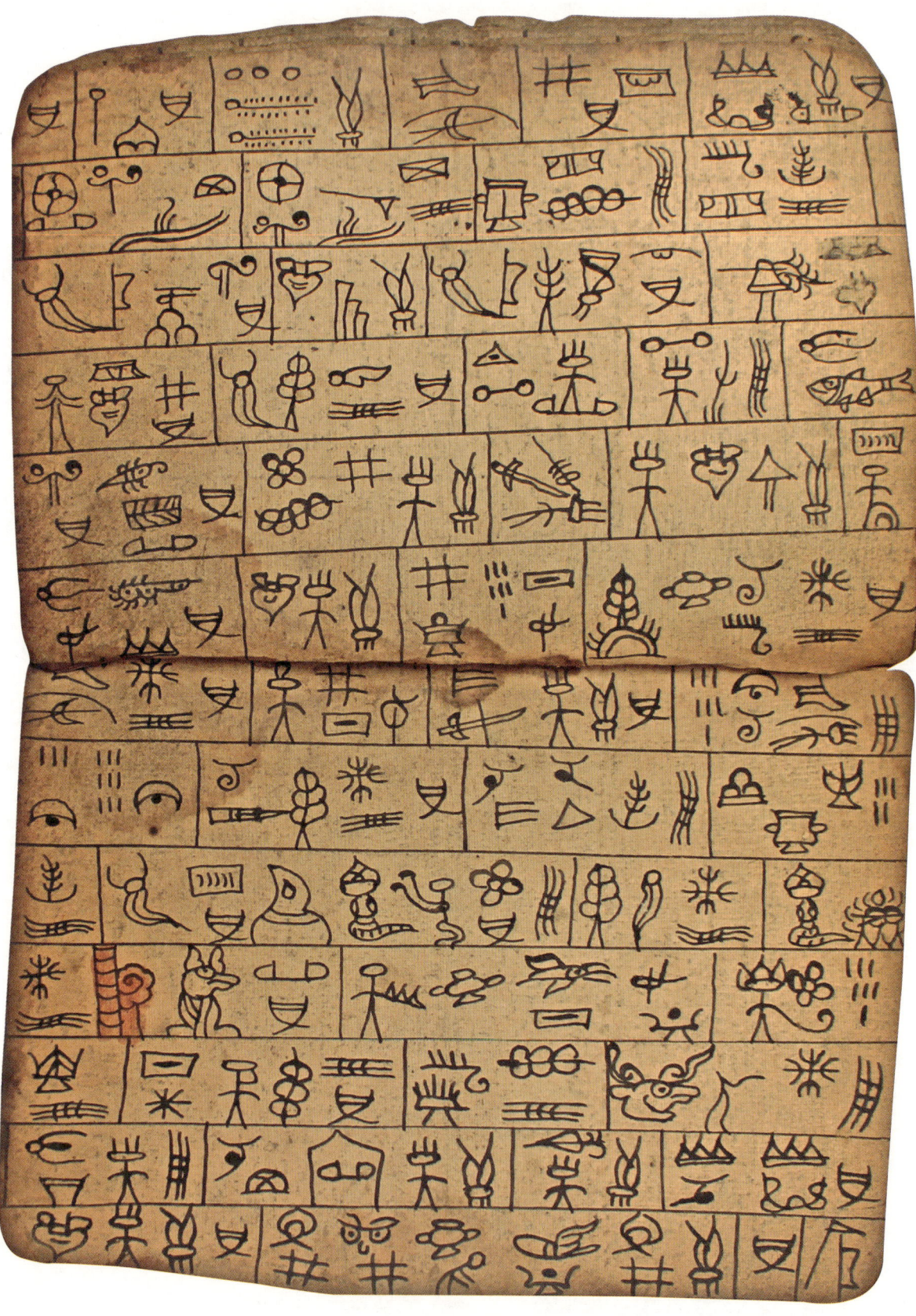

字符	国际音标	直译	意译	全句大意
	qo³¹	针	遇到	
	pv³³	锅		
	tʰu³³		到	
	me³³		（虚词）	
	gɯ³³	星星	流星	遇到流星，吓人的鬼会把人怔住。
	tɕʰy³¹			
	nẽ³³		（虚词）	
	tɕʰy³¹		惹，吓	
	ku³³	蒜	（虚词，表推断）	
	to³¹		大平安仪式	要做大平安仪式。
	kʰə³³			
	dzɿ³¹	一种鬼		
	zɿ³¹	压		
	ndza³³		（虚词，表使役）	

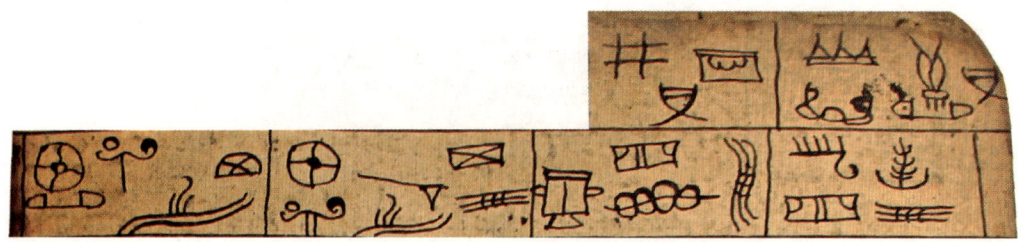

字符	国际音标	直译	意译	全句大意
ŋgu³³	仓，房			
dɑ³³	砍			
me³³		（虚词，表假设）		
mĩ³³	火			
kʰə³¹	篮子	一种鬼		有砍房子的，鬼会到。
tsʰy³¹				
tʰu³³		到		
ku³³	蒜	（虚词，表推断）		
me³³		（虚词）		
ni³³ me³³ tʰu³³	太阳	东方		
	到			东边路上来的，要把它送到西方去。
dʑu³³		那边		
ŋgə³³				

666　争伍东巴文献的发现、解读与研究

续表

字符	国际音标	直译	意译	全句大意
	ʐuə³³	路		
	nẽ³³		（虚词）	
	tʰu³³		到	
	ku³³		（虚词，表推断）	
	me³³		（虚词）	
	ni³³	太阳	西方	
	me³³gv³³			（同上）
	dʑu³³		那边	
	ŋgə³³			
	ʐuə³³	路		
	tɕʰi³³			
	ʐuə³³			
	tsʰe³³			
	ndzḁ⁵⁵		（虚词，表使役）	

字符	国际音标	直译	意译	全句大意
	zo³¹	柜子		
	rua³³		一种僧人做的仪式名	要做"索拉"仪式。
	tɕʰu³¹		念（经）	
	ndzạ³³		（虚词，表使役）	
	so³³		一种僧人做的仪式名	
	rua³³			要做"梭拉"仪式。
	pv³¹		念（经）	
	ndzạ³³		（虚词，表使役）	

字符	国际音标	直译	意译	全句大意
	dʑi³³qʰua³³	水龙		
	kʰo³¹	门		水龙的门里有白石头。
	lu³¹	石头		

字符	国际音标	直译	意译	全句大意
	pʰɹə³³		白	
	dʑy¹¹		存在	（同上）
	me³³		虚词	
	nẽ³³	心		
	dʑy¹¹		存在	
	ku³³	蒜	（虚词，表推断）	有（要做）这样（有白石头的那种水龙）的仪式。
	me³³			
	dʑi³¹qʰuɑ³¹	水龙		
	kʰo³³	门		
	ndʑɿ³¹	树		
	tsʰɿ³³		砍	水龙的门口不能砍树。
	mɑ³³		（否定）	
	ndzu³³			
	me³³		（虚词）	

续表

字符	国际音标	直译	意译	全句大意
	ndʑɿ³¹tsʰɿ³³	砍树		
	nẽ³³	心	（虚词）	
	gə³³		上	
	dʑɿ³¹		人	
	gə³³		上	如果砍了那树，会有病痛。
	nẽ³³	心	（虚词）	
	ŋgu³³		病	
	ku³³		（虚词，表推断）	
	me³³		（虚词）	
	dʑi³¹qʰuɑ³¹	水龙		
	ʂu³³	树		
	ɕi³³			要做敬水龙仪式。
	ndzạ³³		（虚词，表使役）	
	me³³		（虚词）	

字符	国际音标	直译	意译	全句大意
◬	ndʑi³³		咒	被人咒的时候，鬼会到。
⊶	uã³³	骨头	晦	
𖼐	tɕʰy³¹	鬼		
⌒	tʰu³³		到	
	me³³		（虚词）	
⊶	uã³³	骨头	晦	要做除晦仪式。
𖼐	tsʰy³³	鬼		
𖼑	pv³³		念（经）	
𖼒	ndza³³		（虚词，表使役）	

字符	国际音标	直译	意译	全句大意
⌐	ɑ³³		姑姑	
🐟	ni³³	鱼		
⚘	dʑu³³		那边	
	ŋgə³³			
	ne³³		（虚词）	姑姑家拿来好衣服。
✿	pʰv³³		一种漂亮衣服	
	dʑi³³			
▨	rɑ̃³¹		一种漂亮衣服	
	dʑi³³			
⌒	tʰu³³		到	
	ku³³		（虚词，表推断）	
⛶	me³³		（虚词）	

续表

字符	国际音标	直译	意译	全句大意
	uɑ̃³³		珠子	
	tʂhuɑ³¹		花纹	
	ŋgu³¹		后	
	nẽ³³		（虚词）	
	tshy³¹	鬼		
	thu³³		到	
	ku³³		（虚词，表推断）	
	re³¹ly³³	剑		
	re³¹sy³³		杀	
	me³³		（虚词，标示定语）	
	tshy³¹	鬼		凶死的鬼，会来惹。
	tshy³¹	鬼		
	nẽ³³		（虚词）	
	tshy³³		惹	
	ku³³	蒜	（虚词，表推断）	

字符	国际音标	直译	意译	全句大意
	ndzɯ³¹		西边出生的男人取的名字，借指鬼	
	ʁɑ³³			
	ɑ³³			
	tse³¹	拴	西边出生的男人取的名字，借指鬼	
	ra³³			西方的鬼，会来惹。
	mĩ³¹	火		
	ku³³		（虚词）	
	nẽ³³	心	（虚词）	
	tsʰy³¹	鬼	惹，犯	
	ku³³	蒜	（虚词，表推断）	

 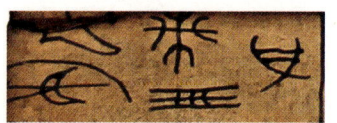

字符	国际音标	直译	意译	全句大意
	ŋgu³¹		病	如果病的时间长的话，每天早上都要敬财神。
	hɑ³³	饭	晚	

续表

字符	国际音标	直译	意译	全句大意
	sʅ³¹	七	长	
	bo³¹	一种定容衡器	（虚词，表假设）	
	dʑɿ³¹	拴		
	nõ³³		财神	
	ʂu³³			
	dzʅ³³		大	
	so¹¹		早	（同上）
	tɕʰi³³			
	mɑ³³			
	ʁẽ³³			
	be³³		做	
	ndzḁ³³		（虚词，表使役）	
	me³³		（虚词）	

第三章 争伍经典文献选译　　675

续表

字符	国际音标	直译	意译	全句大意
	to^{33}			
	k^{h}u^{33}		大平安仪式	
	zu^{31}			要做大平安仪式。
	zį^{31}	踩		
	be^{33}		做	
	ndza^{33}		（虚词，表使役）	
	me^{33}		（虚词）	

字符	国际音标	直译	意译	全句大意
	zo^{31}	儿子		儿子病的话。
	ŋgu^{33}		病	

续表

字符	国际音标	直译	意译	全句大意
	bo³¹	一种定容衡器	（虚词，表假设）	（同上）
	dʑŋ³¹	拴		
	sɑ³¹		水龙	会有水龙的鬼（要做敬水龙的仪式）。
	dɑ³³	砍		
	tsʰy³¹	鬼		
	dʑy¹¹		存在	
		蒜	（虚词，表推断）	
	me³³		（虚词）	
	tɕʰi³³			要做七晚上鬼的仪式。
	sŋ³³	七		
	hɑ³³	晚上		
	tsʰy³¹	鬼		
	zŋ³¹	踩		
	ndzɑ³³		（虚词，表使役）	

第三章　争伍经典文献选译　677

续表

字符	国际音标	直译	意译	全句大意
	sy³³	三		三夜九夜。
	hɑ³³	晚上		
	ŋgu³³	九		
	hɑ³³	晚上		
	tɕʰi³³		这方	要在这方找（东西）。
	tɕu³³	钻		
	ɕu³¹		找	
	be³³		做	
	ndzɑ³³		（虚词，表使役）	
	me³³		（虚词）	
	nɑ³³	黑		要做一种和尚做的仪式。
	sɑ³¹		麻	
	nɑ³³	黑		
	ndʑi³³		芦花草	

续表

字符	国际音标	直译	意译	全句大意
	tsʰu³³	插		（同上）
	ndzạ³³		（虚词，表使役）	
	lu³³	石头		
	zo³¹	柜子	仪式名	
	dzɿ³³			要做"噜若姿弯"（一种和尚做的仪式）。
	uɑ̃³³	五		
	tsʰu³³	插		
	ndzạ³³		（虚词，表使役）	
	dʑi³³qʰuɑ³³	水龙		
	ʑi³³		在某处存在	
	me³³		（虚词，标示定语）	要在有水的山上喊魂。
	ndʐy³³		山	
	nẽ³¹		心	
	(dʑi³³qʰuɑ³³)	（重复省略）		

第三章　争伍经典文献选译　　679

续表

字符	国际音标	直译	意译	全句大意
	uã³³		魂	（同上）
	ʂɿ³³		喊	
	ndẓa³³		（虚词，表使役）	
	ʂu³³		平安仪式	要做平安仪式。
	dʑi³¹	水		
	be³³		做	
	ndẓa³³		（虚词，表使役）	
	dʑi³³qʰuɑ³³	水龙		给水龙烧香。
	tɕʰu³³ ba³³ ndʑi³³	戳／宽／烧	烧香	
	be³³		做	
	ndẓa³³		（虚词，表使役）	

字符	国际音标	直译	意译	全句大意
	$k^h ə^{33} ndzu^{31} tsɿ^{33}$	狗 坐 起	西北方	
	$t^h u^{33}$		到	
	me^{33}		（虚词）	
	$mĩ^{33}$	火		人到西北方那年，病情像火烧的一样坏。
	$dzɿ^{31}$		大	
	mo^{33}		吹	
	bo^{31}	一种定容衡器	（虚词，表假设）	
	$dʑɿ^{31}$	拴		
	$q^h uɑ^{31}$		坏	

字符	国际音标	直译	意译	全句大意
	to⁵⁵mba³³	东巴		
	la³³		（虚词）	
	ndy³³		延聘	
	uã³³	魂		
	ʂɿ³³	七	喊	
	su³³kʰɚ¹¹		喊魂仪式	
	ndzạ³³		（虚词，表使役）	叫东巴去喊魂，耿直（诚实）地做事（仪式等）。
	tu³¹		直	
	pe³³	一种定容衡器		
	mbɑ³³	声音大		
	tʂʰuɑ³¹	戳		
	ndzạ³³		（虚词，表使役）	
	me³³		（虚词）	

续表

字符	国际音标	直译	意译	全句大意
	nõ³³		财神	
	so⁵⁵	溅		给财神烧香。
	tɕʰu³¹	戳	做（法事）	
	ndzą³³		（虚词，表使役）	
	nõ³³		财神	
	la³³		（虚词）	
	be³³		做	给财神烧香。
	ndzą³³		（虚词，表使役）	
	qʰɑ³³			
	tʂʅ³³			
	tsʰy³¹	鬼		
	ndzą³³		（虚词，表使役）	

字符	国际音标	直译	意译	全句大意
⌂	iə³³go¹¹	房子		
	nɑ³³	黑	鬼名	
	tʰi³³			"那剔"鬼会到房间里。
	tsʰy³¹	鬼		
	tʰu³³		到	
	ku³³	蒜	（虚词，表推断）	
	zɑ³¹		鬼名	
	tsʰy³¹	鬼		"砸"鬼会来。
	tʰu³³		到	
	ku³³	蒜	（虚词，表推断）	

续表

字符	国际音标	直译	意译	全句大意
	mĩ³³	火		
	nɑ³³	黑	一种牛头鬼	
	mĩ³³	火		
	kʰə³¹			
	me³³		（虚词）	牛头鬼会来（惹人）。
	nẽ³³	心		
	tsʰy³³	鬼	惹	
	ku³³		（虚词，表推断）	
	me³³		（虚词）	
	ku³³	头		
	ŋu³³		病	
	niə³¹	眼		会头痛、眼痛、背痛、肩痛。
	ŋu³³		病	

字符	国际音标	直译	意译	全句大意
	gə³³		背	（同上）
	tʂɿ³³			
	ŋgu³¹		病	
	lɑ³¹	手	肩膀	
	qʰua³³			
	ŋgu³¹		病	
	ku³³	头		
	ŋgu³³		病	
	ku³³	蒜	（虚词，表推断）	
	me³³		（虚词）	

图五

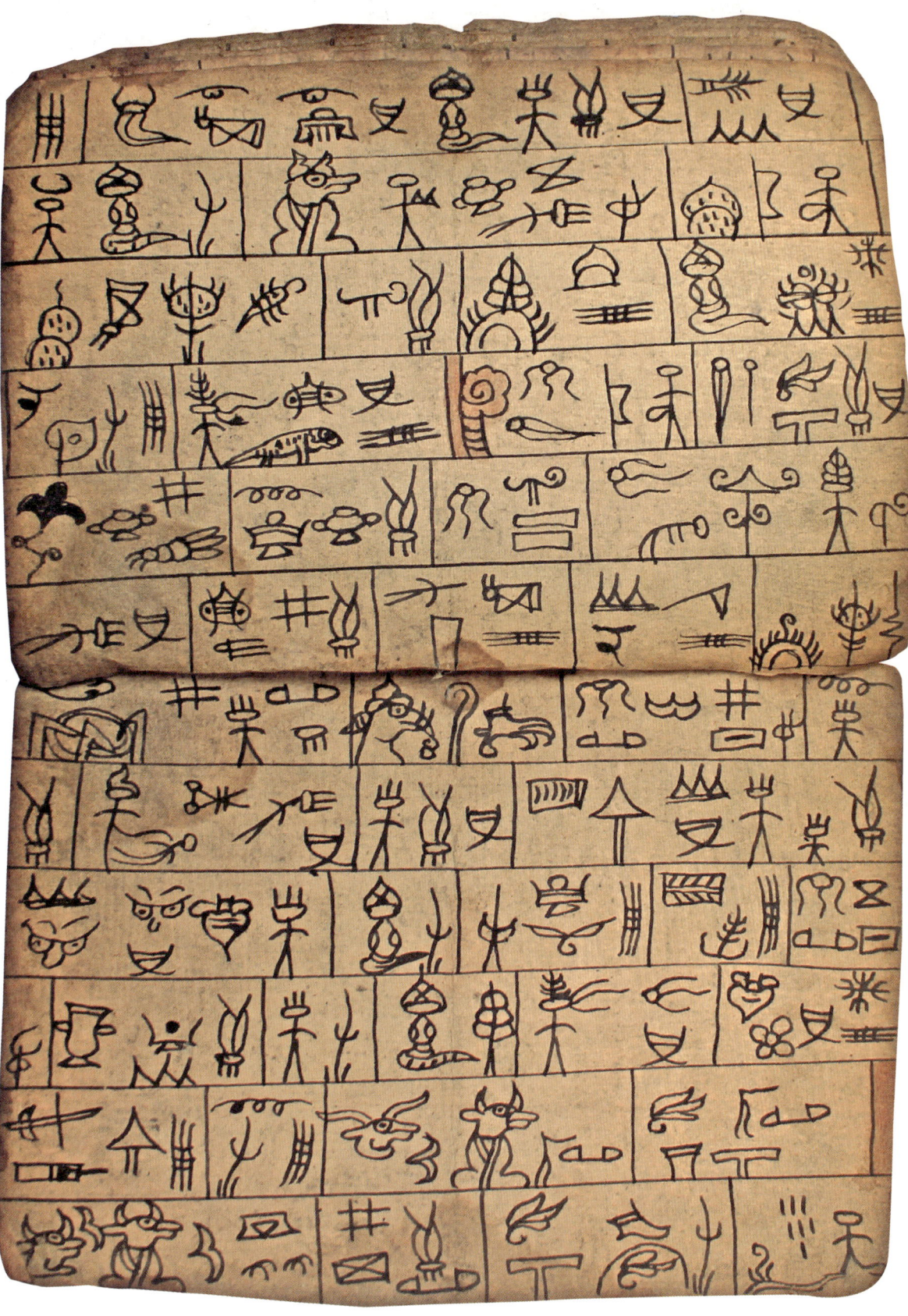

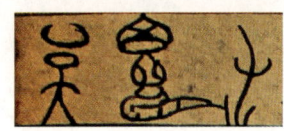

字符	国际音标	直译	意译	全句大意
	ndʐy¹¹		山	
	kʰo³³	门	旁边	山上的水龙。
	ndzạ³³		（虚词）	
	dʑi³³qʰuɑ³³	水龙		
	（笔误）			
	tɕʰy³¹		给，赠	
	ndzạ³³		（虚词，表使役）	要供奉山边的水龙，不供奉水龙的话，水龙的鬼会在（房子里）。
	dʑi³³qʰuɑ³³		水龙	
	mɑ³³		（否定）	
	pv¹¹		供奉	
	me³³		（虚词）	

续表

字符	国际音标	直译	意译	全句大意
	dʑi³³qʰuɑ³³	水龙		
	tsʰy³¹	鬼		
	dʑy¹¹		存在	（同上）
	ku³³	蒜	（虚词，表推断）	
	me³³		（虚词）	
	mɑ³³		（否定）	
	mĩ³³	火	听	
	me³³		（虚词）	
	dʑi³³	水龙	水龙	要做敬听不见的（远处的）水龙的仪式。
	qʰuɑ³³			
	pv³¹		念（经）	
	ndzɑ³³		（虚词，表使役）	

字符	国际音标	直译	意译	全句大意
	$kə^{33}ndzu^{31}tsɿ^{33}$	狗	西北方	年纪大的人到西北方（那年）死的话。
		坐		
		起		
	$hĩ^{33}$		人	
	$dzɿ^{31}$	大	年长	
	$ɕi^{33}$		死	
	重复不念	死人		
	$dʑɿ^{31}$	拴	（虚词，表假设）	
	$\mathrm{G}o^{31}$		高山	到高山（边）的人。
	k^ho^{33}	门	边	
	zo^{31}		人	

续表

字符	国际音标	直译	意译	全句大意
	ʁo³¹	粮食		会丢粮食（意指会死人）。
	tɕʰy³³		丢失	
	dʑe³³	麦		
	ri³³		脱	
	tʰu³³		到	
	ku³³	蒜	（虚词，表推断）	
	nõ³³	财神		要做敬财神的仪式。
	pv³³		念	
	ndzạ³³		（虚词，表使役）	
	dʑi³³qʰuɑ³³	水龙		要给水龙烧香。
	tɕʰu³³pɑ³³		烧香	
	be³³		走，做	
	ndzạ³³		（虚词，表使役）	

第三章 争伍经典文献选译 691

续表

字符	国际音标	直译	意译	全句大意
	na³³	黑	黑鬼	要做黑鬼的仪式。
	tʰi⁵⁵	旗		
	pv³¹		念	
	ndza³³		（虚词，表使役）	
	a³³sɿ³¹	柴	长者，长辈	要做老鬼（鬼的长辈）的仪式（要做大规模的仪式，老鬼也包括）。
	pa³³		宽	
	tsõ³³			
	ndza³³		（虚词，表使役）	
	me³³		（虚词）	

 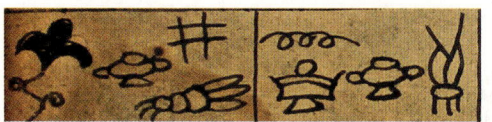

字符	国际音标	直译	意译	全句大意
	ho³¹gu³³lo³¹		北方	（今年）在北方的人，水会来报仇，会中大毒药的毒。
	dʑi³³	水	北方[1]	
	kʰo³³	门		

[1] 纳西人认为北方属水。

续表

字符	国际音标	直译	意译	全句大意
	hĩ³³	人		
	dʑi³³	水		
	qo³³	针		
	zu³¹		仇人，报仇	
	tsʅ³³	起		
	ku³³	蒜	（虚词，表推断）	
	me³³		（虚词）	（同上）
	ndu³¹		毒	
	dzʅ¹¹		大	
	nẽ³³		身	
	ŋgu³³		病	
	gu³¹		给	
	ku³³		（虚词，表推断）	

续表

字符	国际音标	直译	意译	全句大意
	tɕʰə³³	粘，秽	除秽	做大的除秽仪式。
	hɑ³³	饭		
	dzɿ³¹		大	
	be³³		做	
	ndzɑ³³		（虚词，表使役）	
	ku³³		（虚词）	

字符	国际音标	直译	意译	全句大意
	ho³³ku³³lo¹¹		北	漂亮的舅舅会把鬼带来。
	dʐu³³			
	ŋgə³³	薄板		
	a³³		舅舅	
	gv³³	背		
	ze³³		漂亮	

续表

字符	国际音标	直译	意译	全句大意
	me³³		（虚词）	
	nẽ³³		身	
	tsʰy³¹	鬼		
	ʂu³³		带	（同上）
	pu³³		持	
	re³³		回来	
	ku³³		（虚词，表推断）	
	me³³		（虚词）	
	pɑ³³	宽		
	sɑ³¹	麻	别人	
	ŋu³³			别人会。
	kũ³³	蒜	（虚词）	

第三章 争伍经典文献选译　695

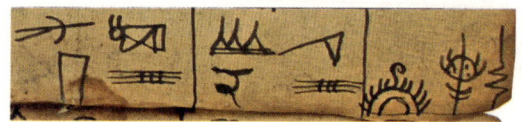 

字符	国际音标	直译	意译	全句大意
	(tɕʰy³³)	(重复不念)		
	to³³	板		
	tɕʰy³³		送	要送平安。
	ndzạ³³		(虚词，表使役)	
	mĩ³¹	火		
	nɑ³³	黑	鬼名	
	tɕʰy³³		送	要做送"敏那"鬼的仪式。
	ndzạ³³		(虚词，表使役)	
	ʁo³³		粮食	
	dze³³	麦		
	se³³		完，尽	粮食会用完。
	ku³³		(虚词，表推断)	
	quɑ³¹	火炉		
	lo³¹		沟	害死牲口的鬼会来。

续表

字符	国际音标	直译	意译	全句大意
	tsɤ³³		煮	
	ŋgu³¹			
	tsʰy¹¹		鬼	（同上）
	tʰu³³		到	
	ku³³		（虚词，表推断）	
	hỹ³³		红	
	ŋgu³¹		锅	（病）会像被扣在热锅里一样。
	lo³¹		按住	
	tɕi³³		放	

字符	国际音标	直译	意译	全句大意
	ho³³ku³³lo¹¹		北方	到（属）北方的那年病了的话。

字符	国际音标	直译	意译	全句大意
	tʰu³³		到	
	kʰv³³		岁	
	dzɿ³¹		一	（同上）
	ŋgu³¹		病	
	bo³¹	一种定容衡器		
	zɿ³¹	拴	（虚词，表假设）	
	tɕʰə³³	粘	秽，脏	
	tsʰy³¹	鬼		有脏鬼（秽鬼作祟）。
	dzy³¹		存在	
	ku³³	蒜	（虚词，表推断）	
	se³¹mi³³	婴儿		
	ndʐu³¹	分娩		
	ɑ¹¹			有害死产妇的鬼。
	tɕi³³		小	

续表

字符	国际音标	直译	意译	全句大意
	tsʰy³¹		鬼	（同上）
	dzy¹¹		存在	
	ku³³	蒜	（虚词，表推断）	
	me³³		（虚词）	
	ndʑɚ³¹			
	tʰa³³	尖		
	mĩ³³	火		
	tsʰy³¹		鬼	有尖的鬼。
	dzy¹¹		存在	
	ku³³	蒜	（虚词，表推断）	
	me³³		（虚词）	

续表

字符	国际音标	直译	意译	全句大意
	niə³¹	眼	面粉，青稞粉做的行巫用小人	"涅敏"鬼会来惹。
	mĩ³¹	火		
	niə³¹		（重复省略）	
	mĩ³¹			
	nẽ³³	心	（虚词）	
	tsʰy³¹	鬼	惹，犯	
	ku³³		（虚词，表推断）	
	dʑi³¹qʰuɑ³³	水龙		要做敬水龙的仪式。
	pv³¹		念（经）	
	ndzɑ̱³³		（虚词，表使役）	
	tʂʅ³¹		砧板	要给饭给凶死者的鬼。
	hɑ³³	饭		
	iə³¹	植物名	给	
	ndzɑ̱³³		（虚词，表使役）	

续表

字符	国际音标	直译	意译	全句大意
	mbv³³		闲话，风言风语	在灭闲话的仪式上把树枝插（下去）。
	ndzɿ³¹	树枝		
	tsʰy³³		插	
	ndza³³		（虚词，表使役）	

字符	国际音标	直译	意译	全句大意
	ho³¹ku³³lo³¹		北方	在（属）北那年的人死的话。
	tʰu³³		到	
	hĩ³³		人	
	çi³³		死	
	bo³¹	一种定容衡器	（虚词，表假设）	
	dzɿ³¹	拴		

续表

字符	国际音标	直译	意译	全句大意
	zo^{31}	柜子	男子	
	mĩ^{33}	火	女子	
	qʰuɑ^{31}		凶狠	
	tsʰy^{31}		鬼	
	dʑy^{11}		存在	有凶狠的男女变成的鬼，要送他们走。
	ku^{33}	蒜	（虚词，表推断）	
	tsʰy^{31}	鬼		
	pv^{31}		念（经）	
	ndzạ^{33}		（虚词，表使役）	
	dʑi^{33}qʰuɑ^{33}	水龙		
	ʂu^{33}	植物名	水龙的别名	
	ɑ^{33}sɿ^{11}	爸爸		像尊重爸爸妈妈一样尊重水龙。
	ɑ^{33}		妈妈	
	me^{33}			

续表

字符	国际音标	直译	意译	全句大意
	（不念）			
	uã^{31}	珠		
	me^{33}			（同上）
	be^{33}		走，做	
	ndza^{33}		（虚词，表使役）	
	nda^{31}	砍		
	tɕu^{33}	接，钻		
	tsʰy^{31}		鬼	要给被砍死的鬼做仪式。
	pv^{31}		念（经）	
	ndza^{33}		（虚词，表使役）	
	tɕʰə^{33}	粘	秽	
	pv^{31}		念（经）	要做除秽仪式。
	ndza^{33}		（虚词，表使役）	

第三章 争伍经典文献选译　　703

字符	国际音标	直译	意译	全句大意
	iu¹¹	羊	属羊	属羊的人到了东北方（那年）。
	kʰv³³	岁		
	ɣə³³	牛	东北方	
	ndzu³¹	坐		
	tʂʅ³¹	起		
	la³³		（虚词）	
	tʰu³³		到	
	ʐʅ³¹		仇人	来到仇人离开的地方（顺利）。
	dzʅ³¹			
	la³³		（虚词）	
	tʂʅ³³		起，离	
	me³³		（虚词）	
	lo³¹			
	tʰu³³		到	

字符	国际音标	直译	意译	全句大意
(牛)	ɣə³³	牛	属牛	
(鸟)	kʰv³³	岁		
	me³³		（虚词）	
(牛)	ɣə³³	牛		
	ndʑu³¹	坐	东北方	
	tsɿ³¹	起		
	tʰu³³		到	属牛的人到了东北方那一年，有点难过。
	dzɿ³¹		一	
(鸟)	kʰv³³		岁	
(口)	gə³¹		上	
	be³³		走	
(雪)	mbe³¹	雪	不顺	
	ku³³		（虚词，表推断）	

续表

字符	国际音标	直译	意译	全句大意
	ŋgu³¹	病	病痛	会有病痛。
	tsʰɿ³³			
	tʰu³³		到	
	ku³³	蒜	（虚词，表推断）	
	me³³		（虚词）	
	ʐu³¹	拿	仇人，战争	要做除战争的仪式。
	tʂɿ³³			
	ku³³		（虚词）	
	ʐu³¹		消除战乱的仪式名	
	zɿ³¹	踩		
	pv³¹		念（经）	
	ndzа³³		（虚词，表使役）	
	ʐuə³³		路	去远处不好。
	sɿ³¹	七	长	
	mɑ³³		（否定）	
	qɑ³¹		好	

图六

字符	国际音标	直译	意译	全句大意
	mĩ³³	火	"敏那"仪式	要做"敏那"仪式。
	nɑ³³	黑		
	be³³		做	
	ndzɑ³³		（虚词，表使役）	
	tɕʰə³³	粘	除秽仪式	要做除秽仪式。
	nɑ³³	黑		
	pv³¹		念	
	ndzɑ³³		（虚词，表使役）	
	(ʑi³¹)	(不念)		要做"多卜"仪式。
	to³³	板子	仪式名	
	bv³¹	钻		
	tɕʰu³³	快		
	ndzɑ³³		（虚词，表使役）	

708　　争伍东巴文献的发现、解读与研究

续表

字符	国际音标	直译	意译	全句大意
	me³³		（虚词）	（同上）
	tsʰe³³	盐		
	tsʰe³³	盐	一种布制品	
	pu³³		拿走	拿"采采"。
	ndza̠³³		（虚词，表使役）	
	ʂu³¹	水龙		
	tʂʰɿ³³	洗		
	kʰo³¹		放走	
	ndza̠³³		（虚词，表使役）	
	tɕʰu³³	戳		要做烧香敬水龙的仪式（要用"采采"）。
	pɑ³³	宽	烧香	
	ndʑi³³	烧		
	ndza̠⁵⁵		（虚词，表使役）	
	ʂu³¹	带领	水龙	要做"姑昏"水龙仪式。
	ku³³	蒜		

续表

字符	国际音标	直译	意译	全句大意
	hỹ³³		红	（同上）
			（虚词，表使役）	

字符	国际音标	直译	意译	全句大意
	ɣə³³ndzu³¹tsɿ³¹	牛	东北方	
		坐		
		方位		
	tʰu³³		到	到了属东北方那年生病的话。
	hĩ³³		人	
	ŋgu³³		病	
	bo³¹	一种定容衡器	（虚词，表假设）	
	dʐɿ³¹	拴		

续表

字符	国际音标	直译	意译	全句大意
	gɚ³³	嘴		
	ȵi³³	二	凶死的东巴和尚的鬼	
	tsʰy³¹	鬼		有凶死的东巴和尚的鬼。
	dʑy¹¹		存在	
	ku³³	蒜	（虚词，表推断）	
	ɣə³³	牛		
	ɕi³³		肉	
	iu³¹	羊		
	ɕi³³		肉	
	ŋgu³¹		病	
	nẽ³³		身	鬼会在牛肉、羊肉的后面到。
	tsʰy³¹	鬼		
	tʰu³³		到	
	ku³³	蒜	（虚词，表推断）	
	me³³		（虚词）	

第三章 争伍经典文献选译 711

续表

字符	国际音标	直译	意译	全句大意
✗	ᴺGɑ³³			
(图)	bv³³		男人死后变的鬼	
	ᴺGɑ³³			
(图)	ŋgə³³			要给男鬼烧香。
(图)	lɑ³¹		（虚词）	
(图)	tɕʰu³³	戳		
	pɑ³³	宽	烧香	
	ndʑi³³	烧		
	ndzạ³³		（虚词，表使役）	

字符	国际音标	直译	意译	全句大意
(图)	ɕi³³			
#	ŋgu³¹		病	病人会死。
#	ŋgu³¹		病	

续表

字符	国际音标	直译	意译	全句大意
	be³³			
	tʰɑ³³	尖		
	ŋgə³³ŋgə³³	薄板	咀嚼	（同上）
	tʰu³³		到	
	ku³³	蒜	（虚词，表推断）	
	tʰu³³		鬼名	
	ʂu³³		鬼名	要做"突"鬼的仪式。
	ʂu³¹	铁		
	ɕi³¹		做仪式	
	ndzɑ³³		（虚词，表使役）	

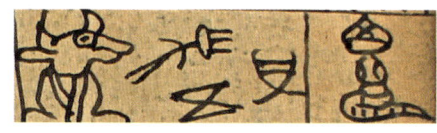 

字符	国际音标	直译	意译	全句大意
	ɣə³³	牛		
	ndʑu³¹	坐	东北方	有东北方死的鬼。
	tsʅ³¹	起		

续表

字符	国际音标	直译	意译	全句大意
![字符]	ɕi^{33}			（同上）
![字符]	tsʰy^{31}		起	
	dʑy^{11}		存在	
![字符]	me^{33}		（虚词）	
![字符]	dʑi^{33}qʰuɑ^{33}	水龙		要给水龙烧香。
![字符]	tɕʰu^{33}	戳	烧香	
	pɑ^{33}	宽		
	ndʑi^{33}	烧		
	ndzɑ^{33}		（虚词，表使役）	
![字符]	bə^{33}			请喇嘛（和尚）来，做喇嘛（和尚）的仪式。
![字符]	ndzɿ^{31}		敲开	
![字符]	lɑ^{33}	手、臂	喇嘛	
![字符]	mɑ^{33}	酥油		
	lã^{31}		（虚词）	
![字符]	ndy^{31}		延聘，邀	

续表

字符	国际音标	直译	意译	全句大意
	se^{31}		（虚词）	
	tʂɿ^{31}		仪式名	（同上）
	zɿ^{31}	压，踩		
	（zɿ^{31}）	草（重复不念）		
	ndza^{33}		（虚词，表使役）	

字符	国际音标	直译	意译	全句大意
	ni^{33}me^{33}tʰu^{33}	日	东方	
		到		
	mĩ^{33}	女子		女人到东方（那年），（如果生病，）会死。
	tʂɿ^{31}		凶死	
	kʰo^{33}	门		
	tʰu^{33}			

第三章 争伍经典文献选译　　715

续表

字符	国际音标	直译	意译	全句大意
	z̩u³¹	猴	属猴	
	kʰv³³	岁		
	ɛ̃³¹	鸡	属鸡	
	kʰv³³	岁		
	ni³³me³³tʰu³³	日	东方	
		到		
	tʰu³³		到	
	bo³¹	一种定容衡器	（虚词，表假设）	属猴属鸡的（人），到东方（那年），战争（仇人）会来。
	dʑl³¹	拴		
	z̩u³¹		战争，仇人	
	tʂɿ³³			
	lã³³		（虚词）	
	tʰu³³		到	
	me³³		（虚词）	
	gu³³			

续表

字符	国际音标	直译	意译	全句大意
	ku³³		（虚词，表推断）	（同上）
	ni³³me³³tʰu³³	日	东方	
		到		
	dʑu³³			
	gə³³			要做消灭东边战争[1]的仪式。
	zu³¹		战争，仇人	
	tʂɿ³³			
	ku³³	蒜	（虚词，表推断）	
	tɕʰu³¹		快	
	(tɕʰu³¹)		快	
	be³³		做	要做消除口角斗殴的仪式。
	ɕə³¹ɕə³¹	争吵		
	ɛ̃³³ɛ̃³³	打架[2]		

[1] 并非指战争会发生在东方。
[2] 以两口间交叉示意口头的争执，两手间交叉示意肢体的争斗。

第三章 争伍经典文献选译　717

字符	国际音标	直译	意译	全句大意
⊂⊃	tʰu³³		去	
⚘	ku³³	蒜	（虚词）	（同上）
	me³³		（虚词）	

字符	国际音标	直译	意译	全句大意
🐅	lɑ³³	虎	属虎的人	属虎属猴的人，如果到东方（那年）的话，那年不好。
	kʰv³³	岁		
🐒	zu̠³¹	猴	属猴的人	
	kʰv³³	岁		
⊕		日	东方	
	ni³³me³³tʰu³³			
⊂⊃		到		
⊂⊃	tʰu³³		到	

续表

字符	国际音标	直译	意译	全句大意
	bo^{31}		（虚词，表假设）	
	dʑɿ^{31}	拴		
	kʰv^{33}		岁	（同上）
	gə^{31}	翻转	不好	
	me^{33}		（虚词）	
	ʂu^{33}		平安仪式	
	dʑɿ^{31}			要做平安仪式。
	be^{33}		做	
	ndzɑ^{33}		（虚词）	
	dʑi^{33}qʰuɑ^{33}	水龙		
	(ʂu^{33})	（重复不念）		要做水龙的仪式。
	pv^{33}		念[1]	
	ndzɑ^{33}		（虚词，表使役）	

---

[1] 此处不读"be^{33}"（做），读作"pv^{33}"（念），表示念相应经书做仪式。

第三章 争伍经典文献选译　　719

字符	国际音标	直译	意译	全句大意
	z̻u³¹		仇恨（鬼名）	要做除仇恨鬼的仪式。
	z̻ʅ³¹			
	(pv³³)			
	ndz̻a³³		（虚词，表使役）	
	tʂʅ³¹		大平安仪式	要做大平安仪式。
	z̻ʅ³¹			
	(z̻ʅ³¹)	（重复不读）		
	ndz̻a³³		（虚词，表使役）	

字符	国际音标	直译	意译	全句大意
	ni³³ me³³ tʰu³³	太阳		属东（那年）的人生病的话，妈妈会病，子宫会病，心会病，肝会痛，头会病。
			东方	
		到		

续表

字符	国际音标	直译	意译	全句大意
	hĩ³³	人		
	ŋgu³¹		病	
	bo³¹		（虚词，表假设）	
	dʑŋ³¹	拴		
	ɑ³³		妈妈	
	me³³			
	ŋgu³¹		病	
	ku³³	蒜	（虚词，表推断）	（同上）
	zo³¹	儿子	子宫	
	du³¹	腹		
	(me³³)			
	ŋgu³¹		病	
	ku³³	蒜	（虚词，表推断）	
	nu³³me²²	心		
	ŋgu³¹		病	

第三章 争伍经典文献选译 721

续表

字符	国际音标	直译	意译	全句大意
	ku^{33}	蒜	（虚词，表推断）	（同上）
	s̩^{33}		肝	
	ŋgu^{31}		病	
	ku^{33}	蒜	（虚词，表推断）	
	ku^{33}ly^{33}		头	
	lo^{31}			
	ŋgu^{31}		病	
	ku^{33}	蒜	（虚词，表推断）	

字符	国际音标	直译	意译	全句大意
	ŋgu^{31}		病	如果生这些病的话，有跳瀑布死的鬼（是这鬼在作祟）。
	hɑ^{31}		饭	

续表

字符	国际音标	直译	意译	全句大意
	bo^{31}			
	(bo^{31})	(重复不念)	(虚词,表假设)	
	dʑŋ^{31}			
	(me^{33})		(虚词)	
	so^{33}	溅		
	mbɑ^{31}	喊叫		(同上)
	mĩ^{31}	火		
	be^{33}		去,做	
	tsʰy^{31}	鬼		
	dʑy^{31}		存在	
	ku^{33}	蒜	(虚词,表推断)	
	hĩ^{33}	人		
	hã^{31}		绿	
	ʐuɑ^{31}		马	见到绿人、绿马、绿衣服。
	hã^{31}		绿	
	dʑi^{33} ha^{31}		绿衣	

续表

字符	国际音标	直译	意译	全句大意
	tɕʰy³¹		相遇	
	ku³³	蒜	（虚词，表推断）	（同上）
	me³³		（虚词）	
	（不念）			
	mɑ³³	酥油	远处	
	mĩ³³	火		
	be³³		去	
	a³³ɕi³³		死	会有远处的鬼（如远方的亲戚死了没送好的鬼）来惹。
	tsʰy³¹		鬼	
	ndzu¹¹		存在	
	ku³³	蒜	（虚词，表推断）	
	me³³			
	ni³³me³³tʰu³³	日	东方	（嫁到，住在）东边去的漂亮姑姑，（她）村里的鬼会来惹。
		到		
	dzu³³		方向，那边	
	ŋgɤ³³			

续表

字符	国际音标	直译	意译	全句大意
	$ɑ^{33}$		姑姑	
	ni^{33}			
	ze^{33}		漂亮	
	bv^{33}	锅		
	$gə^{33}$	上		（同上）
	$uə^{33}$	村	村子	
	$tsʰy^{31}$		鬼	
	$nẽ^{33}$		（虚词）	
	$tsʰy^{31}$	鬼	惹，犯	
	ku^{33}	蒜	（虚词，表推断）	
	me^{33}		（虚词）	
	$dʑi^{33}qʰuɑ^{33}$	水龙		
	ne^{33}		（虚词）	水龙会来惹。
	$tsʰy^{31}$	鬼	惹，犯	
	ku^{33}		（虚词，表推断）	

续表

字符	国际音标	直译	意译	全句大意
	dʑi³³qʰuɑ³³	水龙	敬水龙	要做敬水龙的仪式。
	ʂu³³			
	pv³¹		念	
	ndzɑ̣³³		（虚词，表使役）	
	ni³³me³³tʰu³³		东方	东边门口会有鬼。
	kʰo³³	门		
	dʑu³³		那边	
	ŋgɤ³³			
	tsʰy³¹		鬼	
	ndʑu¹¹		存在	
	ku³³		（虚词，表推断）	
	hã³³	山神	敬山神	要做"敬山神"仪式。
	be³³		做	
	ndzɑ̣³³		（虚词，表使役）	

图七

字符	国际音标	直译	意译	全句大意
	ɣo³³	粮食		
	zɿ³¹	拿	拿回来的东西	
	tse³³	麦子		
	zɿ³¹	拿		
	me³³		（虚词）	
	qo³³		后面	拿回来的东西后面会来鬼。
	tʰo³¹	松树		
	tsʰy³¹	鬼		
	ri³³		来	
	ku³³		（虚词，表推断）	
	me³³		（虚词）	
	tʂɿ³¹			
	zɿ³¹		平安仪式	要做平安仪式。
	be³³		做	

续表

字符	国际音标	直译	意译	全句大意
	ndza³³		（虚词，表使役）	（同上）
	me³³		（虚词）	

字符	国际音标	直译	意译	全句大意
	ni³³	太阳		
	me³³		东方	
	tʰu³³	到		
	hĩ³³	人[1]		东方那年的人[2]死的话，水龙会带走（那人的）魂。
	ɕi³³		死	
	bo³³			
	tsɿ³¹		（虚词，表假设）	

[1] 本字为"鬼"，横写可能表示死去的人。
[2] 争伍人每年有一个方位，如一岁（虚岁）属东方，二岁东南，依此类推。

续表

字符	国际音标	直译	意译	全句大意
	sɑ¹¹		水龙的名字	（同上）
	dɑ³³	砍		
	nẽ³³	心		
	ʂu³¹		带走	
	ku³³			
	sɑ¹¹		水龙的名字	要念"洒搭"的经书。
	dɑ³³	砍		
	(nɑ³³)	太阳	（虚词）	
	tʰe³¹ ɣə³³		书，经书	
	lɑ³³	等		
	tɕʰu³¹		念	
	iə³³	草		
	bẽ³³		做	
	ndzɑ³³		（虚词，表使役）	
	me³³		（虚词）	

续表

字符	国际音标	直译	意译	全句大意
	zo^{31}	柜子[1]	朋友，熟人	朋友来要念经书。
	ndʑy^{33}	一起		
	nẽ^{33}		虚词	
	tɕʰu^{31}	戳	念	
	ndza̠^{33}		（虚词，表使役）	

字符	国际音标	直译	意译	全句大意
	zo^{31}		儿子	儿子对（不会早夭）。
	gu^{33}		对，肯定	
	me^{33}		（虚词）	
	zo^{31}	儿子		儿子对（不早夭）的话，要念大平安仪式的经。
	gu^{33}		对	

---

[1] 可能借指"zo^{31}"男子。

字符	国际音标	直译	意译	全句大意
	bo³¹		（虚词，表假设）	
	dʑŋ³¹			
	lu³³	石头	大平安仪式的经书	（同上）
	zo³¹	柜子		
	tsŋ³¹	小		
	uã³³	五		
	tɕʰu³¹	戳	念	
	ndza³³		（虚词，表使役）	
	tsŋ³³	拴		
	me³³		（虚词）	
	ndʑə³¹			
	to³³	板	一种僧人做的仪式	要念"解多巴"经书。
	mbɑ³¹	喊		
	tɕʰu³¹	戳	念	
	ndza³³		（虚词，表使役）	

续表

字符	国际音标	直译	意译	全句大意
	i³¹		简单	
	do¹¹	见		
	pv³¹ mba³¹ hɑ³³	一种用管子往水里吹气的净身法		要请外面的僧人念"以咄布巴哈"的经书。
	tɕʰu³¹	戳	念	
	ndzɹ̩³³		（虚词，表使役）	

字符	国际音标	直译	意译	全句大意
	zo³¹		儿子	
	mĩ³³	火	女儿	儿子女儿生对的话（不早夭），要做"嘎曲贼嘎"的仪式。
	ndʑu¹¹		存在	
	gu³³		好	

第三章 争伍经典文献选译　　733

续表

字符	国际音标	直译	意译	全句大意
	bo^{31}		（虚词，表假设）	
	tsʅ^{31}			
	ŋɑ^{31}			
	tɕʰy^{33}		一种外族仪式	（同上）
	ze^{31}			
	ŋɑ^{31}			
	be^{33}		做	
	ndzɿ^{33}		（虚词，表使役）	
	ɑ^{33}		爷爷	
	pv^{33}			
	ɑ^{33}sʅ^{31}		爸爸	敬老人仪式。
	nẽ^{33}	心	探视[1]	
	uɑ̃^{33}	骨		
	ku^{33}		（虚词）	

[1] 死去的亲人回家探视。

续表

字符	国际音标	直译	意译	全句大意
	me³³		（虚词）	（同上）
	la³³		（虚词）	
	be³³		做	要做。
	ndzа̠³³		（虚词，表使役）	
	i³³		酒	
	gɯ³¹		带	
	hɑ³³		饭	
	gɯ³¹		带	
	la³³			
	hẽ³³		背着	背上酒菜和各种物什，送给（故去的）人。
	re³³ʂɿ³³dᵘɑ³³dzuɑ³¹		各种物什	
	pʰɹer³¹			
	me³³		（虚词）	
	tɕʰu³¹		念经	
	ndzа̠³³		（虚词，表使役）	

续表

字符	国际音标	直译	意译	全句大意
	iu^{11}	羊		
	zo^{31}	男子	仔	小羊。
	tse^{31}		做	
	ne^{33}	作物名		
	uã^{33}			
	(uã^{33})	(重复不念)		
	ʂu^{31}	水龙		
	ndzạ^{33}		(虚词，表使役)	要做喊魂仪式（病的原因是故去的老人把魂带走了）。
	uã^{31}		魂	
	hẽ	喊		
	me^{33}		(虚词)	
	ndzạ^{33}		(虚词，表使役)	
	ndʑo^{31}	桥		要修桥[1]。
	tso^{33}		筑	

---

[1] 修路修桥有宗教福报。

续表

字符	国际音标	直译	意译	全句大意
	be^{33}		做	（同上）
	ndza̱^{33}		（虚词，表使役）	

 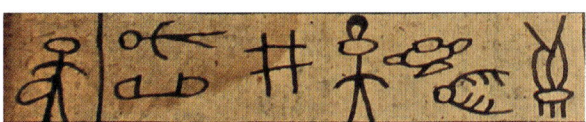

字符	国际音标	直译	意译	全句大意
	lu^{33}	龙	石头[1]	有大石头。
	me^{33}			
	dzɿ^{31}		大	
	dʑy^{11}		存在	
	me^{33}		（虚词）	
	gu^{33}		对，正确	
	ku^{33}		（虚词，表推断）	
	ʑi^{33}		酒	要除去让大儿子酒后赌气的鬼。
	ŋgu^{31}		后面	

[1] 被访人认为此处应读作"lu^{33} me^{33}"即"石头"，而非本字读音"ru^{33}"。

续表

字符	国际音标	直译	意译	全句大意
	ne³³			
	zo³¹	儿		
	dzɿ³¹		大	
	mɑ³³		（虚词）	（同上）
	xə³¹	牙齿	生气，闷气	
	tʰu³³		到	
	ku³³	蒜	（虚词，表推断）	

字符	国际音标	直译	意译	全句大意
	ʁo³³ʁə³³ dʑe³³ʁə³³	家里的东西[1]		
	se³³	完结	坏了	家里的东西坏了会心疼。
	ku³³		（虚词，表推断）	
	nu³³me³³	心		

---

[1] 各音节具体含义为："ʁo³³" 粮，"ʁə³³" 好，"dʑe³³" 麦，"ʁə³³" 好。

续表

字符	国际音标	直译	意译	全句大意
	ŋgu³¹		病，痛	（同上）
	ɑ³³		现在	
	i³³	鹿		
	ne³³	心[1]		
	ŋgu³¹		病，痛	现在就心疼的话。
	tsʰɿ³¹			
	bo³¹			
	dʐɿ³¹		（虚词）	

	ʁo³³ʁɛ³³dʐɛ³³ʁɛ³³		家里的东西	
				家里的东西坏了。
	se³³	完	坏	
	ku³³		（虚词）	

---

[1] 此处不读"nu³³me³³"。

字符	国际音标	直译	意译	全句大意
	qo³³			以后如果吵架斗殴，会出事。
	tʰo³¹			
	ɕə³³ɕə³³ã³³ã³³	ɕə³³ 说，ã³³ 鸡	争吵斗殴	
	dzu³³			
	tʰu³³		到	
	ku³³	蒜	（虚词，表推断）	
	ɦã³³	鸡	鸡蛋	会看见鸡下很小的蛋（不好的现象）。
	ku³³	蒜		
	ne³³		心	
	ndo³¹		臀	
	do³¹	见		
	ku³³	蒜	（虚词，表推断）	

字符	国际音标	直译	意译	全句大意
	me^{33}		（虚词）	（同上）
	li^{33}dʑi^{31}	楼梯		
	hã^{31}	风		
	ne^{33}		心	
	kʰe^{31}	断		楼梯会被风吹断。
	gu^{31}	弯，蜷		
	ku^{33}	蒜	（虚词，表推断）	
	pv^{31}		念	
	ne^{33}		心	
	tsʰe^{31}	十		
	zʅ^{31}			东巴把十句作一句念。
	dzʅ^{31}		大	
	ɕə^{33}		说	
	ku^{33}	蒜	（虚词，表推断）	

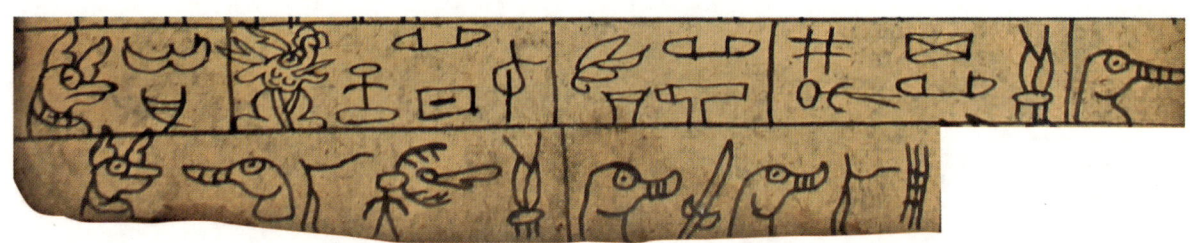

字符	国际音标	直译	意译	全句大意
	kʰə³³	狗	狗年，属狗	
	kʰu³³	岁		
	me³³		（虚词，表假设）	
	ru³¹	龙		
	ndʑu¹¹	坐	东南方	
	tsɿ³¹	方位		属狗的人，到东南方（那年），除去所惹恶事的秽，会有病痛。
	（ndʑu¹¹）	坐		
	tʰu³³		到	
	bo³¹			
	tsɿ³¹			
	zɿ³¹			
	tsɿ³³			
	tsɿ³¹		起，立	

续表

字符	国际音标	直译	意译	全句大意
	ku^{33}			
	ŋgu^{31}		病	
	tsʰʅ^{31}			（同上）
	tʰu^{33}		到	
	ku^{33}	蒜	（虚词，表推断）	
	tɕy^{33}		接	
	kʰə^{33}	狗	腿	
	tɕy^{33}		接	
	la^{31}		（虚词）	自己的腿自己有。
	tsʰɑ^{33}	口含		
	ku^{33}	蒜	（虚词，表推断）	
	tɕy^{33}			
	ŋa^{33}	刀		
	tɕy^{33}			自己的刀自己有。
	la^{31}		（虚词）	

第三章　争伍经典文献选译　　743

字符	国际音标	直译	意译	全句大意
	ndza³³		（虚词）	（同上）
	ku³³		（虚词，表推断）	

[1]

字符	国际音标	直译	意译	全句大意
	ru³¹	龙		到东南方（那年的人）（如果不顺）要做财神仪式。
	ndʐʅ³¹	坐		
	tsʅ³³	方位		
	tʰu³³		到	
	no³³		财神	
	be³¹		做	
	ndza³³		（虚词，表使役）	

（本节调查、记录整理人：杨宇豪）

---

[1] 该册历书未能全部解读。此部分为下一图的开头。

五 《神路图》解读

（一）《东巴送葬神路图》（甲阿若藏）解读

《东巴送葬神路图》，在给东巴送葬时使用，为东巴成神开路。此《神路图》从下往上解读，它讲述了丁巴什罗死去后魂魄从海边历经千辛万苦终于来到他下界前居住的天堂的故事。丁巴什罗是东巴教的创始人，传说他将东巴经从天上带到人间，"丁巴"即为"东巴"[1]。共50幅小图，代表了丁巴什罗升天时经过的50重地方。《神路图》用图画对《东巴送葬经》作补充说明。

甲阿若家祖传的《东巴送葬经》和《神路图》在"文化大革命"中被烧毁。现在的《神路图》是甲阿若于2010年新做的。甲阿若向他的大舅子卢作东巴（现在住在麦洛村甲波组，摩梭人）借来他家的《神路图》，参照着新画了一份。这份《神路图》画在甲阿若妻子娃夏织的麻布上，用的笔是甲阿若自己砍竹子做的竹笔和在丽江买的彩笔。甲阿若的妻子是他的姨堂姐，他俩的爷爷是姨表兄弟。这份《神路图》做好后只用过一次，即在噶突东巴去世的时候，具体日期是2013年纳西历八月二十五日（公历2013年8月28日）。

---

[1] 争伍村语音中"丁巴"的发音与"东巴"一致，意思也相同，即东巴教中的师傅。但先前关于纳西东巴教的文献多把东巴教创始人写作"丁巴什罗"，因此本书沿用此翻译。

《东巴送葬经神路图》故事

丁巴什罗在海边去世。他死之后,魂魄沉入海底,无法升天。妖怪之鸟想要吞食他的灵魂。他的徒弟们赶走了妖鸟,并为他进行招魂,要将他的魂魄送往遥远的天国。

在鲜花盛开之地，丁巴什罗的魂魄骑着白马升天，来到大象与神龙的地盘。

三个徒弟引着丁巴什罗的魂魄继续上天，到了一个牲畜众多的福地，这里有老鹰、狮子、崖羊和天马。但是，丁巴什罗的魂魄不能在此处停留，他还要继续上升到遥远的天庭。

丁巴什罗的魂魄继续上升,来到了两位战神的领地。战神替他赶走了路上的妖魔鬼怪,为丁巴什罗的魂魄开路。

丁巴什罗继续向前,来到了炼狱之地。生前做过坏事的人被残忍地吊在树枝上,守护炼狱的两只恶狗一个一个把他们吃掉。恶狗对丁巴什罗说:"此处不能再上天。"不让丁巴什罗前进。丁巴什罗的三个徒弟砍倒了悬挂着人的大树,杀死了两只恶狗,于是丁巴什罗得以继续上天。

丁巴什罗又往上走,来到了九峰之巅。他生前帮人做法事时赶走的九个恶鬼分别藏在这九座山里不让他前进。丁巴什罗的三个徒弟用面粉做的神像打发了恶鬼,丁巴什罗得以继续升天。(图上应该是九座山,甲阿若东巴说他当时不小心画成十座山了。)

丁巴什罗的魂魄来到了众兽的领地,这里有他生前做法事时宰杀的牦牛、犏牛、山羊、猪、崖羊、马、牦羊和鸡。他们挡住了丁巴什罗的路,不让他继续升天。丁巴什罗的徒弟用饭打发了牲畜,丁巴什罗继续升天。

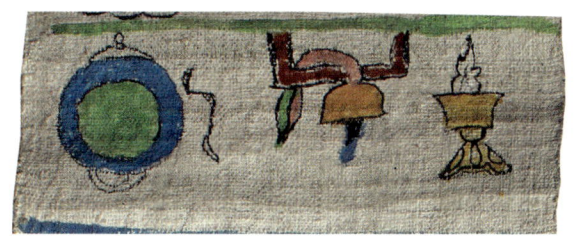

丁巴什罗的徒弟用他之前用过的仪式鼓、招魂铃、敬魂鼎给丁巴什罗喊魂开路,让丁巴什罗不要停留,继续升天。

丁巴什罗的魂魄来到了仙境之地,这里有华服、宝剑、法力高强的喊魂幡、美丽的花朵、挺秀的树枝、声音悠扬的喊魂海螺。但即使如此,丁巴什罗的魂魄也不能停留。他还要继续升天,到那菩萨居住的天庭。

丁巴什罗的魂魄来到了海之涯,这里云海茫茫,有九片海子,还有精美的喊魂海螺。但即使这样,他的魂魄也不能停留。他要继续升天,到那神仙居住之地。

丁巴什罗继续前进,来到了狗头鬼、熊头鬼和厄运小鬼把守的险恶之地。三只鬼不让丁巴什罗继续前进。这时,一位神菩萨出来,赶走了三只鬼。丁巴什罗得以继续前进。

丁巴什罗继续上天,来到了猪头鬼把守的地方。猪头鬼向丁巴什罗索要过路费,神菩萨用面粉捏了神像打发他,为丁巴什罗开路。丁巴什罗的魂魄继续上天。(此幅眉眼还没描。)

丁巴什罗往天上去,来到了殉情吊死鬼的领地。殉情吊死鬼本是一对相爱的男女青年,无奈父母不同意他们的婚事,他们只得双双上吊殉情,成为山里的孤魂野鬼。丁巴什罗的三个徒弟用面粉做的神像打发了他们,劝丁巴什罗不要停留,继续向前。

丁巴什罗来到了他的牛马栖息之地。他的马驮着他,他的牦牛为他开路,带领丁巴什罗继续升天。

丁巴什罗又来到了神兽乐园。这里有牦牛、牦羊、鳄鱼、狮子、老鹰和神龙。丁巴什罗的两个徒弟告诉他不要害怕,此地是安详之地,但不可久留,须继续升天。

丁巴什罗继续升天,来到了猎户的居所。猎户要用弓箭打丁巴什罗的魂魄。这时活佛出现了,他用一个面粉做的神像打发了猎户,让丁巴什罗的魂魄继续向前。

丁巴什罗继续向前走,来到了众鬼丛生的险地。这里有牦牛头鬼、羊头鬼、犏牛头鬼、鸡头鬼、小鬼和大鬼,他们把丁巴什罗困在这里。丁巴什罗的一个徒弟说:"不要怕。"他用两个面粉神像打发了众鬼,护送丁巴什罗继续前行。

丁巴什罗继续向前,来到了四鬼挡路的地方。这里有蛇头鬼、蛙头鬼、阴鬼和熊头鬼,他们不让丁巴什罗前进。丁巴什罗的徒弟用面粉神像打发了他们,让他们不再挡路。

丁巴什罗继续升天,遇到了蛇鬼的居所。这里有一只人面蛇身鬼和一只大蛇鬼。一位菩萨出来,用两个香鼎和一碗饭打发了他们,护送丁巴什罗继续向前。

丁巴什罗继续前进，一个牦牛头鬼挡住了去路。灶神出来帮忙，用一个面粉神偶打发了他。两个女菩萨出来，点着酥油灯送丁巴什罗升天。

这时，丁巴什罗的三个徒弟出来，手拿招魂铃跳着招魂舞，送丁巴什罗继续升天。

丁巴什罗来到了炼鬼之所，死人的魂魄被送进丹炉熬制。丁巴什罗的两个徒弟出来踢翻了丹炉，让丁巴什罗不用害怕，并拿着招魂铃、喊魂幡，跳着招魂舞、点着酥油灯送丁巴什罗上天。

丁巴什罗的魂魄来到了幽冥路口,四个方向都有厉鬼把守,他不知道该前往何方。这时,两个女菩萨出现了,一个手拿花瓶、一个手拿香鼎。三个战神拿着招魂铃和喊魂幡跳招魂舞。五个神菩萨点着酥油灯送丁巴什罗的魂魄上了天,脱离了幽冥的路口。

丁巴什罗继续升天,来到了战神把守之地。两个战神手舞刀剑和神枪,一个神手拿喊魂海螺。他们三人跳着招魂舞送头戴海螺帽的丁巴什罗上天。

丁巴什罗的三百六十个徒弟都来了,一起跳招魂舞送丁巴什罗上天。

丁巴什罗继续上天,来到了天庭的入口——山上的第一重经堂。丁巴什罗就是从天上的经堂下来的,现在他要回到最大的经堂。两个徒弟在经堂边跳舞,告诉丁巴什罗已经到了天堂的入口。

丁巴什罗继续向前去,看见三个女活佛。活佛迎接他,并把他送往更高的天上。

丁巴什罗继续升天,两个菩萨用招魂铃和酥油灯送他向前。

丁巴什罗又来到了一个菩萨打坐的地方,这里四处燃着酥油灯、盛放着宝物。菩萨送丁巴什罗继续升天。

丁巴什罗接着来到了女菩萨打坐之地。女菩萨用招魂铃和酥油灯送他,他的徒弟也拿着宝剑和招魂幡跳舞送他升天。

丁巴什罗又来到了海之仙境。这里有飞鸟游鱼和健壮的狼匹,花团锦簇,树木繁盛。然而丁巴什罗不能停留,他要继续升天,到那终极经堂的成神之所。

丁巴什罗到了坐神的居所,他家有马鹿、山鹿、天鹅和老鹰。丁巴什罗不能停留,他要继续向前走。

丁巴什罗继续前进,到了两个女菩萨憩息之所。女菩萨点燃酥油灯,送丁巴什罗的魂魄继续上天。

第三章 争伍经典文献选译

丁巴什罗继续升天,来到了金花银花盛开之地。这里有酥油灯、香鼎、金银树和美丽的花瓶。他的弟子跳起招魂舞,告诉他:此地不可停留,请继续升天,到那灵魂成仙之地。

丁巴什罗又到了菩萨打坐之地,两个女菩萨点着酥油灯,送他的魂魄上天去。

丁巴什罗又来到五战神之所。五个战神跳着招魂舞，送他继续升天。

丁巴什罗来到了活佛的领地丁巴什罗父母的居所，这里燃着酥油灯、烧着香炉。他们的使女手持酥油灯，送丁巴什罗前行。

丁巴什罗看到了他的白马和牦羊。牦羊身上驮着第二重经堂。丁巴什罗上前跪拜，祈祷一路平安顺利。

丁巴什罗继续前行，来到了天海。海里有鳄鱼栖息。

丁巴什罗又往前走，到了牲畜天园。牦牛牦羊在里面尽情玩乐。

丁巴什罗接着前进，到了女战神的家园。三位战神点着酥油灯和香鼎，送他前行。

终于，丁巴什罗来到了他之前住的大经堂。大经堂共有三十三层，这里芝兰盛开，瑞鸟翔集。丁巴什罗于是坐在经堂前的繁花之轮上。

大经堂这里景色美丽，常年花开，有三百六十个繁花之轮，都是太阳金花和月亮银花等最美丽最珍贵的花朵。

经堂里坐着女菩萨，她坐在天鹅之床上。

经堂里还有丁巴什罗的祖辈,他们也是菩萨,两位菩萨。他的奶奶坐在狮子之床上,爷爷坐在鳄鱼之床上。

这里还有保佑菩萨,他坐在云朵之上,两边是双角神鸟。

站立的观音菩萨也在这里,她是一位女菩萨,两边有高大美丽的花瓶。

弟子终于将丁巴什罗送到了奇幻美丽的仙境,这里终年鲜花盛开,美妙无边。中间是一个花瓶,四周的八片花瓣朝向八方,象征着八方的世界和不同的文化。

这里是众神居住的安乐之所,一切祥和美丽。

这里终年生长着太阳金花和月亮银花这样的奇花异草,美不胜收。丁巴什罗的灵魂终于告别了人间苦海和妖魔之地,来到这美丽动人的天堂。

(本节调查整理人:夏津京)

(二)《东巴送葬神路图》(克若里藏)解读

此份《神路图》由老东巴克若里的侄子生根东巴持有并解读,共有60幅图,解读顺序是从下往上,代表着从阴间到天堂,是对《东巴送葬经》的补充图画说明。

第一幅:东巴神落进海里死亡,他的灵魂由三个徒弟引上来,引到天空。里面有一棵海边的树,一只尾鸟。海里有个机关,开了机关送到天国。

第二幅：吹海螺，带上酥油灯，引上天国。

第三幅：带上他临死前骑过的白马，带上〔za^{33}pa^{33}la^{31}〕（一种珠宝）。

第四幅：骑着大象、骑着龙。

第五幅：还有狮子和神鸟。

第六幅：路上阻挡他的动物。

第七幅：中间是东巴，两边是引他上天的女神。

第八幅：天兵天将。

第九幅：魔鬼的舌头，两只黑狗守着，魔鬼的舌头上有很多死去的人的灵魂。

第十幅：九座山里有兵器，代表九个关口。

第十一幅：九座山上有他以前杀过的牲口来阻止他。

第十二幅：他的鼓、东巴铃、镜子（东巴做法事的法器）。

第十三幅：魔鬼有九个海，要从大海里送他上天国。

第十四幅：以前做法事的时候，做一个木头削出来的刺，用来处置人死之后变成狗头、獐头（的人）。然后给他面偶、粮食籽籽，就能过了这一关。

第十五幅：做法事的时候有羊粑（？），吃了羊粑的人就遇到有三个蛇头的魔鬼拦住他，要给他送面偶和吃的。

第十六幅：有个喇嘛神给他还债，守关的是一个猪头魔鬼，送给他面偶。

第十七幅：以上三幅基本相同，都是吃羊粑的魔鬼，给他还债的是面偶、肉、粮食。

第十八幅：以下三幅为接引东巴上天国的坐骑。白马和他喂过的羊。

第十九幅：他喂过的牦牛、绵羊。

第二十幅：接引他上天国的动物（包括下一幅中的龙）。

第二十一幅：两个天将。

第二十二幅：请在天国的菩萨、神。

第二十三幅：战鬼（八个机关），给他们送面偶、粮食、肉，过这几关。

第二十四幅：战鬼（八个机关），给他们送面偶、粮食、肉，过这几关。

第二十五幅：战鬼（八个机关），给他们送面偶、粮食、肉，过这几关。

第二十六幅：战鬼（八个机关），最左一个是引他上天的神仙。

第二十七幅：右：魔鬼［$ʐi^{31}da^{33}$］，和一个给他还债的和尚。左：魔王和给他还债的尼姑。

第二十八幅：中间是酥油灯和香。给他还债，把他送上去。

第二十九幅：此幅未讲。

第三十幅：四大方位。上边三个是神，下边一个（大的）是鬼。这幅表示已经过了阴间。

第三十一幅：与下一幅一起，五个是给他喊魂的。

第三十二幅：见上。

第三十三幅：阻止东巴的鬼。

第三十四幅：有一个黑暗世界。有五个门，唯有五大方位的东巴战神能开。请他们开这五个门。

第三十五幅：离开阴间了，中间是最大的山（珠穆朗玛峰），表示他离开人世了。他以前的徒弟给他喊魂。

第三十六幅：（已经翻过珠穆朗玛峰，到了天界。）天界派来迎接东巴的守护神。

第三十七幅：代替东巴死去的那个人（或解释为东巴神）。两边是迎接他而点的灯和法器。

第三十八幅：徒弟（右边）边跳舞边念经，欢送死去的师傅（左边）。

第三十九幅：送到了大海边（有鱼的地方），又送到了有仙鹤的地方。

第四十幅：到仙境了，有马鹿（左下）、老鹰（左上）。

第四十一幅：走到了下一个仙境，这里的人非常欢迎他。

第四十二幅：仙境装扮得很漂亮，有花。（此处三样东西都为装扮，只解释了花。）

第三章　争伍经典文献选译

第四十三幅：徒弟拿着法器在跳。

第四十四幅：东巴神的父母在天上迎接他。

第四十五幅：送东巴神的五个徒弟拿着各不相同的法器。

第四十六幅：神仙点着灯，烧着香迎接他。

第四十七幅：东巴神的爷爷〔la³³ɕia³³ɕi³¹ku³¹〕和奶奶〔la³³ɕia³³ɕi³¹pu³¹〕在天上迎接他。

第四十八幅：在人间的人点着灯、烧着香，把东巴神的坐骑白马和一些绵羊送给他。

第四十九幅：到了有龙的地方。

第五十幅：送给他的牦牛（中）、绵羊（左）和山羊（右）等礼物。

第五十一幅：送他的人拿着酒、箭，吹着海螺送他。他已经把灯拿在手上，快要到天堂上自己的位置了。

第五十二幅：他经过的路线中一个最大的神仙，在自己的经堂里坐着为他祈祷。

第五十三幅：走到了有各种宝贝的地方。

第五十四幅：周围环绕着鸟类、花朵的大神仙名叫［sɑ³³ɛ³¹o³³］，也在为他做法事接引他。

第五十五幅：东巴神走到了自己所在的位置上，周围有龙、麒麟等。他在这里排行老三。

第五十六幅：他的二哥［sɑ³³ɛ³¹o³³］。

第五十七幅：在仙境中最大的神仙，即释迦牟尼佛。

第五十八幅：虽然没有画出人，但包含的意思是八个方位的各路神仙。

第五十九幅：八个神仙总称[χε³¹dzɿ³³qu³³dzɿ³³]。最中间是土地（即地球）。转的方向为顺时针。

第六十幅：太阳和月亮所在的地方。

（本节调查整理人：张琰）

（三）《凡人送葬神路图》（克若里藏）解读

此份《神路图》画在麻布上，东巴用它给凡人送葬。现由生根收藏，大概传了三代，是由生根妈妈家的东巴传下来的。生根妈妈家是汝可人，只用它做过一次法事，因为使用它的东巴后来上山砍柴时掉下悬崖了，大家觉得不吉利，就没再用过了。后来生根的妈妈家没有学东巴的人了，她就把它带到了夫家。

凡人死后，东巴用《凡人送葬神路图》为他做送魂超度仪式。与其他纳西族神路图类似，这份《神路图》描述了人死后亡灵从阴间超度进入天堂的全过程。阴间部分主要展现了地狱的面貌，描绘了死者生前所犯的种种罪孽和不道德的行为，以及阴司对死者的血腥惩罚（以洗清他的罪孽）。天堂部分描绘了东巴教的诸神及圣物，教导人们只有一心从善，死后才能获得善果。

目前所见的纳西族、普米族等神路图内容大致如此，反映了川滇地区藏传佛教和苯波教共同影响下的宗教观，天堂地狱、因果报应、生死轮回等观念都在神路图中有极致的体现。然而，目前所见的两份纳木依神路图却与众不同。纳木依帕孜（纳木依人的祭司）也使用神路图为逝者送魂超度，但他们的神路图不讲天堂地狱，不讲因果轮回，描述的是纳木依传说中的民族大迁徙。纳木依神路图记载了纳木依祖先不同时空的生活图景、祭祀场景和故事，反映了纳木依祖先的迁徙路线和发展历史。同时，每一幅图都包含着若干传说和故事，主要记载了纳木依祖先的生活状况。纳木依帕孜做送魂仪式时，把老人的灵魂沿着神路图中描绘的路线送回老家，老家即是天堂，天堂的神都是纳木依人的祖先。[1]

以下是生根对《凡人送葬神路图》的解读翻译，顺序是从下往上。

---

[1] 参见赵丽明、张琰编著《纳木依藏族帕孜文献》，《中国西南少数民族地区濒危文字文献调查研究丛书》，广西师范大学出版社，2014。

以前有一个鬼母生了两个小孩,扔在河里(黄色物体)。这两个小孩的灵魂(下面的两个人)变成了一棵有刺的魔树。树边的男人(左)、女人(右)是守护这棵树的妖。去世的人如果生前生过小孩而扔掉,死后就会被插在树上。

东巴做法事时做一棵这样的树,跳东巴舞的时候请亚玛[ia³¹ma⁵³]战神把它砍掉。

生前做过动刀动枪等杀人的事情,死后到了地狱就会受到被刀刺的刑罚。右下角的方框代表生前杀死的人。

阴间有九座黑山，有九个妖守护。

第一：生前杀过带角的动物（牛、羊、鹿），死后带角的妖就不让这人去神间，他就无法投生。东巴做送葬法事时，做面偶、送粮食给这个妖，不让它拦死者。

第二：生前杀过老虎、猎狗等动物的人，死后就会有一个老虎头的妖拦住他，不让他去神间。东巴做送葬法事时，做面偶、送粮食给这个妖，不让它拦死者。

第三：生前骑过马、打过马、杀过马，死后就会有一个马头妖拦住他。东巴做送葬法事时，做面偶、送粮食给这个妖，不让它拦死者。

第四：生前杀过自己的牛，死后就会有个牛头妖拦住他。东巴做送葬法事时，做面偶、送粮食给这个妖，不让它拦死者。

第五：生前穿过老虎皮做的衣服是罪过，死后会被一个人头妖拦住。东巴做送葬法事时，做面偶、送粮食给这个妖，不让它拦死者。

第六：生前当过猎手、当过渔夫，死后会被一个青苔模样的妖拦住。东巴做送葬法事时，做面偶、送粮食给这个妖，不让它拦死者。

第七：生前杀过鱼，死后会被一个鱼头妖拦住。东巴做送葬法事时，做面偶、送粮食给这个妖，不让它拦死者。

第八：生前杀过狮子、熊等动物，死后会被一个狮子头的妖拦住。东巴做送葬法事时，做面偶、送粮食给这个妖，不让它拦死者。

第九：生前杀过有翅膀的动物，死后会被一个魔头妖拦住。东巴做送葬法事时，做面偶、送粮食给这个妖，不让它拦死者。

上方为一朵云，整幅图代表妖间。

生前用牛耕地，收获粮食以后把牛杀了，死后就会被牛头鬼扔进大锅里煮。这一关必过，没有仪式送。

左边两个：狐狸和野猫。右边两个：天鹅和鹰。下面：羚羊。羚羊手里拽着死者。

生前当猎手杀过这些动物，死后就会被具有这些动物头的鬼扔进锅里煮。

左边是织布人，右边是纺线人。

生前对纺线人、织布人无礼，死后就会被纺线人和织布人的灵魂当马骑（右），被呼唤（中），被刀插背上、被沙袋压（左）。

生前建庙时，把树的头尾颠倒了，死后会被牦牛头、牛头、鳄鱼头的鬼把箭和锉子打在头里面。

上面的云是一个分界，云之下都是生前做了不该做的事而受惩罚。

生前做生意缺斤少两,死后会被乌鸦头的鬼责罚,把他的脖子吊在秤上(左)。生前给人寄粮食缺斤少两,死后会受同样的责罚(右)。

生前不会东巴的经书而做东巴的仪式,装模作样骗人(左),死后会被九个头的妖怪扔进锅里煮(右)。

生前带狗打猎。

(生前带狗打猎,)死后会被关在被狗看守着的房子里。

生前烧过山,死后会被黑牛守着,不能上神间(右)。有人头的妖怪放蛇咬他(左)。

生前带着猎鹰杀动物。

（生前带着猎鹰杀动物，）死后会被吐火的鬼和鹰头鬼责罚。它们踩在他的背上，扯他的头发。

生前给东巴和神磕头的时候，心里想着不善的事（左），死后会被关在一个看不见光亮的箱子里（右）。

生前杀过水里的动物。

（生前杀过水里的动物，）死后会被水鬼抓住头，用锉子和锤子打。

生前杀过马、牛、羊、猪等动物（右），死后会被扒皮（下）。生前说过别人的坏话，死后会被拔舌（中）。耕田的时候打牛，死后会变成牛，而牛变成人（上）。

生前建房子时把木头颠倒了，死后，鬼把锉子打在他脑袋里，放狗和乌鸦咬他。

生前用刀、弓箭、斧头（右）杀过人，死后会被这些兵器责罚。

到了人间，有九个尼姑的地界。

左边是东巴神，中间是一个庙，用来拜东巴，右边是一个火梯。人死后，从妖界到神界，中间要经过人界，要爬火梯。火不伤死人的灵魂，只杀追在死人后面的妖魔鬼怪。

生前打过人，死后人变成各种妖来责罚死者。

经过人间这样一个地方：有十三个月亮（左三），十三朵花（左四），十三个石头（左一、左五），十三片树叶（左二）。妖界没有这些东西。看到这些，就是到了人间。

四面八方的路，白的是神路，黄的是妖道，绿的是水龙道，蓝的是人道。圆形代表地球，整个人间的形状是圆的，被驮在一个黄色象的背上。上面的云是人间的云。

人间的塔，供神的塔［t^ha^{33}］。

人间的塔（下），各种轮子，人的代步工具。

死者的儿女送给他的衣服、绵羊、马、鸡、面偶、椅子、线做成的花。

人间的寺庙，死者去那里磕头。左边的人是一个和尚，给他磕头，他就给死者指神路。

四个尼姑欢送他上天国。

四个东巴跳东巴舞欢送死者。

东巴送马给死者,死者骑着马上天国。右边的马驮着鲜花。

死者经过一个有龙的地方,从这之上就是神界。

神。

海界。左边为海边的动物。中间下面是海底的轮,上面的人是龙的孩子。右边是海的守护神。

左边是海边的动物老虎和鸟,中间是海里的动物水鸭和水马,右边是守护神。

左右同上,中间是水里的狮子和海螺。

左右同上,中间是水里的牛和鱼。

左右同上,中间是水里的马和水獭。

左右同上,中间是水里的人和鹅。

左边是岸边的鸟。中间下面是水里的老虎,上面是海边的斑马。右边是保护神,保护神下面是海边的鸟。

把死者送到一个神所住的地方,右边骑马的是死者。

中间是神,两边是神的侍者。

战神。

战神。

第三章 争伍经典文献选译 793

战神。

战神。上面的轮子是天界的轮子,神的代步工具。

神界所有的塔。神界的象所住的地方。

天国有一棵神奇的大树，大鹏鸟坐在树上，在吃蛇。两边是树上的动物，下面是树下的动物马、牛、老虎等。

释迦牟尼。

下面为释迦牟尼的师兄。[1]

---

[1] 此图或为最后一图。

天界有文化、有经书的地方。

丁巴什罗的父母。

（本节调查整理人：张琰）

六 《左拉》卦图经系统解读

《左拉》卦图经在西南地区很普遍,很多族群都有,如普米和尔苏等。主要用途是为人们的日常生活算卦,可以算家里这一年有什么好事和坏事,个人的命运如何,牲口好不好[1],出门的好日子,也可以算男女姻缘,以及一生当中会有几个孩子,生男还是生女,等等。有些人要建房子,也可以通过这种算卦来选择房址。

我们在争伍看到一套系统完整的《左拉》卦图经。有图片有经书,有预准备,有卦图阵打卦,有对应经书以判断结果。

本套《左拉》卦图经由老东巴克若里收藏,由他的侄子生根东巴解读。

《左拉》算卦包括几套图经材料,互相配合使用:

第一部分(一册):算属相书[$k^hv^{55}p^ha^{31}$],算时辰书[$dʑi^{31}p^ha^{31}$],看星座算卦书[$kɯ^{33}p^ha^{31}$],算星期书[$za^{31}p^ha^{31}$]。

第二部分(一册):算日子书[$ɲi^{33}uã^{55}p^ha^{31}$]。(以上第一、第二部分为准备。)

第三部分(三册,每册十张,一共三十张):《左拉》卦图[$tso^{33}la^{55}p^ha^{31}$],均由克若里所画。

第四部分(一册):与卦图对应的经书《看左拉书》[$tso^{33}la^{55}su^{31}ly^{31}$]。

使用方法:想算卦的人来找东巴,东巴首先看这一天的属相,根据算属相书[$k^hv^{55}p^ha^{31}$]的内容算卦;然后根据算日子书[$ɲi^{33}uã^{55}p^ha^{31}$]来看这一天的日子;根据算时辰书[$dʑi^{31}p^ha^{31}$]算时辰;再根据算星期书[$za^{31}p^ha^{31}$]算星期。东巴把这些卦象都记住,请神,然后把三十张卦图依次排开,手里拿十二颗圆石片,其中有一颗石片做了标记,首先在代表被算人属相和五行的那一张卦图上放一颗石片(随机抽取石片),然后依次在后面的卦图上各放一颗石片,最后观察带有标记的那颗石片放在了哪一张图上,然后参照该卦图对应的经书《看左拉书》[$tso^{33}la^{55}su^{31}ly^{31}$],再根据之前的所有卦象,判断最后的结果。

四十一岁以上的东巴才能算卦。给病人算卦做仪式需要杀生,杀生的罪过都要算在算卦东巴头上,太年轻的东巴不能算。

---

[1] 牲口被卖或者死了,或者算出牲口被牵走了,意味着今年可能会有亲戚去世。

第一部分 《左拉》预准备经书

1. 算属相、时辰、星座、星期的书

共一册，包括四个部分，分别为：算属相书［kʰv⁵⁵pʰɑ³¹］、算时辰书［dʑi³¹pʰɑ³¹］、看星座算卦书［kɯ³³pʰɑ³¹］、算星期书［zɑ³¹pʰɑ³¹］。其中算属相书不全，缺了鼠时和牛时的卦象。本册经书共29页（包括封面与底面，即左上、右上两图），按从左到右、从上到下的顺序排列如下：

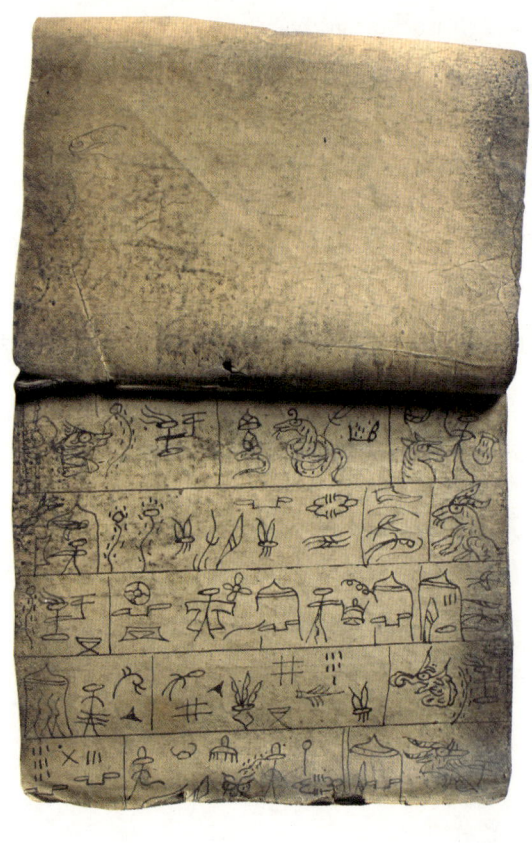

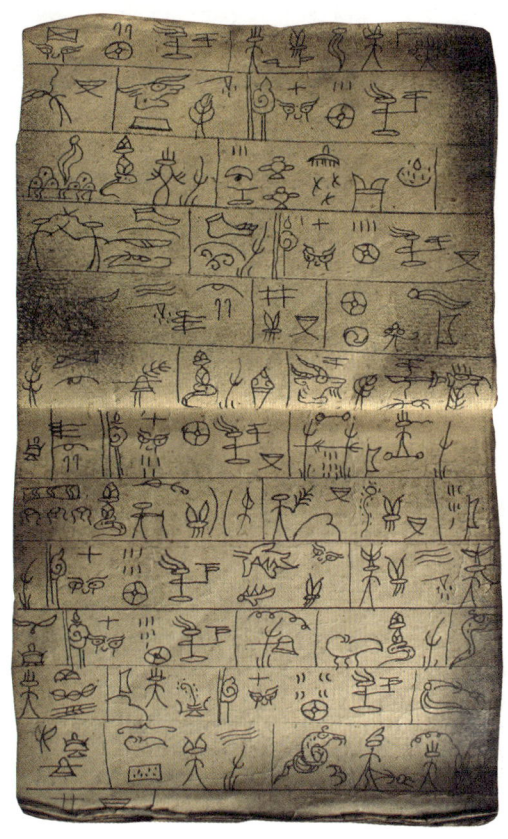

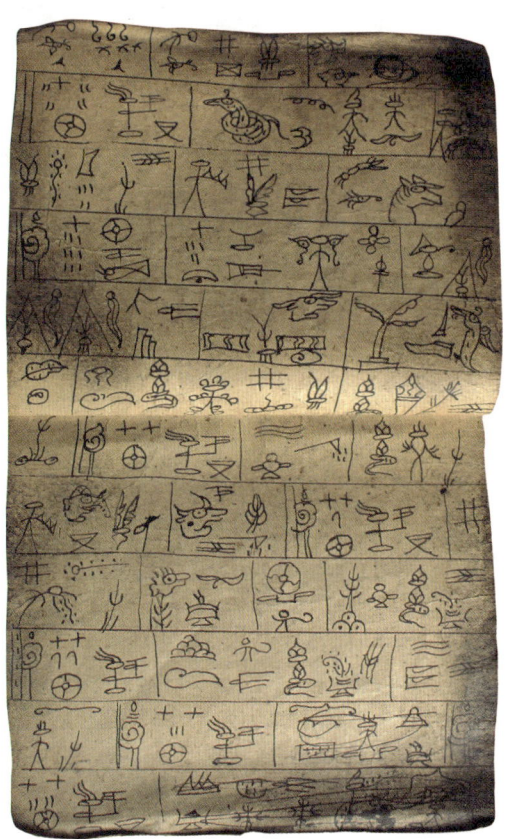

第三章 争伍经典文献选译

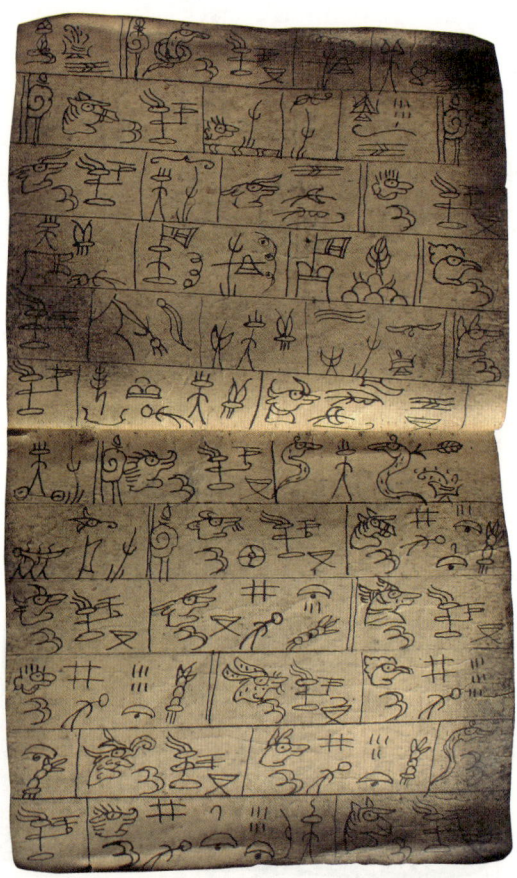
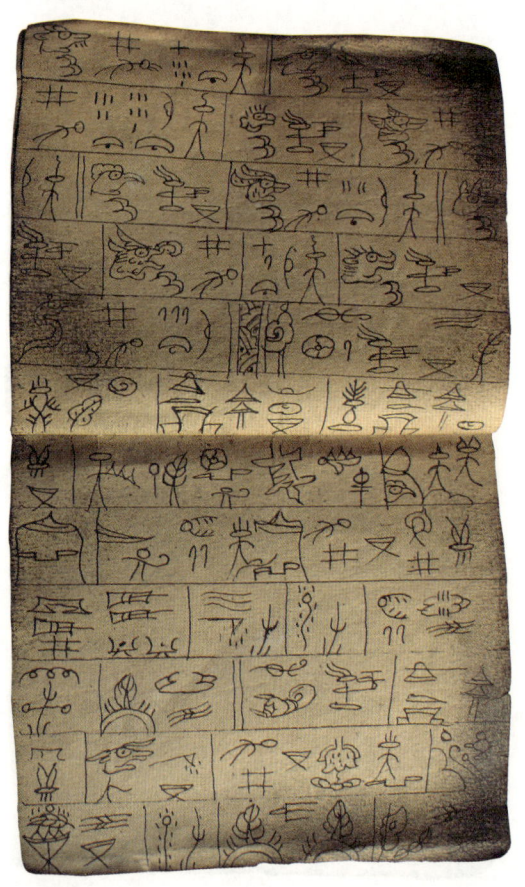
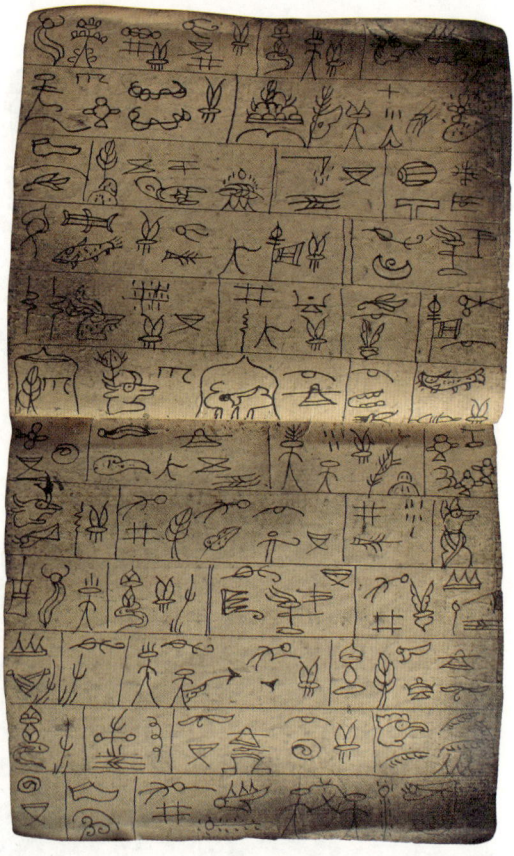

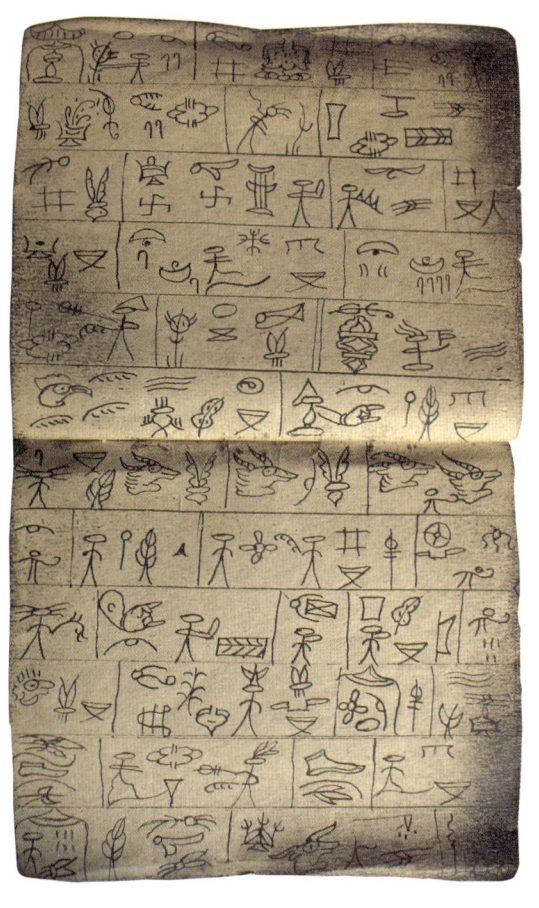
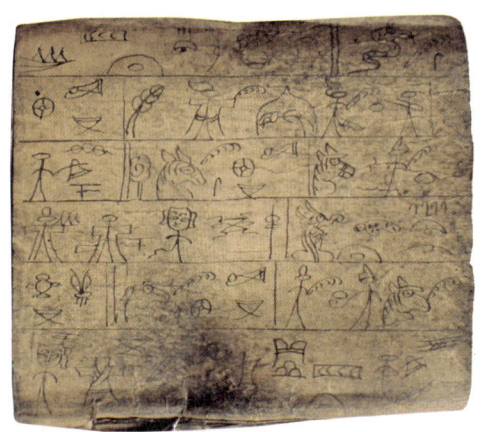

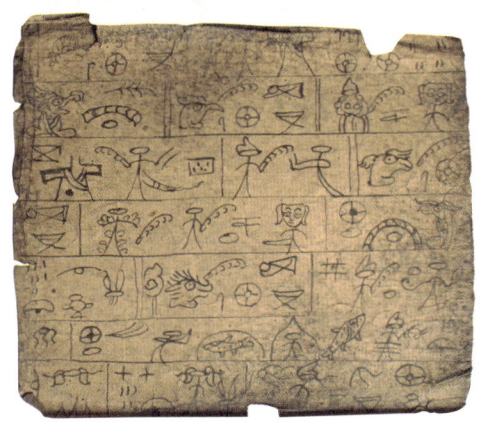

第三章 争伍经典文献选译

以下以内文第一页为解读示例：

【解读】今天算卦人虎时辰来找东巴算卦，他如果生病就可能是因为有水龙惹他。病人生病前，如果有牵牛、牵马的人来他家里，就说明他是被一种叫做"禁住"（音）的鬼惹了，症状是看到死人会害怕。东巴念完经之后，把火灰在病人的头上摇三转，然后倒出去，就可以除鬼了。

今天算卦人兔时辰来找东巴算卦，如果东方有一个穿着绿衣服的人来到他家里，这个穿绿衣服的人是绝后的，（算卦人）家里就会发生不吉利的事。家里要注意防火灾，算卦人的一个亲戚可能会死。如果病人在兔时来算卦，说明这个人会病得很久。

今天算卦人龙时辰来算卦，说明他出门时走九步到十三步，听到了一个不好的声音，家里会丢牲口和财物。

2. 看日子书 [ȵi³³uã⁵⁵pʰɑ³¹]

两册经书共有69页（包括封面与底面），按从左到右、从上到下的顺序排列如下：

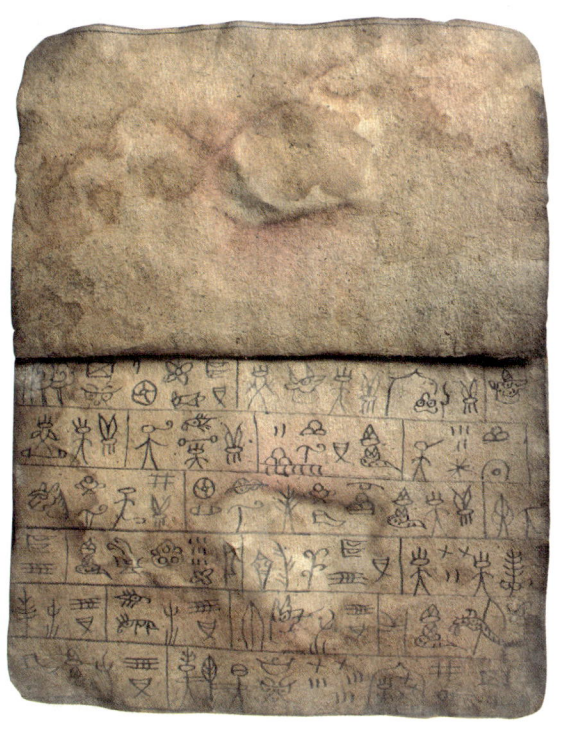
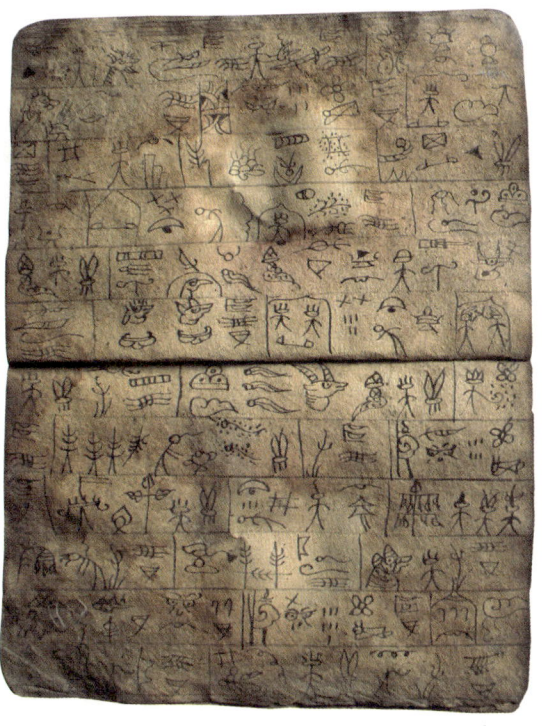
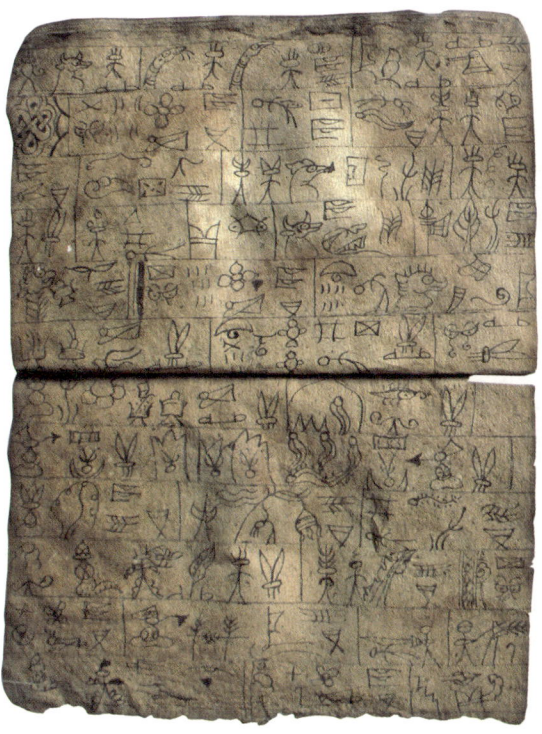
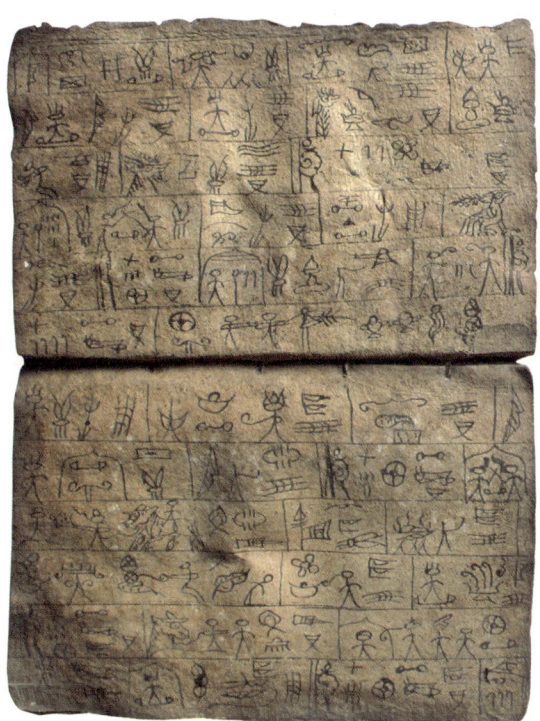

第三章　争伍经典文献选译

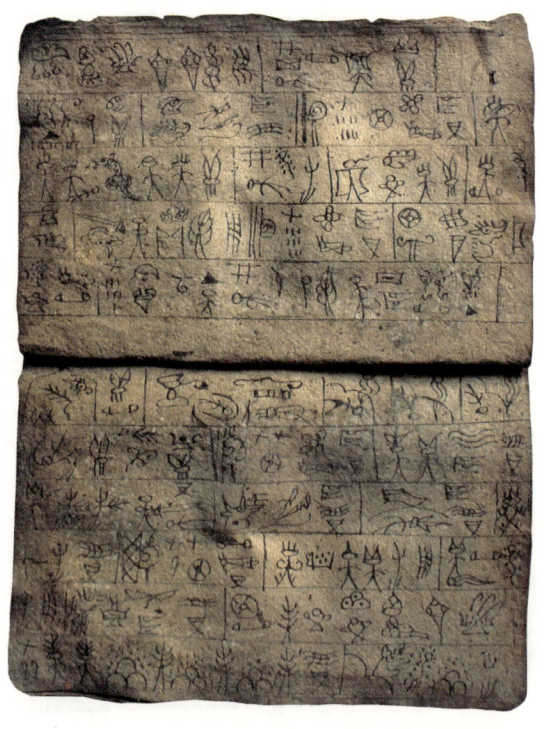
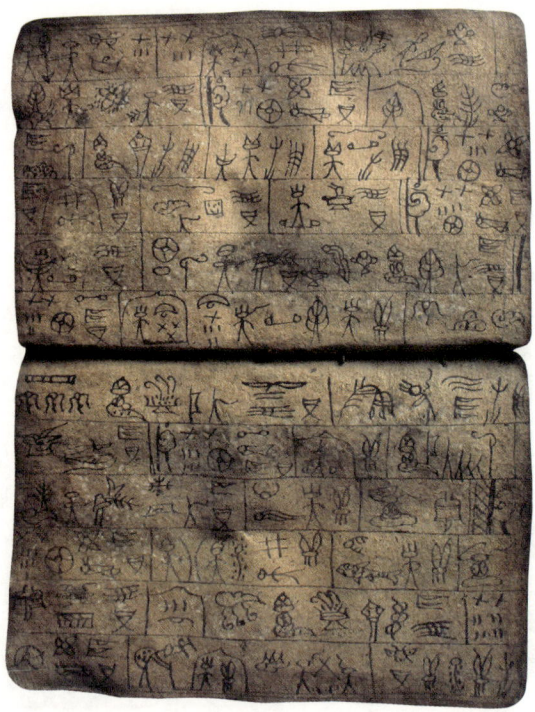
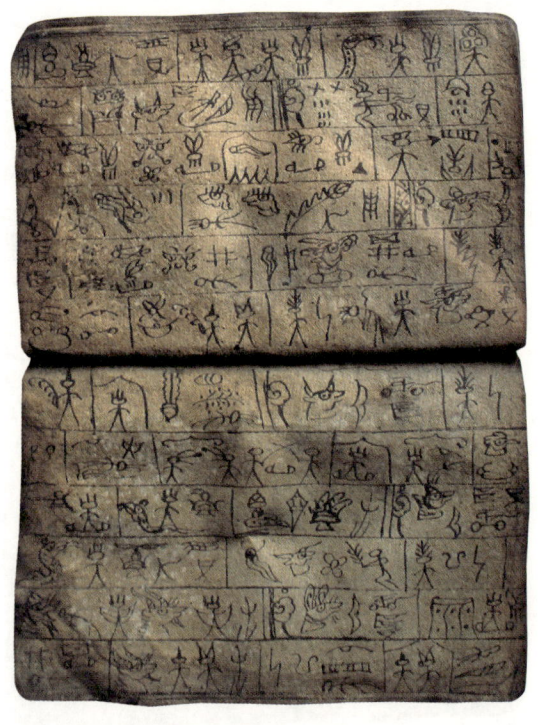
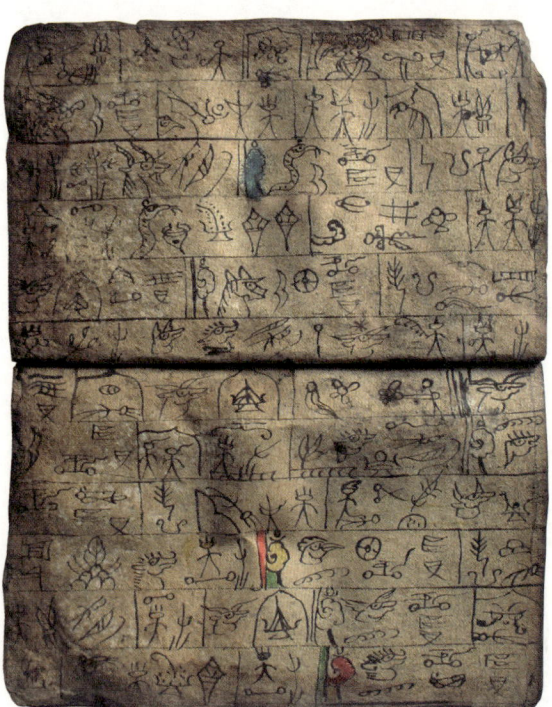

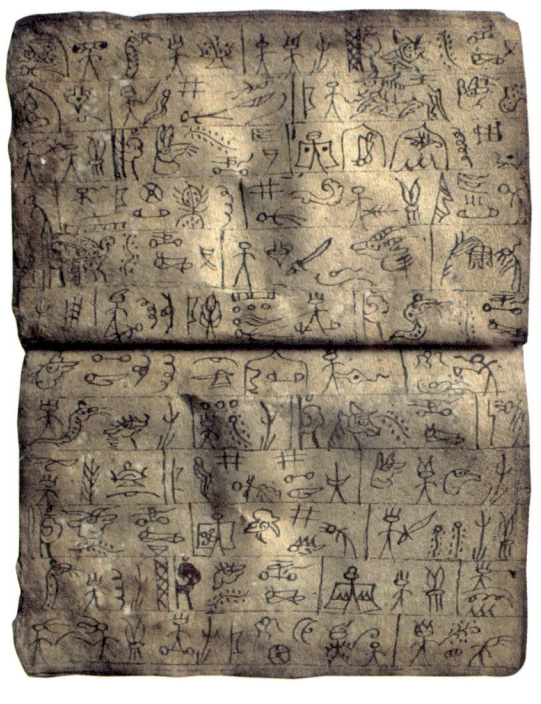
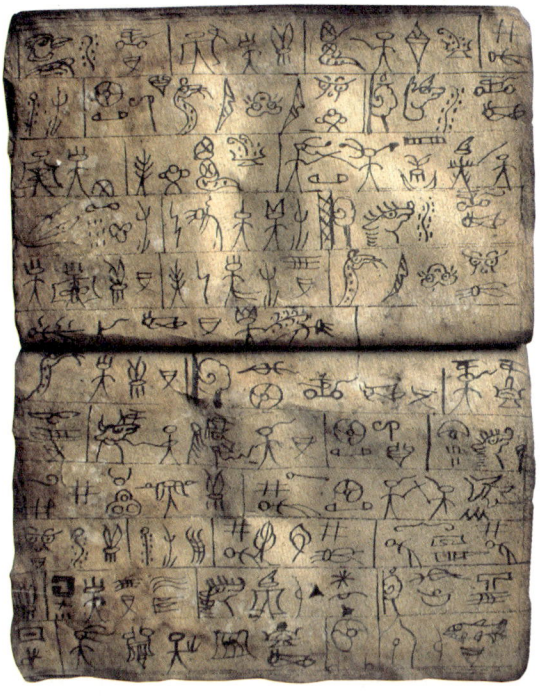
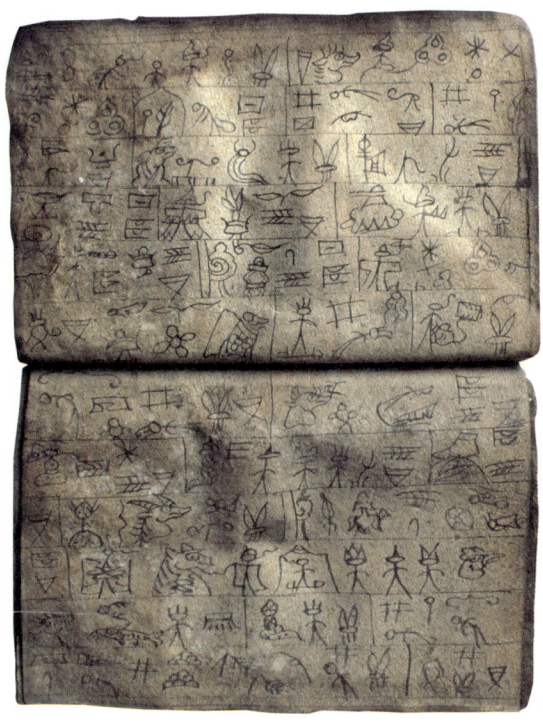
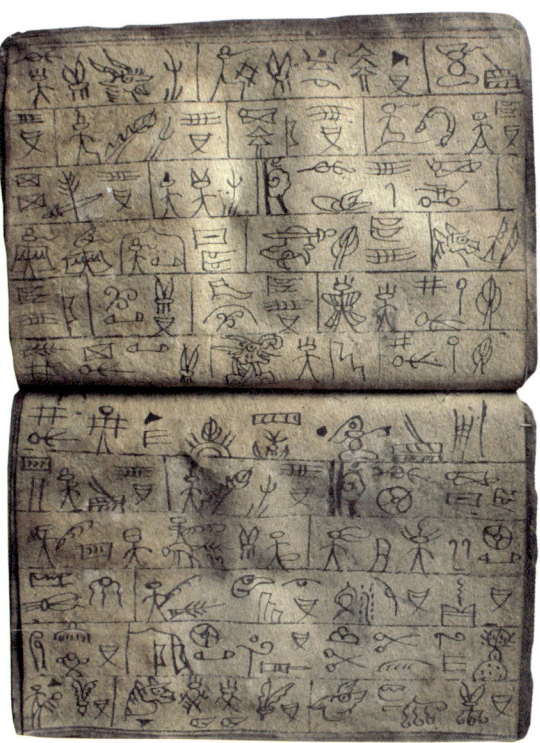

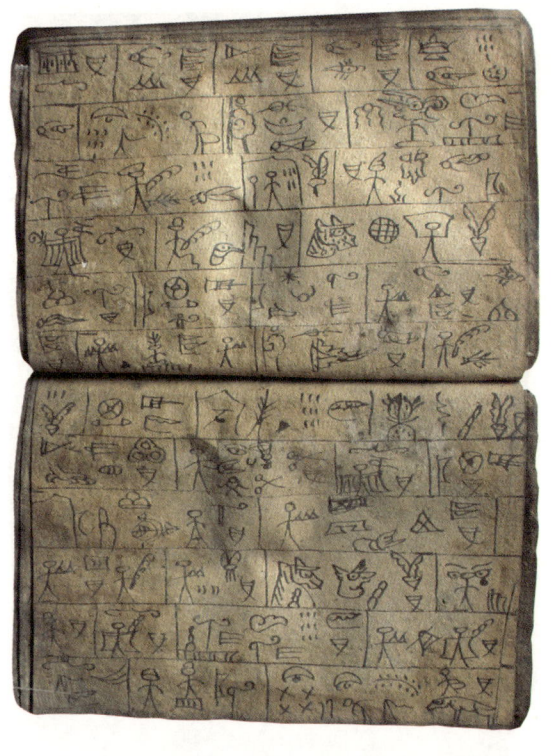

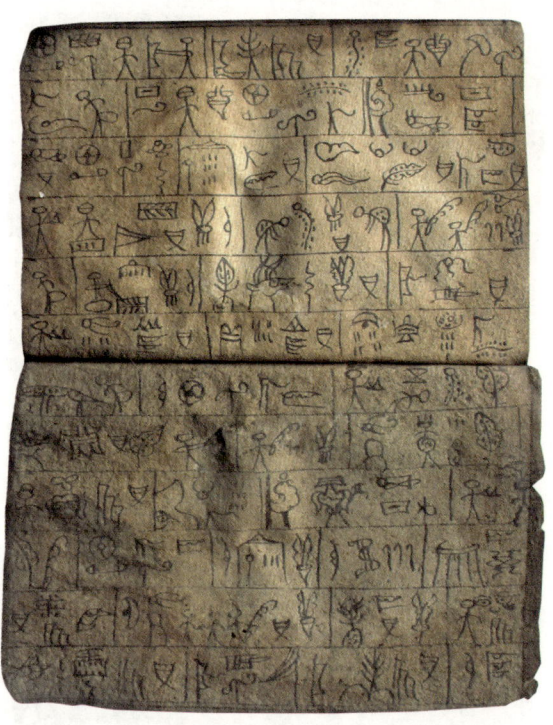

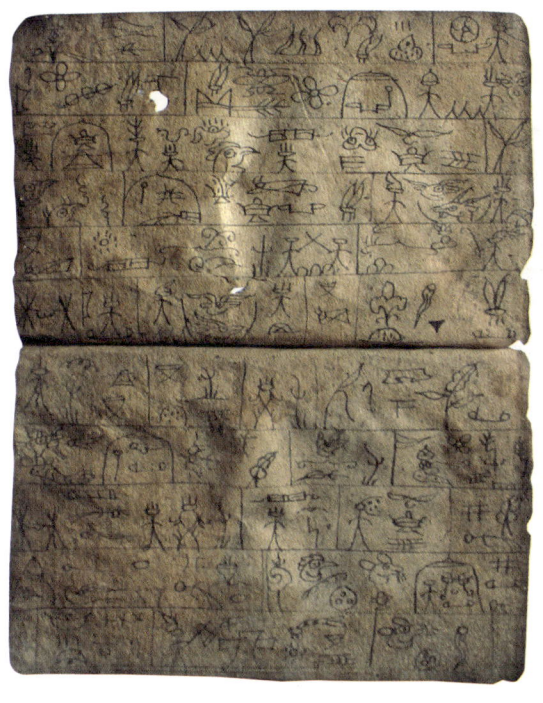
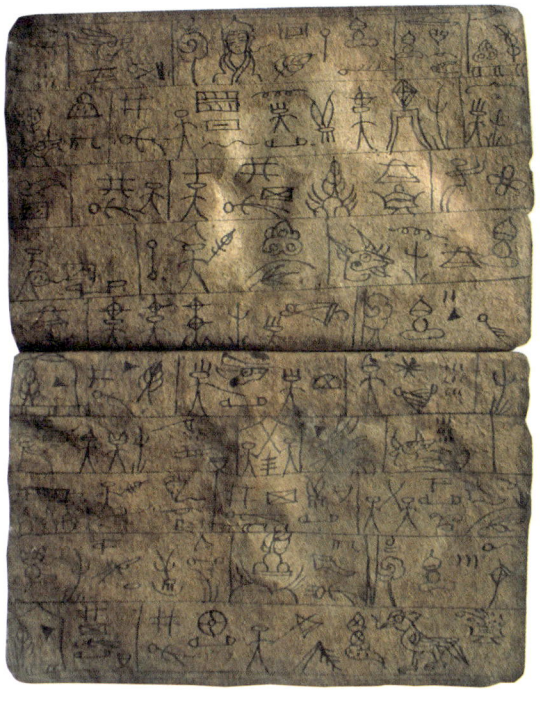
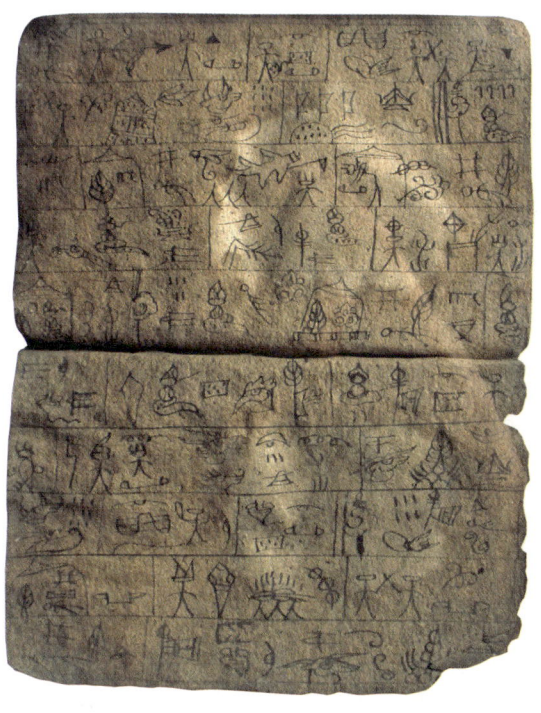

第三章 争伍经典文献选译

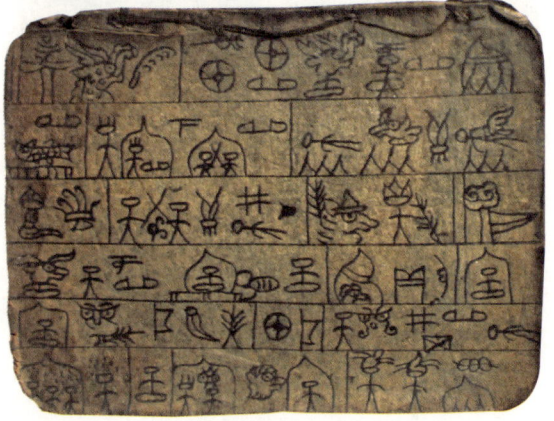

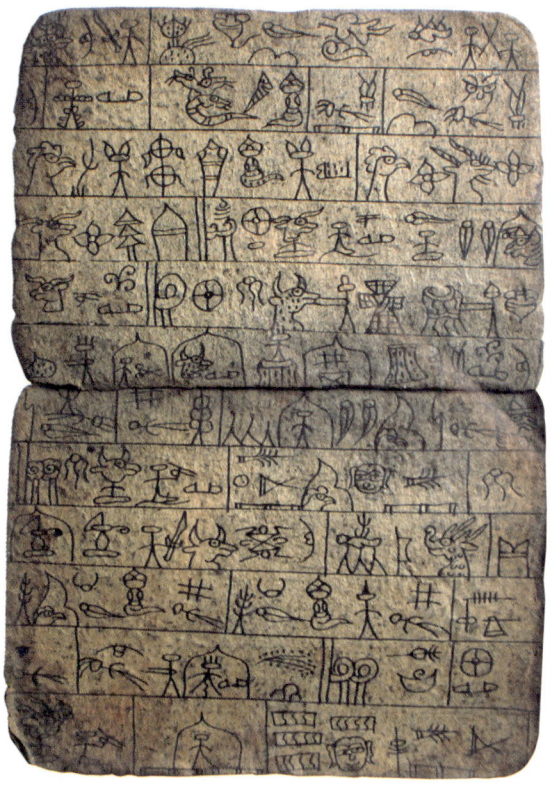

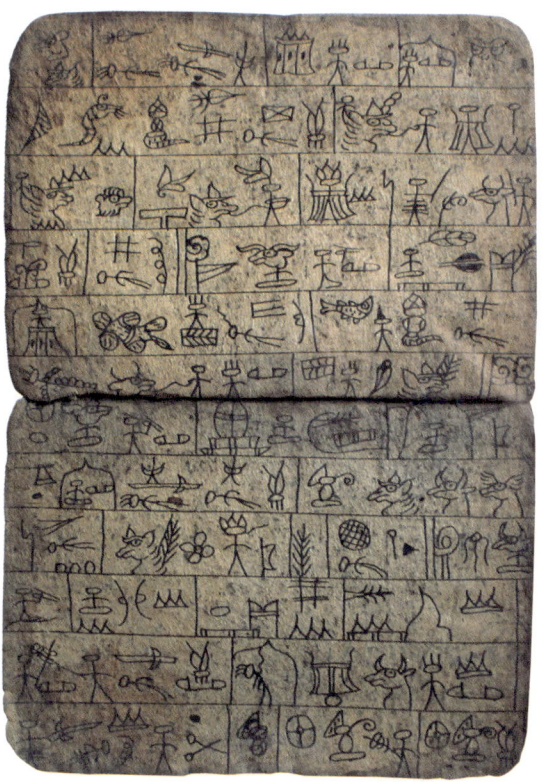
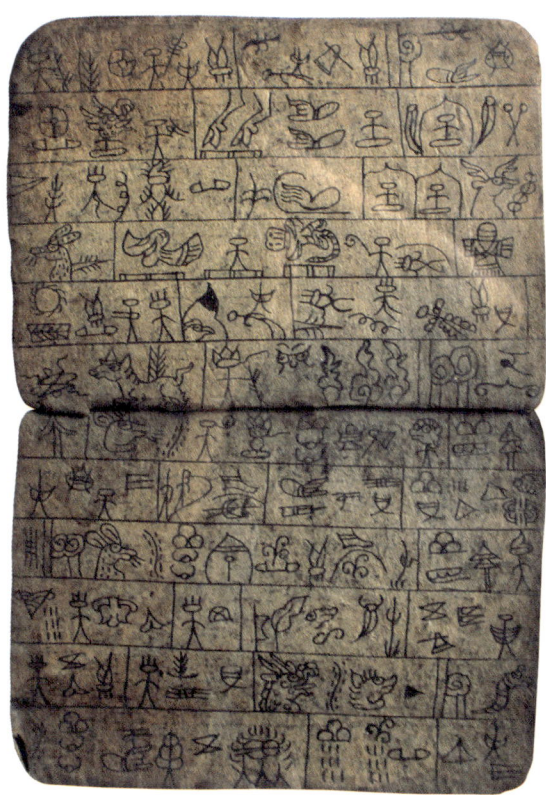

第三章　争伍经典文献选译

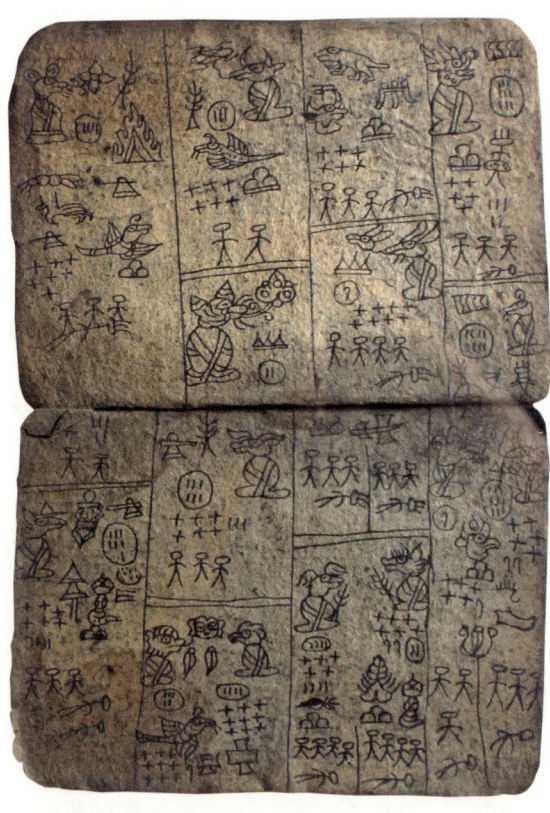
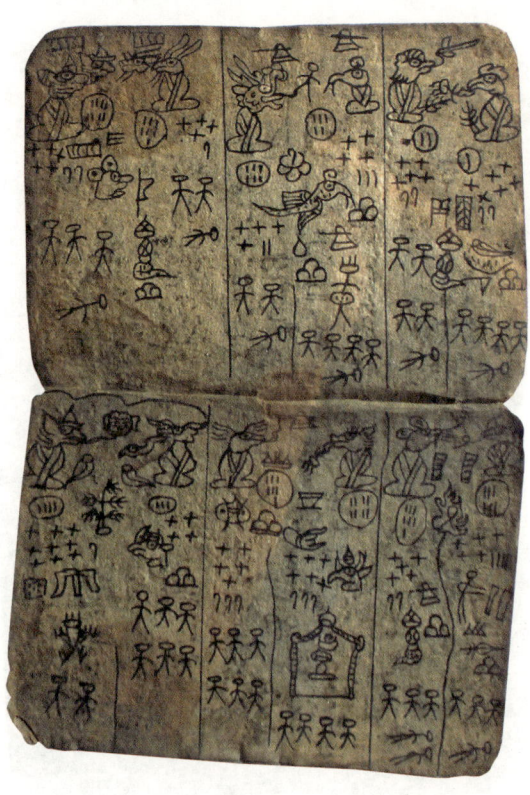

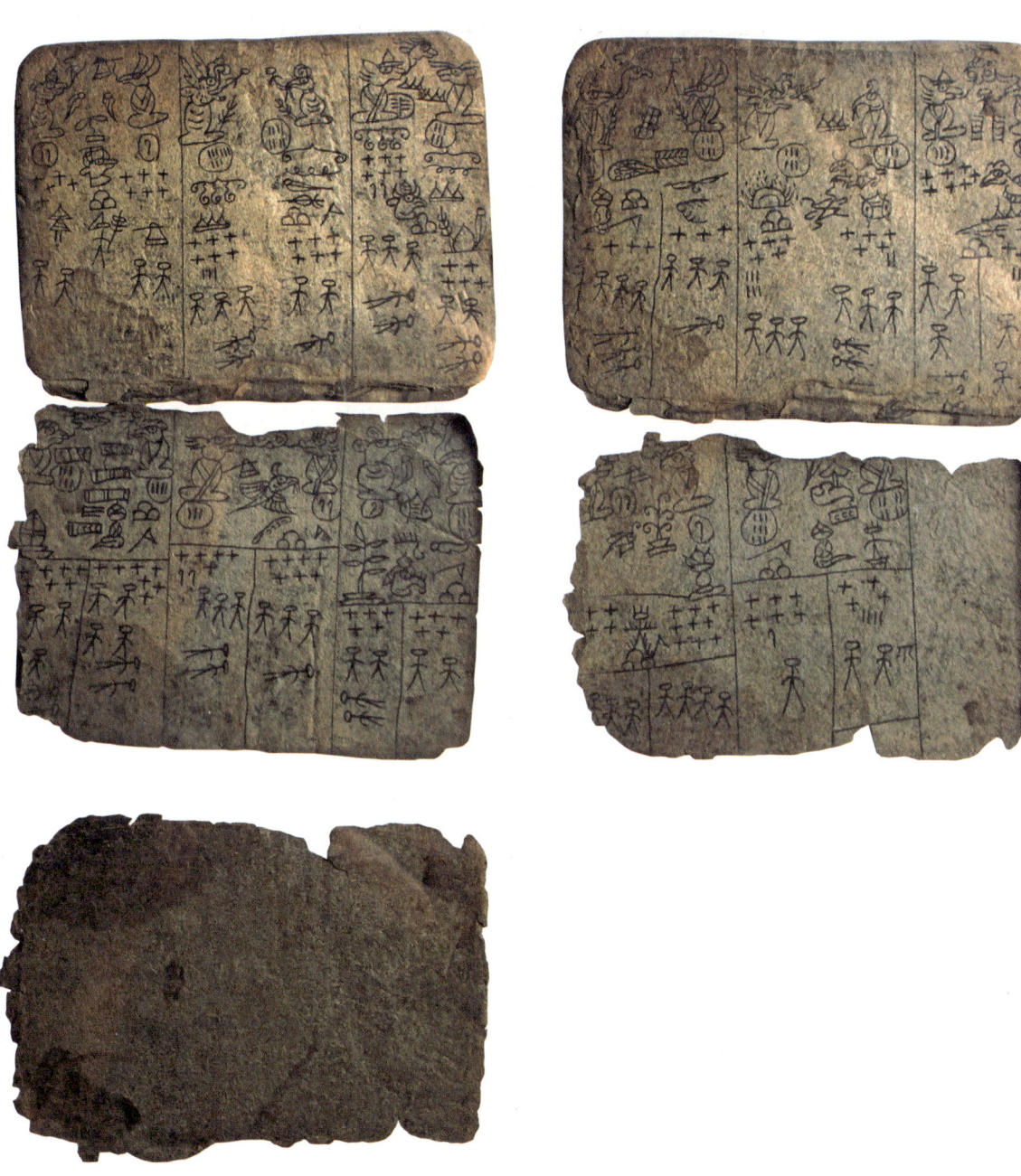

以内文第一页为解读示例：

【解读】初一那天来算卦的如果是病人，就说明他生病是有野人鬼惹他；如果不是病人，他之后会遇到野人鬼。有人在背后咒他。土地里大石头下的水龙会惹他，他种地的时候要千万小心。东方的大石头或大树旁有水龙，算卦人不能砍树，不能在那里停留。做了敬水龙仪式，他就没事了。不做这仪式的话，专门给水龙办事的人会带十二个妖魔鬼怪来惹这个人，他会经常遇到蛇，会病倒。如果十二月十六日那天有人带一个儿子来到算卦人的家里，这家会有人生病。

第二部分 《左拉》卦图 [tso³³la⁵⁵pʰa³¹]

东巴看完前面的两种书，就可以把三十幅卦图摆出来，开始用石子打卦。

这部《左拉》卦图，每一幅图都包含四部分内容：

第一层：星座。这里的星座与二十八星宿不同，是另一种表示算卦人命运的卦象。

第二层：属相和五行。这是卦图的最主要部分，东巴根据属相和五行来找到经书中相应的内容，从而做出结论。

第三层：甲子。有九种甲子，三种为神，三种为妖，三种为给水龙办事的半人半妖。这一层中有两个圆圈，圆圈里的点数可以用来确定人的甲子。一点为神，二点为妖，三点为给水龙办事的半人半妖，四点为水龙，五点为水龙，六点为妖（不吃人，对人有好有坏），七点为妖，八点为神，九点为神。右边圆圈里的点数用来确定算卦人的甲子，左边圆圈与右边圆圈配合观看，可算出算卦人及其配偶的姻缘。两个人的甲子有相合的也有不相合的：神与神、水龙相合；水龙与妖、神、水龙都相合；妖与神不合，与妖、水龙相合。

第四层：选房址时使用。

有些图片第四层缺失。因为以前把老人传下来的《左拉》卦图藏在山洞里，雨水把下半部分打湿了，第四层的内容就看不清了。克若里重画的时候就画不出这些内容。

据生根所述，他所见到的《左拉》卦图有三种：一种有四层，即克若里这一套；一种有三层，没有星座那一层（石马林家有一套）；一种也只有三层，有选房址的那一层（噶突家有一套）。

首先请神：

右下一为［pʰɑ³¹ndʐŋ³³sɑ³³me³³］女神。其他也都是女神，生根记不清她们的名字了

然后根据被算者的生辰、属相等进行算卦，使用下面的卦图。第一册卦图为：

卦图	解读	卦图	解读
 (上排左)	第一层：青蛙的星座。青蛙在冬天坐着不动，表示坐在家里不出门，特别好，不会有病痛。 第二层：属鼠和属牛并且五行属木。木是杨柳木，不好不坏。 第三层：水龙甲子，不好不坏。不能当兵、做强盗。 第四层：房子底下有两条牛睡着，说明住在这里的人会有病痛。		第一层：孔雀的星座。两只孔雀交颈，说明男女夫妻恩爱。 第二层：属虎和属兔并且五行属火。火是烧人的火，很好。 第三层：神牛的甲子，不好不坏。 第四层：房子底下有乌龟，头不看天，很好。
	第一层：一个人骑着羚羊，后面跟着一只鹰，鹰嘴里叼着一块肉。说明这个人喜欢出门，且不会饿肚子。不好不坏。 第二层：属龙和属蛇并且五行属土。土是在坟地里面，烧人堆的土。 第三层：水龙的甲子，不好不坏。 第四层：缺失。		第一层：左边是一只牛，右边是水龙。说明这个人会死于坠马、跳崖、跳水等，不长寿。水龙代表这个人有儿女。不好不坏。 第二层：属马和属羊并且五行属铁。铁是家里烧火煮饭的三脚锅的铁。 第三层：水龙的甲子，比较好，但不能当兵、做强盗。 第四层：缺失。
	第一层：左边是一个老虎，右边是有翅膀、骑老虎的神。逍遥自在，不会有病痛。好。 第二层：属猴和属鸡并且五行属水。水是下雨的时候，颗粒比较大的一种雨（不是冰雹）。 第三层：专门为水龙做事的一种人的甲子，可以送母子平安。不好不坏。 第四层：缺失。		第一层：老虎吃人。说明这个人什么都可以做，做老板、当兵、做强盗都很顺利。好。 第二层：属狗和属猪并且五行属木。这种木是在山梁上放着，（吐口水）把自己身上不干净的东西消除掉（除秽）的木头。 第三层：魔鬼甲子。相当好。不会有妖魔、病痛招惹。 第四层：缺失。

续表

卦图	解读	卦图	解读
	第一层：一只鸟吃肺。说明这个人喜欢出门，且不会饿肚子。好。 第二层：属鼠和属牛并且五行属火。这个火是在山里烧山的那种火。不好。 第三层：大鹏神鸟的甲子。不会被水龙招惹，但经常会被蛇招惹，可能会死于被毒蛇咬。不好不坏。 第四层：缺失。		第一层：鸟的星座。左边是一个人拿着一只鸟，说明这个人会有很多儿女。好。 第二层：属虎和属兔并且五行属土。这个土是寺庙里面的土。 第三层：水龙的甲子。不好不坏。 第四层：缺失。
	第一层：东巴的星座。说明这个人经常会遇到死人，不会有病痛。比较好。 第二层：属龙和属蛇并且五行属铁。铁是斧头上的铁。说明经常移动，不好。 第三层：妖魔的甲子。这种妖魔半人半妖，什么都能做，说明这个人能打猎、当渔夫、当兵，很好。 第四层：房子底下有一条由人牵着的红牛，这个屋基不稳当，容易垮，不好。		第一层：星座是龙的坐骑。说明这个人可以做和尚、喇嘛、道士、东巴。好。 第二层：属马和属羊并且五行属水。这个水是山上下过雨两三天以后出的水。 第三层：专门为水龙做事的一种人的甲子，可以送母子平安。不好不坏。 第四层：缺失。

第二册卦图为：

卦图	解读	卦图	解读
	第一层：青蛙的星座。不出家门。特别好。 第二层：属猴和属鸡并且五行属木。这个木是在山里面有种"矮桑"的木头。 第三层：神的甲子。说明这个人不能杀生，否则不吉利。不好不坏。 第四层：房子底下有一只猴子，木匠、铁匠住在这里可以，其他人住在这里不好。		第一层：老虎的星座。不能骑马，否则容易坠马而亡。不好。 第二层：属狗和属猪并且五行属火。这个火是在山里发生火灾的那种火。 第三层：神的甲子。说明这个人可以出门，但不能打架。不好。 第四层：房子底下有一只孔雀，说明住在这里的人会经常被蛊病[1]惹。不好。
	第一层：狗的星座。说明这个人话多。很好。 第二层：属鼠和属牛并且五行属土。这个土是在庄稼地里的泥土。 第三层：魔鬼的甲子。说明这个人打仗会很顺利，擅长打猎，但如果养牲口就养不好。不好不坏。 第四层：房子底下有两个人在打架。说明住在这里的人会经常吵架。不好。		第一层：蛇和老虎的星座。说明这个人会经常遇到不吉利的事。不好。 第二层：属虎和属兔并且五行属铁。这个铁是斧头的铁。 第三层：水龙的甲子。说明这个人不能砍树。好。 第四层：房子底下有乌鸦吃死人。说明住在这里会死人。特别不好。

---

[1] 木里地区流传一种说法，有些人带有一种叫作"蛊"的病，他们被称作蛊病的主人。谁遇到蛊病的主人就会染上这种病。刚开始不会发作，之后此人若杀生或遇到死尸，蛊病就会在他身上发作，会腹痛、手肿。东巴通过蛋卜的方法来查看病情，用毒草药、马尿来治这种病。若得蛊病的人死了，则要火葬，火葬完毕之后由蛊病的主人在旁边挖一个洞，否则他也会死。

续表

卦图	解读	卦图	解读
	第一层：麒麟的星座。说明这个人喜欢和人打架。不好不坏。 第二层：属龙和属蛇并且五行属水。这个水是小溪水。 第三层：魔鬼的甲子。说明这个人想什么得什么。很好。 第四层：房子底下有一只鸟。鸟不会长时间待在一棵树上，说明这家人的福气不会长久。不好。		第一层：马的星座。说明这个人有点命苦，可以作东巴、和尚、道士。比较好。 第二层：属马和属羊并且五行属木。这个木不是非常确定，大概是核桃木。 第三层：九个神的甲子。说明这个人擅长带兵打仗，命中不会有灾难。很好。 第四层：房子底下有拿着斧头的魔鬼，相当不吉利。
	第一层：青蛙的星座。说明这个人喜欢和别人吵架。不好不坏。 第二层：属猴和属鸡并且五行属火。这个火是送葬火，用来烧死人。 第三层：八个神的甲子。说明这个人很顺利，四面八方的神都会保佑他。很好。 第四层：房子底下有一个神带着一个魔鬼，住在这里的人经常会吵架。不好。		第一层：鹿的星座。说明这个人会经常和别人打架。不好不坏。 第二层：属狗和属猪并且五行属土。这个土是大门门槛上的土。 第三层：水龙的甲子。说明这个人不能砍树。好。 第四层：缺失。
	第一层：布谷鸟的星座。说明这个人活着的时候不会有病痛，会逍遥自在，但会被吊死。不好不坏。 第二层：属鼠和属牛并且五行属铁。这个铁是铁匠用的铁镫的铁。相当好。 第三层：魔鬼的甲子。特别凶狠。说明这个人可以得到他想要的一切。相当好。 第四层：房子底下有一个两头妖，一个头是羊头，另一个头是狗头。说明住在这里的人，家里母鸡生的蛋会长得像人头，小鸡会贴在母鸡的脖子上，不吉利。不好。		第一层：狮子的星座。说明这个人可以当和尚、当兵。相当好。 第二层：属虎和属兔并且五行属水。这个水是山崖上流淌下来的小水珠。 第三层：魔鬼和神打仗的甲子。说明这个人会疯。不好。 第四层：缺失。

第三册卦图为：

卦图	解读	卦图	解读
	第一层：孔雀的星座。说明夫妻恩爱。好。 第二层：属龙和属蛇并且五行属木。这个木是杜鹃花或山茶花的木头（只开花不结果的木）。 第三层：神的甲子。说明这个人不能打猎，不能烧山，否则天上的火星鬼会惹他。不好。 第四层：缺失。		第一层：老虎的星座。说明这个人会有四个儿女，经常会得到吃的。好。 第二层：属马和属羊并且五行属火。这个火是做法事点灯时候的灯火。 第三层：神鸟吃蛇的甲子。说明这个人不会被妖魔鬼怪惹。如果有妖魔鬼怪惹他，他可以把它们变成蛇吃掉。好。 第四层：缺失。
	第一层：马的星座。说明这个人不能骑马，否则会坠马而亡。不好。 第二层：属猴和属鸡并且五行属土。这个土是拉朗山［zua³³rua⁵⁵ndzu³¹］[1]的土，也可以说是地球上的土。说明这个人可以当官。特别好。 第三层：水龙的甲子。说明这个人拥有山一样的财富。特别好。 第四层：缺失。		第一层：老虎和鸟的星座（老虎和鸟在吃肺）。说明这个人可以得到他想要的一切。特别好。 第二层：属狗和属猪并且五行属铁。这个铁是两面都很锋利的剑的铁。 第三层：有翅膀的妖的甲子。说明这个人话多，会是一个好人。好。 第四层：缺失。

---

[1] 这座山不存在于现实中，只在经书中出现过，山顶插入天空，山脚有海，山上有人、妖、神和动物等等。这个山可能代表的是地球。

续表

卦图	解读	卦图	解读
	第一层：一条龙的星座。说明这个人会经常打架。不太好。 第二层：属鼠和属牛并且五行属水。这个水是锅里面的水。 第三层：给水龙办事的人的甲子。说明这个人打猎、当渔夫很好。不缺儿女。很好。 第四层：缺失。		第一层：老虎的星座。说明这个人喜欢收藏小塔，不会生病，不会有灾难。特别好。 第二层：属虎和属兔并且五行属木。这个木是白桦木。 第三层：不吃人的妖的甲子。说明这个人擅长打猎。好。 第四层：缺失。
	第一层：黄老虎的星座。说明这个人很强大，做什么都可以。很好。 第二层：属龙和属蛇并且五行属火。这个火是铁匠打铁时候风箱里的火。 第三层：水龙的甲子。说明这个人养牲口特别好，不能打猎。特别好。 第四层：缺失。		第一层：老虎的星座。说明这个人喜欢做道士，不会有妖魔鬼怪惹他。好。 第二层：属马和属羊并且五行属土。这个土是庄稼地土地中间的土。 第三层：特别强大的妖怪的甲子。说明这个人既可以做恶事，也可以做善事。特别好。 第四层：缺失。
	第一层：鹿的星座。说明这个人不能打猎，否则会生出有羚羊头的孩子。 第二层：属猴和属鸡并且五行属铁。这个铁是镰刀的铁。有点辛苦的命，不太好。 第三层：神的甲子。说明这个人不能砍树，砍一次树病一次。不好。 第四层：缺失。		第一层：老虎的星座。说明这个人会做和尚，不养孩子。不好不坏。 第二层：属狗和属猪并且五行属水。这个水是大海里不流淌的水。 第三层：神的甲子。四面八方的神会保佑这个人。特别好。 第四层：缺失。

第三部分 《左拉》经书 [tso³³lɑ⁵⁵su³¹ly³¹]

这本经书与《左拉》卦图匹配使用。按从左到右、从上到下的顺序排列如下：

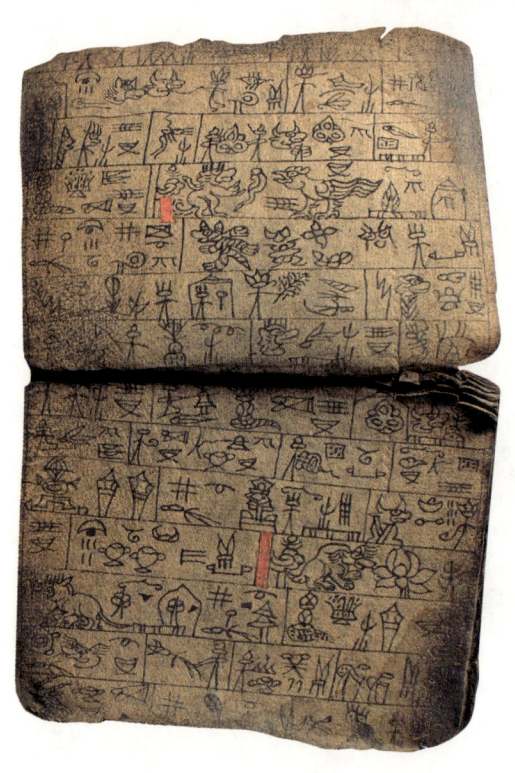
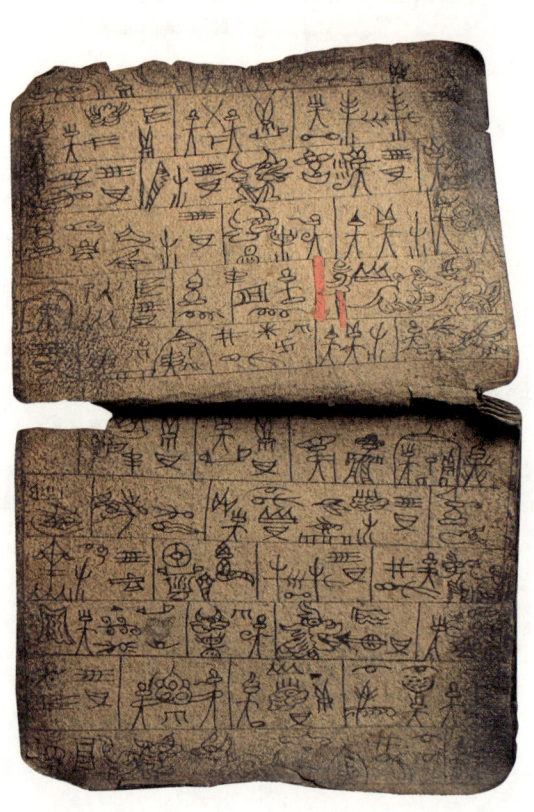

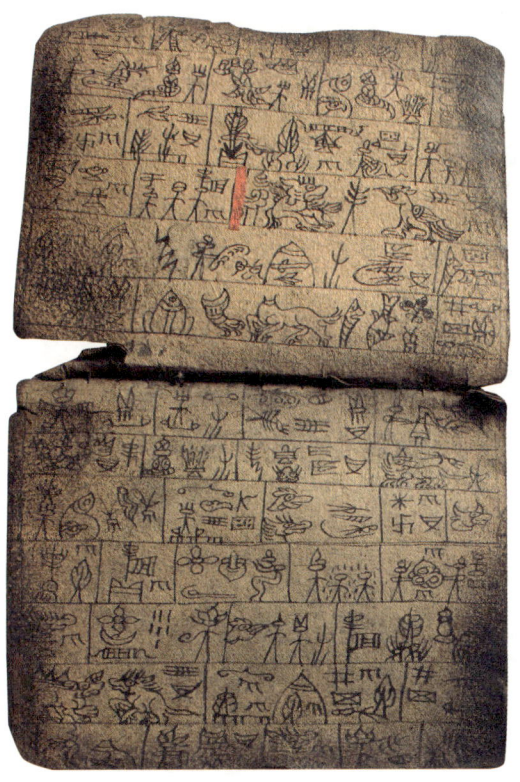

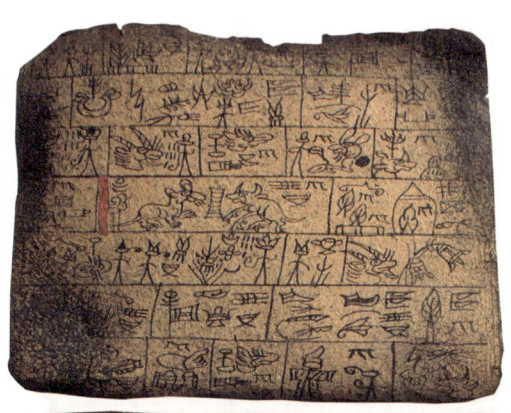
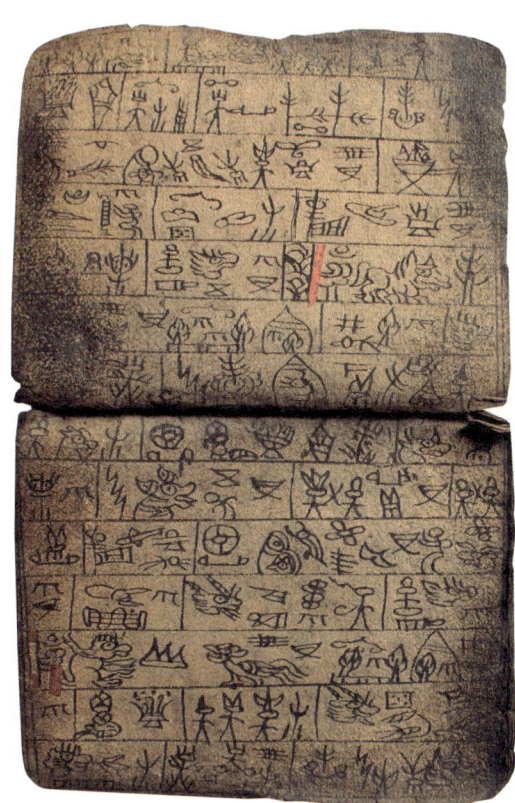
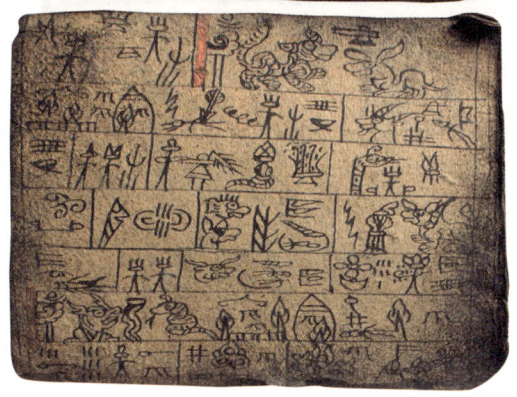

第三章　争伍经典文献选译

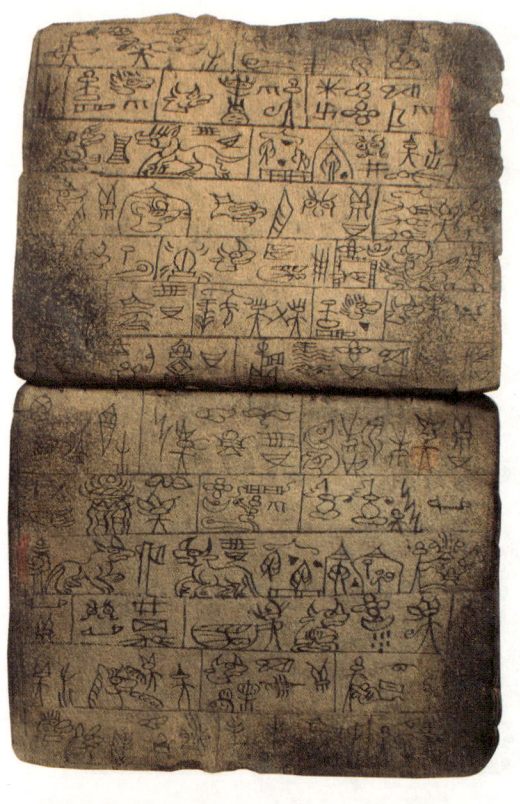
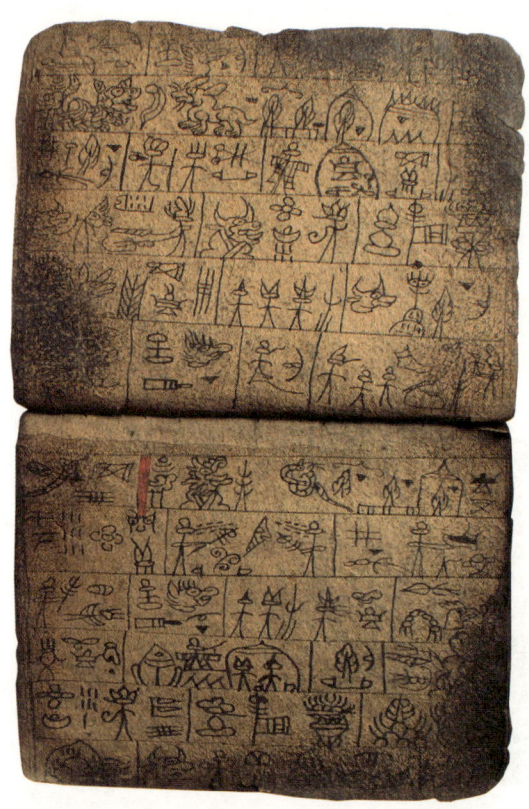
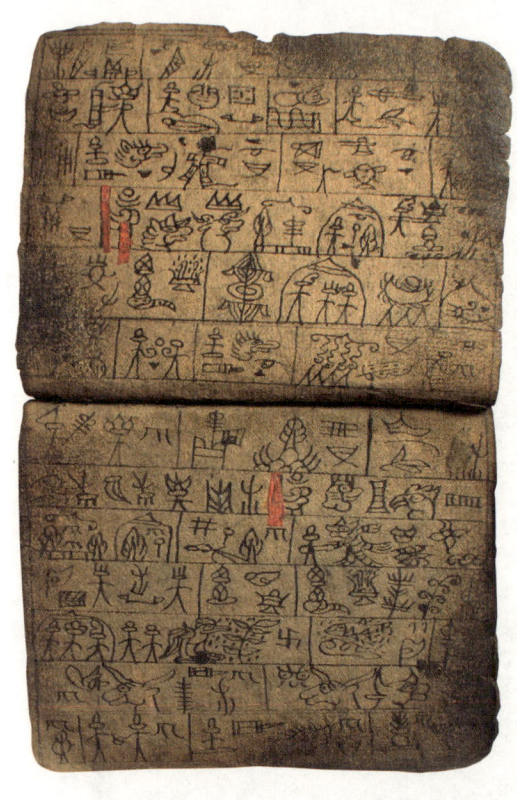

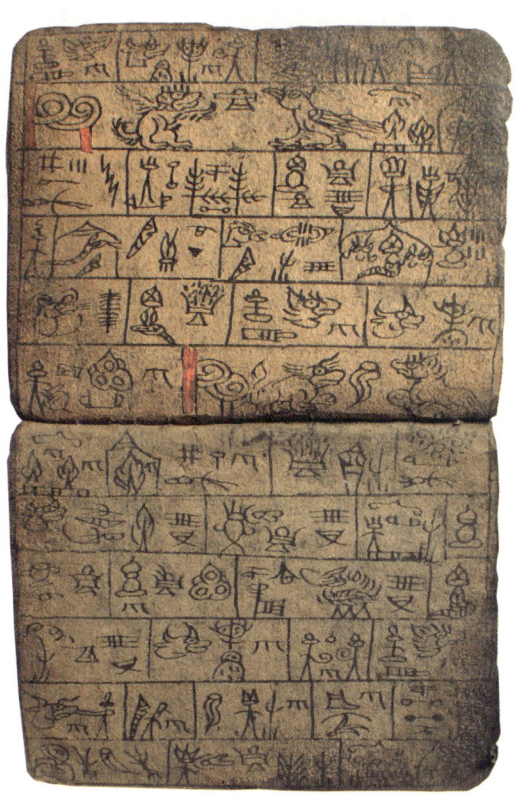
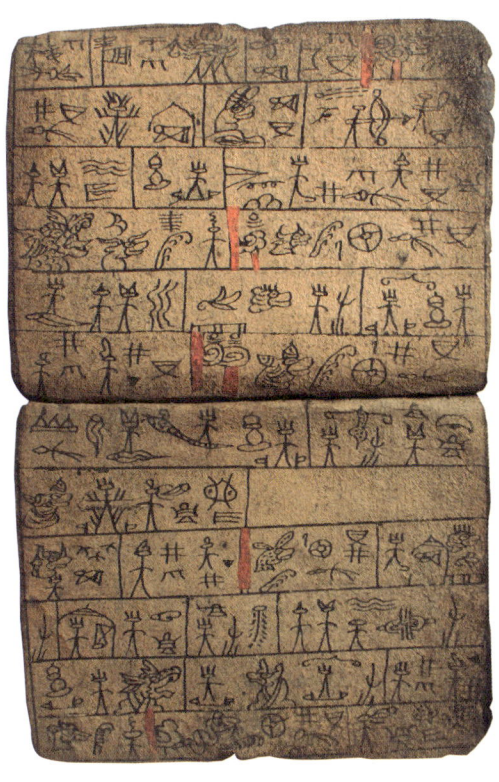
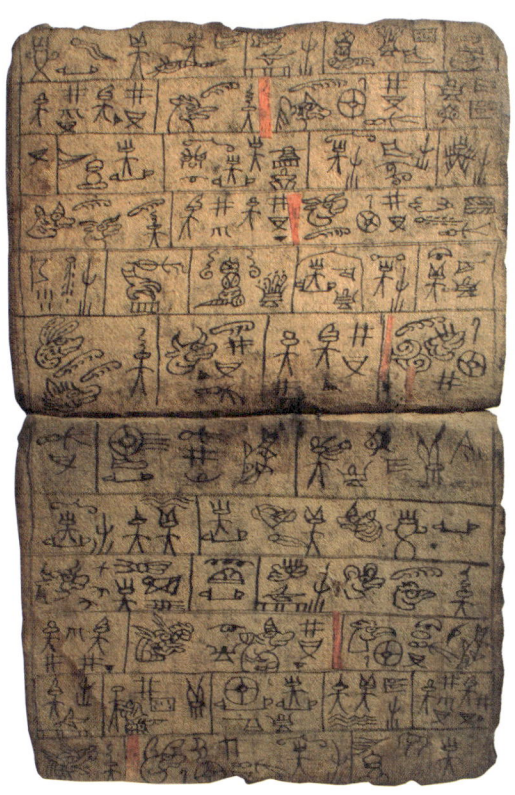

第三章 争伍经典文献选译

东巴用石子打卦，假如有记号的石子落在了某幅卦图，例如下面右图"属猴和属鸡且五行属水"上，则在经书（左图是《看左拉书》）中找出相应的内容（两道红杠之间是一对属相），根据经书解释算出卦象。卦图上第一层的星座和第三层的甲子在经书上没有解释，第四层的房址卦象有一点点解释。

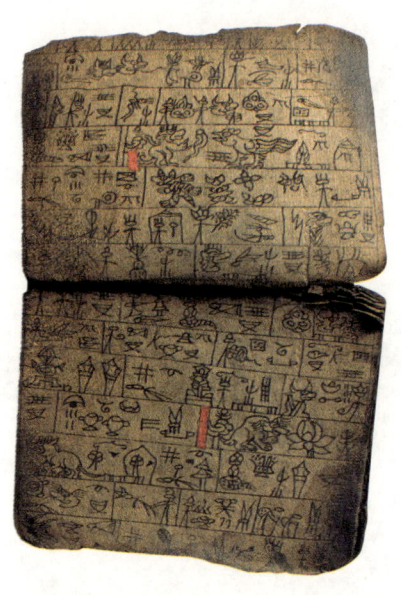

经书具体解释如下：

属猴和属鸡并且五行属水的人，家里的庄稼长得很好，家里没有事，很好。如果有病人算卦的话，如果三天三夜病还没好，这个人就没救了。这个人生病之前看到了虎皮、金银、宝珠之类值钱的东西，所以就生病了。生病可能是因为家里有两代祖宗惹他。家里要撵鬼，给祖宗献饭，要喊魂。生病也可能是因为有水龙惹他。如果是出门做生意之前来找东巴算卦，特别好，丢失的财物能找回来，很好。心想事成，不会生病，如果修建房子，会有火星鬼惹他。如果病的话，要喊魂。最后，病人在五天五夜之后没事了。

（本节调查、记录整理人：张琰）

七 争伍纳西唐卡

唐卡在争伍纳西话中念"甲"[tɕa³¹],意思是"活佛的故事"。唐卡通过图画展示经书中的传说和东巴做法事的故事,是重要的法器之一。每个东巴家都有自己的唐卡。东巴做平安、送葬等大型法事时,可以将这张唐卡带到做法事的人家里。在念经之前,将唐卡拿出来悬挂,并烧香祈祷。这样,唐卡中的活佛、菩萨和神灵就可以在做法事的过程中帮助和保佑东巴。

(一)《丁巴什罗坛城》解读(甲阿若藏)

争伍东巴甲阿若家的这张唐卡讲的是东巴沙拉(丁巴什罗)坛城的故事。坛城即东巴沙拉及诸弟子修行的处所。甲阿若家的唐卡是他的爷爷果佳传给他的,具体作画人不详。这幅唐卡画在黑色的皮布上,作画的笔用树木的树皮制作而成,染料则由他的祖先采山间花草提炼而成。

在这幅唐卡中,东巴沙拉在天堂建了一个高达三十三层的经堂,自己在其中祈福修行。他的身边坐着释迦牟尼佛和撒伊窝杜神,他们中间有天上的龙神、狮神和大鹏神。东巴沙拉的五个弟子也在他周围,他们是世间五方的战神。东巴沙拉的两个妻子也在他周围。在经堂外,左边有一只牦牛,右边有一只老虎,它们忠实地守卫着东巴沙拉的经堂。门口还有东巴沙拉的白马,白马两侧都是天上的祥云。下面是人们供奉东巴沙拉的物品,分别是酥油灯、酒、茶、香炉和米饭。东巴沙拉法力无边,四方神佛都来保佑他,为他祈福。

唐卡《丁巴什罗坛城》

画中人物介绍如下:

坐在唐卡中央经堂中的东巴沙拉［ʂa⁵⁵ la⁵⁵］

图符				
意译	撒伊窝杜神	释迦牟尼佛	天上的龙神	大鹏神鸟
国际音标	sa³³i³³uə³³dy³¹	ça³³tça³³tʰa³¹pa³³	nməŋ⁵⁵ʐɿ⁵⁵rlu³¹	çə³¹tɕʰiəu⁵⁵
图符				
意译	天上的狮神	沙拉的徒弟，南方战神	沙拉的徒弟，北方战神	沙拉的徒弟，东方战神
国际音标	si³¹ŋgə³³	sei³¹ɣi³³maŋ³¹qa³¹	qo³¹se³³kʰaŋ⁵⁵pa⁵⁵	ka³¹tsʰe³³tsʰan³³mbo³¹
图符				
意译	沙拉的徒弟，西方战神	沙拉的徒弟，中央战神	沙拉的妻子	沙拉的妻子
国际音标	na³¹tsʰe³³tɕʰu³³lu³¹	so³³ia³³tsə³¹ku³³	la³³mu³³	la³³mu³³
图符				
意译	牦牛	老虎	白马	酥油灯
国际音标	bv³¹	la³¹	ʐua³¹pʰv³¹	ma³¹mi³³
图符				
意译	酒樽	茶杯	香炉	饭勺
国际音标	ɣi²⁴qʰua⁵⁵	li⁵⁵qʰua⁵⁵	çəu³¹mi⁵⁵tɕi⁵⁵qʰua⁵⁵	χa⁵⁵qʰua⁵⁵

（二）其他唐卡

老东巴克若里也有两幅唐卡。

第四章 争伍纳西语日常用语

在调查中，项目组发现当地的东巴们不仅用东巴文记录东巴经、卦书、日历等传统东巴教的典籍，他们之间还用东巴文进行记事、写信交流、传递信息等。可以说，东巴文在日常生活中的应用也很丰富。

为了方便外界与争伍的交流，我们以汉字、东巴文、国际音标三对照的方式整理了争伍村日常礼貌用语。需要注意的是，争伍村的东巴们（以及其他地区的纳西族东巴）平时用来记录信息的文书的书写方式往往类似于东巴经的记录，大多只记录重要的名词和虚词，并没有记录一句话中每个音节。为了争伍与外界沟通，争伍村东巴阿甲若、克果衣下等，为这些礼貌用语的每个音节都配上了相应的东巴字。其中有一些东巴字是东巴文中原有的象形、会意字（如下表中的"男人""我"等），但也有一些口语词在经书中没有与之对应的文字，于是东巴们用发音相似的字来假借（如下表中"爷爷""奶奶"的第一个音节［a^{33}］）。这种记录口语中每个音节的书写方式并不是东巴们平时所常用的，但当遇到外来词汇或现有的文字无法记录的内容时，大多数东巴都会采用假借字的方式来记录。读者也可借此一窥东巴文在争伍人日常生活中的应用情况，了解东巴文的特点以及在未来可能的发展方向。

 日常用语汉字、国际音标、东巴文对照表（共48个词）

普通话	汉字标音纳西语	国际音标	东巴文
爷爷	阿扑	$a^{33}p^hu^{33}$	
奶奶	阿兹	$a^{33}dʐ^{55}$	
伯伯	阿爸	$a^{33}ba^{55}$	
叔叔	阿布	$a^{33}bu^{31}$	
姑姑	阿尼	$a^{33}ȵi^{33}$	
舅舅	阿古	$a^{33}gv^{33}$	

普通话	汉字标音纳西语	国际音标	东巴文
姨妈（母亲的姐姐）	阿美	$a^{33}me^{33}$	
阿姨（母亲的妹妹）	阿吉	$a^{33}dʑi^{31}$	
哥哥	阿布	$a^{33}bu^{55}$	
姐姐	美美	$me^{33}me^{33}$	
弟弟	古兹	$gɯ^{33}zɿ^{33}$	
妹妹	古美	$gu^{33}me^{33}$	
儿子	左	zo^{33}	
女儿	咪	mi^{33}	
长子	左至	$zo^{33}dzɿ^{33}$	
小儿子	左吉	$zo^{33}tɕi^{33}$	
小女儿	咪吉	$mi^{33}tɕi^{33}$	
喝茶	利赤	$li^{55}tʂʰɿ^{31}$	
喝酒	一赤	$ʑi^{33}tʂʰɿ^{31}$	
喝白酒	一吉赤	$ʑi^{55}tɕi^{31}tʂʰɿ^{31}$	
喝黄酒	一吉赤	$ʑi^{55}dʑi^{31}tʂʰɿ^{31}$	

普通话	汉字标音纳西语	国际音标	东巴文
喝甜酒	北时兹	$pe^{55}ʂʅ^{31}ndʐɿ^{55}$	
抽烟	叶赤	$iə^{33}tʂʰʅ^{31}$	
抽烟吗	叶阿赤马	$iə^{33}a^{33}tʂʰʅ^{31}ma^{33}$	
吃糌粑	北马	$be^{33}ma^{33}$	
吃饭	哈兹	$χa^{55}ndʐɿ^{55}$	
吃菜	纳哈兹	$na^{31}χa^{55}ndʐɿ^{55}$	
吃饱没有？	哈古哈	$χa^{55}guɯ^{33}χa^{55}$	
吃饱了	哈古	$χa^{55}guɯ^{33}$	
我不再吃了	阿哈兹马北	$ŋa^{31}χa^{55}ndʐɿ^{55}ma^{33}be^{33}$	
我喝醉了	阿一瓜	$ŋa^{31}zi^{55}qua^{31}$	
我喝多了	阿阿尼一赤绝	$ŋa^{31}a^{33}ni^{33}zi^{55}tʂʰʅ^{31}dʐye^{31}$	
爷爷身体可好啊？	阿扑古木阿戈阿	$a^{33}pʰu^{33}gv^{55}mu^{55}a^{33}kə^{31}a^{33}$	
我纳西话讲得不好	阿纳西各吉马噶	$ŋa^{31}na^{33}hĩ^{55}kə^{55}tɕi^{33}ma^{33}qa^{31}$	
我不会讲纳西话	阿纳西各吉马古	$ŋa^{31}na^{33}hĩ^{55}kə^{55}tɕi^{33}ma^{33}kuɯ^{55}$	
你吃饭了吗？	诺哈阿兹赛	$no^{31}χa^{55}a^{33}ndʐɿ^{55}se^{31}$	

普通话	汉字标音纳西语	国际音标	东巴文
你好	诺古	no^{31}gv^{55}	
家里好吗？	叶果阿古叶	iə^{33}qo^{33}a^{33}gv^{55}iə^{33}	
奶奶请坐！	阿吉拉组鲁	a^{33}tɕi^{33}la^{55}ndzu^{33}ru^{55}	
你去哪里？	诺都北	no^{31}do^{55}be^{33}	
你做什么？	诺阿大北内	no^{31}a^{33}ta^{55}be^{33}ne^{31}	
路上小心	若古瓜加阿北	zuə^{31}gv^{55}qua^{31}tɕa^{55}a^{33}be^{33}	
辛苦了！	节北赛	ndʑə^{33}be^{33}se^{31}	
谢谢！	若古垮加阿北	zuə^{31}gv^{55}qʰua^{31}tɕa^{55}a^{33}be^{33}	
请留步	阿贼熏	a^{33}dze^{31}hỹ^{55}	
慢走！	个赛	gə^{55}se^{31}	
对不起！	马和它北叶	ma^{33}xu^{33}tʰa^{55}be^{33}iə^{33}	
来了！	来则叶叶	la^{55}zə^{33}iə^{33}iə^{33}	

二 日常用语东巴文详解

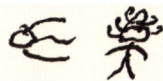

字符	国际音标	直译	意译
	a^{33}	水	爷爷
	p^hu^{33}	葫芦	

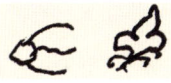

字符	国际音标	直译	意译
	a^{33}	水	奶奶
	$ɖʐ\eta^{33}$	奶奶	

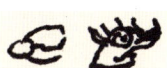

字符	国际音标	直译	意译
	a^{33}	水	伯伯
	ba^{55}	花	

字符	国际音标	直译	意译
	a^{33}	水	叔叔
	bu^{31}	猪	

字符	国际音标	直译	意译
	ɑ³³	水	姑姑
	ȵi³³	二	

字符	国际音标	直译	意译
	ɑ³³	水	舅舅
	gv³³	蛋	

字符	国际音标	直译	意译
	ɑ³³	水	姨妈（母亲的姐姐）
	me³³	母	

字符	国际音标	直译	意译
	ɑ³³	水	阿姨（母亲的妹妹）
	dʑi³¹	水	

字符	国际音标	直译	意译
	a^{55}	水	哥哥
	bu^{55}		

字符	国际音标	直译	意译
	me^{55}	母	姐姐
	me^{55}	母	

字符	国际音标	直译	意译
	$gɯ^{33}$	咬牙	弟弟
	$zɿ^{55}$		

字符	国际音标	直译	意译
	$gɯ^{33}$		妹妹
	me^{33}	母	

字符	国际音标	直译	意译
	zo³³	男子、儿子	儿子

字符	国际音标	直译	意译
	mi⁵⁵	火	女儿

字符	国际音标	直译	意译
	zo³³	儿子	长子
	dʐ̩³³	大	

字符	国际音标	直译	假借	意译
	zo³³	儿子		小儿子
	tɕi³³	剪刀	小	

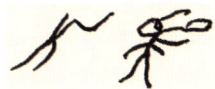

字符	国际音标	直译	假借	意译
	mi^{55}	火	女儿	小女儿
	tɕi^{33}	剪刀	小	

字符	国际音标	直译	假借	意译
	li^{55}	茶		喝茶
	tʂʰʅ^{31}	饮		

字符	国际音标	直译	假借	意译
	ʑi^{33}	酒		喝酒
	tʂʰʅ^{31}	饮		

字符	国际音标	直译	假借	意译
	ɦɛ̃^{31}	鸡	白酒	喝白酒
	tɕi^{31}	剪刀		
	tʂʰʅ^{31}	饮		

字符	国际音标	直译	假借	意译
	zi³³	酒		喝黄酒
	dʑi³¹	水		
	tʂʰɿ³¹	饮		

字符	国际音标	直译	假借	意译
	pe⁵⁵		甜酒	吃甜酒
	ʂɿ³¹	七		
	ndzɿ⁵⁵	吃		

字符	国际音标	直译	假借	意译
	iə³³	烟草		抽烟
	tʂʰɿ³¹	饮		

字符	国际音标	直译	假借	意译
	iə³³	烟草		
	ɑ⁵⁵	水		
	tʂʰɿ³¹	饮		抽烟吗
	mɑ³³	酥油		
	tʂʰɿ³¹	饮		

字符	国际音标	直译	假借	意译
	be³³	糌粑		吃糌粑
	mɑ⁵⁵	酥油		

字符	国际音标	直译	假借	意译
	χɑ⁵⁵	饭		吃饭
	ndzɿ⁵⁵	吃		

字符	国际音标	直译	假借	意译
	nɑ³¹	黑	菜	吃菜
	χɑ⁵⁵	饭		
	ndzʅ⁵⁵	吃		

字符	国际音标	直译	假借	意译
	χɑ⁵⁵	饭		
	gɯ³³	齿	饱	吃饱没有？
	χɑ⁵⁵	饭		

字符	国际音标	直译	假借	意译
	χɑ⁵⁵	饭		吃饱了
	咬牙	咬牙	饱	

字符	国际音标	直译	假借	意译
	ŋɑ³¹	我		我不再吃了
	χɑ⁵⁵	饭		
	ndʐɿ⁵⁵	吃		
	mɑ³³	酥油	否定	
	be³³	锄地	去、做	

字符	国际音标	直译	假借	意译
	ŋɑ³¹	我		我喝醉了
	ʑi³³	酒		
	quɑ³¹		醉	

字符	国际音标	直译	假借	意译
	ŋa³¹	我		我喝多了
	ɑ³³	水		
	ȵi³³	日		
	ʑi³³	酒		
	tʂʰɿ³¹	食		
	dʑye³¹			

字符	国际音标	直译	假借	意译
	ɑ³³	水	爷爷	爷爷（身体）可好啊？
	pʰu³³	葫芦		
	gv⁵⁵	蛋	身体	
	mu⁵⁵			
	ɑ³³	水	虚词	
	kə³¹		健康	
	la⁵⁵	啊	虚词	

字符	国际音标	直译	假借	意译
	ŋa³¹	我		
	na³³hĩ⁵⁵	纳西人		
	kə⁵⁵		语言	我纳西话讲得不好。
	tɕi³³	剪刀		
	mɑ³³	酥油	否定	
	qɑ³¹		好	

字符	国际音标	直译	假借	意译
	ŋa³¹	我		
	na³³hĩ⁵⁵	纳西人		
	kə⁵⁵		语言	我不会讲纳西话。
	tɕi³³	剪刀		
	mɑ³³	酥油	否定	
	ku⁵⁵	蒜	会	

字符	国际音标	直译	假借	意译
	no³¹	你		
	χa⁵⁵	饭		
	a³³	水	虚词	你吃饭了吗？
	ndʐɿ⁵⁵	吃		
	se³¹	丝	虚词表完成	

字符	国际音标	直译	假借	意译
	iə³³	烟草	家里	
	qo³³	针		
	a³³	水	虚词	家里好吗？
	gv⁵⁵	蛋	事物状态良好	
	iə³³	烟草	重复，表疑问	

字符	国际音标	直译	假借	意译
	no³¹	你		你好
	gv⁵⁵	蛋	事物状态良好	

字符	国际音标	直译	假借	意译
	ɑ³³	水		奶奶请坐！
	tɕi³³	剪刀	奶奶	
	la⁵⁵		虚词	
	ndzu³³	坐		
	ru⁵⁵		虚词，表请求	

字符	国际音标	直译	假借	意译
	no³¹	你		你去哪里？
	do⁵⁵	见	地方	
	be³³	锄地	做、去	

字符	国际音标	直译	假借	意译
	no³¹	你		你做什么？
	ɑ³³	水		
	tɑ⁵⁵			
	be³³	锄地	做、去	
	ne³¹		虚词，表时态	

字符	国际音标	直译	假借	意译
	zuə³¹	路		路上小心。
	gv⁵⁵	蛋		
	qʰuɑ³¹	洞穴		
	tɕɑ⁵⁵	爪子		
	ɑ³³	水		
	be³³	锄地	做、去	

字符	国际音标	直译	假借	意译
	ndzə³³	劳作	辛苦	
	be³³	锄地	做	辛苦了！
	se³¹	丝	虚词，表完成	

字符	国际音标	直译	假借	意译
	gə⁵⁵			谢谢！
	se³¹	丝	虚词	

字符	国际音标	直译	假借	意译
	mɑ³³	酥油	不	
	xɯ³³	齿	虚词	
	tʰɑ⁵⁵	塔	要	对不起！
	be⁵⁵	锄地	做	
	iə³³	烟草	虚词	

字符	国际音标	直译	假借	意译
	ɑ³³	水	慢	慢坐。（留步）
	dʑe³¹	鬼		
	hỹ⁵⁵		停	

字符	国际音标	直译	假借	意译
	ɑ⁵⁵	水	慢	慢走！
	dʑe³¹	鬼		
	hũ⁵⁵		走	

字符	国际音标	直译	假借	意译
	la⁵⁵		虚词	来了！
	zə³³			
	iə³³	烟草		
	iə³³	烟草		

（本节调查整理人：杨宇豪，夏津京）

第五章

争伍村东巴及文献著录

2011年课题组第一次进争伍村调查时，存12位东巴，所藏东巴文献10余类，共计不少于1600册，基本保存完好，并仍在使用。这些文献一部分由祖上传下来，一部分为近几代东巴新抄，主要是为了满足日常的巨大需求。

按：噶突东巴于2013年去世，木良布、克若里东巴于2016年去世。以下基本情况统计以2011年的信息为主。

一 争伍村东巴基本情况统计

东巴	基本情况	师承关系	藏经情况
噶突 	1928—2013，属龙。2011年暑假，我们第一次进争伍村时，身体已经很虚弱，不做法事了。但神志清楚。	师承大伯、堂兄。徒弟有侄子阿甲若、甲阿若、孙子下朗杜基等。	经书为大伯所传，原有12捆，现有13册，传给了孙子下朗杜基。
木良布	1939—2016，属兔。家中11口人，与儿子汪布若同住，未上过汉学（指汉语教育，后同）。	师傅：父亲果塔。徒弟：汪布若、呷垮边玛。	所藏经书一半为父亲所传，一半为自己新抄。共600多本。 祭天经 敬山神经 敬水龙经 大平安经 中平安经 小平安经 母子平安经 除秽经 东巴送葬经（一半） 凡人送葬经

续表

东巴	基本情况	师承关系	藏经情况
克若里	1943—2016，属羊。 家中5口人，与侄子木生根同住，未上过汉学。	师傅：曾祖父邦布吉。 徒弟：阿克瓦加、木生根，油米村的石玛宁、阿才里也曾向他学习除秽经。	除敬水龙经是自己新抄外，其他都是祖传，已传六代。共600多本。 敬山神经 敬水龙经 大平安经 中平安经 小平安经 母子平安经 除秽经 东巴送葬经（一半） 凡人送葬经 神路图、左拉、唐卡
阿甲若	1962年生，属虎。 家中共12口人。 未上过汉学。	师傅：大伯噶突。 徒弟：贡布。	经书都是自己新抄。共约200本。 敬山神经 敬水龙经 中平安经 小平安经 母子平安经 除秽经
汪布若	1971年生，属猪。 家中6口人，与父亲木良布同住。 未上过汉学，自学后能写一些汉字，能说汉语。	师傅：噶突、木良布。	共用木良布老人的经书。
甲阿若	1976年生，属龙。 家中6口人。 未上过汉学。	师傅：噶突。	经书一部分为爷爷果佳所传，一部分为自己新抄。共约200本。 敬山神经 敬水龙经 中平安经 小平安经 母子平安经 除秽经 凡人送葬经 神路图、唐卡

续表

东巴	基本情况	师承关系	藏经情况
阿克瓦加	1978年生，属马。 家中5口人。 未上过汉学。	师傅：克若里。 徒弟：达加，降初。	祖传有几本散经，大部分经书皆向克若里和噶突抄写。 敬山神经 小平安经 算卦经
呷垮边玛	1983年生，属猪。 家中5口人。	师傅：木良布。	经书一部分为师傅所赠与，一部分为自己新抄。共约60本。 敬山神经（七八本） 小平安经
木生根	1987年生，属兔。 与大伯克若里同住，家中有5口人。 上过三年小学。	师傅：克若里。	共用克若里老人的经书。（克若里老东巴2016年去世后，经书都归老东巴亲儿子。只给了生根一本。）
下朗杜基	1987年生，属兔。 家中有6口人。 上过小学三年级。 老东巴噶突之孙。	师傅：噶突。	经书为祖父噶突所传。 敬山神经 敬水龙经 小平安经 除秽经 凡人送葬经 左拉
贡布	1990年生，属马。 木良布之孙，汪布若之子，家中6口人。	师傅：阿甲若。	共用木良布老人的经书。
达加	1995年生，属猪。	师傅：阿克瓦加。	经书为自己新抄。 敬山神经 小平安经（一半）

（本节调查整理：夏津京）

第五章　争伍村东巴及文献菁录　857

二 克若里藏东巴文献著录表（共9类，249册）

大东巴克若里共藏有249册经书，分为中小平安经、大平安经、敬水龙经、敬山神经、日历、送葬经、长寿送葬经、东巴送葬经、散经、左拉卦图经9类。克若里将这些经书传给徒弟即侄子木生根收藏、使用。后归克若里之子。以下根据木生根的翻译解读进行归纳、整理、著录。

（一）中小平安经（共42册）

使用、收藏	克若里
所在地	四川省木里藏族自治县依吉乡麦洛村争伍组
版本、传承	传世手抄本，已传六代。部分本是甲阿若的爷爷果佳制作的
经书抄写	克若里的曾祖父邦布吉（$pu^{31}mbu^{33}dzi^{31}$）与克若里的祖父达加（$da^{31}dza^{33}$）
采集、著录	赵丽明、何沛然、李加凯
采集时间	2011年7月
采集地点	四川省木里藏族自治县依吉乡麦洛村争伍组
册数、版式	42册，左装订，东巴纸，长宽见每册记录
翻译、解读	木生根（克若里侄子、徒弟），2011年7月争伍村、2012年10月北京清华园、2013年9月丽江
内容简介	本套经书用于做中平安仪式和小平安仪式。小平安经是平安经的基础，做小平安仪式时42册小平安经书都要用；中平安经是从大平安经中抽出一些，再加上小平安经；大平安经有专门的两捆经书，再加上全部的小平安经。 中平安经：根据属相、日子、甲子、星座等进行算卦，根据卦象从大平安经中抽取。中平安经没有专门的经书，以前有，但现在都以大小平安经为准了。
记音、核对、整理	张琰
时间	2013年9月5日
地点	丽江

编号	文献名称	汉字标音	纳西语音标	内容	用途	长宽（cm）
第一册	目录	故	ku^{31}	整套经书的顺序。	指导整个仪式的进行顺序。	27.5×9
第二册	净水瓶加威灵经	部八花	pu^{33}mba^{31}hua^{33}	给净水瓶加威灵。	做法事前给净水瓶加威灵。	30.2×9.1
第三册	神鬼经（上册）	甲休	tɕʰa^{33}ɕu^{33}	简单介绍这场法事要请什么神，送什么鬼。	用于法事刚开始。	29.4×9.2
第四册	除秽经（下册）	降支迷	tɕʰa^{33}ndʐɿ^{33}mi^{33}	给做法事过程中的人和东西除秽。	在做法事时有不干净的东西，法事刚开始时要先除秽。	29.5×10
第五册	请神经	伊支	zi^{31}tʂɿ^{33}	做法事过程中请东巴守护神。	请东巴神来守护。	29.7×9.5
第六册	烧香经	求班机	tɕʰu^{33}ba^{33}ndʑi^{33}	给请来的东巴守护神烧香。	在请神之后烧香时念。	30.3×9.4
第七册	神鬼来历经	布鲁克	pu^{31}lu^{33}kʰɯ^{55}	神、妖、鬼、人类的来历。	请来东巴守护神后念，做法事时，请神必须要知道其来历。	29.5×9.5
第八册	灾祸经	汝布伊瑞	dʐy^{33}pu^{55}dʐy^{33}ri^{31}	介绍灾祸是怎么来的，为什么会导致灾祸。	介绍完神鬼之后念，为了除去一年当中的灾祸。	29.8×9.7
第九册	诅咒经	瓦突故	uã^{33}tʰu^{33}ku^{55}	介绍诅咒的来历，如何为人除去诅咒。	通过念这部经来除去人所受到的诅咒，并反馈给施加诅咒的人。	32×10.2
第十册	鬼神方位经	克左	kʰɯ^{33}dzo^{31}	解释地名，介绍东西南北中这五地方从哪里来鬼。	给五大方位的鬼送面偶及食物时念。	33×9.5
第十一册	敬石经	度支	ndu^{33}tʂɿ^{55}	摆一块漂亮的石头，说它有神的法力，用来监督法事。	先摆一个石头，然后杀牲口，之后念这部经。	29.5×9.3
第十二册	镇鬼经（上）	突昧	tʰu^{33}me^{55}	请东巴守护神来镇压各种鬼。	杀完牲口，敬石后念。	30.3×9.7
第十三册	镇鬼经（下）	突麦	tʰu^{33}zo^{55}	请东巴守护神来镇压各种鬼。	杀完牲口，敬石后念。	30×9

续表

编号	文献名称	汉字标音	纳西语音标	内容	用途	长宽（cm）
第十四册	人类来历经	从部突	$tsʰo^{31}mbə^{33}tʰu^{55}$	讲述人类的来历。	吃早饭之后念。	29.5×9.5
第十五册	请神允经	北帕花休	$pe^{55}pʰa^{31}$ $qua^{33}ɕu^{31}$	请求各路神仙允许做这场法事。	吃完饭后念，同时给神仙烧一炷香。	29×9.3
第十六册	请天将经	目日古日滴日史日	$mu^{33}zɿ^{33}ŋgv^{33}$ $zɿ^{33}dy^{31}zɿ^{33}$ $sɿ^{33}zɿ^{33}$	请天上的九位兵将与人间的七位兵将与妖鬼作斗争。	在房顶上烧一炷香，之后念。	29.3×9.2
第十七册	消灾经	雅拉滴抓	$ia^{31}la^{33}ti^{33}dzua^{33}$	有一家人经过这场法事之后，就会消除灾难。	请东巴来做法事以消除灾难。	29×9.5
第十八册	求平安经	打街阿友	$da^{31}tɕɤ^{33}a^{33}io^{31}$	又有一家人求平安。	说明请东巴来做法事以消除灾难的重要性。	29.5×9.4
第十九册	英雄除魔经	雅沃西兹	$dzə^{31}uə^{33}zi^{33}zɿ^{55}$	人间有四个英雄降妖除魔的故事。	紧接着《求平安经》来念。	29.5×9.3
第二十册	驱鬼经	吉度	$tɕi^{33}ndy^{55}$	驱除让人吵架、打架的鬼。	讲完英雄除魔故事之后念，用于驱鬼。	29.4×9.5
第二十一册	请战神经	马布兹汝	$ma^{31}pe^{33}dzŋ^{33}$ $zu^{31}sa^{55}$	请战神"马布兹汝"来除鬼。	驱除掉让人吵架打架的鬼后，请战神来彻底降服鬼。	29.5×9.5
第二十二册	刮晦气经	入授机	$zu^{33}zua^{33}tɕi^{55}$	用树枝做一个木马，然后用刀子把人身上的晦气刮下来套在马上。	用树枝做好一个木马，在刮晦气时念。	29.4×9.5
第二十三册	牵昂巴经	昂巴去	$ŋgə^{33}pa^{31}tɕʰy^{55}$	"昂巴"把这匹木马牵到阴间去。	念完这部经后，把树枝做的人和马放到看不到做法事的房子的地方。	29.4×9.5

续表

编号	文献名称	汉字标音	纳西语音标	内容	用途	长宽（cm）
第二十四册	烧猪还债经（上）	木古木日	mu³³ku³¹mu³³ʐɿ³¹	杀一只猪送给鬼，然后让猪代替人给鬼还债。	用于大平安和中平安，但是装在小平安经里，有时用于小平安仪式，有时不用。杀猪之后，烧一个猪的尾巴（在挖的洞边），然后念这部经书。	29.3×9.1
第二十五册	烧猪还债经（下）	木古木日	mu³³ku³¹mu³³ʐɿ³¹	杀一只猪送给鬼，然后让猪代替人给鬼还债。	用于大平安和中平安，但是装在小平安经里，有时用于小平安仪式，有时不用。杀猪之后，烧一个猪的尾巴（在挖的洞边），然后念这部经书。	29.8×9.5
第二十六册	生肖替罪经	枯兹歌	kʰv'⁵⁵ʐɿ³³gə³¹	根据十二属相，找一个属相不和的替死鬼，来代替自己的晦气。	烧猪之后，找十二属相中属相不合的替死鬼后念。	29.5×9.2
第二十七册	埋晦经	吉突	tɕi³³ru⁵⁵	挖一个洞，把做法事的那家的人的晦气埋在洞里。	吃早饭之后挖一个洞。中午杀猪之后就可以埋了。	29.5×9.3
第二十八册	咒敌经	汝枯	ʐu³¹kʰuɚ³¹	用两根树枝来代替敌人，砍树枝相当于砍敌人的头。	念经念到一半的时候砍树枝时念。	30×9.1
第二十九册	祭妖鬼经	老哈驱	lo³¹xɑ³³tɕʰy⁵⁵	给今天请来的鬼、妖准备一顿饭。	吃午饭之前念。	29.8×9.5
第三十册	祭牲经	里洽驱	li³¹tɕʰəʰ³³tɕʰy⁵⁵	做法事时杀的牲口变成了鬼，为了让这些鬼不在东巴死后拦住他，就要给他们一些面、肉食物。	吃完中午饭之后念，为了消除东巴杀生的罪过。	29×9.5
第三十一册	送独脚鬼经	突部	tʰu³³pu³³	做法事送一种独脚鬼（专门打渔的鬼），谁看见这个鬼谁就会死。	念经时做一个有缺口木块，透过木块的缺口看到水或者山沟。	29.4×9.5

续表

编号	文献名称	汉字标音	纳西语音标	内容	用途	长宽（cm）
第三十二册	告慰龙王经	接都区	tɕɿ³³dv³¹tɕʰy⁵⁵	有人杀了一个龙王的儿子（跟龙王结仇），用树枝做一个替死鬼，代替人接受龙王的惩罚。	给树枝做的替死鬼穿自己的衣服、口袋里装着自己的吃的。送替死鬼时念。	31.5×9.5
第三十三册	去口舌是非经	颇突厥	mbu³³tʰu³³tɕye³³	除去人们的口舌是非之灾。	用柳枝做一个圈，套到头上，经念到一半的时候，把圈取下来套到两叉树杈上，放到背篓（放所有替代品）里。	29.8×9.8
第三十四册	抵罪经		mi³³kʰə³¹tɕʰye³³	用树枝代替自己，抵消自己的罪过。	拿着一根线，念经到一半的时候把线拴在三叉树杈上，结束的时候放到背篓里。	30.4×9.7
第三十五册	招魂经（上）	草捞街	tʰo³¹lo³³tɕɿ³³	有一家非常有势有钱的人家没有儿子。有儿子了之后做了很大排场的法事，但到了有第三个孩子的时候，家道中落，没做法事。这个儿子放在床上忽然不见了，是被偷小孩的鬼带到阴间装到箱子里，后来被圣鸟找到。	用面做一只鸟，在鸟的身上拴一根线，穿着珠子。	29.6×9.5
第三十六册	招魂经（下）	刷刷都	ʂuɑ³³ʂuɑ³³tv³¹	鬼看了小孩之后，小孩就生病了，要用鬼的血来治病。	给小孩治病。	30.3×9.6
第三十七册	法器经	深格哈格	se³³ŋɯ³³ χɑ³³ŋɯ³³	做法事的时候用什么树枝。	把做法事的一些东西放到背篓里，快要结束的时候念。	30.5×9.2
第三十八册	请神压祸经	如兹	zu³¹zɿ³¹	请神压祸，把树枝当做灾祸，用脚踩来消灾。	跳东巴舞的时候念。跳到一半的时候用脚踩一个树枝做的替死鬼。	30×9
第三十九册	雅玛战神经	叶玛撒	iə³¹mɑ³³sɑ³³	请一个叫雅玛的战神来除掉做法事时涉及的鬼。	跳完舞之后，烧一支香念。	29.2×9.1

续表

编号	文献名称	汉字标音	纳西语音标	内容	用途	长宽（cm）
第四十册	送晦气经	化兹都	$ŋua^{31}ndʐʅ^{33}tv^{55}$	烧高山上的铁莎树叶，会有很大的烟，晦气像烟一样升到天上去了。	东巴请雅玛战神到山上去之后念。	29.5×9.5
第四十一册	结语	叨齐齐	$to^{33}tɕʰi^{55}tɕʰi^{55}$	结束语。	法事结束时念。	29.5×9.5
第四十二册	赶鬼经	刀玛驱	$to^{33}ma^{33}tɕʰy^{33}$	做一个像山一样的面偶，叫作刀玛，如果今天做法事送出去的鬼再回来的话，刀玛就会把他们甩出去。	法事中念的最后一本经书。	29.5×9.5

（二）大平安经（共31册）

使用、收藏	克若里
所在地	四川省木里藏族自治县依吉乡麦洛村争伍组
版本、传承	手抄本
经书抄写	克若里，根据传世六代手抄本重抄
采集、著录	赵丽明、何沛然、李加凯
采集时间	2011年7月
采集地点	四川省木里藏族自治县依吉乡麦洛村争伍组
册数、版式	31册，左装订，东巴纸，长宽见每册记录
翻译、解读	木生根（克若里侄子、徒弟）2011年7月争伍村、2012年10月北京清华园、2013年9月丽江
内容简介	用于大平安仪式。大平安经有专门的两捆经书，再加上全部的小平安经。
记音、核对、整理	张琰
时间	2013年9月5日
地点	丽江

编号	文献名称	汉字标音	纳西语音标	内容	用途	长宽（cm）
第一册	压凶死鬼经	支纳子杭祖提俄	tʂʅ³¹nɑ³¹zʅ³¹ χɑ⁵⁵ndzu³¹ tʰi³³ɣɯ³³	全套大平安经的目录。	提示做法事的顺序。	31.5×10.1
第二册	请神经	普拉萨	pʰu⁵⁵lɑ³¹sɑ⁵⁵	请各种神仙来相助。	用于大平安仪式的开始仪式。	30×9
第三册	请丁巴什罗大神经	什罗萨	ʂɑ³³rɑ⁵⁵sɑ⁵⁵	丁巴什罗下凡的时候，与妖魔鬼怪斗争，做仪式时请丁巴什罗大神来相助。	用于大平安仪式请丁巴什罗大神。	31.5×10
第四册	请战神经	戈扩萨	gɯ³¹kʰo³³sɑ³³	讲述战神戈扩的来历，请战神来相助。	用于大平安仪式开始时请战神。	30.5×9.8
第五册	请神经	耳巴它戈萨	rɑ³¹pɑ⁵⁵tʰɑ³³ kə³¹sɑ⁵⁵	凡间凶死的人太多，请耳巴它戈神来除掉这些凶死人的鬼魂。	用于大平安仪式。	30.5×9.8
第六册	找权力经	日乍	ndzʅ³¹tʂɑ³³	战神、大神等给东巴权力做这个仪式。	用于压凶死鬼仪式。	31×10.1
第七册	请战神作战经	窝戈育依	uə³³kə³¹iu³³i⁵⁵	请战神来压凶死鬼。	用于压凶死鬼仪式。	31.5×9.9
第八册	喊魂经	噶里去瓦什	qɑ³³li³¹tsʰy³³ uɑ³¹ʂʅ³³	人的魂不要和凶死鬼的魂混在一起。	用于压凶死鬼之前。	31.5×10.3
第九册	神妖斗争经	卓安舒安	dzu³¹fiã³¹ ʂu³¹fiã³¹	人间的首领和阴间的首领作战。	用于下午的平安仪式。	29.2×9.2
第十册	神妖斗争经	卓安舒安	dzu³¹fiã³¹ʂu³¹fiã³¹	人间的首领获胜，让阴间的鬼不要来人间。	用于下午的平安仪式。	29.2×9.3
第十一册	东巴上交妖经	支兹戈可	tʂʅ³¹zʅ³¹gə³¹kʰɯ⁵⁵	东巴没有权力处置骚扰人间的鬼，就把它们上交给天上的神，请神处置。	用于晚上做大平安仪式。	31×9.4
第十二册	驱鬼经	支花	tʂʅ³¹huã⁵⁵	战神下令，让鬼不要出现在人间。	东巴把鬼上交给神之后，使用此经。	29×9.5
第十三册	人杀妖经	吉布普	ndʑi³¹mbu³³pʰu⁵⁵	妖想杀人，但没杀成。人反倒把妖杀了。	用于第二天的起早仪式。	30.5×9.3

编号	文献名称	汉字标音	纳西语音标	内容	用途	长宽（cm）
第十四册	请敌人经	如可	zu³¹kʰuɚ³¹	把不同的地方不同的妖怪和人间的强盗请来，请神处置。	用于第二天的大平安仪式。	30.5×9.5
第十五册	请敌人经	如可	zu³¹kʰuɚ³¹	神处置不同的地方不同的妖怪和人间的强盗。	用于第二天的大平安仪式。	30.5×9.5
第十六册	送替死鬼经	普松哥	pʰu³³su⁵⁵ŋɯ³³	人本来今年要死，找一个替死鬼送到阴间，可以免死。	用于给六十一岁以上的老人送替死鬼。	29.5×9.5
第十八册	送替死鬼经	普松哥	pʰu³³su⁵⁵ŋɯ³³	人本来今年要死，找一个替死鬼送到阴间，可以免死。	用于给六十一岁以上的老人送替死鬼。	30×9.3
第十七册	送替死鬼经	普松哥	pʰu³³su⁵⁵ŋɯ³³	人本来今年要死，找一个替死鬼送到阴间，可以免死。	用于给六十一岁以上的老人送替死鬼。	28.1×9.6
第十八册	加神力经	噶齐	qɑ³³tɕʰi³¹	请各路神仙、战神、东巴的祖宗给东巴神力，压凶死鬼。	在压凶死鬼之前念此经。	30.5×10.5
第二十册	请日加神经	日加萨	ŋ³¹dʑɚ³³sɑ³³	请特别大的战神日加来压凶死鬼。	用于压凶死鬼仪式之前。	31×10
第二十一册	砍妖树经	吉子齐子赐	tɕi⁵⁵ndʐŋ³¹tɕʰi³¹ndʐŋ³¹tsŋ⁵⁵	砍掉阴间的妖树，不要再出现妖物。	用于压凶死鬼仪式。	28.5×9.4
第二十二册	撵鬼经	夏洛曲	ɕɑ³¹lo³³to³³mɑ³³tɕʰy⁵⁵	神仙多玛的来历：谷子变成他的骨头，麦子变成他的肉，青稞变成他的头，高粱变成他的血。除秽仪式结束时撵了鬼，鬼又回来，请多玛来撵鬼，让鬼不再回来。	大平安仪式完毕后所用。	28.5×9.4
第二十三册	请战神经	爪戈萨	tʂuɑ³³kə³¹sɑ³³	讲述一个有翅膀的战神的来历，他能看到神看不到的一切。东巴请他来判断是人做得对还是妖做得对。	用于做大平安仪式之前。	30.2×9.2

续表

编号	文献名称	汉字标音	纳西语音标	内容	用途	长宽（cm）
第二十四册	还债经	若拉齐	ʐua³³rua⁵⁵tɕʰi³³	人给妖还债。	用于第二天做法事杀牛之前。	30.5×9.6
第二十六册	撵鬼经	夏洛多玛曲	ɕa³¹lo³³to³³ ma³³tɕʰy⁵⁵	神仙多玛的来历：谷子变成他的骨头，麦子变成他的肉，青稞变成他的头，高粱变成他的血。除秽仪式结束时撵了鬼，鬼又回来，请多玛来撵鬼，让鬼不再回来。	中平安仪式完毕后所用。	30.2×9.5
第二十七册	还债经	束那国戈	ʂu³¹na⁵⁵ ɴɢo³¹gɯ³¹	人把牛放到阴间去还债。	用于大平安、中平安仪式杀牛后。	30.2×9.6
第二十八册	送替死鬼经	巴根布	pa³³kə³¹mbu³³	人到四面八方，哪里会遇到不好的事情；十二个属相中哪一个会不好。	用于给一家人送替死鬼。	30.5×9.3
第二十九册	凶死鬼来历经	支土具	tʂʅ³¹tʰu³³tɕye³³	讲述凶死鬼的来历。	用于压凶死鬼仪式。	29.5×9.8
第三十册	请战神经	普窝具吉萨	pʰu⁵⁵uə⁵⁵tʂu³³ dʑi³³sa⁵⁵	战神的头盔有狮头的、虎头的、龙头的、大鹏头的、兵器头的，请战神来压凶死鬼。	用于请战神仪式。	31×10.1
第三十一册	烧鬼经	依窝	zi³³uə³³	讲述火的来历。	用于压凶死鬼仪式。	28×8.5

（三）敬水龙经（共22册）

使用、收藏	克若里
所在地	四川省木里藏族自治县依吉乡麦洛村争伍组
版本、传承	传世手抄本，已传六代
采集、著录	赵丽明、何沛然、李加凯
采集时间	2011年7月
采集地点	四川省木里藏族自治县依吉乡麦洛村争伍组
册数、版式	22册，左装订，东巴纸，长宽见每册记录
翻译、解读	木生根（克若里侄子、徒弟）2011年7月争伍村、2012年10月北京清华园、2013年9月丽江
内容简介	本套经书用于三、四月敬水龙时，请求水龙保佑平安无事。
记音、核对、整理	张琰
时间	2013年9月5日
地点	丽江

编号	文献名称	汉字标音	纳西语音标	内容	用途	长宽（cm）
第一册	敬水龙经目录	尼夸布固	$dʑi^{33}kʰua^{33}pu^{31}ku^{55}$	内容为本套经书的顺序。	说明做法事时使用经书的先后顺序。这本经书不是在法事中念的，而是供主持仪式的东巴查阅。	30.3×9.8
第二册	净水瓶加威灵经	部巴花	$pu^{31}mba^{31}huã^{55}$	给水龙送一个花瓶，用花瓶里的水把人洗干净。	做法事前给净水瓶加威灵仪式中使用。	27.5×9.5
第三册	敬水龙除秽经	切支密	$tɕʰə^{31}ndʐ^{33}mi^{33}$	除秽。	敬水龙仪式前除秽使用。	30.2×10.2
第四册		拉么撒	$la^{31}mu^{31}sa^{33}$	请自己的守护神附身。	做法事前请神的仪式中使用。	29.8×10.1
第五册	点灯经	玛密吉	$ma^{31}mi^{33}tɕi^{55}$	请到神后，给神仙点酥油灯。	做法事前供奉神时念的经书。	30×10.1
第六册	水龙来历经	阿娜尼	$a^{33}na^{33}ni^{33}$	介绍水龙的来历。	做法事开始时使用，用于介绍水龙的来历。	29.7×10

编号	文献名称	汉字标音	纳西语音标	内容	用途	长宽（cm）
第七册	水龙献礼经	优依	iu³¹i⁵⁵	记录应该给水龙献的祭品（面偶）。	在介绍完水龙来历之后，介绍应该献给水龙什么祭品。	29.8×9.9
第八册	给魔鬼送礼经（上下两册）	疏道祛	ʂu³¹ndo³¹tɕʰy⁵⁵	告诉水龙自己没有对水龙不好，请水龙不要让自己看到魔鬼（如蛇没有眼睛、三个头，青蛙没有手指等）。	介绍完献给水龙什么祭品后，给水龙治下的魔鬼送东西。	上册29×9.8 下册31×9.7
第九册	请水龙经	属居	ʂu³¹tɕy³³	请水龙来的欢迎仪式。	请水龙法事时用。	27.2×9.8
第十册	敌对龙王者经（一）	都萨阿突	dv³¹sɑ³³ŋɑ³³tʰu³³	讲人类杀了一个龙王的太子的故事。	仪式中，向龙王忏悔，表示自己不是同龙王作对的那种人。	27.2×9.8
第十一册	敌对龙王者经（二）	嘎里催洼施	qɑ³³li³¹tsʰu³³ uã³¹ʂʅ⁵⁵	讲了未经龙王允许在山上打猎的人被龙王抓走，被龙王处罚而死的故事。	仪式中，向龙王忏悔，表示自己不是同龙王作对的那种人。	27.2×10
第十二册	敌对龙王者经（三）	普西蜗人	pʰv³¹ɕi⁵⁵uə³³lu³¹	讲一个富有的地主没有招待想进门的水龙，因而从马上跌下来生病的故事。	仪式中，向龙王忏悔，表示自己不是同龙王作对的那种人。	29.8×10
第十三册	敌对龙王者经（四）	扑儿昧古兹	pʰə³¹me²² ŋgv³³zʅ³³	讲一个女人在海边洗头发，把梳子掉到了海里的龙王家，给龙王家带来了灾祸，龙王就给她下了咒。	仪式中，向龙王忏悔，表示自己不是同龙王作对的那种人。	27.2×10
第十四册	敌对龙王者经（五）		iɑ³¹lɑ³³ti³³dzuɑ³³	讲一个人在山上放牧打猎，把山上的猎物都打完了，龙王非常生气，就放水把他的牲畜冲走了。	向龙王表示自己是好人。	29.2×9.7

续表

编号	文献名称	汉字标音	纳西语音标	内容	用途	长宽（cm）
第十五册	划界经	写秋柯（上册）	ɕə³¹tɕʰu³³kʰɯ³³	因为水龙和人类的冲突太多，所以人类放了一只神鸟，跟水龙划分了各种活动范围。	划分边界的仪式。	29.1×10
第十六册	水龙献礼经	写秋柯（下册）	ɕə³¹tɕʰu³³kʰɯ³³	划分边界之后，一年一次给水龙献礼。	献礼。	31×10
第十八册	献面偶经	倒书秋	to³¹ʂu³³tɕʰo⁵⁵	做法事的时候用蜂糖、酒做一个面偶献给龙王。	献面偶。	30.2×10
第十七册	人类水龙分家经	尼布黑部	ne³¹mbv³³ hỹ³³mbv³³	很久以前，人类和水龙是同父异母。讲人类跟水龙分家的故事。	求龙王以保佑人类的形式偿还分家时多得的部分。	29.3×10
第十八册	献鸡经	书故呼	su³¹kv³³hỹ⁵⁵	给水龙献一只鸡或者羊。	让鸡或羊代替人类接受水龙的惩罚。	29.3×9.9
第二十册	开龙王门经	数枯扑	ʂu³¹kʰu⁵⁵pʰu⁵⁵	开龙王的门，以便给龙王送东西和接受龙王的赐福。	开门，仪式的最后一步。	27×9.7
第二十一册	告别龙王经	扎西悲	tʂa³³ɕi⁵⁵be³³	跟水龙说再见。	仪式已经结束了。	29.5×11
第二十二册	喊魂经	丝花施	su³³uã³³³ʂɿ³³	给龙王送东西的时候自己的灵魂会跟去，把灵魂喊回来。	喊魂。	29.5×10.1

（四）敬山神经（共20册）

使用、收藏	克若里
所在地	四川省木里藏族自治县依吉乡麦洛村争伍组
版本、传承	传世手抄本，已传六代
采集、著录	赵丽明、何沛然、李加凯
采集时间	2011年7月
采集地点	四川省木里藏族自治县依吉乡麦洛村争伍组
册数、版式	20册，左装订，东巴纸，长宽见每册记录
翻译、解读	木生根（克若里侄子、徒弟）2011年7月争伍村、2012年10月北京清华园、2013年9月丽江
内容简介	本套经书于每年一月敬山神的时候用，有人得传染病的时候也可以用。
记音、核对、整理	张琰
时间	2013年9月5日
地点	丽江

编号	文献名称	汉字标音	纳西语音标	内容	用途	长宽（cm）
第一册	目录	故	ku^{31}	这一套经书的顺序。	这册经书用于指导法事的顺序。	28.9×9.7
第二册	用品简介	夸哈	$k^hua^{33}\chi a^{55}$	准备做法事的树、粮食、祭品等用品。	法事刚开始的时候念，用于指导准备做法事的用品。	30×9.6
第三册	神鬼经	阿玛尼	$a^{33}na^{33}ɲi^{33}$	神、妖、鬼等的来历。	法事开始时念，介绍法事涉及神、妖、鬼等的来历。	28.5×9.8
第四册	占星经	葛突觉	$kɯ^{31}t^hu^{33}tɕye^{33}$	介绍天上二十八星宿的来历。	法事开始时念，做法事需要占星。	30.5×9.5
第五册	祭神鬼经	突居	$t^hu^{33}tɕye^{33}$	山神、山鬼的来历	在介绍完神鬼、星宿之后念，做法事前的祭神祭鬼法事	29.5×9.5
第六册	祭凶死鬼（上）	次叶母	$ts^hɿ^{33}iə^{31}ŋu^{33}$	祭祀上吊而死的人，让他们不要骚扰人间。	祭祀山神山鬼之后念，祭祀凶死鬼。	30.5×9.5
第七册	祭凶死鬼（下）	次母扎	$ts^hɿ^{33}\text{NGO}^{31}tʂa^{55}$	给吊死鬼一匹马去阴间。	祭祀凶死鬼之后念。	30×9

续表

编号	文献名称	汉字标音	纳西语音标	内容	用途	长宽（cm）
第八册	还债经	崔如	$tsʰue^{33}zua^{31}$	用日常用品和圣水向山神和山鬼还债。	法事做到一半的时候念，说明所祭物品。	31×9.7
第九册	第一次烧香经	丘班基	$tɕʰu^{55}pa^{55}ndʑi^{55}$	向山神烧香。	向山神、菩萨、东巴神等第一次烧香时念，用于指导烧香仪式。	30.5×10.1
第十册	敬雷神经	尼姆布	$dʑi^{33}pu^{33}pv^{31}$	敬山神中最大的雷电神，向雷电神祈求保佑。	杀牲口之前念，求雷电神保佑。	30.3×9.6
第十一册	请东巴守护神经	不苦不率	$pv^{31}kʰə^{31}$ $bu^{33}ndy^{55}$	请东巴守护神，解释东巴的权力。	敬雷电神后，杀牲口前念，请东巴战神。	30.3×9.7
第十二册	山神烧香经	咋丘班基	$tsa^{31}tɕʰu^{55}$ $pa^{33}ndʑi^{55}$	用杀的鸡和羊肉给山神"咋"烧香。	杀牲口之后念。	29.4×9.4
第十三册	驱山鬼经	突	$tʰv^{55}$	除山鬼。	请神烧香之后念，除掉山鬼。	30.3×10
第十四册	敬山神经（上）	扎指柯	$tsa^{31}dʐ_{]}^{31}kʰɯ^{55}$	敬山神最重要的两册经书之一，讲山神的来历和经历。	吃午餐之后念，敬山神用。	30×9.6
第十五册	敬山神经（下）	扎指柯	$tsa^{31}dʐ_{]}^{31}kʰɯ^{55}$	敬山神最重要的两册经书之一，讲山神的来历和经历。	吃午餐之后念，敬山神用。	30×9.6
第十六册	敬山神婿经	贼布	$ze^{33}bv^{31}$	龙王侄子（即山神的女婿）的故事。	用于祭祀龙王的侄子。	29.2×9
第十八册	自缢鬼献饭经	兹叶哈西	$tsʰ_{]}^{31}iə^{31}χa^{33}ɕi^{31}$	给上吊的鬼献饭。	法事快要结束的时候念。	29.7×9.9
第十七册	山神归位经	哥咋库起	$kɯ^{55}za^{31}$ $pʰu^{33}tɕʰi^{33}$	让山神归位。	献饭之后。	30.4×9.7
第十八册	送格尼经	格尼布	$gɯ^{33}ɲi^{33}pv^{55}$	送格尼（年轻夭折的东巴、和尚等会读经书者）到寺庙里去。	法事结束的时候念。	30×9.5

续表

编号	文献名称	汉字标音	纳西语音标	内容	用途	长宽（cm）
第二十册	结束语	齐齐闹闹	tɕʰi³³tɕʰi³³no³³no³³	让山神、山鬼都回到自己的地方，不要骚扰人间。	表示法事到此结束。	29.9×9.6

（五）历书（共17册）

使用、收藏	克若里
所在地	四川省木里藏族自治县依吉乡麦洛村争伍组
版本、传承	传世手抄本，已传六代
采集、著录	赵丽明、何沛然、李加凯
采集时间	2011年7月
采集地点	四川省木里藏族自治县依吉乡麦洛村争伍组
册数、版式	17册，左装订，东巴纸，长宽见每册记录
翻译、解读	木生根（克若里侄子、徒弟）2011年7月争伍村、2012年10月北京清华园、2013年9月丽江
内容简介	经书之间没有内容联系。册册独立，根据算卦的日期，及所求的问题选择使用某本书，总称历书。
记音、核对、整理	张琰
时间	2013年9月5日
地点	丽江

编号	文献名称	汉字标音	纳西语音标	内容	用途	长宽（cm）
第一册	异象经	帕撒那撒女	pʰɚ³¹sa³³ na³³sa³³lʏ³¹	预示吉凶、异象。	算日食、地震等自然异象的吉凶。发生日食、地震时使用。	14.7×10
第二册	六十甲子历	木涛速哩	mbu³³tʰo³³su³³lʏ³¹	算六十甲子。	算六十甲子时使用。	17.1×11.6
第三册	算婴儿经	如涛哩	zu³¹lo⁵⁵lʏ³¹	根据生孩子的时辰来看婴儿品质好坏。	生孩子时使用。	21.1×15.5
第四册	星期经	撒兹	za³³tsʅ³³	算星期。	算星期时使用。	21.2×16

编号	文献名称	汉字标音	纳西语音标	内容	用途	长宽（cm）
第五册	星宿经	格兹	kɯ³¹tsɿ³¹	算星宿。	根据天上星宿的情况占卜吉凶。	15.6×9.7
第六册	生意经	突兹	tʰu⁵⁵ndʐɿ⁵⁵	算做生意买卖，去哪个方向比较好。	做生意出门前使用。	21.5×13.6
第七册	八字历	格兹速哩	kɯ³¹tsɿ³¹ su³³ly³¹	嫁娶前算男女的生辰八字是否相合。	婚嫁前使用。	17.1×11.6
第八册	撵鬼经	波亚哈	bə³³iɑ³³χɑ⁵⁵	给人加威灵，念经过程中烧一块铁板，念几个字，用舌头舔一下铁板。被狗等动物咬伤时，念此经人能康复。	撵鬼的时候用。	20×12.8
第九册	酒宴历	部速哩	pu⁵⁵ su³³ly³¹	算什么时候酒宴比较吉利。	酒宴前使用。	14.7×10
第十册	洗头历	古之速哩	kv³³tʂʰɿ³³ su³³ly³¹	算孕妇生产后几月几号可以洗头。	孕妇产后使用。	22.5×16.2
第十一册	出行历	闰机速哩	zu̱³³ndʑi³³ su³³ly³¹	算适宜出行的吉日。	出行前使用。	23.2×16.5
第十二册	雨水历	蒙姑速哩	mɯ³³ŋgv³³ su³³ly³¹	算打雷、下雨的时间及方位。	算庄稼收成时使用。	20.8×16.9
第十三册	占羊骨经	区些	tɕʰy³¹ɕə⁵⁵	通过看羊肩骨来占卜吉凶。	把羊的肩膀在锅里煮后，据此算卦。	20.9×15.5
第十四册	灾祸历	娄速哩	ndo³¹ su³³ly³¹	出现怪异的东西后算发生什么灾祸。	出现了蛇没尾巴、老鼠没有脚等怪异的现象时使用。	23.2×16.5
第十五册	取名经	被格	be³¹gə⁵⁵	算给孩子取一个什么样的名字。	给孩子取名时使用。	19×16.7
第十六册	手相经	拉部些	lɑ³¹bv⁵⁵ɕə⁵⁵	根据人的手相算这个人的命运。	看手相时使用。	18.5×16

续表

编号	文献名称	汉字标音	纳西语音标	内容	用途	长宽（cm）
第十八册	今日历	如杯速哩	zu³³be⁵⁵ su³³ly³¹	算今日宜忌之事。	算今日宜忌之事。	20.6×14.5
第十七册	出行历	闹忒速哩	no³³tʰe³³ su³³ly³¹	算水龙什么出门。	算什么时候适宜出行。	22.5×16.2

（六）送葬经（共39册）

使用、收藏	克若里
所在地	四川省木里藏族自治县依吉乡麦洛村争伍组
版本、传承	传世手抄本，已传六代
采集、著录	赵丽明、何沛然、李加凯
采集时间	2011年7月
采集地点	四川省木里藏族自治县依吉乡麦洛村争伍组
册数、版式	39册，左装订，东巴纸，长宽见每册记录
翻译、解读	木生根（克若里侄子、徒弟）2011年7月争伍村、2012年10月北京清华园、2013年9月丽江
内容简介	人死后，东巴在葬礼上做法事时用。
记音、核对、整理	张琰
时间	2013年9月5日
地点	丽江

编号	文献名称	汉字标音	纳西语音标	内容	用途	长宽（cm）
第一册	更衣经	阿利九	a³³li³³dzu³¹	死者的亲生女给死者换上新衣服。	此册在人死之后用，送葬仪式的第一步。	31×10
第二册	生前功绩舞蹈经	扎伊	dza³¹i³¹	把死者生前做过的好事，表演给死者。	葬礼每天晚上跳东巴舞的时候使用。	30×9.8
第三册	解释山神经	利萨夏	ri³³sa³¹ɕə³³	向山神解释，征得山神同意。	上山做法事之前念，征得山神同意。	31×9.5

续表

编号	文献名称	汉字标音	纳西语音标	内容	用途	长宽（cm）
第四册	算死者经	夸兹	$k^hua^{31}ts\gamma^{31}$	算死者之后，接下来要去世是何人。	放在死人身上，然后翻看推算。	29.8×10
第五册	送牛经（上）	斯灭夫	$s\gamma^{31}mie^{33}fu^{33}$	死者的儿女杀一头牛送给死者。	告诉死者牛从哪里来。	31×10.5
第六册	送牛经（中）	母灭夫	$mu^{31}mie^{33}fu^{33}$	死者的儿女杀一头牛送给死者。	告诉死者牛从哪里来。	30.5×9.7
第七册	送牛经（下）	俄来友古叨	$\gamma w^{33}l\varepsilon^{55}iu^{31}gv^{55}to^{31}$	杀完牛之后，告诉死者生死有别。	杀牛之后念给死者。	30.2×9.7
第八册	生死指路经	歌秀拉	$ku^{55}\varcup^{31}la^{55}$	给死者指出人间和阴间的道路。	葬礼在山上做法事的时候用。	29×10.5
第九册	创世纪	丛布突	$tsho^{31}mb\partial^{33}t^hu^{33}$	人类的来历（纳西族传说）。	指路之后念，人类从哪里来就到哪里去。	29.1×10
第十册	送马经	如夫	$z\underset{\sim}{u}a^{33}fu^{33}$	送给死者一匹马，让死者骑马上路。	《创世纪》后念，给死者一匹准备上路的马。	30.5×9.5
第十一册	送指路棒经（上）	目突阿余	$mu^{33}t^hu^{55}u\tilde{a}^{33}zu^{33}$	给死者送一个拐路棒上路。	送马之后念，给死者拐棍以指路。	30.5×10
第十二册	送指路棒经（中）	目突阿余	$mu^{33}t^hu^{55}u\tilde{a}^{33}zu^{33}$	给死者送一个拐路棒上路。	送马之后念，给死者拐棍以指路。	30.2×9.5
第十三册	送指路棒经（下）	目突阿余	$mu^{33}t^hu^{55}u\tilde{a}^{33}zu^{33}$	给死者送一个拐路棒上路。	送马之后念，给死者拐棍以指路。	30.3×9.6
第十四册	遗愿经（上）	阿之迷	$u\tilde{a}^{33}ts\gamma^{33}mi^{55}$	死者得病的过程，以及死前没有说出来的心愿。	告诉儿女们死者的心愿。	31×10
第十五册	遗愿经（下）	阿之迷	$u\tilde{a}^{33}ts\gamma^{33}mi^{55}$	死者得病的过程，以及死前没有说出来的心愿。	告诉儿女们死者的心愿。	30.2×9.5
第十六册	烧衣经	铺吉	$p^hu^{33}nd\varzi^{31}$	要把死者的衣服烧掉以给他穿。	在山上做法事住一晚，第二天清早起来的时候念。	30.3×9.7

续表

编号	文献名称	汉字标音	纳西语音标	内容	用途	长宽（cm）
第十八册	找神水经	草扎铺支	tsʰo³¹za³³pʰu³³dzɿ³¹tʂʰɿ³³sa³³	找神水救母亲。	紧接着《烧衣经》念。	30×10
第十七册	献早餐经	内内书	ne³³ne³¹ʂu³³	死者最小的儿女两人，给死者准备一顿早餐。	早上起来的时候，在《烧衣经》后念。	30.2×9.5
第十八册	赎罪经	里切区	li³³tɕʰə⁵⁵tɕʰy⁵⁵	死者生前做过坏事不能上路，念这部经替死者还债，解除罪过。	第二天的法事开始时念，解除死者罪过。	31.5×9.2
第二十册	天国指路经（一）（共两套，一套三册）	海若去	hẽ³¹ʐuə³³tɕʰy³¹	上天国的道路（跟神路图相同，都是故事）。	第二天中午做法事的时候念，给死者指路。	30.3×9.6
第二十一册	天国指路经（二）	海若去	hẽ³¹ʐuə³³tɕʰy³¹	上天国的道路（跟神路图相同，都是故事）。	第二天中午做法事的时候念，给死者指路。	30.2×9.5
第二十二册	天国指路经（三）	海若去	hẽ³¹ʐuə³³tɕʰy³¹	上天国的道路（跟神路图相同，都是故事）。	第二天中午做法事的时候念，给死者指路。	31.5×9
第二十三册	天国指路经（四）	海若去	hẽ³¹ʐuə³³tɕʰy³¹（上册）	上天国的道路（跟神路图相同，都是故事）。	第二天中午做法事的时候念，给死者指路。	31.5×9
第二十四册	天国指路经（五）	海若去	hẽ³¹ʐuə³³tɕʰy³¹（中册）	上天国的道路（跟神路图相同，都是故事）。	第二天中午做法事的时候念，给死者指路。	31.5×9
第二十六册	天国指路经（六）	海若去	hẽ³¹ʐuə³³tɕʰy³¹（下册）	上天国的道路（跟神路图相同，都是故事）。	第二天中午做法事的时候念，给死者指路。	30×9.7
第二十七册	承诺献饭经	吃昧忽	tʂʰɿ³me³³hỹ⁵⁵	每天早起，儿媳妇要给祖宗献饭。	《天国指路经》之后念，指导儿女以后怎么做。	30.5×10

续表

编号	文献名称	汉字标音	纳西语音标	内容	用途	长宽（cm）
第二十八册	警告强盗经	古歌	kv³¹kɯ⁵⁵	处置阴间的强盗。	为防阴间的强盗破坏这场法事而念的经书。	29.8×9.7
第二十九册	生死分离经	苏故汝故	su³³ŋgu⁵⁵zʮ³¹ŋgu⁵⁵	告诉鬼魂应往阴间去，不要在人间逗留，扰乱活人的生活，活人也不要对死者依依不舍。	骨灰盒带到家里之后在家里念的经书。	30.5×9.8
第三十册	算辈分经	吃扑软	tʂʰɿ³³pʰu⁵⁵zuɑ³¹	让死者带去给祖先的礼物，将死者列入祖宗的名谱，并排辈分。	把骨灰带出家门的时候念。	30.5×10
第三十一册	献午饭经	鼓兹咪	gv³¹ndʐɿ³³mi⁵⁵	给死者的最后一顿午餐，告诉死者酒肉来之不易，要吃饱不能浪费。	吃午饭时念，给死者吃饱，准备上路。	30.5×9.8
第三十二册	送别经	扎西杯	tʂɑ³³ɕi³³pe³³	送死者到天国之后，与死者道别。	《天国指路经》之后念。	30.5×9.8
第三十三册	祭祖经	如布	zʮ³¹pu³¹	祭祀以前的祖宗。	《算辈分经》之后念。	30.2×9.7
第三十四册	夫妻相伴经	栽咪柯	tsɛ³³mi³³kʰɯ³³	给鸡嘴里放上面并捏死，来代替在世的夫或妻，陪死者上路。	在《献午饭经》之后念，为了使死者夫妻相伴。	30.5×10.2
第三十五册	夫妻相会经	栽咪突	tsɛ³³mi³³tʰu³³	夫妻在阴间相见。	如果死者的伴侣已在之前去世并做过用鸡代替的仪式，则念这部经书除去之前用作代替的鸡。	32.5×9.5
第三十六册	升旗经	粗吐	tsʰu³³tʰu³¹	让死者带着一面红旗上天国。	红旗代表家族，法事快要结束时念这部经。	30.3×10

续表

编号	文献名称	汉字标音	纳西语音标	内容	用途	长宽（cm）
第三十七册	买路经	汝它部	zu³¹tʰa³³pu³¹	死者的子女在牛肚子上插刀，为了让拦住死者路的阴间强盗放行，使死者走得顺利。	《升旗经》之后，带着骨灰离开家之前念。	30.5×10
第三十八册	归位经	扑期哪期姑	pʰɚ³³tɕʰi³³na³¹tɕʰi³³ku⁵⁵	让神、鬼、死者都各归其位。	把死者带到山上去的时候念。	30.1×10
第三十九册	关死门经	西枯知	ɕi³³kʰu³³tʂɿ³³	关上死者，希望这个人去世之后，再也不要发生有人去世的事情了。	仪式结束的时候念，祈祷以后不要有人死。	30×9.5

（七）长寿送葬经（共27册）

使用、收藏	克若里
所在地	四川省木里藏族自治县依吉乡麦洛村争伍组
版本、传承	传世手抄本，已传六代
经书抄写	克若里的曾祖父邦布吉（pu³¹mbu³³dʑi³¹）与克若里的祖父达加（da³¹dʑa³³）
采集、著录	赵丽明、何沛然、李加凯
采集时间	2011年7月
采集地点	四川省木里藏族自治县依吉乡麦洛村争伍组
册数、版式	27册，左装订，东巴纸，长宽见每册记录
翻译、解读	木生根（克若里侄子、徒弟）2011年7月争伍村、2012年10月北京清华园、2013年9月丽江
内容简介	本套经书用于做长寿送葬仪式。一般在六十岁以上的老人去世后做。老人去世后，第一天儿女献牛献马之后送葬，火葬完之后捡出三块骨头带回家。第二天做长寿送葬仪式。第三天做指路仪式，用神路图。长寿送葬仪式需要很多钱物，费用很大，以前条件不好的时候很少做，有些儿女就先把仪式拖着不做，等到条件好的时候才做。新中国成立后条件好了，有些家庭的儿女在老人一去世就给老人做这个仪式。
记音、核对、整理	张琰
时间	2013年9月5日
地点	丽江

编号	文献名称	汉字标音	纳西语音标	内容	用途	长宽（cm）、页数
第一册	目录	兹时奴古	$z_1^{33}ş_1^{31}ŋv^{33}ku^{33}$	经书顺序。	提示长寿送葬仪式的顺序。	29.8×9.5 14页
第二册	请神经	以智	$zi^{31}tş_1^{33}$	解释各种神的来历。	请神。	32×10 8页
第三册	请神经	以智	$zi^{31}tş_1^{33}$	各种神仙的来历。	请强大的神。	32×10 15页
第四册	战神经	戈扩萨	$gə^{31}k^ho^{33}sa^{33}$	战神的来历。	请战神。	31×9.7 15页
第五册	法器经	图决	$t^hu^{55}tçye^{55}$	解释东巴的法器来历。	跳东巴舞之前念此经。	22.7×9.5
第六册	战神经（上册）	雅玛萨	$iə^{33}ma^{31}sa^{55}$	战神的来历。	请战神。	31.5×10 10页
第七册	战神经（下册）	雅玛萨	$iə^{33}ma^{31}sa^{55}$	战神的来历。	请战神。	31.5×10 10页
第八册	献牛经	布吉	$mbv^{31}tçi^{55}$	献一头牦牛给祖先。	跳过东巴舞之后、杀牦牛之前念此经。	30.2×10.5 17页
第九册	献马经（上册）	若夫	$zua^{33}fu^{33}$	献马给祖先、死者，解释马的来历。	用于献马仪式。	30.1×9.5 24页
第十册	献马经（下册）	若昂戈马九	$zua^{33}ŋɯ^{33}$ $ma^{33}tçu^{55}$	介绍马的来历，把马献给祖先。	用于献马仪式。	31.5×10 17页
第十一册	献牲畜经	区爱果爱搭	$t^hy^{55}e^{53}go^{33}e^{53}ta^{55}$	献马献牛献羊。	用于献马仪式。	30.1×9.5 24页
第十二册	驱里且鬼经（上册）	里且区	$li^{31}t^hçə^{33}t^hy^{55}$	"里且"是杀生的人死后变成的鬼。	祛除"里且"鬼。	30.1×9.5 24页
第十三册	驱里且鬼经（下册）	里且区	$li^{31}t^hçə^{33}t^hy^{55}$	"里且"是杀生的人死后变成的鬼。	祛除"里且"鬼。	30.1×9.5 24页
第十四册	楚佳吉母送葬经	楚佳吉母奴	$t^hşu^{31}tçə^{33}dʐ^{31}$ $mu^{31}ŋu^{55}$	解释楚佳吉母在世时的苦难。	用于献马仪式。	30.4×10 17页

续表

编号	文献名称	汉字标音	纳西语音标	内容	用途	长宽（cm）、页数
第十五册	母立种兹送葬经	母立种兹奴	$mu^{33}rli^{55}$ $dzoŋ^{31}ʐŋ^{33}ŋu^{55}$	母立种兹的儿子不孝顺他，不给他饭吃以致他饿死。	用于献马仪式。	32.2×10 35页
第十六册	牦牛牦羊传说经	母兹有兹	$mv^{55}dʐŋ^{31}əu^{33}dʐŋ^{31}$	解释牦羊和牦牛的来历。	用于献马仪式。	29.7×9.6 17页
第十八册	传寿经（男用）	诺瓦萨	$nuɑ^{33}uã^{31}sɑ^{55}$	把男死者的长寿吉祥传给下一代。	用于献马仪式结束以后。	31×9.8 16页
第十七册	传寿经（女用）	诺瓦萨	$nuɑ^{33}uã^{31}sɑ^{55}$	把女死者的长寿吉祥传给下一代。	用于献马仪式结束以后。	31×9.8 16页
第十八册	斗争经	竹安氏安	$dzu^{31}ɦã^{31}ʂu^{31}ɦã^{31}$	人间首领和阴间首领斗争。	用于献马和献牛仪式完毕之后。	30.3×10 11页
第二十册	强人送葬目录	扎乌	$dza^{31}ŋv^{55}$	强人送葬仪式的目录（该仪式仅用于有儿女的老人）。	用于提示强人送葬仪式顺序。	31×10 22页
第二十一册	迎逝者经	拉木布	$lɑ^{33}mu^{33}pv^{55}$	讲述天国迎接死者的过程。	用于长寿送葬仪式要结束的时候。	30.2×9 26页
第二十二册	圣树经	兹把突	$ndʐŋ^{31}pɑ^{33}tʰu^{33}$	讲述一棵圣树的来历。死者像树一样长寿。	用于《迎逝者经》之后。	30.2×9 26页
第二十三册	传器经	图决	$tʰu^{33}tɕye^{55}$	讲述死者的用具，包括兵器的来历。死者用过的东西传给后代继续使用。	用于长寿送葬仪式要结束的时候。	32×9.1 19页
第二十四册	分虎皮经	拉俄布	$lɑ^{33}ɣɯ^{55}mbv^{33}$	长寿者有一张老虎皮，死后要将虎皮分给他的子孙，讲述虎皮的来历。	用于强人送葬仪式进行到一半的时候。	29.9×9.9 20页
第二十六册	送牛羊经	布有布	$mbv^{33}iu^{31}pu^{55}$	杀死的牦牛和绵羊的灵魂跟着死者上天国。	用于强人送葬仪式，在《分虎皮经》之后用。	32×9.9

续表

编号	文献名称	汉字标音	纳西语音标	内容	用途	长宽（cm）、页数
第二十七册	关阴间门经	西苦支	$\varepsilon i^{33} k^h u^{33} t\varsigma\gamma^{55}$	关闭阴间的门，不许死亡再出来，从此不要发生灾难。	用于送完牦牛和绵羊之后，关闭阴间的门。	31.5×9.8 27页

（八）东巴送葬经（共25册）

使用、收藏	克若里
所在地	四川省木里藏族自治县依吉乡麦洛村争伍组
版本、传承	传世手抄本，已传六代
采集、著录	赵丽明、何沛然、李加凯
采集时间	2011年7月
采集地点	四川省木里藏族自治县依吉乡麦洛村争伍组
册数、版式	25册，左装订，东巴纸，长宽见每册记录
翻译、解读	木生根（克若里侄子、徒弟）2011年7月争伍村、2012年10月北京清华园、2013年9月丽江
内容简介	东巴去世后，在其葬礼上做法事时用。
记音、核对、整理	张琰
时间	2013年9月5日
地点	丽江

编号	文献名称	汉字标音	纳西语音标	内容	用途	长宽（cm）
第一册	目录	撒类奴古	$\operatorname{\mathfrak{s}}a^{33}ra^{55}\ \eta v^{33}ku^{33}$	这一套经书的目录。	介绍法事程序、用品等，同时给东巴排辈分。	29.6×10.2
第二册	开路经	格拍突突	$k\partial^{55}pa^{31}t^hu^{33}\ t^hu^{33}$	找东巴的徒弟诵经。	给去世的东巴开路。	30.1×10.2
第三册	请神经	铺休铺阶	$pu^{31}\varepsilon u^{31}pu^{31}i\partial^{55}$	请神。	请神给做法事的东巴赋予权力。	30.2×10.2
第四册	指路经	龙都	$lo^{33}ndo^{33}$	请去世的东巴生前杀掉的畜生别挡路。	给东巴灵魂指路。	34.5×10.5

续表

编号	文献名称	汉字标音	纳西语音标	内容	用途	长宽（cm）
第五册	点酥油灯经	嘎巴嘛咪阶	gə^{55}pa^{31}ma^{31}mi^{33}tɕi^{55}	东巴生前的徒弟为师傅点上酥油灯以祝福。	为东巴的灵魂点酥油灯。	30×10.5
第六册	莫挡路经	戈萨更渣	gə^{33}sa^{33}gə^{33}ndza^{33}	东巴在世时杀过很多牲口，去世时不能让他杀过的牲口挡他的路。	东巴的遗体被扛去火葬的时候，在门口念此经。	32×10.5
第七册	点灯经	次或度玛米基	tsʰe^{31}χo^{66}ty^{31}ma^{33}mi^{33}tɕi^{55}	点酥油灯，照亮十八层地狱。	用在东巴的徒弟给师傅做点灯仪式时用。	31.5×10.5
第八册	东巴跳舞经	扎伊	dza^{31}i^{31}	东巴一辈子做过很多强大的事，去世后他的徒弟跳舞表演给他看。	用于跳东巴舞仪式。	30.1×10.6
第九册	东巴跳舞经（上）	纳瓦萨	nua^{33}uã^{31}sa^{33}	把东巴的威力和吉祥传给徒弟。	用于东巴跳舞之后。	30.1×11
第十册	东巴跳舞经（下）	捏萨瓦萨	ne^{31}sa^{55}uã^{33}sa^{33}	把东巴的威力和吉祥传给徒弟。	用于东巴跳舞之后。	32×10.5
第十一册	还债经	米可库	mi^{33}kʰə^{31}pʰu^{33}	东巴生前杀过很多牲口，现在为一切的罪过还债。	用于东巴送葬仪式当中。	20.1×10
第十二册	解罪经	夸之普	kʰua^{33}tʂʅ^{55}pʰə^{31}	把东巴的罪过解开。	用于东巴送葬仪式当中。	30×10.3
第十三册	十八层地狱经	尼五次或第乌	ni^{33}uə^{33}tsʰe^{31}χo^{55}dy^{31}ŋv^{55}	送葬送到十八层地狱。	用于东巴送葬仪式当中。	30.2×10.5
第十四册	九座黑山经	布纳乌不努	mbu^{31}na^{33}ŋgv^{33}mbu^{31}ŋu^{55}	东巴经过阴间的九座黑山，送东巴离开九座黑山。	用于东巴送葬仪式当中。	30.2×10.3
第十五册	丁巴什罗下凡经	斯木布	sʅ^{31}mu^{31}pv^{55}	丁巴什罗下凡后跟妖女生活了一段时间，把女妖送到西方的黑山下。	用于东巴送葬仪式当中。	30.2×10.9

编号	文献名称	汉字标音	纳西语音标	内容	用途	长宽（cm）
第十六册	送妖女经（上）	多玛曲	to³³ma³³tɕʰy⁵⁵	用面偶做出一个神像，扔到妖女的后面。	用于东巴送葬仪式当中。	30.1×10.4
第十七册	送妖女经（下）	多玛曲	to³³ma³³tɕʰy⁵⁵	用面偶做出一个神像，扔到妖女的后面。	用于东巴送葬仪式当中。	30.1×10.4
第十八册	指神路经	海若曲	hẽ³¹zuə⁵⁵tɕʰy³¹	给死去的东巴指路。	用于东巴送葬仪式当中。	32×10.6
第十九册	开阴间门经	打库普	ndɑ³¹kʰu³³pʰu⁵⁵	打开阴间的门。	用于东巴送葬仪式当中。	30.1×10.4
第二十册	开龙王门经	属库普	ʂu³¹kʰu³³pʰu³³	开龙王之门。	用于东巴送葬仪式当中。	30×10.6
第二十一册	换名经	米卡	mi³³qa⁵⁵	东巴到了天国，把东巴在世时的名字换掉，另取一个名字。	用于东巴送葬仪式当中。	30.1×10.4
第二十二册	接迎经	拉木普	lɑ³³mu³³pu⁵⁵	把东巴送到天国，侍者接迎他。	用于东巴送葬仪式快结束时。	29.5×10.5
第二十三册	洗头经	古支	kv⁵⁵tʂʰɿ⁵⁵	东巴洗头、剃头。什么神来洗头，什么人来剃头。	用于东巴送葬仪式快结束时。	30.1×10.5
第二十四册	成神经	格布	kə³¹pv⁵⁵	东巴已经被送到天国了，已经成为神。	用于东巴送葬仪式快结束时。	30.2×10.6
第二十五册	告别经	扎西北	tʂa³³ɕi⁵⁵pe³³	仪式结束，跟死者告别，祝保重。	用于东巴送葬仪式结束时。	30.2×10.2

（九）散经（共20册）

使用、收藏	克若里
所在地	四川省木里藏族自治县依吉乡麦洛村争伍组
版本、传承	手抄本
经书抄写	克若里，根据传世六代手抄本重抄
采集、著录	赵丽明、何沛然、李加凯
采集时间	2011年7月
采集地点	四川省木里藏族自治县依吉乡麦洛村争伍组
册数、版式	20册，左装订，东巴纸，长宽见每册记录。
翻译、解读	木生根（克若里侄子、徒弟）2011年7月争伍村、2012年10月北京清华园、2013年9月丽江
内容简介	用于防传染病仪式等，当人们得了感冒、痢疾、麻子病、肺结核、骨结核、淋巴结核等病，或家中牲口得瘟疫，则要做防传染病仪式[1]。
记音、核对、整理	张琰
时间	2013年9月5日
地点	丽江

编号	文献名称	汉字标音	纳西语音标	内容	用途	长宽（cm）
第一册	拜年经	素阔	$su^{33}k^hu\mathrm{e}^{31}$	求新的一年顺利，拜年祝福。	用于过年或结婚做仪式。	28×10
第二册	拜年经	素阔	$su^{33}k^hu\mathrm{e}^{31}$	求新的一年顺利，拜年祝福。	主要用于过年和结婚做仪式。	28×10
第三册	除皮肤病经	果卡国支曲	$qo^{33}qa^{55}qo^{31}$ $ndz\mathrm{l}^{31}tɕ^hy^{55}$	有一种专门惹小孩的鬼，会让小孩得皮肤病，要送这个鬼。	烧一根骨头，在病人头上转三圈，念此经，把骨头扔在外面。	30.1×9.6
第四册	东巴舞谱	措古	$tsʰo^{33}ku^{33}$	介绍东巴舞的几种跳法，解释东巴的法器来历。	教新东巴跳东巴舞。	32×10

---

[1] 防传染病仪式，克若里常做，生根、甲阿若都没做过也没见过。生根听克若里说，做该仪式时，要用到五个木块、五个面偶做成的妖魔鬼怪的像，把煮好的粮食同鸡毛和在一起，念防传染病经。这个仪式不杀生。

续表

编号	文献名称	汉字标音	纳西语音标	内容	用途	长宽（cm）
第五册	生死离别经	拉久坡	la³¹tɕu³³pʰɚ³¹	祖先临死前没有吃过什么，后代吃饭前就要给祖先献什么，否则祖宗就会惹家里的人。	祖宗惹人的时候，就用这部经书祭祀祖宗。	31×9.8
第六册	送火星鬼	扎曲	za³¹tɕʰy⁵⁵	有人突然歪嘴晕厥，就要用此经做法事送火星鬼。	讲述火星鬼的来历，火星鬼危害人间。	32×10
第七册	敬财神经	挪布	no²⁴bv³¹	家里没有牲口或者牲口长得不好，就要做法事念此经敬财神。	讲述财神的来历，财神怎么送人财物。	32×10
第八册	母子平安目录	那提布古	na³³tʰi⁵⁵pv³¹ku³³	平安仪式的顺序。	提示母子平安仪式的顺序。	30.2×9.7
第九册	驱鬼经	可古图具	kʰə³³ŋu⁵⁵ tʰu³³tɕye⁵⁵	魔鬼"可古"专门招惹孕妇，解释这个魔鬼的来历。	用于母子平安仪式。	30.5×9.9
第十册	驱鬼经	可古图具	kʰə³³ŋu⁵⁵ tʰu³³tɕye⁵⁵	魔鬼"可古"专门招惹孕妇，解释这个魔鬼的来历。	用于母子平安仪式。	31×9.8
第十一册	防传染病目录经	布多布古	bu³¹ty³³bv³¹ku³³	做防传染病法事的顺序。	提示法事顺序。	32×9.5
第十二册	防传染病经	布多布依支	bu³¹ty³³bv³¹ zi³¹tʂʅ⁵⁵	把各路神仙请到这里，防止传染病。	用于防传染病仪式。	32×9.5
第十三册	防传染病经	布多布图具	bu³¹ty³³bv³¹ tʰu³³tɕye⁵⁵	传染病从哪里来，如何传染人。	用于防传染病仪式。	32×9.5
第十四册	请神经	布多布支扎	bu³¹ty³³bv³¹ ndzɿ³¹tʂa⁵⁵	请神来给东巴权力预防传染病。	做防传染病仪式用。	30×9.8
第十五册	撵鬼经	布多布合	bu³¹ty³³bv³¹xɯ⁵⁵	传染病是鬼带来的，鬼从哪里来，就撵到哪里去。	用于防传染病仪式。	31×9.7
第十六册	撵鬼经	布多布齐齐挪挪	bu³¹ty³³bv³¹ tɕʰi⁵⁵tɕʰi⁵⁵ no³³no³³	把鬼撵回它来的地方，把路切断，关门。	用于防传染病结束时。	30.3×10.1

续表

编号	文献名称	汉字标音	纳西语音标	内容	用途	长宽（cm）
第十八册	防传染病经	海曲	hã^{33}tɕʰy^{55}	讲述风鬼的来历。	有人的脖子突然肿起来，很难受，做法事驱鬼念此经。	30.6×10
第十七册	和尚早逝经	戈尼布	gɯ^{33}ȵi^{33}pv^{55}	（无法解释。）	和尚、东巴年纪轻轻就去世，他的灵魂就变成一个不神不鬼的东西，惹人的时候人就会疯，要做法事送这个鬼。	30.6×9.9
第十八册	请战神经	可依尼加萨	kʰə^{33}zi^{33} ȵi^{31}dʑə^{33}sɑ^{55}	战神的来历，与妖魔鬼怪战斗。	用于母子平安仪式、驱鬼仪式等。	32×9.8
第二十册	母子平安图	扎阿里	tsa^{33}ɣa^{33}li^{31}	有一种半人半神、给水龙办事的东西会惹孕妇，这些图是这些鬼的画像。还有用于给这个鬼还债的动物。	用于做母子平安法事。把一根竹棒劈开，把图插在竹棒上，把竹棒插在一捆草里，做法事即可。	9.5×25

（十）左拉卦图经（共6册）

使用、收藏	克若里
所在地	四川省木里藏族自治县依吉乡麦洛村争伍组
版本、传承	手抄本
经书抄写	克若里，根据传世六代手抄本重抄
采集、著录	赵丽明、何沛然、李加凯
采集时间	2011年7月
采集地点	四川省木里藏族自治县依吉乡麦洛村争伍组
册数、版式	6册，左装订，东巴纸，长宽见每册记录
翻译、解读	木生根（克若里侄子、徒弟）2011年7月争伍村、2012年10月北京清华园、2013年9月丽江
内容简介	用于算卦、占卜、看姻缘等。
记音、核对、整理	张琰
时间	2013年9月5日
地点	丽江

编号	文献名称	汉字标音	纳西语音标	内容	用途	长宽（cm）
第一册	算属相书、算时辰书、算星期书	库帕；吉帕；杂帕	$k^hv^{55}p^ha^{31}$；$dzi^{31}p^ha^{31}$；$za^{31}p^ha^{31}$	根据被算卦人的属相、算卦时辰卜卦。	算属相书用于左拉算卦的第一步；算时辰书、算星期书分别用于左拉算卦的第三步、第四步。	17.9×15.5
第二册	看日子书	尼瓦帕	$ni^{33}uã^{55}p^ha^{31}$	根据算卦的日期卜卦。	用于左拉算卦的第二步。	20.7×16.2
第三册	左拉卦图	左拉	$tso^{33}la^{55}$	星座、属相、五行、甲子。	用于左拉算卦的第五步（最重要一步）。	10.2×19.4
第四册	左拉卦图	左拉	$tso^{33}la^{55}$	星座、属相、五行、甲子。	用于左拉算卦的第五步（最重要一步）。	10.2×19.4
第五册	左拉卦图	左拉	$tso^{33}la^{55}$	星座、属相、五行、甲子。	用于左拉算卦的第五步（最重要一步）。	10.2×19.4
第六册	看左拉书	左拉苏绿	$tso^{33}la^{55}su^{31}ly^{31}$	根据被算卦人的属相和五行卜卦。	与左拉卦图配合使用。	21×14.5

（本节记录整理：张琰）

三 甲阿若藏东巴文献著录表(共9类,189册)

甲阿若东巴共藏有189册经书,分为敬山神经、敬水龙经、除秽经、送葬经、母子平安经、中平安经、小平安经、小小平安经、散经9类。

(一)敬山神经 [ɣan³³ei³³tʰi³³ɣɯ³³](共21册)

使用、收藏	甲阿若
所在地	四川省木里藏族自治县依吉乡麦洛村争伍组
版本、传承	传世手抄本,已传七代。部分本是甲阿若爷爷果佳抄写的
采集、著录	赵丽明、何沛然、李加凯
采集时间	2011年7月
采集地点	四川省木里藏族自治县依吉乡麦洛村争伍组
册数、版式	21册,左装订,东巴纸,长宽见每册记录
翻译、解读	甲阿若(噶突徒弟),2011年7月争伍村、2013年9月丽江
内容简介	二月份过完年时做法事用,将树神和鬼送到山中,让他们不要回来造成病痛。保佑全家一年平安。做法事时须宰一只鸡,一只羊。
记音、核对、整理	夏津京
时间	2013年9月5日
地点	丽江

编号	文献名称	汉字标音	纳西语音标	内容	用途	长宽(cm)、页码
第一册	除秽经	切须	tɕʰə³³ ɕu³³	除去屋中的不净。	仪式开始前给做法事的房子除秽。	27×8.5 26页
第二册	目录	阿哪妮	a³³na³³ni³³	做法事需要的所有步骤和过程。	开始。	29×7.9 43页
第三册	八山神经	逋杂突具	bv³³tsa³¹ tʰu³³tɕy³³	做法事要敬的八个山神、山鬼的名字。	说明敬的山神。	25×8.5 25页

续表

编号	文献名称	汉字标音	纳西语音标	内容	用途	长宽(cm)、页码
第四册	恶鬼经	此也乌	$tsʰ\underset{\sim}{l}^{33}iə^{31}ŋu^{33}$	坠井、吊死等不得其死的鬼的名字。	要敬并送走的鬼。	26×8.5 26页
第五册	送殉情吊死鬼经	此俿渣	$tsʰ\underset{\sim}{l}^{33}ŋo^{31}tşɛ^{33}$	有一对相爱的男女，家里不让他们结婚，于是双双殉情吊死，死后成为鬼。东巴念经将这种吊死鬼送走。	送殉情吊死鬼。	27×8.5 25页
第六册	指路经	此也哈喜	$tsʰ\underset{\sim}{l}^{33}iə^{31}$ $χa^{33}ɕi^{31}$	给凶鬼指路。	送跳水死、坠井死的鬼。	30.1×9.7 20页
第七册	送鬼经	此也逋	$tsʰ\underset{\sim}{l}^{33}iə^{31}$ bv^{33}	鬼从何而来，因何而去。	让鬼不要到山下来，送鬼到山上。	27.4×9.8 15页
第八册	祭鬼经	母柯	$mhũ^{33}kʰɯ$	用一只鸡、一只羊送鬼上山。		24×8.8 23页
第九册	请神驱鬼经	柯依拟接撒	$kʰə^{33}γi^{33}$ $ni^{31}dʑə^{33}sa^{33}$	请神仙驱山鬼。	东巴将鬼撵出去。	29×8.7 17页
第十册	烧香经	切邦即	$tɕʰəu^{33}baŋ^{55}ntɕi^{55}$	烧香。	请菩萨帮忙做法事。	21×8.5 18页
第十一册	请菩萨经	机逋补	$dʑi^{33}bu^{33}bv^{31}$	请求天菩萨和地菩萨保佑。	请菩萨保佑。	26×7.5 24页
第十二册	送四方鬼经	妮美突摩入	$ni^{33}mei^{33}$ $tʰu^{33}mo^{31}ʐu^{31}$	将四面八方的鬼都送走。	送四方鬼。	26.7×9.1 27页
第十三册	献鸡送鬼经	弩芝	$γnu^{31}dʐ\underset{\sim}{l}^{33}$	用一只鸡将地上的鬼都送走。	献鸡送鬼。	24.7×8.1 25页
第十四册	烧香经菩萨经	日遮	$ʐ\underset{\sim}{l}^{31}tşɛ^{33}$	东巴烧香将天上的菩萨请过来帮忙驱鬼。	请菩萨驱鬼。	26.7×7.7 22页
第十五册	菩萨驱鬼经	土若	$tʰu^{33}zo^{33}$	请来的菩萨将所有的鬼都赶走了。	请菩萨赶走所有的鬼。	27.5×8.5 21页
第十六册	宴鬼经	扎止柯	$tsa^{33}dʐ\underset{\sim}{l}^{31}kʰə^{33}$	给鬼神献祭（有牛、鸡、羊）。	将四面八方的鬼都送走，走各自的来路。	27.7×10.1 28页

续表

编号	文献名称	汉字标音	纳西语音标	内容	用途	长宽（cm）、页码
第十八册	送凶死鬼经	哥妮逋	$gə^{33} ni^{33} pu^{55}$	把凶死鬼送到阴间，勿扰人。	送凶死鬼。	28×10.3 24 页
第十七册	众鬼归家经	格咋扑起	$gə^{33} sa^{31} p^hv^{33} tɕ^hi^{31}$	今天敬山神、山鬼的法事已经结束，请各位山鬼各走各的来路回去。（扑起：分开。）	让鬼神各走各路离开，自己的路自己走。	27.2×8.6 27 页
第十八册	送鬼经	逋咋期期	$bv^{33} tsa^{31} tɕ^hi^{33} tɕ^hi^{33}$	请鬼回去。	今天结束了，请鬼回去。	28.6×6.9 22 页
第二十册	多玛驱鬼经	多玛拉	$to^{33} ma^{33} la^{33}$	今天鬼已送完，将还没吃饱不想回去的鬼打回去。（多玛：一位驱鬼的神。）	将返回的鬼赶走。	27.1×6.3 23 页
第二十一册	送神经	扑喇逋	$p^hu^{33} la^{31} bv^{33}$	今天的法事做完了，请菩萨回去。	仪式结束。	32.3×7.4 17 页

（二）敬水龙经［$ndʑi^{33}\ k^hua^{33}\ bv^{31}$］（共27册）

使用、收藏	甲阿若
所在地	四川省木里藏族自治县依吉乡麦洛村争伍组
版本、传承	传世手抄本，已传七代
采集、著录	赵丽明、何沛然、李加凯
采集时间	2011年7月
采集地点	四川省木里藏族自治县依吉乡麦洛村争伍组
册数、版式	27册，左装订，东巴纸，长宽见每册记录
翻译、解读	甲阿若（噶突徒弟），2011年7月争伍村、2013年9月丽江
内容简介	三、四月份花开时敬水龙，祈求水龙保佑牲口和人多多繁衍后代。
记音、核对、整理	夏津京
时间	2013年9月5日
地点	丽江

续表

编号	文献名称	汉字标音	纳西语音标	内容	用途	长宽（cm）、页码
第一册	除秽经	切须	tɕʰə³³ɕu³³	做法事开始之前给房间除秽。	给做法事的房间除秽。	27×8.5 26 页
第二册	烧香请神经	切邦即	tɕʰəu³³paŋdʑi³³	东巴自语："今天要做敬水龙的法事，请天上地上所有的菩萨、十八罗汉都来帮助我将水龙喊过来。"（即：烧香。）	请神灵帮助做法事。	29×7.9 43 页
第三册	请神经	拉木撒	la³³mhũ³¹sa³³	东巴自语："今天要做敬水龙的法事，请天上地上的神、菩萨都过来，帮助我将水龙都喊出来。"	请神灵帮助做法事。	26×8.5 26 页
第四册	神佑经	不麻花	pu³³ma³¹χua³³	将一个瓶子里装上水、（黄）酒、奶，一点茶叶和米，这就是神和菩萨拿的东西。东巴向瓶里吹气，模仿菩萨向瓶里吹气，使菩萨保佑法事成功。（不麻：瓶子。花：吹。）	模仿神灵的护佑。	27×8.5 25 页
第五册	分蛇蛙经	书裸区	ʂu³³no³¹tɕy³³	家中如果有青蛙与蛇的鬼在一起，水龙就无法进入。东巴念经将青蛙与蛇的鬼分开，使水龙进来。（书：水龙。裸区：分开。）	请水龙进入做法事的家里。	29×7.9 43 页
第六册	唤水龙经	属突居	ʂu³¹tʰu³³tɕy³¹	将四面八方的水龙都叫过来，给它们取名。东边的是白龙，西边的是黑龙。南边的是绿龙，北边的是黄龙。此处须用图。	供奉四面八方的水龙。	30.1×9.7 20 页
第七册	请水龙经	几跨悠医	ndʑi³³kʰua³³iu³³ɣi³³	将四面八方的水龙请过来，请他们帮忙做法事，保护家人。	请水龙保佑做法事的人家。	27.4×9.8 19 页
第八册	烧香请水龙经	属珠	ʂu³¹dzu³³	东巴烧一炷香，奉上鲜花，请四面八方的水龙来做法事，请求保佑。做法事。（珠：请。）	请水龙帮助法事顺利进行。	29×8.7 17 页
第九册	宴请水龙经	催腊	tsʰuei³³zuɑ³¹	请水龙到房子里之后，将玉米、麦子等食物洒向水龙，宴请它们食用。（催腊：请客吃饭。）	在水龙帮忙前，先宴请他们。	24×8.8 23 页

续表

编号	文献名称	汉字标音	纳西语音标	内容	用途	长宽（cm）、页码
第十册	补撒阿突的故事	补撒阿突	bv³¹ sa³³ ŋa³³ tʰu³³	补撒阿突是一个年轻人，他娶了一个媳妇。有一天补撒阿突去山上放牦牛不在家，天上大水龙的儿子下山，和他的媳妇过了三天三夜，他们家的牲畜都没人照看。第一天，补撒阿突的媳妇想出去放牲畜，水龙的儿子变成老虎，他们家的牛就都不敢跑出去了。第二天，补撒阿突的媳妇想出去放牲畜，水龙的儿子变成狼，羊就不敢跑出去了。第三天，补撒阿突的媳妇想出去给地里浇水，水龙的儿子变成一只猪带来水浇了地。补撒阿突回来后知道了这事很生气，水龙的儿子变成了一条蛇，补撒阿突就把蛇杀掉了。大水龙四处找儿子，找了三天三夜没找到，变成麦子长在补撒阿突村子前的路口上。天上的牛和地上的鸟在路口赌钱，牛输得一塌糊涂，补撒阿突也要和鸟赌钱。牛劝他不要，补撒阿突说，我杀了大水龙的儿子都不要紧。大水龙听后变成了人，要杀补撒阿突，补撒阿突扯下三根辫子变成三片森林，吐了三口水变成三片海，丢了三片指甲变成三座崖来阻挡。他逃到东边的舅舅家里，舅舅用牲畜招待他一顿，就和他断绝了亲戚关系。补撒阿突又逃到西边的舅舅家。舅舅请大水龙吃了一顿饭，终于将大水龙打发走了。	东巴讲述补撒阿突的故事，告诉水龙房子里没有杀了他儿子的人，请水龙一顿吃喝，打发水龙回去。	26×7.5 24页

续表

编号	文献名称	汉字标音	纳西语音标	内容	用途	长宽（cm）、页码
第十一册	浦西挖鲁的故事	浦西挖鲁	$p^hu^{31}ɕi^{33}ua^{33}lu^{31}$	浦西挖鲁家很富裕，过年的时候他宴请全村人吃饭，当丁巴什罗过去时，他们却不给他吃的。丁巴什罗很生气，将此事告诉了大龙王。大龙王也很生气，变成一只天鹰，当浦西挖鲁家的儿子骑马时故意飞出来惊了马使浦西挖鲁家的儿子病重。浦西挖鲁请丁巴什罗帮忙，丁巴什罗将他儿子的四根辫子分别送给东西南北海的四个龙王，龙王以为他儿子死了就不再追究了，浦西挖鲁的儿子就痊愈了。	将面做的人偶先给水龙，告诉水龙惹怒他的人已死，请水龙不要再惩罚他们，将水龙打发走。	27.5×8.5 21页
第十二册	雅拉滴抓的故事	雅拉滴抓	$ɦia^{31}la^{33}ti^{33}tʂua^{33}$	雅拉滴抓家有一个大牛场，一天他在山上放牛时一头牛不见了。雅拉滴抓去找牛，路上有一条蛇跟着他，他用刀把蛇杀了。这蛇是大水龙养的，大水龙生气了，发大水淹了雅拉滴抓的牛场。雅拉滴抓请丁巴什罗来帮忙，丁巴什罗将玉米、牛奶、松树叶献给水龙，平息了他的怒气，水龙于是继续保佑他家的牲口。	告诉水龙这家人并没有杀他的蛇，并用贡品请水龙不要惩罚他们，保佑他们家的牲口。	27.7×10.1 28页
第十三册	噶礼催喊魂经	噶礼催瓦施	$ga^{33}li^{31}tsʰui^{33}ua^{31}ʂʅ^{33}$	噶礼催瓦施父子俩是屠夫，他们杀光了山上的牲口。一次他们杀完野猪后将刀落在了山上。父亲上山找刀时被水龙抓了起来，因为他杀光了水龙的牲畜。水龙罚他夏天被火烤，冬天被冷水淋。儿子上山找父亲，一路上劝开了打架的两条蛇、两只鸡、两只鸟。在鸟的帮助下，儿子带回了父亲。但回家后父亲喝到的水都是脏的，于是死掉了。后来父亲的四个女儿分别嫁给了四方的战神，儿子请战神帮助喊回了父亲的魂魄。	告诉水龙东巴能喊回魂魄，请水龙不要带走人的魂魄，祈求水龙保佑家人。	28×10.3 24页

续表

编号	文献名称	汉字标音	纳西语音标	内容	用途	长宽（cm）、页码
第十四册	睡经	普拉哈		下午结束时东巴要睡了，将神请下来，请他们在东巴睡觉时帮忙照看。（哈：睡觉。）	东巴在第一天仪式结束，准备休息时用。	28.6×6.9 22页
第十五册	初终经	即夸哈	ndʑi³³ kʰua³³ χɑ³³	下午结束时东巴告诉请来的四面八方水龙今天的仪式结束了，请水龙在房子里休息一下，明天上午继续。（即夸：水龙。）	东巴在第一天仪式结束时，告诉水龙暂停仪式。	32.3×7.4 17页
第十六册	翌始经	即夸衣疏	ndʑi³³kʰua³³ɣi³³ʂu³¹	第二天天亮了，叫醒水龙继续仪式。（衣疏：叫醒。）	东巴在第二天仪式开始时叫醒水龙。	27.1×6.3 23页
第十七册	请神经	拉木撒	la³³hũ³¹sa³³	东巴自语："今天要做敬水龙的法事，请天上地上的神、菩萨都过来，帮助我将水龙喊出来。"	仪式第二天，请水龙帮忙。	31.3×7.4 17页
第十八册	驱鬼经	拉木铺奇	za³¹mu³³pʰv³³tɕʰi³¹	拉、木是两只鬼，有他们在则龙不敢接近。东巴送走了拉、木，用一点牛奶请龙过来。（铺奇：分开。）	赶走鬼怪，吸引水龙过来。	30.3×7.4 21页
第十九册	供食经	朵书邱	to³¹ɕu³³tɔʰəu⁵⁵	用面食招待四方的水龙、神佛、菩萨，请他们保佑家里儿孙，保佑东巴仪式顺利进行。（朵书：一尺见方的三层蒸面团。邱：烧香祈福。）	供奉来帮忙的水龙。	27.5×8.5 21页
第二十册	分家经	凝木亨木	nin³³ pʰv⁵⁵həŋ⁵⁵ pʰv⁵³	人和水龙本来是同父异母的兄弟，水龙是哥哥。后来父亲和水龙的母亲死了，人的母亲做饭，每天给人吃面团，给水龙吃不能吃的灰。人和水龙一起放牧时，他们发现了这一点。人知道无法和水龙再在一起，于是两兄弟分家。他们将牲畜围起来，能跳出栅栏的牲畜归水龙，跳不出来的归人。人只分到了鸡、猪、牛、羊，难过得哭了，水龙于是把能在高山上放的牦牛、牦羊送给人。人的食物不够，于是请来丁巴什罗。丁巴什罗告诉人类家里吃不够时可以打山上的猎物吃，于是人能吃饱了。	告诉水龙人和水龙本是一家，请水龙保佑自己家里人丁兴旺、牲畜繁衍迅速。直到现在，每个东巴家里都有一本自己的敬水龙经。	26.7×9.1 27页

续表

编号	文献名称	汉字标音	纳西语音标	内容	用途	长宽（cm）、页码
第二十一册	佑羊经	此塔柯	tsʰɿ³¹tʰa³³qʰɯ⁵⁵	做法事的家里准备一只母羊，给它戴上彩线编的耳环，身上披着花布，由东巴献给水龙。东巴给母羊做法事，请求水龙保佑牲口。	请求水龙使家里牲口迅速繁衍，一只生十只，十只生百只。	26×7.5 24页
第二十二册	开门经	属枯颇	ʂu³¹kʰu³³pʰo³¹	事先用油布将门板、松树丫等捆起来，做法事时打开，意味开门。请水龙进门保佑。（属：水龙。枯颇：开门。）	告诉水龙自己家贫穷，请富裕的水龙保佑家里富裕。	21×8.5 18页
第二十三册	剪绳经	补此	mbe³¹tsʰɿ³³	事先用绳子串起四块木板，东巴做法事时将绳子剪断，将四块木板扔向四个方向。（补：绳子。此：剪断。）	表示将病痛都扔给了四面的水龙，祈求人身体安康不生病。	29×8.7 17页
第二十四册	送龙经	花开	ha³³qʰɛ³³	敬水龙的法事结束，用四块木板引四面来的水龙回到属于自己的方向去。（花开：送回去。）	请水龙回去。	24×8.8 23页
第二十五册	招（亲人）魂经	瓦施	ua³¹ʂɿ³³	告诉家里亲人的魂魄：今天送走了水龙，请不要跟着水龙走到四方。家里有吃有喝有亲人，要留在家乡。	使家中长辈的灵魂不要随着水龙去到不能去的地方。	27×8.5 25页
第二十六册	送神归天经	普喇逼	pʰv³³la³¹sa³³	告诉请来帮忙的神、菩萨：今天仪式已结束，东巴仪式顺利，做法事的家人往后一切顺利。请诸位神仙归位。	请帮忙的神、菩萨回去。	29×7.9 32页
第二十七册	末终经	巴麻巴	pa³³ma³³pa³³	东巴在每一位家庭成员身上点一滴酥油，做法事的保佑家人身体健康，一切顺利。	标志着仪式结束。	27.6×8.4 26页

（三）除秽经 [tɕʰə³³ɕu⁵⁵]（共8册）

使用、收藏	甲阿若
所在地	四川省木里藏族自治县依吉乡麦洛村争伍组
版本、传承	传世手抄本，已传七代
采集、著录	赵丽明、何沛然、李加凯
采集时间	2011年7月
采集地点	四川省木里藏族自治县依吉乡麦洛村争伍组
册数、版式	8册，左装订，东巴纸，长宽见每册记录
翻译、解读	甲阿若（噶突徒弟），2011年7月争伍村、2013年9月丽江
内容简介	一家新生儿出生后，东巴在为新生儿除秽并取名的仪式上用的经书。
记音、核对、整理	夏津京
时间	2013年9月5日
地点	丽江

编号	文献名称	汉字标音	纳西语音标	内容	用途	长宽（cm）、页码
第一册	除秽经第一本	鲁切须姑旧	dzu̱³¹tɕʰə³³ɕu³³ ku³³tɕəu³³	要做法事的人家生了小孩，要来除秽，母立种兹家第一代小孩除秽的故事。（姑旧：第一本。）	仪式开始。	26×7.5 24页
第二册	除秽经第二本	鲁切须满旧	dzu̱³¹tɕʰə³³ɕu³³ ma³³tɕəu³³	除去生了小孩的人家家中的不净，母立种兹家第二代小孩除秽的故事。（满旧：尾巴。）	除去小孩带来的不净。	26.7×9.1 27页
第三册	里俄除秽经	里俄切须	rli³³ɣɯ⁵⁵tɕʰə³³ɕu³³	两个山行鬼变成马鹿和山鹿，趁里俄的妻子织布的时候闯入家里，将里俄杀死，两个鬼自己住在他们家。一天，活佛路过看到这些，才将这家的鬼除去了。山行鬼，一般是殉情吊死、淹死或坠井死的人变成的鬼，游荡在山上。	除去山行鬼带来的不净。	26.7×7.7 22页
第四册	除狗秽经	巴洼聪若	pa³³ua³³tʰsoŋ⁵⁵zo³¹	一个人父亲死了，杀了一条狗来招待客人。客人不吃，狗肉跑出污秽世间，天昏地暗。被除秽东巴除去，天地清明。	除去狗肉带来的不净。	27.7×10.1 28页

续表

编号	文献名称	汉字标音	纳西语音标	内容	用途	长宽（cm）、页码
第五册	除骨灰秽经	泥日楚日	ñi^{31}ʐɿ^{33}ʂu^{31}ʐɿ^{33}	泥日楚日是水龙菩萨，和人类是同母异父的兄弟。母亲死后他回来奔丧，但死人的地方都不干不净，植物和肉会被污染。水龙和人将母亲火葬后不净的灰烟升腾。最终不净的污秽被东巴除去。	除去骨灰带来的不净。	27.2×8.6 27页
第六册	丁巴什罗除秽经	什罗切须	ʂa^{55}la^{55}tɕʰə^{33}ɕu^{33}	丁巴什罗从天而降，带来龙、虎、神鸟六十个徒弟。东巴和妖怪住在一起，所以鬼不敢杀他。东巴自己种植和畜养，所以衣食无忧，但妖怪杀了他的徒弟以致土地污秽，粮食无法生长，东巴做什么都失败，天地都被污染。后来丁巴什罗牵着一条狗到山上，菩萨告诉他世界已经被污染。丁巴什罗请来许多菩萨，在他们的帮助下除去了污秽。	让妖怪不要到这家里来造成不净。	19.9×9.3 33页
第七册	除夭儿秽经	打架阿又切须	ta^{33}tɕa^{53}a^{33} iu^{31} tɕʰə^{33}ɕu^{33}	打架阿又家新生了一个男孩，但还没长大就夭折了，所以造成了污秽，连大海里的水都干了。东巴除掉了污秽。	使新生儿免除污秽。	32.3×7.4 37页
第八册	取名经	切哈	tɕʰɑ^{33}χa^{55}	最后一章。除秽是给新生儿做的一套仪式。最后拿一瓢水放在东巴面前，东巴根据婴儿母亲的年龄计算所属的方位，从这本经书中为婴儿找名字。最后东巴和产妇将水吹开，意为祛除了污秽。	仪式结束，从经书上为婴儿取名字。	27.1×6.3 23页

（四）送葬经 [tsʰu³³ ŋu53tʰi³³ɣɯ³³]（共36册）

使用、收藏	甲阿若
所在地	四川省木里藏族自治县依吉乡麦洛村争伍组
版本、传承	手抄本，祖父果佳 [ku³³ tɕə³¹]（已故）据七代传本抄写制作，并传给甲阿若
采集、著录	赵丽明、何沛然、李加凯
采集时间	2011年7月
采集地点	四川省木里藏族自治县依吉乡麦洛村争伍组
册数、版式	36册，左装订，东巴纸，长宽见每册记录
翻译、解读	甲阿若（噶突徒弟），2011年7月争伍村、2013年9月丽江
内容简介	人死后用来做法事的经书。
记音、核对、整理	夏津京
时间	2013年9月5日
地点	丽江

编号	文献名称	汉字标音	纳西语音标	内容	用途	长宽（cm）、页码
第一册	承续经	母苏额苏	mu³³su⁵⁵ ə³³su⁵⁵	人死之后，逝者和之前的死者一起走向山上。东巴给死人穿干净的新衣服。	送葬是一个东巴须跳舞的仪式。	28×9.5 12页
第二册	忆生经	里车区	li³¹tɕʰə³³tɕy³³	与死者的鬼魂聊天，回忆死者生前的事情。	送葬开始。	30.5×9 11页
第三册	点灯经	马咪机	ma³¹mi³³dʐŋ⁵⁵	在死者遗体前点酥油灯，祝死者升天成仙。（马咪：酥油灯。）	送死者魂魄升天。	33.2×8.6 32页
第四册	穿衣经	哥秀拉	kə⁵⁵ɕu³³ la⁵⁵	讲死者生前的事迹，说死者一生经历完整，希望死者安稳升天，不要留在人间。	祈祷仪式顺利。	27.5×9.5 19页
第五册	经历经上	母突哇入古旧	mu³³tʰu⁵⁵uɑ³¹ zu³³ku³³tɕəu³³	死者生前经过的地方。	念这些地名，给死者灵魂开路。	30.2×8.6 32页
第六册	经历经中	母突哇入旅旧	mu³³tʰu⁵⁵uɑ³³zu³³ ly³³tɕəu³³	死者生前经过的地方。	念这些地名，给死者灵魂开路。	30.2×8.6 32页
第七册	经历经下	母突哇入卖旧	mu³³ tʰu⁵⁵ uɑ³³ zu³³ me³³tɕəu³³	死者生前经过的地方。	念这些地名，给死者灵魂开路。	30×8.6 13页

续表

编号	文献名称	汉字标音	纳西语音标	内容	用途	长宽（cm）、页码
第八册	唤醒经	楚一书	tʂʰu³¹hĩ³³ʂu⁵⁵	对死者说天亮了，起来吃饭了。	请死者的灵魂起来，进行仪式。	30.5×8.8 12页
第九册	供布经	阿力久	a³³li³¹tɕəu³¹	子女在灵前哀悼，将布匹供给死者。	给死者开路。	20×7 25页
第十册	英武经	粗一	tsʰu³³hĩ³¹	述说死者年轻时的英勇事迹。	送死者的灵魂。	29.5×9 10页
第十一册	翌始经	撒几	sa³³tɕɿ³¹	做法事的第二天开始，将死者的灵魂送上山。	给死者在山上开路。	30.5×8.8 25页
第十二册	点灯经	马咪机	ma³¹mi³³dʑɳ³³	在死者遗体前点酥油灯，祝死者升天成仙。（马咪：酥油灯。）	送死者魂魄升天。	30.2×8 36页
第十三册	生死别经	逋洗卜柯擦	bu³³ɕi³¹bu³¹ qʰə³³tʂʰɛ⁵⁵	逝者和生者分开，送逝者上山。	将死者魂魄送离生者生活的地方。	30.2×8.5 21页
第十四册	返家经	蒙自	məŋ³³zɿ³³	送葬完后家里人回来，第二天再开始。	东巴从山上回来。	30.5×9 33页
第十五册	裹灰经	苏普几顾	su⁵⁵bv³¹dʑi³¹qu⁵⁵	用绵羊毡子把死者的骨灰包起来放在神板上位。	供奉死者的骨灰。	30.5×9.4 12页
第十六册	新生经	吴罕	ŋũ³³xan³³	将骨灰包起来后，给死者的灵魂取名字，意为有了新的一生。	送死者新生。	30.2×9 46页
第十七册	送马经	软哥	ʐuan³³gə³³	给死者送一匹马。	用马送死者的灵魂。	30.0×9.7 23页
第十八册	接东巴经	屋洼屋突哥	hũ⁵⁵ua⁵³hũ³³tʰu³³qə⁵⁵	死者的儿子骑着马，把送死者到山上的两个东巴接回来。屋洼屋突哥是死者儿子和东巴碰面的地方。	死者的儿子和东巴碰面。	30.2×8.5 21页
第十九册	除秽经	汝切跨	zu³¹tɕʰə³³kʰua³¹	东巴将死者骨灰上生前不净的东西除掉。	除掉骨灰带来的不净。	30.2×8 36页

续表

编号	文献名称	汉字标音	纳西语音标	内容	用途	长宽(cm)、页码
第二十册	祛牲经	夸铺鸡铺	$k^hua^{33}p^hv^{31}$ $dzi^{33}p^hv^{31}$	将死者生前杀过的牲口的魂魄从死者上山的路上赶走。家里人为东巴做饭吃。	为死者灵魂上山清道。	30.5×9 33页
第二十一册	供牛经上	母咩付	$mu^{31}mie^{33}fu^{31}$	宰杀一头黄牛打发逝者的灵魂。（付：牲口。）	宰牲畜时用。	29×8.8 22页
第二十二册	供牛经下	寺咩付	$sʅ^{31}mie^{33}fu^{31}$	宰杀一头黄牛打发逝者的灵魂。	宰牲畜时用。	26×10 13页
第二十三册	分牲经	俄列油乌多	$ɣɯ^{33}lie^{55}$ $iu^{31}hũ^{33}to^{31}$	杀一头牛打发逝者，剩下的牲口继续饲养。（俄：牛。武多：分开，指死的牲口和活的分开。油：羊，牦羊。）	使死者不要对牲口作祟，保佑牲畜平安。	30.0×10.7 25页
第二十四册	升天经	车池鲁鲁	$ts^he^{55}ts^hʅ^{31}dv^{33}dv^{33}$	对死者说：你生前足迹遍布四方，死后请不要踏足这些地方，径直升天。	请死者不要扰乱活人生活。	30.0×9.7 23页
第二十五册	安心经之上	哇子咪	$ŋuɑ^{31}tsʅ^{33}mi^{33}$	从前有八兄弟和一个小妹妹，有一天大哥上山时被鬼吃掉了。第二天二哥来找他也被吃掉了。接连几天，八兄弟都被吃掉了。小妹上山后碰见了鬼，鬼很孤独，想交朋友。小妹假意答应他和他一起走，终于趁机杀死了鬼。	告诉逝者恶鬼已死，不用担心，可安心上路。	30.2×9 46页
第二十六册	安心经之下	古旧满旧	$ku^{33}tɕəu^{55}$ $ma^{33}tɕəu^{55}$	和《安心经之下》类似的故事和意思。	告诉逝者恶鬼已死，不用担心，可安心上路。	31.3×8.1 33页
第二十七册	祛恶灵经上	海若区	$xe^{33}zo^{55}tɕ^hy^{31}$	死者生前杀过一些人，东巴用神路图将这些人的灵魂都挡开。	为逝者的灵魂开山路时用。此册须用神路图。	30.3×9.1 31页

续表

编号	文献名称	汉字标音	纳西语音标	内容	用途	长宽（cm）、页码
第二十八册	祛恶灵经中	海若区旅旧	xe³³zo⁵⁵tɕʰy³¹ly³³tɕəu³³	死者生前曾杀死一匹马、一头牛、一头猪、一只狗、一只羊、一条蛇、一只青蛙。死者死后这些动物的头都来挡路，东巴将它们打发掉。	为死者的灵魂开山路时用。此册须用神路图。	32×8.8 23页
第二十九册	祛恶灵经下	海若区满旧	xe³³zuo⁵⁵tɕʰy³¹ma³³tɕəu³³	死者的灵魂已经度过妖怪经过的地方，现在到了天堂菩萨住的地方。开路已完成，请安心升天。	送死者灵魂上天。	33×9.8 33页
第三十册	安享经	么窝浦	mə³³ŋə³³pʰv³¹	曾经有人来抢死者的宴席吃，被东巴赶跑打死。	让死者的灵魂不要担心，有足够的饭可以吃。	30.2×8.6 32页
第三十一册	供饭经	人兹咪	zən³¹tsʅ³³mi³³	将供奉的饭端给死者吃，劝他不要担心。	送死者灵魂宴飨。	30.5×9 13页
第三十二册	荫佑经	尺灭乌	tʂʰʅ³³me³¹hũ³³	保佑所有家人人生顺遂，长命百岁。	保佑做法事的家人。	30×8.8 13页
第三十三册	送往经	汝部	zu̥³¹pv³³	所有的仪式已经结束，让死者和家中以前的死者的灵魂一起走。	送死者的灵魂最终离开。	31.5×9.2 33页
第三十四册	划界经	普期哪期姑	pʰu³¹tɕʰi³³na³¹tɕʰi³³qu⁵⁵	东巴将死者的骨灰撒在山上，并嘱咐死者的灵魂不要跑到活着的亲属生活的区域。（普期：白色。哪期：黑色。象征黑白分明，生死两界互不干涉。）	请死者的灵魂不要打扰活人的生活。	30.5×9 27页
第三十五册	引路经	汝期期	zu̥³¹tɕʰi³³tɕʰi³³	东巴告诉死者，沿着升天的直路走下去，不要走到别的地方去。	给死者的灵魂指路。	30.9×8.9 31页
第三十六册	终经	咪可扑	mi³³kʰə³¹pʰv³³	东巴结束语："我今天的工作已经全部结束了。"	仪式结束。	28.5×9.8 33页

（五）母子平安经 [na^{33}tʰi^{55}bv^{31}]（共11册）

使用、收藏	甲阿若
所在地	四川省木里藏族自治县依吉乡麦洛村争伍组
版本、传承	手抄本，祖父果佳 [ku^{33} tɕə^{31}]（已故）据七代传本抄写制作，并传给甲阿若
采集、著录	赵丽明、何沛然、李加凯
采集时间	2011年7月
采集地点	四川省木里藏族自治县依吉乡麦洛村争伍组
册数、版式	11册，左装订，东巴纸，长宽见每册记录
翻译、解读	甲阿若（噶突徒弟），2011年7月争伍村、2013年9月丽江
内容简介	孕妇怀孕五六个月时做法事用的经书，祈求母子平安。伴随东巴舞。
记音、核对、整理	夏津京
时间	2013年9月5日
地点	丽江

编号	文献名称	汉字标音	纳西语音标	内容	用途	长宽（cm）、页码
第一册	目录	阿娜妮	a^{33}na^{33}ni^{33}	今天仪式开始了。	一本经书的内容。	28.6×6.9 22页
第二册	除魇鬼经	齿司那剔土具	tʰʂɿ^{31}sɿ^{33} na^{33}tʰi^{33} tʰu^{33}tɕy^{33}	齿司、那剔、土具都是鬼，会让孕妇在睡梦中梦见可怕的事物，使她们不得安宁。	让齿司、那剔和土具不要打扰孕妇的梦。	27.1×6.3 23页
第三册	顺产经	剔拉土具	tʰi^{33}la^{33}tʰu^{33} tɕy^{33}	剔拉就是汉族传说中的猪八戒，是山上的菩萨。	祈求小孩顺利地被生下来。	32.3×7.4 17页
第四册	驱鬼经	妮没土木注	ni^{33}mei^{33}tʰu^{33} mu^{31}zu^{33}	今天要施行母子平安经。	将齿司、那剔等四面八方鬼送走。	27.7×10.1 28页
第五册	献鸡驱鬼经	某刻	mo^{33}qʰə^{55}	齿司、那剔、土具等四面八方的鬼要求一只鸡。	用鸡将鬼送走。	24.7×8.1 25页
第六册	十二属相竞序经	枯嘎汝	kʰv^{55}ga^{33}zu^{31}	讲述十二属相争夺先后顺序以及第一代人和他的后代的故事。	除病痛，祈求健康无虞。	21×8.5 18页
第七册	做人偶经	拟厄米邱	niə^{31}mi^{33}tʰɕu^{55}	用面糊一个人，用布给她做衣服，将一个鸡蛋放在她肚子里，模仿怀孕的女人。下午时将人偶放到山上。	用人偶打发四方的鬼，希望孕妇孩子无病痛之忧。	24×8.8 23页

编号	文献名称	汉字标音	纳西语音标	内容	用途	长宽（cm）、页码
第八册	嘎里催瓦施的故事	嘎里催瓦施	kɑ^{33}li^{31} tʰsuei^{33} ua^{31}ʂ^{33}	讲了父子俩的故事。父子俩杀了水龙菩萨的牲畜，水龙菩萨发大水淹死了父子俩的牲畜并带走了父亲。儿子历经千辛万苦终于找回了父亲。	祈求孩子顺利生下。	30.1×9.7 20页
第九册	战神驱鬼经	忙不里地莎	Maŋ^{31}bv^{33} li^{31}ti^{31}sa^{33}	女孩起床梳洗打扮后，东巴穿衣戴头巾跳舞，请战神忙不里地莎攥走屋子里的九个小鬼。	祛除孕妇房屋中的鬼。	27×8.5 25页
第十册	人偶送鬼经	朵妈啦	to^{33}ma^{33}la^{33}	将先前用面团、鸡蛋和布做的人偶丢上山，吸引鬼出去。（朵妈：人偶。）	将小鬼打出屋子，不再进来。	29×7.9 43页
第十一册	驱鬼助产经	那剔逎	na^{33}tʰi^{55}bv^{53}	将那剔等鬼送到有九十九个太阳、九十九个月亮、九十九座山的鬼蜮。最后，东巴点一盏酥油灯，祝福孕妇生子顺利。（逎：送。）	送走大鬼，不再回来。	27×8.5 26页

（六）中平安经（共27册）

使用、收藏	甲阿若
所在地	四川省木里藏族自治县依吉乡麦洛村争伍组
版本、传承	手抄本，祖父果佳［ku^{33} tɕə^{31}］（已故）据七代传本抄写制作，并传给甲阿若
采集、著录	赵丽明、何沛然、李加凯
采集时间	2011年7月
采集地点	四川省木里藏族自治县依吉乡麦洛村争伍组
册数、版式	27册，左装订，东巴纸，长宽见每册记录
翻译、解读	甲阿若（噶突徒弟），2011年7月争伍村、2013年9月丽江
内容简介	在一年的五月或者七、八月份做法事时用到的经书。村里人找活佛算命之后，若活佛说他们需要做中平安的法事，则请村里的东巴帮他们做法事，保佑全家人平安。
记音、核对、整理	夏津京
时间	2013年9月5日
地点	丽江

续表

编号	文献名称	汉字标音	纳西语音标	内容	用途	长宽(cm)、页码
第一册	始经	多柯摩压	to³³kʰɯ⁵⁵ mo³¹hia³³	今天开始做中平安的法事。	做法事开始。	32.3×7.4 17页
第二册	请神经	扑喇撒	pʰv³³la³¹sa³³	做法事之前，东巴请来天上所有的神来帮忙。	请神来帮忙。	27.1×6.3 23页
第三册	神佑经	不麻花	pu³³ma³¹xua³³	将一个瓶子装上水、（黄）酒、奶，一点茶叶和米，这就是神和菩萨拿的东西。东巴向瓶里吹气，模仿菩萨向瓶里吹气，使菩萨保佑法事成功。（不麻：瓶子。花：吹。）	获得神的保佑。	28.6×6.9 22页
第四册	生辰八字经	枯路子	kʰu⁵⁵lu³³tsɿ³¹	算出生年龄与方位的书。	要将鬼送向与家人的方位不同的方向。	27.2×8.6 27页
第五册	战神除鬼经	喇巴他嘎撒	la³¹pa³³tʰa³³ ka³¹sa³³	喇巴他嘎三兄弟都是战神。纳西人的家里有战死的鬼魂、吊死鬼、淹死鬼，请他们来把这些鬼都杀掉。（撒：请。）	杀掉战死鬼、吊死鬼和淹死鬼。	28×10.3 24页
第六册	战神葛柯杀鬼经	葛柯撒	Gə³¹qʰo³³sa³³	西方有一座高山，一天山石爆炸，从中生出了战神葛柯，他被天帝召到天上去。东巴烧香请葛柯下来杀鬼。	请战神杀鬼	27.7×10.1 28页
第七册	人鬼相分经	撸普撸甲期	ru³³pʰv³¹ru³³	人和鬼要分开，各走各的路。	将人和鬼分开。	27.5×8.5 21页
第八册	人鬼相斗经上	都安书安古旧	ndu³¹e³³ ʂu³³e³³ ku³³tɕou³³	都是人类的首领，书是鬼的首领。一天，都杀了书的儿子。书很生气，抓走了都的儿子。都遍寻儿子而不得，十分难过。一天都经过书的房子，他听见了声音，终于知道是鬼抓走了自己的儿子。都请来东巴帮忙，东巴烧香请来了天上所有的神菩萨，终于战胜了书，救回了儿子。	讲述人类首领和鬼的首领相斗的故事，人类最终在神的帮助下胜利。	26.7×7.7 22页
第九册	人鬼相斗经下	都安书安满旧	ndu³¹e³³ʂu³³e³³ me³³tɕou³³	（同上。）	（同上。）	24.7×8.1 25页
第十册	捉阴鬼经	指兹嘎柯	ndʐʅ³¹zʅ³¹ ka³³kʰu	家里有病死的人的阴鬼，东巴请来神菩萨将鬼关起来。	除阴鬼。	26.7×9.1 27页

续表

编号	文献名称	汉字标音	纳西语音标	内容	用途	长宽(cm)、页码
第十一册	杀阴鬼经	扑补嘎起	pʰv³³pu³³ qa³³tɕi³¹	将刚刚关起来的阴鬼杀掉。	杀阴鬼。	26×7.5 24 页
第十二册	定鬼经	纸哈	dʐʅ³¹χa³³	东巴念完经后，抓一把小石头，向其吹气，并把小石头撒出去。这样可以将鬼关在地上，使其无法起来。	让鬼不得动弹，无法作乱。	30.2×9.7 6 页
第十三册	噶礼催喊魂经	噶礼催瓦施	qa³³li³¹ tsʰui³³ua³¹ʂʅ³³	噶礼催的父亲死后，魂魄跟着鬼的脚步来到一个山洞。噶礼催遍寻不见，他请来一个东巴。东巴用衣服、酒、饭做法事，引来了变成一只蜜蜂的父亲的鬼魂。当蜜蜂吃饭时，噶礼催用绳子拴住他，终于喊回了父亲的魂魄。	噶礼催喊回父亲的魂魄。	30.2×9.2 13 页
第十四册	喊魂经	纸洼施	dʐʅ³³ua³¹ʂʅ³³	人死后，鬼会引诱魂魄跟着自己走。东巴念经书，告诉魂魄不能跟鬼走。	告诫魂魄不要跟鬼走。	30.2×9.5 18 页
第十五册	宴四方鬼经上	汝枯儿古旧	ʐu̜³³kʰv³¹ kʰu³³tɕəu³³	今天要做中平安的法事，已经杀了一只鸡、一头猪，请远方四面八方的鬼过来吃。	请四面八方的鬼过来。	30.5×9.7 29 页
第十六册	宴四方鬼经下	汝枯儿满旧	ʐu̜³³kʰv³¹ me³³tɕəu³³	今天要做中平安的法事，已经杀了一只鸡、一头猪，请远方四面八方的鬼过来吃。	请四面八方的鬼过来。	30.5×9.7 29 页
第十七册	祛牛头鬼经	普送歌	pʰu³³soŋ³¹ ɴɢɯ³³	用木板将牛头鬼打发走。（普送：牛头鬼。歌：木板。）	将牛头鬼赶走。	29×8.7 17 页
第十八册	招魂经上	懂那曲旅旧	toŋ³¹na³³tɕʰy⁵⁵ ly³³tɕəu³³	牛头鬼要骨灰盒里的魂魄跟着自己走，东巴告诉魂魄不要跟牛头鬼走。	让死者的魂魄不要跟鬼走。	29.7×10 23 页
第十九册	招魂经下	懂那曲满旧	toŋ³¹na³³tɕʰy⁵⁵ me³³tɕəu³³	牛头鬼会带着魂魄走向各处。东巴告诉魂魄不要跟牛头鬼走。	让死者的魂魄不要跟鬼走。	30×9.5 15 页
第二十册	十二生肖相分经	扒嘎逋	pa³³qɑ³¹bv³³	十二生肖走在一个方向就会多厄运病痛，东巴念经将十二生肖分开，使他们各走各的方向。	保佑做法事的一家人一切顺利。	30.5×10 12 页

续表

编号	文献名称	汉字标音	纳西语音标	内容	用途	长宽（cm）、页码
第二十一册	除狗马鬼经上	基母铺古旧	ndʑi³³mhū³¹pʰv³³ku³³tɕəu³³	有狗头鬼和马头鬼在的地方，家人做事不顺利，家人会变成聋哑人。东巴念此经后，用一把荞麦米撒向鬼，意为祛除他们。	祛除狗头鬼和马头鬼，保佑做法事的一家人做事顺利。	30.2×9.5 21页
第二十二册	除狗马鬼经下	基母铺满旧	ndʑi³³mhū³¹pʰv³³me³³tɕəu³³	（同上。）	（同上。）	30.5×9.6 15页
第二十三册	请十八战神经	哇嘎邱帮及	ua³³qa³¹tɕʰəu³³mbaŋ⁵⁵ndʑi⁵⁵	东巴烧香请来天上的十八个战神，请他们帮忙杀死所有不好的阴鬼。（哇嘎：十八战神的名字。邱帮及：烧香。）	杀死所有的阴鬼。	30×12 12页
第二十四册	战神砍鬼经	金兹秦兹此	ndʑin⁵⁵zl̩³¹tɕʰin³³zl̩³¹tsʰl̩³³	东巴请来天上所有的战神，帮忙把鬼的脑袋像砍树枝一样砍掉。（此：砍。）	砍掉鬼的脑袋。	30×9 22页
第二十五册	下咯多妈神驱鬼经	下咯多妈去	ɕa³¹lo³³to³³ma³³tɕy³³	今天中平安的法事快做完了，东巴请来下咯多妈神将所有的鬼都赶出家门。	将鬼撵出家门，以后不要再来。	30.2×9.5 24页
第二十六册	烧鬼经	日哇	zl̩²⁴ua³³	今天仪式已经做完，鬼都赶走了。还有些小鬼偷跑回来的，东巴放火将他们烧了。	做法事时，东巴将木条摆成"井"状，在中间放三粒灰烬。念完经后，东巴将一个面做的偶模拟鬼，将鬼扔进"井"字中，面偶会很快烧起来。	30.5×9.7 30页
第二十七册	送神经	普喇遛	pʰv²⁴la³¹bv³³	今天中平安的一切法事都做完了，该杀的鬼杀掉了，该赶的鬼赶掉了，该烧的鬼烧掉了。这家人一切平安，东巴的法事也很顺利。谢谢各位神菩萨的保佑和帮助，请你们各自回该回的地方去吧。	请帮忙的战神们回天上，仪式结束时用。	24×8.8 23页

（七）小平安经［to³³kʰɯ⁵⁵］（共37册）

使用、收藏	甲阿若
所在地	四川省木里藏族自治县依吉乡麦洛村争伍组
版本、传承	手抄本，祖父果佳［ku³³ tɕə³¹］（已故）据七代传本抄写制作，并传给甲阿若。
采集、著录	赵丽明、何沛然、李加凯
采集时间	2011年7月
采集地点	四川省木里藏族自治县依吉乡麦洛村争伍组
册数、版式	37册，左装订，东巴纸，长宽见每册记录。
翻译、解读	甲阿若（噶突徒弟），2011年7月争伍村、2013年9月丽江
内容简介	七、八月份牲口传染病容易滋生流行时用，祈求牲口和人平安顺遂。做法事时须宰杀一头猪、一只鸡来献祭。（猪肉和鸡肉在法事结束后可以在村民中分食。）在一个月中不是自己家人的属相的日子才可以做。
记音、核对、整理	夏津京
时间	2013年9月5日
地点	丽江

编号	文献名称	汉字标音	纳西语音标	内容	用途	长宽（cm）、页码
第一册	请鬼经	谷嘎柯	ku³¹ka³³ kʰɯ⁵⁵	今天要做小平安的法事，请四方的鬼到这家里来吃东西。（柯：给。）	仪式开始，用牺牲招待四方鬼魂。	29×7.9 43页
第二册	除秽经	切须	tɕʰə⁵⁵ɕu⁵⁵	事先准备好十个用面粉做的神像代替人，将这家人身上的病痛和不净都转移到神像身上。（切须：除秽。）	为做法事的家人除秽，除去病痛。	25×8.5 25页
第三册	请神经	倚芝	fii¹¹dʐ̩³³	东巴说："今天要做小平安的法事，请天上所有的神菩萨、四面八方的神和十八罗汉都来帮忙打鬼。"	请神和菩萨帮忙做法事。	27×8.5 26页
第四册	烧香经	切邦即	tɕʰəu³³baŋ⁵⁵ ntɕi⁵⁵	东巴说："今天要做小平安的法事，请天上所有的神、菩萨和十八罗汉都来帮忙，用烧香来敬你们。"（即，烧香。）	请神和菩萨帮忙做法事。	25×8.5 25页
第五册	目录	阿哪妮	ɑ³³nɑ³³ ni³³	做一套小平安的法事全部的过程和步骤。	仪式开始时用。	26×8.5 26页

续表

编号	文献名称	汉字标音	纳西语音标	内容	用途	长宽（cm）、页码
第六册	除衅经	汝钵汝列	zu³³po⁵⁵ zu³³liə³¹	以往有寻衅事、找这家人打架的人，今年都不要来了，不要打架、滋生事端。	祛除做法事人家家人与人打架的灾祸。	27×8.5 25 页
第七册	除谣经	母突居	myu³¹tʰu³³ tɕy³³	以往有说这家人坏话的，使这家人做事不顺利的，念了这个经后，这家人就不会受坏话影响了，出门做事也会顺利了。	祛除不好的谣言对做法事人家家人的影响。	30.1×9.7 20 页
第八册	宴鬼经	柯作	kʰɯ³³zo³¹	今天做法事的这家人宰了一只鸡、一头猪，请四面八方的鬼都来吃。	将四面八方的鬼都聚到做法事人家家里，与第一册相通。	27.4×9.8 15 页
第九册	祭神驱鬼经	多乡美	to³³ɕaŋ³³ me³¹	东巴头戴头巾，一只手敲大鼓，另一只手拿鸡，将鸡献给请下来的神、菩萨，请神、菩萨帮助驱鬼。	请神、菩萨帮助驱鬼。	24×8.8 23 页
第十册	请夫妇神经	弩芝	ɣnu³¹dʐɿ³³	北方有神为男，南方有神为女，结为夫妻。东巴请来这对神灵，祈求他们保佑。	请神保佑做法事的这家人家庭和美。	29×8.7 17 页
第十一册	请三方神经	日遮	ʐɿ³¹tʂe³³	东巴请天上所有的菩萨，化为一对老鹰帮助驱鬼；山上所有的菩萨，化为一对老虎帮助驱鬼；水里所有的菩萨，化为一对大鱼帮助驱鬼。	请各方菩萨驱鬼。	21×8.5 18 页
第十二册	逐鬼经之一	扑美	pʰv³³mei³³	东巴将之前宴请来的所有鬼驱赶走。	东巴祛除鬼怪。	26.7×9.1 27 页
第十三册	逐鬼经之二	扑若	pʰv³³zo³³	东巴将之前宴请来的所有鬼驱赶走。	东巴祛除鬼怪。	26.7×7.7 22 页
第十四册	逐鬼经之三	扑麦	pʰv³³me³³	东巴将之前宴请来的所有鬼驱赶走。（麦：尾巴，结尾。）	东巴祛除鬼怪。	27.5×8.5 21 页

续表

编号	文献名称	汉字标音	纳西语音标	内容	用途	长宽(cm)、页码
第十五册	猫头鹰算命经	悲葩划袖	pei^{55}p^{h}a^{33} xua^{33}ɕəu^{31}	从前有一家人小儿子病重，家人求斑鸠和小鸟上天庭找活佛算命。路上下了三天大雪，斑鸠太饿，将小鸟吃掉了。上天庭后，活佛认为吃掉朋友的斑鸠不净，将它赶走。这家人又请猫头鹰和老鹰上天庭。猫头鹰骑在老鹰身上，一阵风吹来，猫头鹰被吹上了天庭。猫头鹰求活佛给病人算命，活佛给了它一本经书。猫头鹰下来看经书，一阵风吹来，将经书吹到海里，被大青蛙吃掉了。猫头鹰又去找活佛，活佛告诉它四方战神杀了青蛙。让猫头鹰自己去找四方战神。猫头鹰到四个方向找了四位战神，战神告诉它要到山上砍五种树，杀一头猪、一只鸡，请东巴来，就能治好病。这家人照做了，小儿子的病就好了。	传说《小平安经》中的这本算命经书就是猫头鹰求来的。东巴告诉四方的鬼，做法事的这家人不是之前的那家人，请鬼怪们不要让这家人生病。	28×10.3 24页
第十六册	创世纪	从逋突	ts^{h}oŋ^{31}bv^{33} t^{h}v^{33}	从天地一片混沌开始讲述世界、神、鬼、人是怎么诞生的，人类初期的生活。人类始祖经历了洪水，历经千辛万苦娶到了天帝之女，生了三个儿子。后来他病重，东巴用面粉做的人打发走了使他生病的鬼。这家人就是纳西人的祖先。	给菩萨和鬼讲人类的来历。念过此经后，做法事的家人全家平安。	27.2×8.6 27页
第十七册	上天菩萨经	母兹午兹	ɣmu^{33}zʅ^{31} ɣŋu^{33}zʅ^{33}	天上有神菩萨一家，家中房屋高大，应有尽有。有一天，一个鬼偷走了神菩萨家的宝物——金子，从此神菩萨家诸事不顺。神菩萨的徒弟去找活佛算命，活佛说是因为鬼偷走了金子，要找天上的东巴做法事帮忙。神菩萨请来东巴，东巴做法事请来战菩萨，战菩萨杀死了鬼，从此菩萨一家一切顺利。	念过此经后，菩萨一家保佑做法事人家家人一切顺利。	28.6×6.9 22页

编号	文献名称	汉字标音	纳西语音标	内容	用途	长宽（cm）、页码
第十八册	雅拉地抓的故事	雅拉地抓	ia^{31}la^{33}ti^{33}tʂua^{33}	从前，雅拉地抓家什么都没有，于是他带着一条狗上山打猎。狗把山上的马鹿赶下来，雅拉地抓一箭射死了它。这时，一只鬼跑出来把马鹿吃了，还追着雅拉地抓跑。雅拉地抓跑回了家，但吓得魂飞魄散，从此病重。雅拉地抓的妻子到北边去请东巴帮忙，东巴让她杀一只羊把鬼打发走。他的妻子照做了，鬼被打发走了，雅拉地抓的魂魄也回来，人也好了。	东巴念此经，把鬼打发走，让他不要害这家人。	27.1×6.3 23页
第十九册	打驾阿又的故事	打驾阿又	ta^{31}tɕa^{55}a^{33}ɤu^{31}	打驾阿又家里很富裕却很吝啬，什么东西都只自己用，从不请客或者给神仙烧香。山里有一个鬼对此很愤怒，于是到他家作祟使他病了。打驾阿又的儿子去请活佛算命，活佛说是因为有鬼作祟。儿子又去天上请丁巴什罗帮忙，丁巴什罗让他家杀了一头猪将鬼打发走，打驾阿又就好了。	东巴念此经，保佑做法事人家家人平安，让鬼不要害这家人。	32.3×7.4 17页
第二十册	战神驱鬼经	雅洼衣资	ɦia^{31}ua^{33} i^{33}ʐɿ^{33}	雅洼衣资是东南西北四个方向的四位战神兄弟。一天，他们四兄弟出门，走了很长的路累了，就在路边的大树下休息。东边的战神梦见自己的房子被火烧了，西边的战神梦见自己的房子被水冲了，南边的战神梦见自己和牛打架输了，北边的战神梦见自己被水冲走了。他们四个去请北方的活佛算命，活佛说他们要去的地方有28个鬼。兄弟四人还是去了，28个鬼向他们要他们的马、弓箭和衣服。战神不干，于是双方决定比射箭。兄弟四人射死了所有的鬼，从此一切都顺利。	讲述四方战神驱鬼的故事，祈祷做法事人家家人一切都顺利。	24.7×8.1 25页

续表

编号	文献名称	汉字标音	纳西语音标	内容	用途	长宽（cm）、页码
第二十一册	除残疾经	娃突郭	ŋua³¹ tʰu³³ko³³	从前一家有三四代人，最上面的老人死得不好（死得很早、溺水死、坠井死）。他们死后化为厉鬼，诅咒后世子孙生活不顺，多聋哑人、早死。这家人后代果然有很多聋哑人。他们请来东巴帮忙，东巴帮他们赶走厉鬼，从此这家人都健康了。	东巴念此经书，保佑做法事人家家人从此没有残疾，健健康康。	26×7.5 24页
第二十二册	请神驱鬼经	吗补兹日撒	ma³³pu³¹ tsɿ³³ʐɿ³¹sa³³	东巴做小平安的法事，烧香请天上的神菩萨吗补兹日下来，除去房间里一切的鬼。（撒：请。）	请神菩萨吗补兹日帮助除鬼。	24×8.8 23页
第二十三册	马驮厄运经	汝拉机	zu³³zua³³ tɕi⁵⁵	东巴用树枝做一匹马，用纸将灰尘和玉米粒包起来，驮在马身上，让马送给鬼。（汝：树枝。拉：马。机：驮。）	将人身上的病痛、不遂都用马打发给鬼。	27.4×9.8 15页
第二十四册	献猪于鬼经	摸汝摸谷	mo³³zu³¹ mo³³ko³¹	东巴将做法事人家宰杀的猪献给四面八方的鬼吃。（摸：逮给。汝：拿。）	用猪将鬼打发走。	29×7.9 43页
第二十五册	十二属相经	枯嘎	kʰv⁵⁵gɑ³³zu̩³¹	东巴做小平安的法事，将十二属相打发走，把它们的病痛都祛除。（枯：属相。）	下一年家人一切都顺利，没有各种病痛。	30.1×9.7 20页
第二十六册	宴四方鬼经	汝枯儿	zu̩³³kʰv³¹	今天要做小平安的法事，已经杀了一只鸡、一头猪，请四面八方的鬼过来吃。	请四面八方的鬼过来。	29×8.7 17页
第二十七册	肉偶宴鬼经	裸哈区	lo³¹xa³³ tɕʰy⁵⁵	东巴将猪肉和米饭一锅煮，用面粉捏十个神像，请鬼来吃。（裸：蒸的饭。哈：送走。）	用肉和神像将四面八方的鬼都打发走。	24.7×8.1 25页
第二十八册	驱小鬼经	里车区	li³¹tɕʰə³³ tɕʰy³³	东巴向小鬼撒玉米粒，并给他们神像，将他们打发走。（里车：一种可以用东西打发走的家中小鬼，可以影响人做事是否顺利。）	将小鬼赶走，使做法事人家家人、客人万事顺利。	26.7×7.7 22页

续表

编号	文献名称	汉字标音	纳西语音标	内容	用途	长宽（cm）、页码
第二十九册	驱独脚鬼经	突逋	$t^hv^{33}bv^{33}$	东巴用面粉做的神像和灰烬打发独脚鬼。（突：独脚鬼，一种在路上会把人绊倒的鬼。逋：逃。）	将独脚鬼打发走。	27.5×8.5 28页
第三十册	驱蛇鼠鬼经	傩逋	$no^{33}bv^{33}$	有一种鬼能给家里带来蛇、老鼠等不好的动物。东巴用面粉、玉米粒、灰洒向他，他的眼睛看不见，就逃掉了。（傩：鬼。）	将能给家里带来蛇和老鼠的鬼赶走。	28×10.3 29页
第三十一册	稻草人驱鬼经	甲赌区	$tça^{33}dv^{31}tç^hy^{33}$	东巴做一个稻草人，将做法事家里人的衣服裤子穿在稻草人身上，将稻草人献给鬼。	衣服将人身上的病痛带走，都给稻草人，用稻草人将鬼打发掉。	29×8.7 37页
第三十二册	串面团驱鬼经	母巴扑	$myu^{33}\ pɛ^{31}p^hv^{33}$	东巴用绳子将几个面团穿成一串，送给鬼。（巴：绳子。扑：串。）	用一串面团将给家里带来厄运的鬼打发走。	24×8.8 23页
第三十三册	驱阴鬼经	咪可巴扑	$mi^{33}k^hə^{31}\ pɛ^{31}p^hv^{33}$	东巴用两个面做的神像和一把玉米粒将给家里一切事带来厄运的阴鬼送走。	将阴鬼打发走。	27×8.8 33页
第三十四册	全部驱鬼经	生歌夯歌	$səŋ^{33}gə^{33}\ xaŋ^{55}gə^{33}$	东巴告诉四面八方的所有鬼，这家人的牲畜、面粉、玉米已经都给你们了，你们回去吧。	把所有的鬼打发掉。	28×8.8 25页
第三十五册	请战神经	雅马撒	$ɦia^{33}ma^{31}sa^{33}$	东巴请来战神雅马，让他帮忙驱鬼。	请战神把所有的鬼撵出去。	29×8.9 22页
第三十六册	送鬼经	朵期期	$to^{31}tç^hi^{33}\ tç^hi^{33}$	东巴告诉四面八方的所有鬼，这家人已经把所有的都给你们了，你们原来从哪里来，现在就回到哪里去。	将鬼赶回原来的地方去。	28×9.9 24页
第三十七册	朵玛赶鬼经	朵玛拉	$to^{33}ma^{33}la^{33}$	东巴用面粉做一个偶，代表神灵，放在做法事的家人门外。（朵玛：一种神。）	将神像放在门外，意味守门神，让鬼不要再来了。	29×9.1 32页

（八）小小平安经 [tɕɛ³³mbo³³bv³¹]（共13册）

使用、收藏	甲阿若
所在地	四川省木里藏族自治县依吉乡麦洛村争伍组
版本、传承	手抄本，祖父果佳 [ku³³tɕə³¹]（已故）据七代传本抄写制作，并传给甲阿若
采集、著录	赵丽明、何沛然、李加凯
采集时间	2011年7月
采集地点	四川省木里藏族自治县依吉乡麦洛村争伍组
册数、版式	13册，左装订，东巴纸，长宽见每册记录
翻译、解读	甲阿若（噶突徒弟），2011年7月争伍村、2013年9月丽江
内容简介	每年纳西历十二月时请东巴做小小平安的法事，祈求过去的一年厄运灾祸病疾都过去，新的一年一切平安。做法事时要杀一只鸡。小小平安经的经书是从小平安经中抽取几本，文字内容完全一样，讲述方式略有不同。
记音、核对、整理	夏津京
时间	2013年9月5日
地点	丽江

编号	文献名称	汉字标音	纳西语音标	内容	用途	长宽（cm）、页码
第一册	烧香经	切邦即	tɕʰəu³³baŋ⁵⁵ ntɕi⁵⁵	东巴说："今天要做小平安的法事，请天上所有的神菩萨和十八罗汉都来帮忙，用烧香来敬你们。"（即：烧香。）	仪式开始。	21×8.5 18页
第二册	除秽经	切须	tɕʰə⁵⁵ɕu⁵⁵	将乌木树的叶子烧成灰，东巴将灰洒在做法事人家家里，给家中除秽。	为做法事人家家人除秽，准备开始做法事。	26×7.5 24页
第三册	始经	阿哪妮	ɑ³³nɑ³³ni³³	小小平安的仪式开始，做这套法事要将所有的诽谤和关于这家不好的事情除掉。	仪式开始时用。	26.7×9.1 27页
第四册	除谣经	母突居	mɣu³¹tʰu³³tɕy³³	将一家人今年所有遭受的诽谤和不好的东西都送走。	祛除不好的诽谤对做法事人家家人的影响。	24.7×8.1 25页

续表

编号	文献名称	汉字标音	纳西语音标	内容	用途	长宽（cm）、页码
第五册	日出之始经	妮美突某汝	$ni^{33}mei^{33}t^hu^{33}mo^{31}zu^{31}$	做法事的家人口眼大张，东巴手拿松树枝将他们身上的诽谤和不好的事情都吸引进来，将树枝送给从四面八方骑马而来的鬼。	将诽谤与不好的事送给鬼。	26.7×7.7 22页
第六册	请夫妇神经	弩芝	$\gamma u^{31}dz_{\textstyle\lrcorner}^{33}$	北方有神为男，南方有神为女，结为夫妻。东巴请来这对神灵，祈求他们保佑。	请神保佑做法事的这家人家庭和美，无勃豁。	27.5×8.5 21页
第七册	请三方神经	日遮	$z_{\textstyle\lrcorner}^{31}tşe^{33}$	东巴请天上所有的菩萨，化为一对老鹰帮助驱鬼；山上所有的菩萨，化为一对老虎帮助驱鬼；水里所有的菩萨，化为一对大鱼帮助驱鬼。	请神。	27.7×10.1 28页
第八册	逐鬼经	扑若	$p^hv^{55}zo^{55}$	东巴把所有引来诽谤的鬼都赶走。	东巴祛除诽谤鬼。	28×10.3 24页
第九册	宴四方鬼经	汝枯儿	$zo^{33}k^hv^{31}$	今天要做小小平安的法事，已经杀了一只鸡，请招来诽谤的鬼过来吃。	请四面八方的鬼过来。	27.2×8.6 27页
第十册	鸡爪宴鬼经	裸哈区	$lo^{31}xa^{33}\ tçy^{55}$	东巴将鸡爪和米饭一锅煮，用面粉捏十个神像，请招来诽谤的鬼来吃。（裸：蒸的饭。哈：送走。）	用肉和神像将四面八方的鬼都打发走。	28.6×6.9 22页
第十一册	树条鬼经	母巴扑	$mu^{33}pε^{31}p^hv^{33}$	做法事的家里每个人用树皮编成手环带上，东巴手拿松树杈，将他们的手环都套到松树杈上，将松树杈送给鬼。	用松树杈和树条环将给家里带来厄运的鬼打发走。	27.1×6.3 23页
第十二册	驱诽谤鬼经	咪可把扑	$mi^{33}k^hə^{31}pε^{31}p^hv^{33}$	东巴用两个面做的神像和一把玉米粒将招来诽谤的鬼送走。	将阴鬼打发走。	32.3×7.4 17页
第十三册	朵玛打鬼经	朵玛拉	$to^{33}ma^{33}la^{33}$	东巴用面粉做一个偶，代表神灵，放在做法事的人家门外，将还想返回的鬼打跑。（朵玛：一种神。）	将神像放在门外，意味守门神，让鬼不要再来了。	29×7.7 32页

（本节记录整理：夏津京）

 四　阿克瓦加藏东巴文献著录表（散经，9册）

散经（共9册）

使用、收藏	阿克瓦加
所在地	四川省木里藏族自治县依吉乡麦洛村争伍组
版本、传承	传世手抄本，已传五代
采集、著录	赵丽明、何沛然、李加凯
采集时间	2011年7月
采集地点	四川省木里藏族自治县依吉乡麦洛村争伍组
册数、版式	9册，左装订，东巴纸，长宽见每册记录
翻译、解读	甲阿若（噶突徒弟），2011年7月争伍村、2013年9月丽江
内容简介	算卦、敬神、加威灵、送葬等。
记音、核对、整理	夏津京
时间	2013年9月5日
地点	丽江

编号	文献名称	汉字标音	纳西语音标	内容	用途	长宽（cm）、页码
第一册	算病经	咋窝	$za^{31}o^{33}$	记录人惹怒鬼神后生病的各种病症。	东巴给生病的人算出为什么生病，如何治病。	20×7.8 16页
第二册	敬水龙经经	属突居	$ʂu^{31}tʰv^{33}tɕy^{33}$	春季时祈求水龙保佑牲畜和家里人。	做敬水龙的仪式时用。	21×8.5 18页
第三册	送鬼经	拉纠逋	$la^{31}tɕu^{33}bv^{31}$	有一种鬼能给人带来疾病。	念经将治病的鬼驱走。	26.7×9.1 27页
第四册	法事开始经	莫鹿	$mo^{33}lu^{55}$	东巴做法事之前要做的各种穿衣、准备器具等工作。	仪式开始前的准备。	24.7×8.1 25页
第五册	神灵加威力经	掐花	$tɕʰa^{33}huã^{55}$	东巴请来四方神灵，向一个装水的瓶子里吹气，意为神灵向瓶中吹气，保佑仪式进行顺利。	仪式开始前保佑仪式顺利进行除秽。	27.5×8.5 21页
第六册	送火神经	俄督	$ə^{31}dv^{33}$	送火神上天。	送火神上天。	27.2×8.6 27页

续表

编号	文献名称	汉字标音	纳西语音标	内容	用途	长宽（cm）、页码
第七册	送葬经上	努西	$\eta u^{55} \varsigma i^{55}$	送葬。	送葬仪式时用。	27.1×6.3 23 页
第八册	送葬经中	努西	$\eta u^{55} \varsigma i^{55}$	送葬。	送葬仪式时用。	28.6×6.9 22 页
第九册	送葬经下	努西	$\eta u^{55} \varsigma i^{55}$	送葬	送葬仪式时用。	30.3×7.4 24 页

（本节调查整理：夏津京）

五 下朗杜基藏噶突东巴文献著录表（6类，160余册）

下朗杜基是老东巴噶突的孙子。噶突老东巴2013年去世后，生前的经书、法器等仍藏于家中经堂。所藏的经书都有一册目录，用来说明东巴做祭祀时的程序、所要念的经书经文，以及所要做的仪式活动等。但有时经书内容编排也不严格，而将若干章并入一册。

下朗杜基藏经共6类，160余册。包括敬水龙经、敬山神经、送葬经、小平安经、大除秽经、散经等。

使用、收藏	下朗杜基
所在地	四川省木里藏族自治县依吉乡麦洛村争伍组
版本、传承	其祖父噶突老东巴生前传世手抄本
采集、著录	赵丽明、何沛然、李加凯
采集时间	2011年7月
采集地点	四川省木里藏族自治县依吉乡麦洛村争伍组
册数、版式	6类160余册，左装订，东巴纸
翻译、解读	下朗杜基（噶突孙子、徒弟），2013年9月丽江
内容简介	算卦、敬神、加威灵、送葬等。
记音、核对、整理	杨宇豪
时间	2013年9月5日
地点	丽江

（一）敬水龙经（共17册）

下朗杜基所藏敬水龙经一套装订为17册，其中一册为《目录》。《目录》内容如下，其中标记"（诵）"表示相应内容未成文入册而应由东巴背诵。

《目录》内容	含义
i³¹tʂʅ³³kuɑ³³ũ³³	（诵）。
tɕə³³ndʐʅ³³mi³¹	除秽。
pʰu³³lɑ³¹tsʰe³¹ho³³dʑi³¹　tɕʰə³³ɕu³³	（诵）除秽，内容是本地地理，各处除秽。
tɕʰu³¹pɑ³³ndʑi³³	（诵）烧香。
qɑ³³to³³tɕʰu³¹	（诵）将糌粑盛在碗里撒在香上供养。
tɕi³¹	把玉米粒烧焦撒开。
tsʰy³³ʐuɑ³¹	还债，清算。
zɑ³¹tɕi³¹	（诵）撒玉米供养恶鬼"zɑ³¹"。
dʑ³³qʰuɑ³¹tɕi³¹	（诵）。
uɑ̃³¹ʂʅ³³	（诵）喊魂。
ʐu³¹ʐʅ³³	（诵）压凶。
tɕʰu³³bɑ³³lɑ³¹dʐu³³	（诵）第一节结束。
ʑi³¹tɕʰu³¹	（诵）以美酒供养神。
mɑ³³mi³³lɑ³¹tɕi³³	点酥油灯。
kʰu³³me³³ʐʅ³¹me³³	（诵）祈福除凶。
lɑ³³mu³³sɑ³³	请神。
pu³³mbɑ³¹huɑ̃³³	仪式：将水、奶、米、茶混入壶中，东巴向壶内吹气。饮此茶后耳聪目明。
ʂu³¹ndo³¹tɕu³³	以糌粑、蛙、蛇置板上敬神，除眼不净。
ɑ³³nɑ³³ni³³	此为一本，前半为除水龙之凶，后半为入题的内容。
ʂu³¹tʰu³³pu³³	
qʰuɑ³³tʰu³³pu³³	此为一本，内容与前一本类似，tʰu³³pu³³为"启题"之意。
fv³³tʰu³³pu³³	
tʂʰʅ³¹tʰu³³pu³³	
zɑ³¹mu³¹u³¹pʰu³¹tɕi³¹	（诵）火神和魔鬼分开（从前两者争夺人，分开即消灾）。
tɕʰə³³ɕu³³	（诵）除秽，内容是本地地理，各处除秽。
dʑ³³qʰuɑ³¹i³³ʂu³³	叫醒水龙。

《目录》内容	含义
ʂu³¹tɕy³³	以贡品迎接水龙。
iə³³qo³¹tʰu³³hɯ³³niə³³	以贡品供养水龙。
dʑi³³qʰua³¹kʰu³³me³³zɿ³¹me³³	祈福。
du³¹sa³³ŋɑ³³tʰu³³	人与水龙的传说。
pʰu³¹ɕi³³ua³¹zu̩³¹	传说，人与水龙从前是兄弟。
ũ³³lu³³tʂɿ³¹bu³³tʂɿ³¹tʰu³³lo³¹sy³¹ku³³	传说。
qɑ³³li³¹tsʰy³³uã³¹ʂɿ³³	父子打猎的神话。
tɕʰu³¹la³³ndʐɿ³³da³¹	提醒该吃饭了。
iə³¹la³³ti³¹dzua³¹	传说。
pʰu³¹me³³ŋgu³¹zɿ³³	传说。
o³³pʰa³¹ka³¹tʰa³³	此为一本，传说。
tʰi³³rua³¹hĩ³³ndzɿ³¹	
tɕʰə³³ɕu³³	（诵）除秽。
ɕə³¹tɕʰu³³kʰɯ³³	威胁水龙（不要伤害人）。
pʰə³³la³¹ma³¹mi³³tɕi³³	（诵）点酥油灯供养菩萨。
kʰu³³me³³zi³¹me³³	（诵）祈平安长寿。
dʑi³³qʰua³¹ma³¹mi³³tɕi³³	（诵）点酥油灯供养水龙。
kʰu³³me³³zi³¹me³³	（诵）祈福除凶。
dʑi³³qʰua³¹la³¹ha³³	（诵）在屋里给水龙搭窝，请水龙去休息。
se³³se³³ha³¹me³³	首日仪式结束。
mə³³sy³³ɛ̃³¹tɕu³³hɯ³³niə³¹dʑi³³qʰua³³i³³sy³¹	（提示）鸡叫的时候水龙醒来，东巴也要起床。
dʑi³³qʰua³¹tʂʰɿ³¹kʰɯ³¹	（诵）洒牛奶汤供养。
i³¹tʂɿ³³kua³³ũ³³	（诵）开经。
tɕə³³ndʐɿ³³mi³¹	除秽。
ma³¹mi³³tɕi³³	点酥油灯。
la³³mu³³sa³³	请神。
a³³na³³ni³³	此为一本，前半为除水龙之凶，后半为入题的内容。
ʂu³¹tʰu³³pu³³	
qʰua³³tʰu³³pu³³	此为一本，内容与前一本类似，tʰu³³pu³³为"启题"之意。
fv³³tʰu³³pu³³	

续表

《目录》内容	含义
tʂʰʅ³¹tɕy³³zua³¹	（诵）洒牛奶汤供养。
tʂʰua³¹ha³¹tsʅ³¹	如果仪式进行得顺利，还要念qa³³li³¹tɕy³³uã³¹ʂʅ³³。
to³¹ɕu³³tɕʰu³³	将糌粑糅成面团吃。
ne³¹mbu³³hỹ³³mbu³³	传说，人与水龙从前是兄弟。
tʂʰʅ³¹tʰa³³kʰɯ³³	以羊一只敬水龙。
kʰu³³me³³zi³¹me³³	（诵）祈福除凶。
ʂu³¹qʰo³³pʰu³³	打开水龙、菩萨的门。
mbu³³qʰua³¹ŋgu³³ndʑi³³	（诵）烧香，除口角。
huã³³qʰa³³	将水龙送回原处。
tʂʰa³³ku³³tɕʰu³³pa³³ndʑi³³	（诵）上屋顶喊魂。
pʰu³¹la³¹tʂʰe³¹ho³³dʑi³¹tɕʰo³¹pa³³ndʑi³³	（诵）给十八罗汉烧香。
la³¹tɕʰu³³	（诵）给山菩萨烧香。
ka³³to³³tɕʰu³³	（诵）在屋顶敬香出烧糌粑面团。
la³³tɕ³¹zu³¹zʅ³¹	（诵）四面八方的魔鬼不要捣乱。
tɕʰu³¹ba³³tɕu³³	烧香，第二日结束。
uã³¹ʂʅ³³	上房喊魂。
iə³³qo³¹tʰu³³hɯ³³niə³³	（提示）回家。
pʰu³³la³¹pu³³	（诵）送走来帮忙的神。
pa³³ma³¹pa³³	（诵）人磕头，东巴以酥油涂于其顶。
tsʅ³¹hɯ³³niə³¹si³³si³³se³¹	仪式结束。

（二）敬山神经 [ha³¹be³³]（共19册）

所藏敬山神经装订为19册，用于各种规模的敬山神仪式。一般每户视条件每年腊月或正月进行一次，另外，还根据东巴的卜算结果，行此仪式。

（三）送葬经 [tsʰu³¹u³³]（共49册）

所藏送葬经装订为49册，用于葬礼。葬礼通常要进行四至五日。

（四）小平安经 [to³³kʰɯ³³]（共42册）

所藏小平安经装订为42册，用于小平安仪式。若有条件，每户每年应做一次小平安仪式。另外，若东巴卜算的结果有要求，还应额外做此仪式。

（五）大除秽经 [tɕʰə³³ɕu³³]（共9册）

所藏大除秽经装订为9册。平时东巴除秽时会用到其中一册。婴儿新生、敬水龙等场合行此仪式。

（六）散经（20余册）

此外，散存、损坏、誊写中的经书共计20余册。

（本节调查整理：杨宇豪）

第六章
争伍口述史

争伍人的口述史,就是他们的历史。

一切都那么神奇,那么珍贵,对我们来说,甚至闻所未闻。我们在村里走访,在老乡家里夜话,在做文献工作之余聊天。

下面是我们整理的部分访谈口述史。从中我们了解了传说中纳西族的来历、木姓的传说,以及现实生活中争伍村民的衣食住行、婚丧嫁娶等。我们看到东巴文化已经融入了这里的日常生活。有了东巴,人们就有了主心骨,有了安全感。东巴文化里有他们的祖先,记录着先民的智慧,寄托着未来的期许。东巴文化告诉他们从哪儿来,到哪儿去。他们每天都在虔诚地敬畏、祈祷,他们守望着这块土地,守望着自己的家园,也更向往幸福的生活!——和外面的世界同步。

先后参与访谈的有赵丽明、何沛然、李加凯、夏津京、杨宇豪、张新辉、朱怀宇、王福德、丁茗、郭晓青、万国华、焦文明、沈云遥等,争伍村留下了他们的足迹和爱心,带给了他们感动。

 一 克若里、木生根、甲阿若口述访谈

访谈时间:2014年1月、2013年9月
访谈地点:争伍村、丽江
访谈者:赵丽明、夏津京、杨宇豪
被访者:克若里、木生根、甲阿若、嘎土若、高他、古玛塔等
整理者:夏津京

2014年寒假,赵丽明老师带了6个同学,早上5点从清华园出发,从北京乘飞机到丽江,马不停蹄,直奔三江口。利用各种交通工具,经三江口、悬崖边路,晚上直达云南宁蒗县拉伯乡加泽村委会无量河江边树枝村。村民惊叹:"一天就从北京来到我们这里!不可想象!你们创造了奇迹!"第二天上油米。几位同学留在油米。第三天一早,赵老师和夏津京、杨宇豪徒步、骑马几十公里去了争伍。

这次见到东巴木生根,成熟多了。经过2012年、2013年北京、丽江一段工作,已经很有经验了。他担负了协调工作。老东巴克若里身体还那么硬朗,依旧在忙着给乡亲们做各种法事。杨宇豪和生根就住在克若里家的火塘旁边。而赵老师和夏津京则住在生根父母的老房子那里。白天我们要做经书解读工作,一般到晚上,要看老东巴们的时间和身体状况,和他们聊天。

（一）争伍村的传说

《祭天经》就是祭祖，讲开天辟地
（2014年1月14日，生根新房子，克若里老东巴住的地方）

赵丽明老师（以下简称赵）：听说你们民族从哪儿来的传说记在《祭天经》里面？《祭天经》讲的什么内容，能给我们讲讲吗？

木生根（以下简称木）：《祭天经》可以说是敬自己父母的经，就是祭祖的。以前玉皇大帝的女儿嫁给了一个凡人叫措扎立俄的，他们之后就做孝敬玉皇大帝和王母娘娘的仪式。就好像我们两个（指自己和妻子）孝敬克若里大伯一样。克若里大伯是我的长辈。措扎立俄和仙女在地上祭天上的父母玉皇大帝和王母娘娘。玉皇大帝的女儿和措扎立俄生了三个孩子，老大是藏族，老二是纳西族，老三是汉族。

夏津京（以下简称夏）：所以祭天其实是祭祖，讲的是纳西族来源和祭祀祖先的故事。

木：对的。

赵：那这本经书很重要啊，为什么现在没有人会做这个法事了呢？

木：以前噶突老人会的，噶突老人去年走了之后就没有人会做了。其实经书不是很多，但做起来特别麻烦，要做三天三夜，所以1949年新中国成立之后我们就很少做了。

赵：那噶突老东巴的徒弟们呢，有会做的吗？

木：阿甲若是噶突的大徒弟，《祭天经》的内容还是知道一些的。阿甲若以前见过噶突老人做祭天仪式，但他自己没做过。我们就只听过里面的故事，具体怎么做就不清楚了。祭天仪式的内容，阿甲若都知道，要用的法器、准备的东西他也知道一点；但要把《祭天经》一句一句地讲出来就不行了。我们村已经没有人会做这个了，别的地方好像也没有了。

赵：那天地怎么来的，克若里老人知道吗？

嘎土若（以下简称嘎）：老爷子说他都能讲。

赵：那东巴文是谁造的，老人家知道吗？

甲阿若（以下简称甲）：这个故事，去年八月份，我和生根都跟你们讲过了。有一本经书专门讲的这个。（笔者注：见第三章甲阿若家藏《小平安经》第25册《十二自生肖争序》中的故事。）

赵：那这些故事是哪儿来的呢？是经书里记的呢，还是老人家讲的呢？

甲：经书里有，老人家也知道。噶突老人讲过，克若里老人也讲过，我们从师傅那里听过来，你们来了，我们就讲给你们听了。

赵：天地怎么来的，东巴文怎么来的故事经书里都有吗？

嘎：都有的，经书上肯定有的。

甲：开天辟地的故事，一直讲到现在。

克若里老东巴（以下简称克）：三天三夜也讲不完。

甲：九个太阳，十个月亮，三个人，就讲完了。

克：我给你们简单地讲一讲。一个人，措扎立俄，另一个，立俄夸吉，他们两个开天辟地。天帝生气了。大水把到处都淹了。只剩了一个人，我们的祖先措扎立俄，他到处找地方住，最后到了海边，海边有一棵大树，叫汗渍码子（万年青）。

嘎：在那边看见青蛙和蛇住在一个洞里。别的地方都没有粮食，只有他们俩有粮食。措扎立俄向他们要饭，青蛙不愿意给。

克：措扎立俄走到河边，河边的泉水喝了能延年益寿。这时候，天上的七姊妹下河来洗澡。措扎立俄就在旁边，他把草盖在头上也来到河边。

嘎：七仙女闻出人的味道了，因为她们是仙女。

（克若里老东巴晚上太累了，去旁边他的小经堂休息了。这段故事记在《祭天经》中。）

争伍村的来源、木天王的故事

（2014年1月16日晚，生根新家）

赵：克若里老东巴，您身体还好吧？我看您每天都跑上跑下的到各家去做法事。

克：哈哈哈。我耳朵不行了，你说话要大声点，要不然我话都听不清了。腿脚也疼。

赵：我请您去北京，您去得了吗？

克：公路通了，能去了。也想去，身体还好的话一定去。

赵：大伯，能给我们讲讲争伍村的先民从哪里来的吗？

克：从丽江来的。

嘎：从丽江一个叫公背的地方来的。是丽江的金沙江的旁边，公就是金沙江的意思。争伍以前就是木天王的手下。

克：有一个女人有了孩子，把他装在一个木箱子里丢到河里。孩子在木箱里哭，被一对没有孩子的夫妇捡起来收养。这就是木天王。

赵：盒子是谁扔的？

嘎：这就不知道了。就说有一个西藏来的的女人，在到这里的路途中生了一个儿子，孩子又没有爸爸，她不好一个人把孩子养大，就把孩子装进木箱里扔了。

赵：这是什么时候的事？

嘎：一千多年以前的事了。他把木盒子扔到河里，盒子顺水而下，还不到丽江的时候就被人捡起来收养了。

赵：后来呢？

嘎：木箱子里的小孩长大后就成了我们纳西的木天王。因为他是在木箱子里被人捡起来的，所以就姓木，我们叫木天王。

赵：咱们争伍跟木天王又是什么关系？

嘎：我们就是木天王的子孙嘛。现在都不止是孙子了，有好多代了。

赵：那为什么从丽江到这里来呢？

嘎：就是木天王的部队分到这儿了。俄亚也是木天王的兵。以前打仗的时候，丽江的人打到西藏去了。木天王带的兵去了很多人，到西藏的时候就打得差不多了，人也不剩多少了，就到了水洛（纳西话称"穆萨达拉"，水洛河源头，水洛河以此得名）。剩下的残兵就在那里定居了，娶妻生子了。

赵：定居之后呢？

嘎：以前有四户人家在争伍这里，守着这片土地。永宁过去是摩梭，他们老是过来捣乱。丽江到西藏打仗的一个木官邦布吉在争伍这里定居。俄亚也是当时一起打仗的四十个兵。他们一起过来俄亚定居。来的时候这里原来有四户人家，邦布吉打仗回来后这四户人家不知道到哪里去了，他就想管理这块地方，在这里定居。邦布吉的儿子是洼巴，洼巴的儿子是汪布若。那一代也没怎么发展，没什么人。下一代出生了两弟兄，发展了两户人家，我们就这么发展了。

赵：当时邦布吉过来了，那四户人家赶的赶，跑的跑，后来你们就在这儿住下了？

嘎：人不是邦布吉赶的，是那边摩梭经常来捣乱，住不下去，他们就自己搬走了。为了邦布吉，后来还有一个瓦巴思辰来了，他是一个神人，他的故事三天三夜也讲不完，争伍就是从他才发展了。有人来抢也抢不走，有人来赶也赶不跑，后来我们就发展了。但是这个故事太长了，老爷子今天可能不想讲了。

赵：这个人你们都知道吗？

嘎：知道。我们小时候都听的，他很神的，能力很强。

赵：就是说你们的祖先打到西藏，然后撤退到水洛，后来定居在这里？

嘎：差不多。老爷子说，细节的故事太多了，都在经书里，说也说不完。比如说，你们都看过那个《木府风云》吧，当时木天王去打仗的时候，不是单单为了打仗，他是要去找金矿。边挖金，边打仗。因为光打仗的话，什么也没有。挖金子就有了钱，有了钱什么就有了嘛。边挖金子边打仗。

赵：那俄亚的人和你们是一起来的？

嘎：俄亚的木官和我们是一起的。他们从丽江上去的时候是一块儿。邦布吉是到水洛那里，娶了一个藏族姑娘定居了，后来才搬到这里。俄亚的木官，他是带着一队人东看西看，最后挑上了那块地方。

赵：我们第一次来时，有人说争伍是小俄亚，是吗？

嘎：小俄亚不好吧，争伍就是争伍嘛。邦布吉和俄亚木官又不是两弟兄，要是两弟兄的话可能还可以叫个小俄亚。一个部队的兵还不知道是什么关系呢。

赵：咱们从邦布吉算起是几代人了？

嘎：十三代了，到他们（克若里）是十三代。

赵：那有二百多年了吧。

嘎：不止吧。我们的代数和你们的不一样。我们的代数从老头子那一代不在了算起，至少是七八十年吧，长一点的一百年，就是一代人。

克：三十岁一代。

嘎：就是说三十岁死了也算一代，一百岁死了也算一代。我们怎么说得有一千多年了。

赵：那你们这东巴经是怎么来的呢？我们想了解东巴文化，想知道东巴文化是怎么来的。比如木天王的故事，那木天王之前呢？

嘎：木天王之前肯定有纳西族的，只不过我们不知道了。老爷子说木天王之上还能数三代人。

夏：甲阿若东巴，那你们争伍村的名字是怎么来的呢？

甲："争伍"的意思就是小块块的土地嘛。

夏：那油米村呢？

甲：是个人的名字吧，当时他们最先搬去的人的名字。

生肖的故事
（2013年9月8日，丽江市鑫源宾馆，夏津京访甲阿若）

夏：纳西也有十二生肖吗？

甲：也有的，跟汉人一样嘛。有耗子、牛（黄牛）、老虎、兔子、龙、蛇、马、羊、猴、鸡、狗、猪。

夏：为什么是这个顺序呢？

甲：有一个活佛说："谁先到河边谁是第一个。"牛起得最早，先过河，但老鼠踩着它的尾巴，（牛的尾巴）一甩，（鼠）先到，成了第一个。猪跑得最慢，成了最后一个。

（二）重要仪式

我们腊月初一过年
（2014年1月14日，生根家）

杨宇豪（以下简称杨）：生根，你们今年过年的时候是公历一月一日元旦，你们每年都是元旦过年吗？

木：我们是（农历）腊月初一过年，每年都腊月初一，今年是刚好赶上元旦了。

赵：生根，咱们村人都怎么过年啊？能从冬月二十九号开始给我们说说吗？

木：（冬月）二十七的时候我们要开始打扫卫生，二十九的那天就要过年三十了。腊月初一那天过年，早上天刚亮，鸡叫第一声的时候，就起来烧香念经。然后就开始过年了。

夏：腊月初一鸡叫的时候起床，砍树，到山上烧香？

甲：不用到山上砍树，我们说的烧香烧的就是松树枝，在自家的房顶上烧。

夏：这个烧香的习俗好像跟旁边云南油米村的一样？

木：是一样的，我们两边很多风俗是相同的。

赵：那你们烧完香之后再怎么过年呢？

木：各家各户会请客，大家互相请客，全村的人都相互请客串门。

赵：这是初一，那初二呢？

木：初二也是大家互相请客。初三那天就要开始转山了。我们的习俗是全村人不管大人小孩，每人都要去转山，请求山神保佑。不过老人太老走不动了，也可以不去。

赵：全村人都绕着一个山头吗？

木：转两个山。我和甲阿若他们，还有村里的大部分人，都是一个祖先传下来的，我们转的是一座山。另外下朗杜基的祖先是我们这边的女儿嫁到俄亚那边去，后来全家又搬过来的。他们的祖先是俄亚来的，他们那一支转另一座山。

夏：那初四呢？

甲：初四也一样，从初二开始村里的每家每户相互请客，初三初四的时候也是这样。每家每户还要做新年烧香的仪式。

原来每家都有祖传的经书，每家的男人都会念经

夏：这个烧香仪式是自己烧香，还是专门请东巴来做法事？

木：大部分人家是请东巴烧香，有的人自己会念《烧香经》，这样的人就在家里自己烧。

赵：咱村会念经的人多吗？是不是每个男人都会念经？哪些人家里有经书？

甲：原来每家的男人都会念经。我们每天早上都要烧香，每天烧香的时候也都要念经。

木：现在也不全都会念经了。男人们大概一半人会，一半人不会吧。经书倒是每家都有的。原来每家每户都有祖传的经书。后来有的人的经书丢了，家里就没有烧香的经书，（现在）我们东巴也给他们每家每户写了一本《烧香经》［ə³³pe³¹tɕʰu³³pa⁵⁵ndʑi⁵⁵］。腊月初一那天家家都要用这个《烧香经》的，也每家每户都要念经。

夏：那你们初四初五就是互相请客？还有别的吗？

木：以前过年有的人去拉萨朝拜，去一次要三年三个月才能回来。现在大家过年就在自己村里了。

夏：咱们村里过年的时候还有什么特别的习俗吗？

甲：过年的那几天不能杀生。过年请客要用的牲口都要在过年之前杀好了，过年的那几天是一定不能杀生的。

噶突老东巴葬礼

赵：去年噶突老人是怎么走的？

木：他全身上下都肿了。

赵：那得的是什么病呢？

木：他就是癌嘛，肝癌。

赵：你们怎么知道是肝癌呢？到县里的医院看过吗？

木：没有，他的肚子都肿起来了，里面都是水。

赵：那就是肝腹水，可能是肝癌。那他一定很痛苦吧？

木：我们这里，这样的话，他的房子里面就是不吉利的，我们一般是不进去的。我们了解一下他的情况，要是不能动就不过去了，要是他还能动就过去看望一下他。他到最后耳聋，眼睛也看不见了。以前我们的《长寿送葬经》里有的，母立种兹的儿女很多，但他们不孝顺。老了没人照顾他。我们就是对老人不是很照顾的。有的人请医生来看看，家里人去照顾什么的。

赵：村里有医生吗？

木：有一个，他是药房的。噶突去世前有一个医生来看过他。

赵：那噶突去世之前你们做过什么仪式吗？

木：不能做的。有小病的时候请东巴算一下卦，做一下仪式，就好了。像噶突老人这种大病，做了只会加重病情。所以我们什么都不做，只能给他二十四小时看着。我们村里一帮年轻力壮的小伙子照看着他，其他人身体不够强壮都不能接近他的，怕有邪祟的东西。

赵：咱们这里是火葬还是土葬？

木：都是火葬。

赵：那我们这儿人去世后火葬前要停放几天？

木：这个要看儿女的意思。

赵：不是东巴算日子吗？

木：东巴是算星宿的，他们会算日子不好的时候，那几天就不能去火葬，否则会对儿女和后代不好。除了不好的日子，其他时候都可以的。具体下葬的日子要听从儿女的指挥。

赵：那噶突老人当时是哪个东巴给他算星宿呢？

木：大家算的都一样。今天是几月几号，星宿是什么，星期是什么，哪天好，哪天不好，大家的算法都是一样的。噶突老人家当时好像停了九天吧。

赵：噶突老人去世的时候是八月吧？天气这么热，他的身子怎么办呀？

木：没办法，就放在屋里。嫁出去的女儿会从出嫁的村子里牵一头牛回来祭奠。

夏：那母亲去世的时候也这样？出嫁的女儿要回来？

木：母亲父亲都这样，嫁出去的女儿要牵一头牛回来祭祀。然后东巴给死者的魂魄做指路的仪式。

十三岁"穿裤子":成人礼

(2014年1月14日,生根家。碰到两个年轻人高他、古玛塔。)

夏:你上过学吗?

高他(以下简称高):上到小学三年级。

夏:那你现在在干什么呢?

高:在家里做农活。每年七八个月出去打工,到过青岛、青海、成都,还有四川甘孜。

赵:你几岁穿的裤子啊?(指纳西族儿童成年礼时第一次穿上纳西族传统的裤子,之前穿的是小孩的围裳。)

高:十三岁。

赵:裤子是用什么做的?

高:麻布。

赵:你当时成年的时候穿的麻布裤子吗?

高:我当时穿的牛仔裤子嘛。以前是一定要穿麻布裤子的,现在就不用了嘛。

赵:那你当时怎么穿裤子呢?是先穿好了再走出来呢,还是烧完香再穿?

高:早上鸡刚叫的时候,我们就要起来烧香,然后东巴念经念到一半的时候就可以穿了。要用到一个猪膘,还杀一只羊。把羊的皮刮了,放在祖先的灵龛前。我站在羊上面。还要有一把玉米。

赵:那是你上东巴家里成年呢,还是东巴到你家里?

高:我哥是东巴,我爸也是东巴嘛。他们俩一起给我做的。

赵:哦,那羊是什么时候杀的?前一天晚上,还是第二天一早?

古玛塔(以下简称古):二十九号晚上杀的。

赵:哦。猪膘是多大一块?

高:不是一块,是一个。

赵:哦,一整个啊。那猪膘放哪儿呢?

古:猪膘放在最底下,羊放在猪膘上,穿着我们纳西族传统的服装站在羊上。

赵:那玉米粒呢?

高:就撒在旁边嘛。穿好裤子之后,就带一点糌粑、一块猪膘到老人家去。第一个就是去外婆家拜年,告诉她"我长大了"。

赵:哦,这是过年的时候做的,还要拿着猪膘肉去拜年。

高:还要拿一条腿。

古:要是老大的话还要带着酒去外婆家,全村每家都要发酒,一家一瓶。还要拜年,磕头。如果有亲戚的话还要给他们送猪膘肉。

赵:哇,全村每家都要拜年,那你那天够累的呀。

古:但他又不是老大,拜个年就可以了。去一下外婆家,再去附近的亲戚拜一下年。

赵：这是男孩子。男孩子只穿裤子吗？还要穿别的吗？

古：裤子要穿，衣服也要穿。还要带个帽子，藏族服装的那种帽子。一整套都要换成本民族的服装，正式的那种。

赵：那你穿牛仔裤，上面穿什么？

古：我们有自己本民族的服装，自己家里织的麻布衣服。

赵：你穿着牛仔裤和自己本民族的衣服，带一个帽子？帽子是什么样的？

高：像藏族那样的。

赵：是像这样的？（指照片）两头翘起来？

古：是的，前面一个，后面一个。

赵：那女孩子呢？也是这样？

高：她们要穿裙子嘛，女人穿裙子，像泸沽湖那边那样。还要穿金边衣，盘头。

赵：盘像妈妈一样的头？

古：以前是像妈妈那样盘头发，现在都是买的盘头了，往头上一扣就行了。

夏：那要是老大是女儿呢？也带着这么多东西和酒一家一家地拜年吗？

古：也是的。远道的发一下，近的就不用了。

赵：老大要敬酒，老二不用吗？

高：也可以带。

赵：咱村今年有几个人过成人礼？

古：有七八个。明年更多，你们可以来看。

赵：好。你们在自己家里头做法事，是吗？你们这儿的男人都会念经吗？

古：老人都会，五十以上的都会。年轻点不会了。

赵：每家都有经书吗？

古、高：《烧香经》《祭祖经》和《家谱》每家都有。

赵：挺普及的。

古：但是像那种东巴经，有的就不多了。他家有，我家有，两家都有了，我们两家都有东巴。还有甲阿若家有，生根家有，其他人家就不多了。

赵：你家谁是东巴？

古：我爸、我哥都是。我爸就是汪布若。我哥在学东巴，我还在念中专。

赵：那咱村大学生多吗？现在有几个？

古：现在有两个。

赵：毕业的大学生？你一个，还有谁啊？

古：我不是，我是中专生。两个大学生还没毕业的。我们村有五个中专生。

赵：那不错啊，咱们村挺重视教育的。

古：现在可以了，以前不行，没钱。

赵：那你爸爸汪布若，他读书了吗？

古：读了几年小学，没有毕业证。

赵：你在家里排行老几？

古：我们家有三个孩子，我是最小的。

赵：那另外两个都结婚了吗？

古：大哥结了，二哥还没有。

赵：大哥在村里吗？

古：大哥二哥都在村里。二哥属狗的（1994年）。

赵：那你二哥年纪不小了，怎么还不结婚呢？

古：找不到嘛，没有人愿意。

争伍的婚礼

（2014年1月16日晚，生根家。访谈生根父亲。）

赵：从前，您怎么结婚呢？

生根父亲（以下简称父）：我们啊，我们是简单。接媳妇回来就当丈夫。我媳妇家在三家村，我家大哥牵了一只羊过去。

赵：生根怎么结的婚？

父：他结婚时按我们以前的老规矩。

赵：什么老规矩？

父：宰一只羊，全村分。宰一只猪，猪膘全村分。把大家都请过来，全村喝酒。散发猪膘，散完就完了。

赵：只喝酒，不吃饭吗？

父：不吃饭，喝黄酒、白酒，然后就完了。

赵：不举行拜天地什么的？烧香吗？念经吗？

父：不拜天地，要烧香，早上念经，鸡叫就念经。

给新生儿取名

（2014年1月17日，生根家）

夏：你们东巴给小孩儿起名字用的是哪本经书？

木：《除秽经》，就是生完小孩之后除去不干不净的东西的那本经书。

夏：《母子平安经》不也是生小孩时除秽的吗？

木：《母子平安经》是生小孩之前用的，《除秽经》是生完小孩之后用的。

夏：《除秽经》的经书一共只有八本，为什么你们做给小孩取名字法事要一整天呢？

木：做除秽法事的时候还要用到一半的《大平安经》，还要给小孩算生辰八字，取名字，都要花时间的。

夏：那算生辰八字用的是哪本经书呢？

木：取名字用的是一本专门的算卦的经书。比如你叫"夏津京"，做法事的时候东巴就问"取夏津京这个名字好不好"这样来算。要是算出来这个名字好的话，小孩就用这个名字。要是算出来这个名字不好，就换一个名字再问一遍。直到算出来这是一个好名字才行。

夏：取名字是在做法事的最后，到傍晚时候进行吗？

木：也不是，中午就取出来了。

杨：那下午的时候干什么呢？

木：就是在村里请客吃饭，相当于告诉大家："我有一个孩子了。"

给凶死的人送葬

夏：生根，你大伯今天在家吗？

木：他出去给别人家做法事去了。有一个人的哥哥死了，请他去做《大平安经》的法事。

夏：哥哥死了为什么要做《大平安经》呢？给死人送葬不是用《送葬经》吗？

木：他的哥哥是凶死的，不吉利，会给家里带来凶气，对后代不好。要用《大平安经》去除一下凶死的魔鬼，在房间里做一下平安法事。

打口角[1]

（2014年1月16日晚10:00，嘎土若、阿甲若在场）

嘎土若（下面简称嘎）： 阿姨好！

赵：哟，你好！你今天干什么去了？

嘎：去转山了。

赵：过年的时候不是转过了吗？

嘎：过年那个转山和这个不一样的。我们家没做"口角"的时候，我都不能和您说话。

赵：那你昨天不是和我说话了吗？

嘎：昨天可以说，今天不能说。

赵：哦，就是你今天做完法事之前都不能和人说话。

嘎：就是说我们家有客人都不能进来。

---

[1] "打口角"是一种避免是非的仪式。

赵：做各种事情都不能说话吗？

嘎：不是。就是今天这事儿，要真是之前跟别人说就不灵了。

赵：哦，你做完就可以和我说话了。昨天也可以说，今天过了晚上十二点就不能说了。

阿：不是，做完仪式，烧完香，就可以说话了。

赵：你这身土洋结合，既很时髦，又很传统。

（三）风俗习惯

（2014年1月16日在木生根老家吃午饭，生根、生根弟弟撒打仁青、嘎土若、甲阿若在场）

向女菩萨求护身符

赵：生根，你们平时到外面打工都去过哪些地方？

木：去过理塘、甘孜。

赵：那都干些什么呀？

木：干些粗活嘛，打夯、修路之类的。

赵：（笑）所以你们才能盖新房啊。你们带的这个（指着仁青脖子上带的彩色线圈）是什么？

木：找女菩萨求的，保佑人的东西，可以说是护身符嘛。

赵：哟，还有女菩萨呀。那她是咱们争伍人吗？

木：是麦洛的，不是争伍的。

赵：你们找她求的这个护身符灵吗？

木：很灵的。

夏：生根，你怎么也不带这样的护身符？

木：我去年求过一个，当时带着的。现在过年了，我还要再去求一个。每年过年之后都要求一个新的，我弟弟带的这个是他刚从菩萨那里求过来的。

赵：找菩萨求这个东西要钱吗？

木：不要钱。

赵：那你带我去，我求一个，菩萨会收钱吗？

木：应该也不收钱。

土豆是和藏族换的

赵：这土豆挺好吃啊，你们平时做菜怎么不多做一点？

木：这土豆不是种的。我们这儿有一种红蚂蚁会在土豆还没长出来的时候就把它吃掉，所以种不成土豆。这个土豆是和一个藏族人换的。他拉了一车土豆过来，和我们换高粱。

嘎：我们这里的人想吃土豆，他们家想吃一点小麦面、高粱什么的，他就拉着土豆到这边来换。然后我们这边的人想吃那个土豆的时候，就带着小麦面到他们那边去换。

赵：这是什么？（指着碗里的黄酒）

木：这是我们这儿的特产嗦沥玛酒，里面放的是龙胆草。这种草味道有点苦，但它是消炎的，对身体很好。

嘎：我们叫它芦花草。喝这酒吧不伤身体，还对身体有好处。阿姨你是东北的吧，东北人都很能喝的，你多喝一点。

甲：这个嗦沥玛酒还有一个讲究。它分三道酒，每一道酒的名字都不一样，第一道嗦沥玛酒叫"一级"［$zi^{55}\ tɕi^{31}$］。

木："一级"说的是第一道的嗦沥玛酒，意思是很厚的一道酒。

赵：对，像过去那样，一道一道的味道都不一样。

甲：头道，二道，三道，不一样。

嘎：一道就是四十度啦，二道大概就是三十五度。

甲：一道那有五十七八度了！

赵：是吗？劲儿这么大。那二道三道的嗦沥玛酒纳西话怎么说？

木：二道叫"一缕"［$zi^{55}\ ly^{33}$］，三道叫"一拔"［$zi^{55}\ mba^{31}$］，头道二道三道，是汉人的说法。

争伍的姓氏家名好复杂

夏：这是生根的儿子吧，叫什么名字？

甲：下朗杜基。

夏：也叫下朗杜基？协助我们调查的东巴不是叫下朗杜基吗？

甲：他们的家名不一样嘛。

夏：那有两个人名字一样的时候你们就叫他们的家名？

甲：是啊。他（指木生根的小儿子）叫呷甲［$ga^{55}\ tɕa^{31}$］下朗杜基，那个和你们一起调查的东巴叫波他［$bo^{33}\ tʰa^{31}$］下朗杜基。

夏：那咱们争伍村一共有多少个家名呢？

甲：每一家都有自己的家名，一共有58个名字嘛。

夏：那你家的家名是什么呢？

甲：我的家名是克米［$kʰɯ^{55}\ mi^{31}$］。

夏：这些家名是怎么取的？

甲：以前就有。比如说生根的家名是呷甲，他有两个儿子，这两个儿子以后的家名都是呷甲。

夏：要是这样的话，五十多户人应该没有五十多个家名吧？有的两兄弟分家了，用的还是一个家名。

甲：嗯，没有五十多个，三十多个是有的。

夏：有这么多？那这些名字都是哪儿来的？

甲：我们以前搬下来的时候取的。有些名字是地名。分家的时候，一家人搬到哪里去了，就叫什么名字。有的是跟着父亲取的。

木：像我和我的弟弟分家了，（我家）这里按地名叫拔撒里［ba^{55}sa^3 ri^{31}］呷甲家，上面（我弟弟家）叫洼噶［ua^{55}qe^{31}］呷甲家，拔撒里就是下面，洼噶就是上面。我们村叫呷甲的特别多。

夏：呷甲是你们父亲原来的姓，再根据你们住的地方加上不同的家名？

木：对。中间的我的大伯家就叫洼孤［uə^{55}ku^{55}］呷甲。那边有两家叫日突［dʐɿ^{33}ty^{55}］呷甲。呷甲是由"呷吉"变化而来的，"呷吉"的意思就是"上面"。比如这里有一个房子，分家了之后有人搬到这个房子上面的山上。分出来的那一家就叫呷甲，就是"呷吉"的意思，说明他们原来是搬到老屋上面去住的人家。

夏：那除了你们的呷甲和克米之外，还有哪些姓氏？

木：我们家族的人特别多，他们家的也有一些。这一家（指门前的一户人家）的话叫雅瓜［ə^{33}qua^{55}］，那边一家叫朵木［ndo^{33}mu^{55}］。雅瓜就是雅果的意思（争伍纳西话"老家"的意思）。比如说我现在搬到这里，我的老家就叫作"雅果"，后来就成了"雅瓜"。雅瓜这一家是几百年前就分家的，最老的一家，是第一家搬到争伍这边来的。我家呷甲就是"呷吉"的意思，就是他们家"上面"的一家。

甲："克米"就是平地的意思。朵木是人的名字，他家的名字就用他的名字来取的。

夏：还有什么家名吗？

甲：打抓［ta^{55} ndʐa^{33}］就是纳西话"分身"的意思，他们是从一个家里分出去的。还有姜逋［dʐa^{33} bv^{31}］，还有阿布多［a^{33} bv^{55} to^{33}］。

夏：阿布多是什么意思？

甲：也是一个分出来的人的名字。

甲：还有呷达［sa^{33}ta^{33}］、那木若［na^{55}mbu^{33}zo^{31}］。那木若也是一个人的名字。还有洼他［ua^{55}tʰa^{31}］，就是在老家的"后面"做的房子的意思。还有撒达，也是一个人的名字。还有呷夸［ka^{55}kʰua^{31}］，就是"茄子地"的意思。呷夸以前叫"葛夸"，就是"茄子"的意思。他们家搬到以前种茄子的一片地里去了。

争伍的节日

夏：您有几个孩子？

甲：三个。大儿子18岁了，在家干活。小儿子13岁，现在在家跟着我学东巴经。还有一个姑娘，15岁了，到我姐姐家去了嘛，以后跟我姐姐的儿子结婚。

夏：甲阿若东巴，能帮我们介绍一下你们村的节日吗？还有，要做什么法事？从过年说起。

甲：过年的时候，从农历腊月（按：甲阿若口误，应是"农历冬月"）三十（纳西历，与公历相隔几天）开始。大年初一凌晨四点半，全村人一起举行仪式，敬酒烧香。

二月份的时候要敬山神（山中野鬼），请求家人不要生病。

三月、四月份的时候敬水龙，花开的时节。

四月十三要转山烧香，祈求菩萨保佑。

五月初五是端午节，我们的丰收节，庆祝新收获的粮食，吃一年的新粮（小麦）。

六月和十一月是老人节（相当于清明）。从前要杀一头小猪祭祖，现在只需祭拜即可。什么法事都不做。可以做除秽经。

七月、八月份不好，可以做中平安经的法事，其余也都可以做。

十一月一号是丰收节，收割水稻的节日。

十二月要做小小平安法事（祛谣经）。一年到头时将所有的坏话都除去，送给鬼，新的一年一切顺利。大平安经、中平安经、小平安经不能在家里人生日的属相那一天做。

夏：每一天也有属相吗？

甲：是的。一月一日属猴，然后一直往下数。敬山神经、敬水龙经要在其中一个家人生日的属相那一天做。母子平安经要在二十八星宿合适并且是孕妇生日的属相那一天做。除秽经在新生儿诞生的那一天做。

夏：为什么《小平安经》要在七八月份做呢？

甲：有黑月和白月嘛。九月到来年四月是白月，五月到八月是黑月。白月是好的月份，黑月是不好的月份。

夏：为什么五月到八月是黑月？

甲：牲口容易生病嘛，生传染病。

夏：那其他的法事怎么做？

甲：大平安经要做三天一晚上，第一个白天东巴自己准备，第二天到做法事的人家里，晚上在那里睡，第三天结束。中平安经要做两天一晚上。小平安要做一个白天。做法事时晚上休息，但东巴会住在做法事的人家里，以表示法事还在继续。

夏：大、中、小平安经的名字不同，是因为做的法事时间长短不一样吗？

甲：是的。

夏：请东巴做法事要给钱吗？

甲：不用。

夏：那给不给什么东西呢？

甲：东巴做法事之后，做法事的人家将一头牲口的头，牦牛（的头）啊、羊子（的头）啊，送给做事的东巴，把牲口上的一块肉送给其他一起做事的东巴。

村里有几个东巴？

木：下午甲阿若要去汪布若家里做打口角的仪式了，你们可以去看看。

赵：克若里大伯也去吗？

木：这次不是一起去，我大伯去另一家做法事去了。

赵：现在咱们村里一共有几个东巴？每个东巴都能单独做法事吗？

木：以前是有12个的，噶突老人去世之后就只有11个了。除了两个年轻的学生还在跟师傅学习，暂时不能做之外，其他都能做法事的。像我大伯、阿甲若、甲阿若，还有汪布若他们，都经常有人请他们做法事的。

赵：现在争伍一共多少户？多少人呢？

木：现在一共58户，400多人吧。

赵：咱村村长是谁？

木：村长是阿基老师的哥哥，住在阿基老师家。村里的会计是阿基。村长家就是你们进村里时看到的第一家，接着第二家就是阿基老师的家。他家是我们村唯一有厕所的房子。

赵：你们家也得安厕所，不然外面人来了不方便。

木：我们这儿用水不方便，安了也不方便用。

夏：那你们吃水怎么办呢？

木：我们都是从那边烧香的山顶引水下来。以前还有一个水井，但是前年大旱，井里的水干了。我们连浇庄稼都是用马把山下的水一桶一桶驮回来用的。用水很困难。不过今年会方便一点。

赵：今年怎么方便了？

木：村里修了一个大水库，而且天也开始下雨了。这个水库是我们村里人一起管的。一家人看管十五天，一个月就是两家人，大家轮流着管。每天早上管水库的那家人去把水管打开，开两个小时，每家打完当天要用的水之后再把水管关上。

赵：看来争伍虽然条件确实很困难，但是大家共同管理得很好。

饮食禁忌

访谈时间：2013年9月8日
访谈地点：丽江市鑫源宾馆
访谈者：夏津京
被访者：甲阿若
整理者：夏津京

夏：你们村有什么东西是纳西人不能吃的吗？

甲：狗、猫、水牛和猴子不能吃。

夏：为什么呢？

甲：狗不净，吃了会变聋变瞎。猫子不能吃，猫子是抓老鼠的嘛，老鼠会传播病。

夏：那水牛和猴子呢？

甲：水牛要耕地。

夏：那别的牛可以吃吗？

甲：别的牛可以，黄牛啊，牦牛啊。

夏：那猴子呢？

甲：长得像人嘛。

（四）东巴及东巴经书的传承

访谈时间：2013年9月5—15日

访谈地点：丽江县城鑫源宾馆

访谈者：夏津京

被访者：甲阿若、木生根

整理者：夏津京

2013年9月开学前，我们把争伍最有代表性的东巴木生根、甲阿若，以及噶突的孙子下朗杜基请到丽江，一起补充核对争伍东巴文献。工作休息时，我们常常聊天。

东巴经书的来源和传承

夏：甲阿若东巴，你们的东巴经都是丁巴什罗传下来的吗？（甲：是。）您能讲一下丁巴什罗的传说吗？

甲：以前的时候，地上有很多鬼，把地上的人都吃掉了，天上的神菩萨也没办法把鬼都杀死。菩萨请丁巴什罗来帮助他们，丁巴什罗把所有的鬼都杀掉了，只有一个大女鬼一直杀不掉。丁巴什罗就和她结为夫妇，住在一起。但丁巴什罗仍然忘不了要杀她。有一次，丁巴什罗外出做小平安的法事，回来的时候看见大女鬼睡着了。丁巴什罗趁机到天上请所有的神菩萨一起帮忙，就和神菩萨一起把大女鬼杀掉了。

夏：然后呢？经书是怎么回事？

甲：丁巴什罗第一次下凡的时候，带来了经书，把它传给人类。丁巴什罗从天上带下来的这些经书一代一代地传，传到我手里已经是第十三代了。

夏：那您现在手里的经书是那时候传下来的吗？

甲：不是了。在"文化大革命"的时候，烧了不少经书。现在我家里的经书是我爷爷（果佳）到丽江找来的，他把所有的都找到了。

夏：您说经书传到您家已经有十三代了。能帮我们数一数是哪十三代吗？

甲：第一代是邦布吉［bə³³ mbu⁵⁵ dʑi⁵⁵］，他是木府土司的部下，受土司的命令去和藏族打仗。打输之后藏在藏族，和一个藏族姑娘阿思[1]结婚。后来搬到争伍。他把争伍当地原来的三户人家赶走了，自己在争伍定居。和他一起逃过来的土司的部下还有俄亚的七户人和附近其他村落的几户人。

第二代叫俄巴［uo³³ pɑ³¹］他成为了村中的首领。他还有一个妹妹，名字不清楚了，嫁给了俄亚的一个东巴，后来她的后代又搬回争伍，他们就是下朗杜基他们家的祖先。

第三代叫温布［ũɑ⁵⁵ bv³¹］，没有什么故事。

第四代叫那木若，关于他也没有什么故事。

第五代叫乌妈即［gu⁵⁵ mɑ⁵⁵ dʑi⁵⁵］他有四个孩子，分成了村中的四大家。老大叫咔他，住在老家。老二叫那美。老三叫柯若，是生根他们家的祖先。老四叫喇妈作。

我们家的第六代叫那美［na⁵⁵ mbe⁵⁵］，是乌妈即的二儿子。他是我们争伍头一个出去外面学东巴文的东巴，当时是到丽江的中甸三坝学的东巴。他有两个儿子，都是东巴。老大叫空逋，老二叫乌玛嘎。

第七代叫乌玛嘎［gu⁵⁵ mɑ⁵⁵ qɑ³¹］，也是一个东巴。

第八代叫次儿［tsʰɿ⁵⁵ ɚ³¹］，他也是东巴。

第九代叫木那若［mu³¹ niə⁵⁵ zo³¹］，他有两个儿子，老大叫夏那，老二叫卡他。

第十代叫卡他［kɑ³³ tʰɑ⁵⁵］，是东巴，他是我爷爷的爸爸。卡他是跟他的爷爷学东巴。从这一代起，东巴就是爷爷教孙子了。

第十一代叫果佳［ko⁵⁵ tɕɑ⁵⁵］，是我的爷爷（1926年生）。

第十二代叫甲阿瓷儿［tɕɑ³³ ɑ⁵⁵ tsʰɿ⁵⁵ ɚ³¹］，就是我的爸爸，他不是东巴。

第十三代就是我甲阿若［tɕɑ³³ ɑ⁵⁵ tsʰɿ⁵⁵ zo³¹］了嘛。

木：他们家从第九代木那若开始，东巴从爷爷传给孙子，爸爸传给儿子的孩子。

夏：什么样的人能学东巴呢？

木：谁都可以学，想学就能学。

夏：不是纳西人也可以学吗？

木：我们现在东巴文化越来越少了，年轻人都不想学。只要有人想学，哪怕不是纳西人，我们也愿意教。

夏：那女孩儿也能学吗？

木：女孩儿不能学东巴，她们平时连东巴经也碰不得的。

---

[1] 据克若里老人讲这个藏族女子叫阿空，两人的讲述不符。

夏：您知道阿克瓦加吗？

甲：知道，瓦加，三十多岁了，属马。

夏：他是跟谁学的东巴？也是他爷爷吗？

甲：不是，他是跟生根的大伯克若里学的，1998年拜的师，已经有16年了。

夏：拜师是怎么拜的呢？

甲：拜师的时候要带一套自己家手工做的东巴服装和一筒茶，一瓶给师傅喝的好白酒，还要和整个村东巴人数相同斤数的普通白酒。然后师父请全村所有东巴吃饭，吃饭时大家喝掉一坛黄酒，临走时东巴将徒弟送的酒分给其他东巴，请他们以后照顾自己的徒弟。

夏：阿克瓦加家的书都是祖上传下来的吗？

甲：瓦加的经书是他爷爷的爷爷传下来的，他跟着克若里学之后自己新写了几本。

夏：他上过学吗？

甲：上过一年小学。

二 阿克瓦加口述访谈

2014年1月18日，我们在从争伍返回丽江途中要转车，在永宁的小客栈碰到出来办事的争伍东巴阿克瓦加。他有一本很独特的卦书，袖珍本，只有一般书的四分之一大小。很旧，并有很多卦签线绳，和宋兆麟先生提供的俄亚卦书一样。赵老师便利用这难得的机会聊了起来。

经书是爷爷传下来的，拜师克若里

赵：你们家那个带签卦书很有意思啊，传了多少年了？

阿克瓦加（以下简称"阿"）：几十年了吧。我爷爷传下来的，但在我爷爷去世的时候就不用了。我爷爷和克若里他们用的是一本。后来我爷爷和他们分家了。

赵：你爸爸也是东巴？

阿：学过一点，但他不能独立做法事。

赵：但是你比你爸爸强。

阿：我的老师是克若里。

赵：带签的算卦的书是爷爷传下的，你会用吗？

阿：会用。

赵：怎么用的呢？

阿：打卦时用。先问病人的属相，一边念经一边问。我们爷爷那辈念的经都要念，像《敬山神

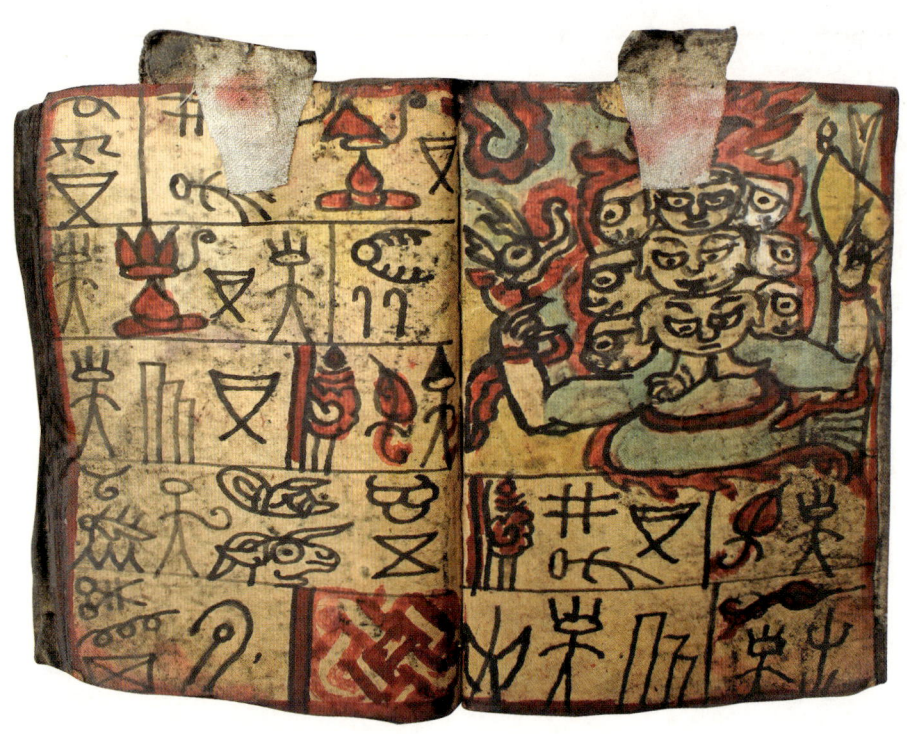

带签的卦书

经》。念完经了抽签，抽三次，把过来招惹人的鬼都赶走，把人体内的鬼打出来。

赵：那个打卦书（指带签的算卦的书）你平时用吗？自己用吗？

阿：用，经常用。

赵：这个别的东巴有吗？甲阿若有吗？克若里有吗？

阿：别的东巴也有。甲阿若我给他抄过一本。克若里老人不用这个，他只用经书算卦。我这个是祖宗传下来的，我就用这个。

赵：那爷爷从哪儿传来的呢？

阿：那就不知道了，我爷爷是从俄亚学的。到我爷爷传了五代了：玛尼洼、松茸达甲、甲布、生根若、我爷爷。我小的时候才学了四本经书爷爷就不在了，我七岁的时候爷爷去世的。

赵：那你爷爷的经书都传给你了吗？

阿：都烧了。我们家以前的经书比克若里的还多，现在没剩下多少了，都被带走了。

赵：带到哪儿去了？

阿：噶突他们拿去用了一些，其他的都烧了。

赵：那你们家还剩下多少经书呢？

阿：没剩下多少了。只有我爸爸流传下来的几本。要是当时的书都剩下来，都可以卖几十万了。

赵：我们村有卖经书的吗？

阿：不清楚。以前有的，现在没有了。我们家就没有神路图。以前分家的时候分给他们了，我爷爷和克若里爷爷他们是三弟兄，分家的时候分给他们了，但用的时候是大家一起用。他们三弟兄都会东巴。

赵：你不是有三个爷爷吗？除了你爷爷和克若里爷爷，还有一个呢？

阿：那个爷爷从永宁上来的时候定居在河边了，现在已经不做（东巴）了。

赵：最近一两年有没有人从外面来买经书的？

阿：现在没有了，以前有的。我们当时不知道（经书值钱），一本七八块钱就卖给他们了。我爸爸把46本经书150块卖给别人了。

赵：卖的哪部经书？

阿：给死人开路的那个（指《送葬经》）。那个时候钱贵。

 下朗杜基口述访谈（附2011年噶突访谈）

访谈地点：2013年9月6日

访谈地点：丽江市鑫源宾馆

访谈者：杨宇豪

被访者：下朗杜基，纳西族东巴，住在木里县依吉乡麦洛村争伍组。1986年2月9日生，是一个月前去世的老东巴噶突的孙子。

整理者：杨宇豪、张琰

得知噶突老东巴在一个多月前去世。我们心情都很沉重。我们在抢救东巴文献的同时，老人在离世。我们在和时间赛跑。

从丽江迁来的纳西人

杨宇豪（以下简称杨）：你们村的人是从哪里来的？

下朗杜基（以下简称下）：我们是从丽江迁来的，先到了中甸三坝。有些到了俄亚，我们留在了争伍。我们有个传说故事，从前有一个爸爸、一个妈妈，生了三个孩子，老大变成藏族，老二变成纳西族，老三变成汉族。（见生根《小平安经》第十四册中的创世纪故事。）

杨：你们村一共有多少户？都有哪些民族？

下：我们全村57户，只有一户汉族，31年前分土地的时候，那户汉族人就住在村里了。但是他们现在已经快成纳西族了，会讲纳西话，儿子娶纳西姑娘。村干部宣传政策时也用纳西话。现在还有（没出过门的）老人和女人不会讲汉话（即普通话，后同）。东巴的经书也是用纳西话念的，但经书里有些词汇老百姓也听不懂，就像"下朗"这个名字。你就是上了大学，在村里也要讲纳西话，不然人家笑话你。

杨：那你们村里人都讲纳西话吗？

下：村里一户汉族家自家讲汉语，跟纳西人讲纳西话。

生根：我们家小孩在家里都讲纳西话，但是上学以后都学汉话。

下：在村里上学，教书的是纳西老师，但上课时只讲汉话。今年来了一个志愿者教师。校长不许老师用纳西话教课。年满七岁的小孩都送去上学，以前老师不教汉字（只教到汉语拼音）。村里上学不用交学费，但是只有一年级。到乡里念书生活费太高，村里每个学生每学期要交柴400斤充生活费，有上不起学的家庭。

我妹妹嫁给了我爸爸姐姐的儿子，以前都这样

杨：你们的婚姻是自己恋爱还是父母给包办？

下：以前婚姻由父母包办，现在实在强迫的也没有了。

杨：你们家几个兄弟姐妹？都结婚了吗？

下：我有一个姐姐，三年前去世了，还有一个妹妹。妹妹比我小两岁，已经嫁人了。姐姐和妹妹都嫁给我爸爸的姐姐的儿子了。妹妹十八岁（虚岁）嫁人的，儿子已经五岁了，明年要上小学了。

杨：你妹妹嫁给了谁？

下：嫁给了我爸爸的姐姐的儿子，她现在住在我姑姑家。

杨：你们那里姑舅结亲的很多吗？

下：我们那里都这样的，我姐姐和妹妹都嫁给了我姑姑家的儿子。

杨：你姐妹的婚姻是包办的吗？

下：是的，爸爸让你嫁谁就嫁谁。

杨：如果我是纳西族，我看上村里的姑娘了，我能不能娶她？

下：现在可以，以前不行。如果我是你爸爸，我说你不能娶就不能娶，你必须听爸爸的话。

杨：你们那里父母选儿媳的标准是什么呢？

下：如果两家关系好，晚辈就可以结亲。如果爸爸妈妈感情好，爸爸姐姐的孩子和妈妈家的孩子也可以结亲，如果爸爸妈妈感情不好，两家的孩子就不会结亲。

父母看上儿媳后，双方父亲见面。男方父亲带两瓶酒，如果媳妇家答应就请东巴烧香，念烧香

经。烧香经在所有烧香的时候都要念，包括敬天上的神、十八罗汉、水龙、佛、财神等。烧香经里也有祭祖辈的内容。

然后就订日子，男方父亲请东巴来订日子。订婚的时候，姑娘家同姓的人全部都要来喝酒，意思是：以后媳妇出了什么事，这些人都要来找你。去敬酒的不是新郎，而是父亲和一个和父亲同姓的人；两人要敬女方来客一家一碗酒，也就是半瓶，不是喝，是送。

婚礼那天接姑娘，父亲带一个和父亲同姓的人［gua³³pʰu³¹me³³la³³mba³¹］，再带一个妹妹或姐姐。全村每户送一碗酒（这次是每户一瓶酒）。两人要和同乡"耍口才"。女家同姓人说："这个姑娘嫁给你了哦！如果你以后做得不对，我们同姓人都要来找你！如果你们离婚了，或者出了事，我们同姓人要来找你们家！"然后送腊肉，一家一块，有钱人家送的腊肉一块有一斤重，普通人家也就六七两。杀羊一头，每家分一小块，其他给媳妇家。然后姑娘的一个兄弟或其它亲近的亲戚朋友把姑娘送到男方家里。接姑娘的时候，必须有三四匹马，用来驮酒、肉、羊等。其中一匹马还要打扮一下，背脊上盖上褥子和好看的山羊皮，还要挂铃铛。这匹马不用驮东西。

杨：婚礼仪式怎么操办？

下：结婚第一天要送礼，第二天女方要请全村吃饭，第三天新娘要送小礼物给娘家村里人，新郎家也要翻倍给；然后哥哥弟弟和一个亲戚或朋友送媳妇到新郎家。姑娘进新郎家，哥哥和那个朋友在新郎家住一夜，次日新郎家送他们一人一套衣服。姑娘要给新郎的同姓人敬酒（送，不喝），送饭一盒，肥肉，瘦肉。这些同姓人也要礼遇新媳妇。仪式完成后几天，找个好日子把媳妇送回家。和新郎同姓的人，每家送媳妇裙子一条。媳妇呆在娘家一个月，或者三五天、十天，再接回丈夫家。

生：婚姻时念《三层经》［su³³kʰə³¹］，念两个小时。内容是从前天女的结婚仪式，也有主持婚礼的功能。

杨：你们一对夫妻能生几个孩子？

下：现在政策是可以养三胎，以前可以养七八个孩子。

杨：你刚才提到历书，是东巴的历书吗？

下：对，纳西人有历书，可以看日子，只有东巴会看。今天的日期通过天上的二十八个星星（星宿）判断。宰牲口要问东巴日子，出门也要问日子。纳西历初一和廿九不宜出行，其他都可以。好的日子是初三、五、七、九……廿五、廿七。出门时东巴要烧香，如果不出远门在本乡内，不烧也行。

杨：东巴还能算什么？

下：东巴什么都可以算，比如看阉猪的日子。又比如今年三月某时打雷了，根据第一声春雷的时间可以卜算今年的降水情况。东巴也要跳舞的，作法的时候，有些东巴要跳舞。东巴也有驱魔的工作，有驱魔的书。

人死后需要东巴送魂

杨：冒昧问一下，你姐姐是什么时候去世的？

下：三年前。汉族人说我姐姐是死于食物中毒，纳西人的解释是被"砸"害的。"砸"是星星的光晕（光芒）（大概是一种恶鬼）。在历书上有今天"砸"在何方（的记载），比如今天初二，则"砸"在背对日出方向的左右，所以今天出门要走南北方向，绕开东方。

其实我姐姐应该是细菌感染或者吃了有毒的食物死的，所以要迅速处理尸体。没有办丧事，只是用骨灰三块骨头做了部分的（法）事。在山上烧（火化）遗体，取一节椎骨，头骨，还一块，一共三块骨头做（法）事。死后要送到爷爷奶奶那里去"交账"，儿孙要送羊送猪，要念《送葬经》。

杨：你们一般的丧事是怎么办的？

下：人死后先脱衣净身，然后穿上纳西族的衣服，用绳子绑成坐着的姿势，躺着放在床上。东巴念经，经文的内容是把布、衣服给死人。把一头羊拴在铺上方的晾衣绳上。

找一头羊、一头猪、一牛、一牦牛（不杀），还有一牦羊。然后杀羊，供一碗玉米、一碗羊肉在死人面前，东巴念经：你先起来吃饭。然后请人吃饭，请全村吃羊汤。头一天杀羊杀猪，还要让其他家里的牲口吃。头天夜里，同姓的亲戚送酒、盐、布给东巴。

第二天，天明鸡叫，送一碗稀饭，一碗茶（给死者），教他（死者）醒来吃饭。东巴念经，送他去。把尸体放进仓里，东巴抬到坝子上，烧了，烧一天，念经。烧完念《小平安经》。再用苞谷秆捆成人形，放在家里。

第三天，去坝子上，捡骨灰三块（颅骨一块，椎骨一块，另外一块）、一块白石头、一块炭，两个东巴跳舞。儿子骑马，用毛毡裹上述骨灰带走。洒酒在骨灰上，还要念经，把这个人不干净的东西全部除掉。还有两个东巴接死者。其他东巴，包括本村和外村的，都要念经。其他人用酒和菜接死者的骨灰，接回家，东巴念经。

儿媳抱（骨灰）送到坝子上（另一个坝子），用树枝做一个房子，把骨灰和前一天捆的草人放到里面。东巴念一天经，杀牦牛、牦羊，把线拴在羊头上，东巴念经，让死者把羊带走，带给祖先。把酒、盐、麻布送死者，念经。当夜要住在坝子上。

第四天是一样的：敬一碗稀饭、一碗茶，把死者"叫醒"，念经。把骨灰送到山里放骨灰的地方，东巴烧香。砍掉前一天（用树枝）做的房子，儿子、孙子在家供养祭拜（有类似灵位的地方），东巴把经书念完，最后一本经是指路的。

第五天，念《苏可经》[su³³kʰɚ³¹]，念完后送麻布等东西给东巴，羊头给大东巴。

杨：怎么给死人指路呢？

下：根据神路图念经。最终要把灵魂送到"神好三十三地"[he³¹ɣ⁵⁵su⁵⁵tsʰɿ³¹su⁵⁵ty³¹]，是神佛所住的地方。

杨：有哪些神和佛？

下：纳西的大神是萨伊窝杜［sa³³i⁵⁵uə⁵⁵ty³¹］。东巴经是由丁巴什罗［tõ⁵⁵mba³³ʂə⁵⁵re³¹］传给人的，他把对抗妖魔的经书传给人类。还有一个是雪主塔巴神［ɕə³¹tʂy³³tʰɑ³¹pɑ³¹］雪主塔巴和丁巴什罗都是和佛教相关的。这三个最大的神，在最上面。下面一共有九个佛。下面还有神，特别多，是除妖魔的（佛给人做最好的事，不直接和妖魔战争）。神是和妖魔鬼怪做对的，各自有分工；比如财神管收入，山神管出门的。神像皇帝一样，下面还有战神，相当于将军。东巴要先拜佛，再拜神，然后是战神。人活着的时候神不会直接惩罚你，死了以后妖魔鬼怪找你时，你做了坏事，神不会救你。东巴的工作是请神来，除掉妖魔鬼怪。

东巴给死人送葬的时候，会请神相助，也给死者指路。死去的这个人是好人还是坏人，神会裁判，看他生前做没做过坏事。

杨：什么算坏事呢？

下：杀生是坏事，筑屋时把柱子装倒了也是坏事。杀人、放火、偷情、强奸是大罪过。五月十五打铁也很不好，七月初九砍树也是罪过，九月廿九去打猎也是罪过。神佛会考虑这些德、过。

人死后四十九天才能到"神好三十三地"，才能转世。转世不成的变成鬼。所以下葬后四十九天还要做仪式。准备两块三米长，约十五公分宽的麻布，准备一张纸大小（A4纸大小，笔者注）的板子，上面刻有藏文，内容是佛经一类的东西。将墨汁涂在板子上，再印到麻布上，麻布的空白处，请东巴写上东巴文祝福的话。把麻布挂在松树上，树前摆祭品，多多的，饭、酒、糖，等等。

要念三种经文：《阿里主》［a³³ri³³dʑu³¹］中间的一两篇，指路用；《塔积主》［tɑ³¹tɕi³³tsʰu³³］中间点酥油灯的书《点灯经》［ma³³mĩ³³tɕi³³］，《扎西主》［tʂa³³ɕi³³dʑu³³］全文，一共两三篇。《扎西主》是纳西字记录的藏语，内容是啥我也不懂。还要烧白香，东巴摆东西献祭。

闭塞村落里的吃穿住行

杨：你们村里现在都种些啥？

下：现在村里的作物：第一季种苞谷、大米和少量蔬果；第二季种小麦、大麦和青稞。种的庄稼主要是自己吃、喂牲口，很少拿出去卖，有余粮主要是喂牲口。现在出门打工的也多，家里的劳动做完了就出去，犁地、摘苞谷什么的都留给小孩子做。18岁以上40岁以下的人基本都出去打工挣钱。

杨：都去哪里打工呢？

下：一般都去甘孜。生根打工去过雅安和甘孜。

杨：你们村里通电了吗？

下：村里还没通电，靠烧柴。有小发电机，靠水流发电。有太阳能板供电的灯。电话已经通了。

杨：有没有外村的人进来？

下：附近的人会进村卖东西，主要卖生活用品，牲口，毯子等。村里的牲口有卖给外面汉族的。我们打工赚的钱主要用来买食品和生活用品。

杨：你们平时都吃些什么？

下：肉食的话，就以猪肉为主，也有牛、羊、鸡。平时吃苞谷，自己种的，没有的时候就买。小麦用来蒸包子吃，只吃一点糌粑。一日三餐，早上吃玉米，吃"苦茶"，我们不吃酥油茶，喝自己酿的酒，是用青稞、大麦、"芦花草"泡的酒。

杨：你们住的房子是什么样的？

下：我们住的是土木搭建的房子，石墙、木柱、柴顶。

杨：你们那里通公路了吗？

下：村里已经通公路了，路况一般。没有班车，以摩托和微型车为主。

杨：你们平时穿什么？

下：过节、过年、婚葬的时候必须穿我们自己的民族服装，老人平时也穿民族服装，年轻人现在有些人已经不穿了，出门、干活的时候，纳西的衣服不方便。

杨：你们的衣服是什么料子的？

下：我们用麻布做衣服，麻布是自己织的，一天能织二尺多，熟手能织一米。

东巴怎样传承

杨：你们村现在一共有几个东巴？

下：11个，属于三家，生根是呷甲［gə³³tɕə³¹］家的，我是波他［bo³¹tʰɑ³¹］家的，甲阿若是克米［kʰɑ³³mĩ］家的。每家一个名。我们家做东巴已经有九代了。

杨：你是跟你爷爷噶突老东巴学的东巴吗？

下：我很小的时候拜甲阿若的爷爷果佳［gu³³tɕɑ³¹］为师，我看过果佳作法，但没找他好好学，他只是我名义上的老师，因为我们学东巴之前习惯拜个师傅，是正式拜的。但可以自由地跟其他东巴请教，拜师傅是拜师傅，问题是可以随便问。东巴也要把自己的学问传给别人，不能只教自己的徒弟。

杨：那你是跟谁学的东巴？

下：我和生根九、十岁的时候跟我爷爷学了两三年，爷爷用两三本书教我东巴字，一个一个字地教，不教没法读。经书里的字不好读，每一格里的字读的顺序不一样，师父不教就只能懂一点点。我跟爷爷学的三本东巴书分别是：《送四方鬼经》［nʲɛ⁵⁵mɛ⁵⁵tʰu⁵⁵moŋ³³ru³¹］，《献鸡送鬼经》［ndzo³³ndzɿ⁵⁵］，《烧香请菩萨经》［ndzɿ³³tʂɛ⁵⁵］（三本经书的具体内容和用途见经书著录甲阿若家《敬山神经》十二至十四册。）每本书有七八篇，一共三十多篇。三本书里的内容都是基本的经文，所有的法事基本都用得上这三本书。东巴的书一个月都教不出一本，因为没有拼音，要教读音很难。东巴一共要学十多年,我中间间断了两年,那时候不懂事,弃学去打工,现在有空才做生意。后来我又跟着爷爷开始学了,我十七八岁开始给爷爷和他的徒弟打下手,因为我会背书了,爷爷觉得水平可以去打下手了。生根也跟着他大伯继续学。

杨:怎么打下手呢?

下:东巴做事的时候有时不止一个人,一个人做不完。比如做法事时,一个人念经,一个人做法,更大的仪式需要好几个人一起做。还比如一套经书有很多本,第一人开始念第一本,念几句后另一个人开始念第二本,以此类推。

杨:你爷爷是跟谁学的?

下:爷爷是跟他的伯伯学的,他家东巴传承的关系是:第一代波他[$bo^{33}t^h a^{31}$],第二代衣志若[$i^{33}ndz\textrusp{}^{31}zo^{31}$],第三代突机子日[$t^h u^{31}dʑi^{33}tsʰ\textrusp{}^{31}z\textrusp{}^{31}$],第四代公布[$ko^{33}mbu^{33}$]、阿噶[$a^{33}ŋa^{33}$],第五代扎西子日[$tʂa^{33}ɕi^{33}tsʅ^{33}ŋ^{31}$],第六代高他[$gu^{33}t^h a^{31}$],第七代即我爷爷噶突[$kə^{33}t^h u^{33}$],第八代汪布若[$u^{33}mbu^{31}$]是我的叔叔,跟我爷爷学的。

杨:你爷爷有几个徒弟?

下:爷爷收过七八个徒弟,正宗的有三个:阿甲若,杜基[$du^{31}dʑi^{31}$](外村人,已故),汪布若(木良布的侄子)。生根家、甲阿若家都是从我们家学的。

杨:你们村里现在能做法事的东巴有几个?

下:以前全村的法事都由长辈东巴做,主要是我爷爷和生根的大伯做法事,我爷爷做一多半。现在分给徒弟,一个管几户,也有东巴没有人请的(一般每家会固定请一位东巴帮忙作法)。我看过爷爷做法,跟其他东巴是一样的。

杨:每家请哪个东巴,是看东巴的意愿吗?

下:是两相情愿的事。

杨:东巴做事有没有报酬?

下:东巴做事的报酬很少,只有一点肉、饭、苞谷。不可能收钱,没有这个规矩。

杨:你们现在自己带徒弟了没有?

下:我没有徒弟,生根他们也没有。生根的师兄阿克瓦加和阿甲若有徒弟。我和生根现在是村里岁数最小的东巴了。

杨:什么样的人才能学东巴?

下:做学徒不需要特别的身份,只要愿意学、师傅愿意教,就可以。有时候师父收徒弟要看两家的关系,关系不好就不收。

杨:你爷爷是什么时候去世的?

下:就是上个月(2013年8月),86岁了,他属龙。

杨:是谁给他做的法事?

下:甲阿若。我爷爷下葬快满四十九天了,甲阿若还要回去做一次法事。

访噶突东巴

2011年暑假,由机素到油米途中,我们偶然发现争伍这个深藏大山中的纳西古村。争伍与机素同属依吉乡麦洛行政村。

第二天,甲阿若东巴带着我们去看望了他的师傅,也是他的大伯,村中年纪最长的噶突东巴。噶突东巴现与儿子居住,居所离甲阿若东巴家不远。从甲阿若东巴家出发,步行不到五分钟,穿过狭小的石巷,便到了。

噶突东巴家房屋结构和甲阿若东巴家相似,进门便是火塘,旁边还有几间偏房。除了噶突东巴一家外,甲阿若东巴的父亲(噶突东巴的弟弟)也在。

昏暗的屋内,噶突东巴依着墙,端坐在火塘木炕的主位,在徐徐燃烧的火苗和烟雾的映衬下,显出几分神秘。噶突东巴满头银发,长袍礼帽,系着绑腿,一身民国时期的打扮。脸上爬满了皱纹,两眼因此显得更加深邃。家人告诉我们,噶突东巴年事已高,头脑和言语都不如以前了。

在向导杨宝荣和甲阿若东巴的帮助下,我们和噶突东巴攀谈了起来。

老人家今年已84岁高龄(虚岁),属龙,从没上过学。我们问起噶突东巴的技艺是否是家传,他说自己父亲和爷爷都不是东巴,所以十七八岁时跟着堂哥学习东巴技艺。堂哥家的东巴技艺倒是一脉相传。算起源流,都是隔壁三家村的扎西东巴的徒弟。

噶突东巴(右)和他的弟弟(左)

噶突东巴一生收了四个徒弟，除了甲阿若，还有三家村现今唯一的东巴——42岁的阿甲若东巴，自己的孙子24岁的下朗杜基东巴和已经去世的杜基。由于年事已高，老东巴这几年已经不做法事了，年轻的时候则主要在争伍、机素和三家村做法事，也曾到过瓦拉，也就是俄亚。

谈起经书，噶突东巴告诉我们，他这一派的经书半数是大伯家中祖传，其余是自己访师会友从各地誊抄而来。分家后，原有的12捆经书就剩下13册经书在自己手中。（何沛然记录）

编者按：遗憾的是，2013年9月课题组再次赴丽江调查时，得知噶突老人已于当年8月去世。2014年1月课题组于争伍村调查时，得知噶突老人的弟弟、甲阿若东巴的父亲甲阿次儿也去世了。永远忘不了，在村口第一个看见的就是这位甲阿次儿老人；也忘不了他总是憨憨地笑着跟着我们，看着我们工作。他不懂汉话，我们交流，微笑，就够了。

（四）呷垮边玛口述访谈

——纳西人的生活离不开东巴

访谈时间：2015年1月21日晚
访谈地点：四川省木里藏族自治县依吉乡麦洛村争伍组呷垮边玛家中火塘边
被访者：呷垮边玛
访谈者：王福德、沈云遥
整理者：王福德

2015年1月21日，是纳西族的大年初二。这天晚上，我们一行11人，在清华大学中文系教授、中国西南濒危文化研究中心主任赵丽明老师的带领下，经过长途跋涉、翻山越岭，来到了争伍小山村，与那里的纳西族人一同过年。我和沈云遥下榻于东巴呷垮边玛家中。

小山村至今还没有通电，我们同呷垮边玛一起，坐在他家的火塘边，燃起松明灯，就争伍纳西族人生活中离不开东巴这一问题，进行了畅谈。

我的师傅就是我妈妈的爸爸

王福德（下简称王）：今天是2015年1月21日，是纳西族的大年初二？

呷垮边玛（下简称边）：是的，是大年初二。

王：边玛是争伍组的东巴？咱们这个组有多少个东巴？最大的有多大岁数？

边：哦，是东巴。我们争伍组有11个东巴，最大的就是我的师傅，我的师傅今年（想了想，并掰着手指数）已经77岁了。

王：您的师傅怎么称呼？他叫什么？有汉语的名字吗？

边：我的师傅纳西语的名字叫木良布。我的汉语不好，不知道他的汉语名字。

王：那您今年多大岁数？出生在那年？就是生日，还记得吗？您是属什么的？

边：（想了想）我的生日吧，是1982年吧？几月几号我就记不得了。我今年33岁，属猪的。

王：1980年是猴，之后是鸡，1982年应该是狗，算下来，属猪的应该是1983年。

沈云遥（下简称沈）：身份证上写的是哪年？

边：身份证不在身边，户口簿在这。

王：（我们打开户口簿，翻到边玛这一页，上边写的姓名是呷垮边玛，出生年份是1988年。）可是，您这户口簿上写的是1988年。

边：那个户口簿上写的是1988年，但那个写错了，其实我不是1988年的。

王：好了，不说这个了，错就错了吧，错在哪也不知道了。您有东巴文的名字吗？有汉文的名字吗？

边：边玛两个字就是我东巴的名字，是我的师傅起的名字，呷垮两个字是我的家名。我没有汉文的名字。（这是呷垮边玛的东巴文名字：　　　　）

王：您现在家里有父母、夫人和孩子？你们平时管夫人叫什么？叫夫人，媳妇，还是老婆？老婆管您叫什么？叫男人，丈夫，还是老公？夫人会说汉语吗？

边：父母还都健在，他们住在（手指上边）上边老家里，不住在这里（争伍组这个小山村大部分房屋坐落在山顶上村，而边玛家则建在下边的山坡上），有一个夫人和两个孩子（边玛指着火塘边的夫人和两个孩子）。我们管夫人基本上是叫老婆，老婆管我们基本上是叫老公。我的夫人不会说汉语，我也说得不好。

王：您有没有上过学？

边：没有上过学，我从小15岁开始学东巴文化。

王：15岁开始学习东巴，是上东巴学校，还是跟师傅学？

边：东巴没有学校，我是跟师傅学的。

王：师傅是您的什么人？您的父亲是东巴吗？

边：我的父亲不是东巴，师傅是我的爷爷，我的这个爷爷，在你们汉族应该叫外公，就是我妈妈的爸爸。

王：哦，师傅是您妈妈的爸爸，我们汉人叫姥爷，也叫外公。是您自己想学习，还是师傅看上您，想收您为徒？

边：是我自己喜欢学。

王：您想学，就去拜师了，师傅就收了？没有什么阻力和困难？

边：没有困难。第一次拜师就成功了，因为他是我外公嘛。

王：您这拜师还是挺顺利的。那您家里有经书吗？大概有多少本？有多少种类？这些经书是您师傅传给您的，还是您抄的？

边：我家里的东巴经书，好像是一百零几本吧，没有仔细数过。我们做法事的时候要用经书，不同的事情要用不同的经书，所以都捆成一捆一捆的，一捆就是一类。我家里一共有四捆。师傅传给我的经书有30多本，其它的是我从师傅那里抄的。

王：师傅传给您的这些经书，他是怎么得来的？是他的师傅传的？有没有您师傅从别的地方抄来的？您有没有神路图？

边：都是有的，我师傅家共有十多捆经书。我现在没有神路图。

王：您师傅教了您多少年之后开始让您做事的？您自己完全脱离师傅自己做，大概有几年了？您做法事的时候，师傅在旁边看着吗？

边：我现在还没有完全脱离师傅自己做，我还在学呐。师傅说今天你做，那我就去做了，师傅说不能做，我就不做。最近两三年吧，有些法事，师傅开始交给我去做，他在旁边看，做的不对的话，师傅要说我的。

王：师傅对您还是比较严格的，比较认真，做法事都得看着，是看您有没有错误？

边：对，是这样的。

我们纳西族一年四季离不开东巴

王：咱们这，东巴做事，有哪些特别的习惯？都哪些事需要东巴做？这几天正好过年，您说说过年这几天都做什么？

边：我们纳西族离不开东巴，基本上什么事情都需要东巴做。过年这几天，主要就是烧香和点灯。

王：烧香和点灯是不是也分好几种呀？要做几次呐？平时也做吗？

边：烧香是一种，点灯是一种。我们家里有东巴的，早晨点一次灯，晚上点一次灯。平时不点灯，过年这几天，初一、初二、初三都要点灯。

王：过年点灯是不是每家都要点？家里没有东巴的就请你们去？还是自己点？

边：是每家都要点，家里没有东巴的，初一就不点了，初二就要请东巴去点灯、诵经，因为人太多了，东巴忙不过来，今天还有没点灯的，明天（初三）有个转山的活动，转山回来后还要接着点灯。

王：点灯是在家里做，在外面做的是什么呐？是烧香吗？

边：是的。烧香有两种，一种是在外边、房顶上，一种是在火塘边。

王：有祭神的活动吗？

边：祭神的活动是有的。明天的转山就是祭山神的活动，要到山上去烧香。

王：转山的活动有几次？

边：我们这里一年有两次转山，初三是一次，农历的四月十三还有一次，那一天，家里什么活动都没有，就是到外面转山。

王：转山是全村的人都要去吗？转山之后还有别的活动吗？

边：全村的人基本上都要去的，像我家里这样的小孩，明天背着上山。转山下来后，山下有一个水井，还要烧香。

王：到水井那里烧香，这个意义是什么？应该不是祭山神了吧？是保佑大家在这一年中都有水喝、有水用吗？

边：是祭水龙。大家生活用水，种庄稼用水，祭水龙的活动，就是希望这一年都有水用，不要干旱。过年的活动就这些了。

王：那么再过几天还有什么仪式吗？您给我们说说。

边：有，还有好多。我们家里面算，今天是属什么，属猪呀，还是属猴呀，家里面的男人，比如说我是男人，我是属猪的，到了属猪的那一天，就要去祭山神。

王：就是根据属相，您是属什么的，到了那一天，就要请东巴去祭山神。那么，哪一天属什么又是怎么知道的？

边：那是依据经书算好的，每一天都不一样，同我们平时说的一年一个属相是不同的。比如，这个月的初一是属猴，初二就属鸡了，到你的日子了，你就要去请东巴烧香祭山神。家里面有几个男人，不管属什么，属猪的，属羊的，或属鸡的，都是一样的，到日子，就要祭山神的。

王：还有哪些活动需要请东巴的？

边：每年的前五个月是祭山神和祭水龙的时候，一、二、三月主要是祭山神，三、四、五月主要是祭水龙。六月什么都不做。七、八、九月是做平安（法事），家里面有人生病了，或者家里不太平安了，就请东巴来做平安，如果没有生病的，一年做一次就可以了。这之后，有病人的话，就做平安，主要就是诵经、烧香，没有病人的话就什么都不做了。

王：只是在家里做吗？有没有全村大规模地做？

边：没有全村大规模地做，只是在家里面做，有事情，就请东巴，没有就不请了。有些家里面条件好，做得起，就请东巴多做几次；条件不好，做不起，就不请了。

人之一生，生、老、病、死，都需要东巴

王：咱们人从出生、生长到死亡，都有哪些时候需要咱们东巴去做事？

边：出生的时候，要请东巴起名字。这个孩子该叫什么名字，是东巴根据经书批出来的。13岁的时候，要办成人礼，我们这里叫"穿裤子"，需要请东巴。从出生后到13岁之前必须要请的有两次。第一次是给小孩子做一个小平安。看经书来确定时间，有的七八个月做，有的是在一岁左右。第二次是给孩子做一个大平安，大约是在四五岁的时候吧，这个是没有余地的。但是，我们现在有

些困难，有些（人家）家里面条件不好，请不起了。我们一般是家里面要杀一只鸡呀，或杀一只猪呀，家里有的才能请，家里面没有的，就不能请了。

王：就是说，请东巴需要拿点东西？那么还收钱吗？

边：不是的，东巴是不拿东西的，比如说今天我帮一家做事，他们家杀了一只鸡，我们都是晚上就吃掉了。我们东巴祖祖辈辈的传统，都是不收钱的。但是，请东巴做平安的时候，要请全村的人吃饭、喝酒。

王：人生了病，请东巴烧香、诵经，可能有些小毛病好了，要是好不了，怎么办？上医院吗？离咱们这最近的医院在哪里？

边：好不了，就去医院呗。最近的医院要到依吉乡，但是乡里医院条件不好，好多药物都没有。乡里治不好的，再到木里县医院。

王：那么按照咱们当地的习惯，是不是过了13岁之后就可以结婚了？结婚又有哪些习俗？结婚之前，男女双方认识吗？有没有自由恋爱的？我们汉族讲究自由恋爱，男女双方自己认识、自己交往。

边：是的，过了13岁，我们这里就可以结婚了。以前主要是听父母的，就是父母包办，不认识也可以结婚的。现在的年轻人基本上都是自由恋爱了，因为出去打工的多了，交往多了。父母不再包办了，基本上是同意子女自己的选择。

王：这个要不要请东巴算一算，看一看您找的这个人合适不合适？如果东巴看完认为不合适，怎么办？就必须分手吗？

边：是要请东巴的，东巴依据经书来看男女双方是否合适，如果认为不合适，就不能结婚，必须得分开。当然，也有个别不听劝的，两人就要在一起。但是，这不太好嘛，这是违反祖辈了，这种情况是常年在外打工的人多一些。

王：男女双方结婚的时候，要请东巴吗？

边：结婚的时候，肯定要请东巴。

王：平时的日常生活当中，有什么特别的习惯吗？与点灯、烧香没有关系的活动？有什么娱乐及体育性的活动？比如说唱歌、跳舞、跑步、做操等。

边：没有什么特别的习惯。过年这几天要唱歌、跳舞，唱山歌是我们纳西族的习惯，平时上山砍柴、种地等，经常边做活、边唱山歌。过年这几天，老人们坐在火塘边唱歌，老人和年轻人唱歌的调是不一样的。（边玛在我们请求下，分别哼了一段老人和年轻人的歌。）我们没有固定的歌词，所唱的内容基本上就是心中所想，随口就唱出来了。体育性的活动比如说跑步、做操等，基本上是不需要的，因为每天都要干活、走山路。（争伍村坐落在一座山顶上，除了房顶是平的，再也没有一块平地适合开展体育活动。）

王：那么，人生到了最后，死了，办丧事需要请东巴诵经吗？是在什么时候？

边：是要请的，尸体要穿衣服，还要将尸体四肢屈曲，团在一起，用布带给缠绕起来。一般是在死后四五天的时候烧香、诵经，把死者送上路，保佑死者路上平安。

王：今天我们就聊到这里吧？您休息吧。

（已经夜深了，边玛凌晨5点还要去参加转山的仪式，为了不影响边玛休息，我们停止了这次访谈。）

第七章
探索与思考

纳西东巴教中的二元对立及其对纳西族世界观的建构

——以争伍村《小平安经》中记录的十二生肖传说为例

夏津京

纳西族是生活在中国川滇藏地区的少数民族。纳西族的历史悠久，文化遗产丰富。纳西族独特的文字——东巴文，以及用东巴文记录经典的东巴教分别在文字学、宗教文化上具有重要地位和意义，因此得到了学者们持续关注和研究。东巴教中广泛存在的二元对立现象引起了学者们的注意。笔者曾在川滇交界的四川省木里藏族自治县的纳西族村落——争伍村田野调查，在那里新发现了一批东巴教经书。笔者试图以其中《小平安经》中记录的十二生肖传说为例，探讨这种二元对立的宗教观念，并根据田野民族志研究进一步探讨这种宗教世界观对当地纳西人现实生活的重要影响。

一 文献综述

语言学中的二元对立分析肇始于结构主义语言学的开山祖师费尔迪南·德·索绪尔（Ferdinand de Saussure，1857—1913）。在索绪尔的经典著作《普通语言学教程》中，他第一次指出了语言现象中广泛存在的二元对立：能指与所指，历时与共时，语言与言语等。他特别强调语言是关系的系统，外部言语的变化并不改变语言深层的规则。这改变了人们对语言现象的理解，使人们认识到语言是一个被建构的符号系统，促进了语言学研究的科学化。

另一个对结构主义语言学作出重要贡献的学者是人类学家列维—斯特劳斯（Claude Lévi-Strauss，1908—2009）。斯特劳斯认为，词汇和商品、女人都在原始部落中起到了文化交换的作用。而这种交换能够进行的基础就在于人类社会拥有相同的深层语义结构。这种深层结构的同质性则来源于人类的大脑所共有的生理结构。而二元对立的语义结构就是这种最基本、最普遍的语义结构之一。二元对立的世界观广泛地存在于各个社会的语言和文化之中。

相比于汉语、英语等较为成熟和复杂的语言系统，纳西语言和东巴文处于一个较为基础的发展阶段，而使用东巴文的社区——纳西族也保留了更多的初民社会特点。因此，这种语言中广泛存在的二元对立现象在东巴文和东巴教中有着更为直接的体现。在前人对纳西东巴教的研究中，曾多次提到过二元对立现象的存在及其在东巴教中的重要性。孙林曾指出纳西东巴教是我国少数民族"原生宗教"中二元对立的世界观较为典型的宗教,这种二元对立可能来自于苯教的影响,最远可以追溯到印度的摩尼教。[1]杨福泉在探讨东巴教与苯教的关系时指出二元论的世界观是东巴教重要的观念之一。[2]在《再论纳西族的"黑""白"观念》一文中他进一步指出,东巴教的二元对立突出地表现在黑与白的对立中,而且这种对立渗透了东巴教世界观的方方面面,几乎万事万物都有自己相对的配偶。同时,他也指出这种黑白对立不一定是敌对的,而可能是一种对立统一的。[3]日本学者诹访哲郎的研究也认为黑与白的对立是东巴教中固有的一对对立关系,是始于纳西民族形成之初的朴素世界观,对纳西人认识世界的方式产生了重要影响。[4]

在笔者对纳西村落——争伍村新发现的东巴教经书的调查中,这种黑与白的二元对立表现得十分明显。与之前的研究不同的是,黑与白的对立不再是潜在的、内容上的观念对立,而是直接的、可以从形式上凸显的对立。并且,通过对争伍村这个纳西社区的社会学和人类学田野调查,笔者发现二元对立的世界观不仅表现在东巴教经书和传说中的内容上,它还深深地影响了纳西人的世界观,这种黑白二元对立的观念直到今天还对传统纳西社区世界观和生活方式产生着不可忽视的影响。当这种二元的世界观与外界主流的连续体思维方式接触时,可能产生一系列文化的碰撞。通过分析这种思维体系的冲突,笔者试图基于田野经验总结亚文化群体遇到主流文化冲击时的反应及表现。

二 调查地点与研究方法

(一)调查地点及对象简介

争伍村位于川滇交界,是四川省凉山彝族自治州木里藏族自治县的一个纳西族自然村。在纳西话中,"争伍"是小块土地的意思。这里的确高山环绕,平地较少,对外交通极为不便,因此一直与世隔绝,极少与外界接触。2006年,清华大学西南濒危文字抢救、整理与研究课题组的赵丽明教授带领其团队发现了这个大山深处的纳西村落。尽管该村只有57户人家,但由于对外交流少,这里保留了较为完整的纳西社区传统和东巴教文化。该村现在共有11位东巴,各家共藏有十几种经书共计1000多本,其中许多是之前从未被发现的新内容。其内容之丰富,体系之完整,传承之明晰,在

---

[1] 孙林:《论藏族、纳西族宗教中的二元论及与摩尼教的关系》,《西藏研究》2004年第4期,第38—45页。
[2] 杨福泉:《东巴教与苯教之初步比较研究》,《藏学刊》2005年第2期,第87—90页。
[3] 杨福泉:《再论纳西人的"黑""白"观念》,《西南民族大学学报(人文社科版)》2009年第8期,第1—7页。
[4] 诹访哲郎:《黑白的对立统一》,载于白庚胜,杨福泉主编《国际东巴文化研究集粹》,昆明:云南人民出版社,1993,第346—353页。

之前发现的纳西社区中较为罕见。

笔者田野调查的合作对象是争伍村的一名东巴甲阿若，1966年生，属龙，从十多岁起跟师傅学习东巴经。在调查中，甲阿若东巴介绍了自己家所有藏经的名称和大致内容，并逐字逐句诵读并解释了《小平安经》第二十五册的内容，为争伍村新发现的东巴经抢救工作提供了重要帮助。

（二）研究方法

本文主要用到的调查方法有：

语音材料记录：用国际音标逐字记录甲阿若东巴诵读的所有经书内容并进行整理。

经书解读：列出经书原文、国际音标纳西语语音、对东巴文逐字的汉语解释、语法标记及汉语意译，以此种体例解读整本经书。

统计与分析：在解读全书的基础上对有关二元对立部分的资料进行整理和统计，并进一步集中分析。

民族志调查：通过观察研究和访谈等人类学调查方法，了解争伍村纳西社区的生活和人们的世界观建构。

综合对比：通过对比文献记录与口述史材料，探讨东巴教经书中记录的故事对当地纳西人世界观和现实生活的影响。

三 调查结果

（一）东巴教经书中的二元对立现象

在东巴教的经书中，二元对立的现象是普遍存在的。比如东巴与凡人的对立及男人和女人的对立。

字符				
意义	东巴	凡人	男人	女人

然而，在经书中，更为明显的是黑与白的对立。

字符	▶	⊅
意义	黑	白

比如在经书《小平安经》中关于十二生肖来历的故事中，这种直接出现的黑白对立次数有45次之多，范围包括日月星辰、山石草木和各种动物等。

字符	⊕	⌣	⋀	◠	🐂	🐑
意义	白太阳	白月亮	白色的山	白色的海	白色的牛	白色的羊
字符	⊕	⌣	⋀	◠	🐂	🐑
意义	黑太阳	黑月亮	黑色的山	黑色的海	黑色的牛	黑色的羊

在《小平安经》第二十五册《十二生肖竞序经》中，天地间原来什么都没有。后来在阳间出现了人类的首领母立种兹神和白色的天地、日、月、山河、草木和各种动物。母立种兹和来自白海的好姑娘楚佳吉母结婚生子，过上了幸福的生活。在黑暗的阴间，一开始也什么都没有。后来出现了鬼怪的首领母立属兹和黑色的天地、日、月、山河、草木和动物。母立属兹和黑海里来的坏姑娘格撒娜姆结婚生子，也过上了安稳的日子。阴阳两界之间有一座山隔开，母立种兹和母立属兹两家一家住在山右边，一家住在山左边。

这时，十二生肖的动物开始为自己的排序而争斗。母立种兹神说：不用争，谁先跨过河流到达山顶谁就是第一。十二生肖过河的时候原本是牛排在第一，谁知老鼠咬了一口牛尾巴，牛尾巴一甩，老鼠便过河成了第一，马排在中间，猪排在最后。

后来，母立种兹和楚佳吉母共生了十二个属相的十二个儿子。每个儿子出生时，母立种兹都通过看神树上的叶子来预测儿子的属相。阴间的首领母立属兹也会牵来黑色的牲口来祝贺。但由于受了鬼的礼物就会遭厄运，母立种兹和儿子总是想办法还给母立属兹一份礼物。这个还礼物的过程就是一种平安仪式。做过这个仪式之后，母立种兹的儿子和他们全家都会幸福安康。

在《十二生肖竞序经》的传说中，有阴阳两个针锋相对的世界。白色是阳间的代表，那里的一切事物都是白的。而黑色是阴间的代表，阳间的各种事物在阴间也存在，但它们都是黑色的。在语言中，这表现为所有阳间事物的名词后都加上一个"白"［p^hv^{31}］来修饰，所有阴间事物的名词后都加上一个"黑"［na^{31}］来修饰。在文字书写上，阳间事物的后面会添加一个"白"字的符号

（有时会省略），阴间事物则在表达其内容的图像上（或旁边）加一个黑点（或黑色三角形）用以标记。当许多阳间的事物或阴间的事物出现在同一句话时，也可以共用同一个白色或黑色的标记。

然而，这种黑白对立并不只是颜色的对立。阳间与阴间两个世界对立，有善恶优劣之分。其中阳间的世界被认为是善良的、神圣的、好的，这个世界里的首领母立种兹神的形象也是正面的，与人为善的。而阴间的世界则被认为是邪恶的、肮脏的、坏的，其首领母立属兹的形象是坏心的、企图害人的。甚至在传说中，只要与阴间的首领母立属兹有接触就会遭厄运，接受他的礼物就会倒霉，必须通过一定的仪式来祛除这种不好的影响。经过了这个仪式，阳间的母立种兹家才会平安。而这种仪式就是现在纳西人的平安仪式的前身。平安仪式的本质是一种驱鬼仪式，它在纳西语中的意思也是"镇压鬼"。因为祛除了鬼对家人的邪祟，才能全家平安，牲畜健康，因此这种仪式才会被叫做平安仪式，仪式中用到的经书则被称为平安经。

在纳西东巴教的经书中，神圣的白色世界和邪恶的黑色世界之间不但界限分明，而且相互敌对。黑白两界不能相互接触，一旦他们相互之间的界限被跨越，就需要进行一定的补偿来祛除这种不好的影响。相比于其他形式的二元对立，黑与白的二元对立更加鲜明和直观。与之前关于二元对立的研究不同的是，笔者看到的这种对立并不是偶然的、隐喻性的对立，而是直接表现的、涵盖了整个世界的对立。形式上严格对立的出现，意味着这种对立的观念已经确立了自己在人们思想领域的合法性。

通过这种两个世界的划分，纳西人将自己生活的世界分成了善恶两部分。虽然二元对立是分类最简单的形式，却也是最基础最本质的形式。它反映了人们如何阐释自己的世界。世界上的万事万物是不同的，因此需要一种简单的认识它们的方法，即根据它们最明显的特点进行划分，将不熟悉的事物归入熟悉的类别。对于初民社会来说，这是一种基本的认识世界的方法。而黑白的二元划分，就是其中最简洁有效的划分方式。

（二）黑白二元对立的世界观对纳西人生活的影响

如果仅是对文献的解读，研究的内容就止于此处了。然而，在对争伍村所做的纳西社区民族志调查中，笔者发现这种二元对立的世界观不是停留在宗教典籍中的远古观念，它一直持续地、深刻地影响着纳西人对世界的理解方式。在现实中，纳西人一直在主动运用并且重塑着这种二元对立。

在纳西人的日常生活中，二元对立的划分也是普遍存在的。争伍村保留着较为完整的纳西社区风俗，整个社区是以东巴教为核心联结起来的。因此，村中的纳西人基本上秉持着传统东巴教的宗教世界观，尤其是这种二元对立的认识世界的方法和观念。

比如经书中曾经提到的东巴与凡人、男人与女人的对立，在他们的日常生活中也存在着。男人在社会中处于支配地位，是伟大的和神圣的；而女人则处于从属地位，是卑贱的甚至肮脏的。特别是在宗教事务中，纳西族的男人只要诚意拜师，都可以学习东巴经并成为受人尊敬的东巴。但女人则不能学习东巴文和东巴教经典，甚至不能触碰东巴经的经书。女人的触碰被认为是对经书的亵渎，这一个侧面反映了纳西人认为女人"肮脏"。东巴与凡人之间也存在明显的对立，而这种对立主要体现了涂尔干（Durkheim，1858—1917）所说的宗教的"圣俗二分"。在东巴教中，一个人从生到死都伴随着各种相应的宗教仪式。东巴会给有需要的凡人做法事，当东巴自己有需要时也请别的东巴给自己做法事。然而，给东巴做法事时所需要的准备（包括器具）都有所不同。最突出的表现是，在送葬仪式中，送凡人逝者所用的经书是普通的《送葬经》，送东巴白逝者所用的经书是专门的《东巴送葬经》，经书内容和做仪式配套使用的图画、法器都完全不同。而最终，凡人的灵魂被送上了欢乐祥和的天堂，而东巴的灵魂则被送往了传说中东巴教始祖东巴沙拉（又译东巴什罗）在天堂建造的三十三层浮屠和众活佛、菩萨居住的仙境。这两种经书的使用有严格的划分，绝对不能混淆。

　　如果说神圣与污浊、善良与邪恶的对立是一种隐性的、意义上的实质对立，那么黑与白的对立就是一种更直接的、外化于形式的对立。它更直接地反映了二元对立这种世界观的影响。而这种黑白对立也直接存在于纳西人的生活中。在纳西历中，一年的十二个月被划分为黑月和白月。其中九月到来年四月为白月，五月到八月为黑月。白月是好的月份，而黑月是不好的月份。至于为什么会对月份进行这样的划分，当地人的解释是五月到八月天气炎热，各种蚊虫较多，牲口也容易得传染病或瘟疫，因此是不好的月份。然而，纳西人的祖先从河湟地带一路向西南迁徙而最终定居在金沙江流域[1]，这里的气候与河湟地带的气候并不相同，现行的纳西历何时编纂也不得而知，因此这种实用主义的解释是否是黑白月份划分的真实原因，暂且无法确证。然而，这种黑白二元划分对他们生活的现实影响却是显著的。比如黑月的时候做事要小心，以免沾惹邪祟。六月份除了一些和新生儿有关的法事外其他法事都不能做，七、八月份每家每户必须请东巴做小平安经的法事，中平安经的法事也只能在五月或者七、八月份做。前面曾经提到，平安的本意是"镇压鬼"，做法事是为了除去鬼给家里带来的邪祟。正因为黑色被认为是污秽的、邪恶的，才需要通过平安仪式来减少它对人类的负面影响。由此可以看出，黑白的二元对立绝不仅仅是经书中记录的原始传说，它直到今天还深刻地影响着纳西人的日常生活。通过这种二元划分，特别是这种典型的黑白二元划分，纳西人找到了一种适合自己的、理解自己所生存的世界的方式。

四　讨　论

　　至此，通过上文列举的材料和分析可以得出这样的结论：在纳西东巴教的经书中，有许多关于二元论世界观的表述，其中《小平安经》第二十五册中讲到的十二生肖争夺顺序的故事中大量存在的黑白对立是一个十分突出的例子。这种黑白对立不仅是宗教经典中对世界观的描述，它还借助东

---

[1]　方国瑜、和志武：《纳西族的渊源：迁徙和分布》，《民族研究》1979年第1期，第33—41页。

巴教影响了纳西人的世界观和现实生活，组成了他们理解世界的一种不可或缺的方式。

对比前人的文献，还可以发现一些有趣的问题。比如关于二元对立的观点，索绪尔和列维—斯特劳斯的理论只是一种宏观的理论建构，二元对立是否真的是每个民族原生固有的观念？纳西东巴教曾受摩尼教、苯教的影响，纳西人和汉人也曾有过长期的文化交流，这种二元对立的观点是否有可能吸收自其他民族文化而非一种原创？这是很有可能的，然而，即使这种二元对立的观念确实受到了其他民族文化的影响，这种可能的非原创性并不影响其对纳西民族自身的重要作用。二元对立已经成为纳西人根深蒂固的观念，而且他们能对这种二元对立的原因给出自己认为合理的解释，这意味着他们认为这种二元对立的划分是自己的创造，而且这种划分是具有实用性且完全合理的。因此，在讨论二元对立的世界观对纳西民族的影响时，现实中纳西人的认知是比可能的其他民族的影响更重要的方面。

另外，关于文中提出的纳西人尚白恶黑、以白为贵的观点，历来也有争论。其中最具影响力的批评是纳西话中"黑"（音［na^{31}］）与大部分纳西人的自称"纳"（音［na^{31}］）同音，如果纳西人认为黑色是邪恶和不吉利的，不可能这样自称。还有人认为早期的纳西人其实崇尚黑色，而现在的尚白是定居在金沙江后受当地其他民族的影响而发生的改变。且不说其他民族的影响何以能使一个民族产生黑白颠倒这样巨大的改变，仅凭发音的相同判定纳西人崇尚黑色也是值得怀疑的。方国瑜、和志武曾在《纳西族的渊源、迁徙和分布》中指出，说"纳西"［$na^{31}\varsigma i^{33}$］是"黑人"是不合纳西话定语位于名词后的语法规则的，纳西人自称的"纳"宜取义为"大"。杨福泉在《再论纳西人的"黑""白"观念》中也指出"纳"与"黑"的发音相同只是单纯语音上的巧合。因此，认为纳西人尚白恶黑，以白色代表善良、黑色代表邪恶的观点是合理的。

第八章
田野调查笔记

一 争伍访记

何沛然

2011年7月下旬，结束了麦洛村的采访，经过一晚的休整，赵丽明老师、李加凯老师和我第二天一早就在向导的带领下，拟向油米进发。油米位于云南境内，加泽大山脚下，毗邻四川，是宁蒗县拉伯乡加泽村委会下辖的一个村子。村里人会从永宁乘老乡农用车翻越加泽大山到加泽村委会，再翻两座山走到油米。而我们已身在四川木里县依吉乡的麦洛村，若重新返回加泽需走四小时山路，这样的翻越实在费时费力。商议后，大家决定从麦洛村委会的机素出发，走另一条较近但少有人走的山路。

偶遇争伍

前一晚例行核查时，发现一些经书的照片存在不同程度的模糊，所以加凯老师与我留下补拍照片，赵老师则先由偏初老师的儿子央中护送至油米，而后向导杨宝荣带着我们一起，争取尽快赶上赵老师。

需要补拍的经书照片在晌午前终于补拍完成，我们三人立刻出发。麦洛的机素到油米，当地村民骑马大概三个小时就可到达，而对于我们这几个不会骑马且不善走山路的山外客，则要一倍以上的时间。

陡峭而狭窄的山道仅够一人行走，路面混杂着各种碎石，道路还常被几块巨石所中断，需要攀爬才能通过。虽然已经走到很高的加泽大山山腰，然而无量河水的澎腾声仍然十分清晰地冲入我们的耳朵。一路风景的壮美和内心的震撼掩盖了行走的艰辛。山中鸟儿的翠啼伴着驼铃，白色山石混着大山泥土，路两边是扑面而来的纯白杜鹃，沿着道路一直延伸到山的彼端，如新娘纯白色的婚纱。赵老师后来谈论时也感慨地将这条路称为"新娘之路"。远处就是传说中的俄亚，虽一谷之隔，就在眼前，可向导说，去那儿要走一天多的时间。穿过"新娘之路"，来到一片松林，地势平坦开阔，地上堆积着厚厚的干枯松枝，在强烈的阳光下，弥漫着特有的松香，斑驳的树影也让人目眩。

前方的驼铃声始终伴随着我们的旅途，愈发清晰。不一会儿，央中骑着马过来，说赵老师已在前方等着我们，原来的计划有变，让我们快些去找她，这让我们有些摸不到头脑。

我们穿过松林，绕过一块巨石，眼前豁然开朗。近乎270度的视野中，高山环抱，峡谷低流，一座矗立的小山包被环绕其中。我们感叹于大自然的鬼斧神工，它让这座小山包得以在群山峡谷中

路途中壮美的景色

傲然挺立。更让我们惊叹的，小山包上面竟是一座座与亚述建筑相类似房子，四四方方，工工整整，从远处望去，它们聚在一处又宛如一座城堡。加凯老师和我都被这奇特而壮美的场景所震撼。倒是杨大哥颇为平静，催促着我们赶紧上路，和赵老师会合要紧。一路上，心里充满了各种疑问，这就是我们为之改变计划的地方？这个我们计划之外且从未听人提起的村落，到底是怎样的来历？这里又会有什么样的故事等待着我们呢？

沿着山脊的小路来到村口，赵老师已在等候我们。许多村民大概很少见到外来客，都好奇地围了过来。与之前别的地方不同，他们虽然围观着却不与我们攀谈，面对我们的提问或接近，他们往往急忙回避，眼神中充满着不安。我们的相机，更是他们唯恐避之不及的东西，每每我们将相机对准他们，他们都急忙调头避开。不过却有一位已和赵老师比较聊得来的中年男子开朗地回答着我们的问题。我们经过一番了解后才知道，这里叫争伍，赵老师说她之前也从未听过这个地方。此时天色也渐渐暗下来，我们决定在这个小村庄住上一晚，以便更多了解这个出现在我们计划之外的村庄。

争伍位于滇川交界，深藏在加泽大山中的一座小山包之上，群山环抱，东义河与水洛河在此汇流成通天河（水洛河下游又称通天河）向南奔流而去。村子属于木里县依吉乡麦洛村委会，与机素

从争伍下村眺望上村

一样，同是其辖下八个组之一。整个村子分上下两部分，上村为主村，也是老村，位于山巅。下村在山腰，需沿山道步行半小时，只有十几户而已。我们当晚就住在下村一户人家中。

特殊的地理位置加上多变的气候，使当地与外界交流联系非常困难。村中仅有两条崎岖的山道与外界相通，分别通往四川和云南。其中一条是我们此次行走的山道，通往麦洛村；另一条从上村出发，穿过下村，延伸进加泽大山深处，通向云南宁蒗县拉伯乡的油米村。村民们若前往加泽村委会，天气晴好时也至少需要步行七八个小时才能到达。手机在村中没有任何信号，若要想通个电话或发个短信，只能走半小时山路到村旁的高山上获得微弱的信号。

全村58户居民，400多人。争伍居民以纳西族为主，全村只有一户汉族居民。村民们平日讲纳西语，上年纪的村民大多不会说普通话，只有少数年轻人能够用蹩脚的普通话和我们交流。幸好我们的向导杨宝荣大哥通晓这里的语言，这才使得我们与村民的交流能够顺利进行。村民都世代居住在此，只有一户新近从俄亚迁居而来。当地以自给自足的小农经济为主，村里每户年均收入不足3000元。近些年陆续有人外出打工，有人最远到了湖南，但绝大多数都在永宁、丽江等附近几个地方。

虽然当地经济不发达，但社会稳定、治安良好。在这宁静的山村中，民风淳朴，路不拾遗，夜不闭户。勤劳善良的村民们安分守己地过着自己的小日子，用辛勤的劳作换取着自家的丰收。

在争伍，新年同样是村民们重大的节日，与汉族不同的是，争伍的新年在农历腊月初一。此外村民也在农历五月初五过端午节。转山节是争伍最重要的节日，每年农历三月十三，家家户户都要爬到祖先安息所在的山顶，祭拜祖先，祈求保佑和祝福。当地还有农历六月初一的敬祖先节和十一月的杀猪节。敬祖先节与汉族的中元节相似，村民在那天通过念经把家中已经去世的长辈魂魄重新请回来，用食物和香火来祭拜他们。

在当地，解决衣食温饱不算特别困难，收入的微薄，教育和医疗的落后才是最大的问题。

村里仅有一所小学，一位名叫次里阿基的老师是唯一的代课老师。孩子们能够在这里读完一、二年级，学习语文、数学、体育、音乐、美术五门课程。学校每天九点上课，一天六节课，上午四节，下午两节。

村里没有医院和诊所，医疗设施和药品都十分缺乏。村中小卖铺只经营着香烟、饮料、米酒和一些不知名牌子的糖果等。很多生活必需品很难买到，更不要提药品。若要采购，一般要等候驮马商队的不定期光临。村民也可亲自前往永宁、丽江等地购买。可海拔4000多米的加泽大山山势复杂，蜿蜒崎岖，加之气候多变，山中常年弥散着大雾，冬天降雪，雨季山洪，难以翻越。

第二天清晨，住家为我们准备了米饼、酥油茶等当地早餐，还特意买来了方便面，怕我们不习惯。争伍以米饭、米饼、馒头和洋芋为主食，配以酥油茶。土豆在这里被称为洋芋，十分常见，它既是主食，也是菜蔬，是当地非常重要的食材。除了它，村民们也种植稻谷、大麦、小麦、玉米和花椒。村民的肉食以鸡、羊、猪为主。村里没有任何保鲜电器，新鲜肉食无法长期保存，猪肉只能加工成类似腊肉的猪膘肉。牛肉在这里非常珍贵，只在非常重大的日子或法事中，才有机会食用。蔬菜多以野菜、莴笋和附近山上的野生菌类为主，水果也只有黄果、山梨和葡萄。此外，人们时常从山上掏蜂窝中的蜂蛹回来食用，更有一些村民将山上的蜜蜂抓回家放在储藏食物的仓库里养殖，以获取蜂蜜。

用过早餐后，我们在热心村民的带领下出发，前往上村进行调查。去往上村的山道旁，平缓的坡地上种植着大片的玉米，村民们说这些都主要用来饲养牲口，人很少吃。来到上村，村里的房子不同于麦洛，都是正四方形，有的用山石混合黄土，有些墙皮的里面还加以圆木。村道是最原始的土路加大小不一的山石台阶，顺着山势缓缓向上。行走在村子里，到处弥漫着一种难以言表的刺激气味。争伍的卫生条件非常差，整个村子没有一间厕所和浴室，十天半个月不洗澡对村民而言习以为常。我们十分不适应在崇山峻岭中、蓝天白云下解手。时间长了，我们也将这戏谑为千金难买的"景观厕"。另外，屋内有圈栏，村道也是人畜共用，牲畜的粪便直接排泄在村道上，长期以来，粪便早已和泥土混在一起。到了下雨天，村道更是成了没脚的稀泥滩，让人难以行走，气味更加刺鼻。

虽然只在村中住了一晚，但三个陌生人来到村里并住下的消息已传遍了上村，我们在村里是绝对的焦点。在我们看来，有关村民的一切也是那么特别。当地已婚妇女、东巴和上年纪的老人日常都穿着传统的民族服装，中青年男子则多穿现代服装。争伍妇女都穿着颜色艳丽的长袖上衣和高腰长裙，盘起发，以银器和彩珠系绑，有的还裹着头巾。上了年纪的男性则头戴旧式礼帽，身穿藏式长袍，脚穿草鞋并打以绑腿。

时间已是上午八点，然而村里多是妇女和小女孩在外走动，很少见到男性的身影，她们或赶着牲畜，或背着口袋。这让我们非常好奇，询问后得知，在争伍，女人是重要的劳动力。她们从小就要帮着做各种家务，虽然年纪尚小，但也要做一些力所能及的工作。当地海拔高，四面环山，空气潮湿，又远离污染，因此盛产山货，女孩子们每天清晨起床就上山采集新鲜野菌。根据当地的习俗，女孩13岁就可以出嫁，嫁为人妻后，更要负担起家中的全部家务。从早上开始，赶牲畜上山、打猪草，回来后还要继续忙着为家人做好早点，接着又是各种琐碎的家务农活，采麻织衣，傍晚赶牲畜回家，一天下来，一切都打理好了，待家人睡下后，她们才能休息。不但如此，女人在村中地位也不高，平日里，许多时候常常要先服侍其他家人后才轮到自己。我们在村民家中吃饭时，发现女主人每每先给我们盛饭，然后坐着等大家都吃完后，自己才拿起碗筷吃饭。

访甲阿若东巴

在好心村民的带领下，我们首先拜访了波他甲阿若东巴。甲阿若东巴一家5口人，双亲健在，育有一子。家中的经济来源主要是种植粮食和饲养家畜。他的家位于上村的中部。东巴家的房子是单层平房，以火塘为中心，周围还有偏房，东巴还从中挑选了一间专门用来放经书。经房平日都会上锁，除一家之主甲阿若本人外，其他家人都不能进入。甲阿若东巴今年三十有六（虚岁），属龙，身材中等，留着络腮胡，笑起来显得很憨厚。他没上过学，但一直跟随大伯噶突东巴学习东巴，现在他也已是独当一面的东巴了，主要在争伍村做法事。甲阿若东巴所属的波他家族是争伍村目前保留东巴文化和经书最多的两个家族之一。他的大伯噶突，便是现在村中最年长的东巴，今年已84岁（虚岁）高龄。按照当地惯例，男子结婚后分家自立门户，甲阿若东巴因此继承了噶突东巴的一部分经书，经书的其余部分分散于其他家人手中。我们说明了来意，希望与东巴文化的传承人一道，将这些记载东巴历史文化的经书整理出版，把东巴的文化保留下来，传承下去。甲阿若东巴答应了我们的要求，还应我们的请求，将当年分家时分散的其余经书尽可能借了来供我们拍摄记录。能够顺利地得到阿甲若东巴的大力支持，我们喜出望外。在屋前唯一一小块平地上，我们小心翼翼地清点经书，并为接下来的拍摄工作做着准备。

波他家族的经书共有8捆，180多册。每捆经书皆以两块10厘米左右厚、面积比经书大一些的木板夹盖保护着，再用麻绳、木楔子相配捆紧。当中，小部分为几十年前的老本子，大多数为甲阿若东巴誊抄的新本。另外，甲阿若东巴告诉我们他还有一卷神路图，也是从别处誊画而来。甲阿若东巴的经书内容涉及村民日常生活的许多方面，有祭祀神灵的《祭水龙经》《敬山神经》，有保平安使用的《平安经》，还有村民去世时使用的《送葬经》。一些经书还配有用牛皮纸做成的彩绘图符和一些法器。

正准备开始，甲阿若东巴的眉头皱了起来，他一句话不说，返回屋内好一会儿。这一反应让

甲阿若东巴的经书及法器

我们不知所措，担心是不是我们哪些无意的行为冒犯了他或经书，又或是触犯了什么民族禁忌。这时，甲阿若东巴拿着扫帚和一块白色麻布走了出来，布料虽不是非常白净，但看得出是精心保藏的。扫净地面后，甲阿若东巴把它铺在地上，然后再小心翼翼地在白色麻布上展开经书。不需要多余的言语，我们对这庄严神秘的东巴文化和甲阿若东巴的虔诚肃然起敬。一摞摞平日里难得一见的经书，加上三个穿着和这村子截然不搭的衣服、拿着他们只听过的相机的外来客，吸引了一些大胆的村民，他们好奇地围了过来，仔细观察着我们的一言一行，然后操着陌生的语言谈论着，与我们相关的一切都让他们倍感新奇。我们对经书发音不标准的模仿，工作劳累时的窘态，都常常成为他们发笑的原因。而我这个白白胖胖的山外来客更是让他们格外关注。立起腰，转转头，都能引发他们的一阵小骚动。也许他们在想：这个小伙子细皮嫩肉的，到底是真能工作，还是只是跟着来旅行呢，又能不能吃得了这里的苦呢？

时间静静地在小山村里流淌，周围的气氛也愈加融洽，村民们渐渐融入我们，当甲阿若东巴的翻译出现困难时，大家你一言我一语地为我们凑出那卡在他心里怎么都表达不了的意思。我们翻译的速度越来越快，语句也越发精准。而我不时夸张地模仿更成为大家合作的润滑剂。一次，甲阿若东巴给我们介绍一本经书，经书名字发音听起来像汉语的"苦哎"，我便搂着背，仰起脖子，一脸苦相地喊着"苦哎"，惹得大家发出阵阵笑声。

太阳从东跑到了西，我们的拍摄方位也随着阳光转了半圈。天渐渐暗了下来，山风不时吹散桌上的经书，屋内飘散出了阵阵花椒香。女主人默默地站在门口看着我们，那是该去吃饭的暗示，我

我们的工作场地（图中为李加凯）

前来围观的村民

们遂结束了一天的工作，村民也慢慢散去。昏黄的屋内，大家坐在暖暖的火塘边上聊着家常。可口的饭菜，醉人的土酒缓解着一天的困乏。向导杨大哥惬意地喝了口嗦沥玛酒，拍着我肩膀笑着说："你行啊，就是我们都很难从早到晚一直弯着腰干今天的活。"村民们当时都在夸我，没想到这个小伙子虽然白白净净的，也是个能干活的呀。

随着我们在争伍停留时间的加增和工作的深入，我们的实干和真诚渐渐打动了这里的村民，他们和我们的关系也越来越近，他们见到我们时不再躲躲闪闪，虽然依旧怀着浓厚的好奇心，但没有了不安的眼神，取而代之的是善意的微笑。与我们打招呼、搭讪的村民也越来越多。在争伍，经济和自然条件的限制，让村里基本上没有任何电器，连取暖和照明都只能靠原始的火，只有少数几户稍微宽裕的人家有着自己购买的小型发电机或小型电器。虽然我们早已预备了一些电池，但面对每天长达8小时的拍摄，电量还是远远不够。而村民们对我们的认可和信任无疑为我们的拍摄带来很大的帮助。在争伍的这些天里，他们都乐意为我们的电池和DV充电。

交谈中我们得知，村中还居住着一位名望很高的东巴，名叫克若里。不过他性格乖僻，不喜与人来往，现住在村后的悬崖边上，平时村民上门请教或借阅经书都常常被拒，更不用说外人。我们商议后，决定去试着探望一下这位传说中的东巴。

巧遇波他汪布若

我们访问了甲阿若的师傅噶突老东巴（见口述访谈）。从噶突老东巴的家出来，便前往克若里东巴家。途中，路边一个戴着皮帽，一只眼睛歪斜的人引起了我们的注意。在甲阿若东巴家拍摄经书时，他就常在旁边观看。村民们说，他名叫波他汪布若，父亲曾是村中非常有名的东巴，原本家中所藏经书数量亦在村中数一数二。可惜现在虽然他自称为东巴，但很多村民并不认可。而十年前他家发生的一件大事，更是改变了争伍村民对外来陌生人的态度。争伍村民向来好客，无论是谁，只要来访便是客，大家都会盛情款待，并慷慨提供住宿。而十年前的一天，一位山外来客来到了争伍，一番打听后那人借宿在波他汪布若家中，当晚那人以感谢波他汪布若一家提供借宿为由请汪布若东巴一家吃下了早已掺了安眠药的方便面。将全家迷倒后，那人把汪布若东巴家中所有经书、法器和与东巴相关物品通通连夜盗走。从此，小山村的宁静被打破了。之后每每面对陌生的来访者，村民们都十分警惕，更不敢随意将陌生人留宿在家。这也是我们刚到山村时，村民们处处躲避的原因。应汪布若的邀请，我们在他家略坐了一会儿，并参观了他家的经房，如今的小经阁里还剩下5捆经书。其中一捆《祭天经》，波他汪布若说很是稀有，在征得他的同意后，我们拍摄并记录了这捆经书。

访克若里东巴

我们接着出发，途中村民们谈起克若里东巴，都说他能文能武，是村中最狠——也就是最厉害的东巴。他的经书也是村中公认的数一数二。但克若里东巴为人乖僻，对经书也异常在乎，从不让人碰，哪怕是看一看都很难。村民还告诉我们，克若里东巴算命灵验，不光在村中，在麦洛、油米等周围的村乡中也是出了名的。常有人步行几个小时上门请求算上一卦，不过近些年，克若里东巴愈发少与人往来，要想求得一卦也是难上加难。

不一会儿就走到了村边，站在这里远眺，山边悬崖上坐着一座土黄色四方形平房，那就是克若里东巴的屋子。山崖以房子为中心，颜色由黄到绿递进。山崖背后是三面围绕的三座更加高大的山脉。继续向前行走，平缓的村道中断，取而代之的是60多度的陡峭崖壁，黄土崖壁上散布着一些低矮植被，山羊也在其间若隐若现。沿着陡峭的山间小径，我们穿过一片核桃林，来到了黄土包裹的崖边。这里恰如一个黄土小丘，地势平缓，眼前与上村有着鲜明差别的小土屋，在阳光下，透着金黄，给人明丽清爽的感觉。屋旁是一长条用山石砌成的围栏，围护着依坡而建的菜地，里面种植着大片亚麻叶和洋芋。

走近细看，小土屋是先用圆木堆建搭好后，外面再披上黄土作为保护的。整个房子分上下两层，下层只蓄养牲畜，上层住人。屋旁等高的土丘上一条小道通往屋顶，一只经幡立在上面，充足的阳光洒下来照射着晾晒的谷物。我们敲开半掩着的木门，一股新木特有的香味扑面而来。与上村屋内的阴暗截然不同，木屋内采光很好，非常敞亮，不知是否为当初特意的设计，屋角梁木衔接处有一条细缝。屋子约有百余平米，屋内摆设很简单，一眼就可看尽。屋中央是依墙望天的火塘，火塘朝门方向的背靠做得很大，如一扇屏风，靠近山崖的墙边堆满了各种器物。屋内虽堆放着很多木料，显得有些杂乱，但一切都很洁净。引人注意的是，进门右手边有一个黝黑的大洞，洞上用横木托架，上面搭建了一四方小木屋，小屋虽新，却很朴素，除了门，没有任何装饰和窗，一根简单的木板搭在之间做桥。似乎在特意淡化它的存在，又像在保护着什么重要的东西。一个身穿迷彩军装，咖啡色皮肤，理着平头的小伙子正在屋内干活，他接待了我们。小伙子独特的穿着和一口在当地算得上标准的普通话让我们颇为诧异。他有着一个诗意而切合他性格的名字，木生根，姓木，名生根。生根是家中独子，今年25岁，已婚，现在育有一子。生根生性憨厚，为了照顾独居的伯父，便在这儿建了房子和伯父一同居住，自己父母目前住在上村老宅。我们说明来意，生根告诉我们不巧伯父昨天出外做法事，今天晚些时候才能回来。生根请我们先进屋，他随和的性格让我们很快就聊了起来。我们问起他的普通话和这一身迷彩服，他笑着说自己没当过兵，曾去过中甸和泸沽湖，这些都是去外面时买的。他9岁就开始跟随伯父克若里学习东巴了，他还有个大师兄，名叫阿克瓦加。他常和伯父去外面做法事，去过甲曲、甲波，还去过三家村。

说着说着，生根突然站了起来，朝门外望去，原来是老东巴回来了。大家纷纷出门迎接。只见老人家戴着小圆帽，一身灰色藏式长袍，脚着草鞋，拄着拐棍蹒跚地下着坡，还有一人牵着马跟在后面。孝顺的生根马上迎了上去搀扶着伯父。村民们见到老东巴，也都纷纷让路，向他问好，大家一路跟随着重新回到屋里。

克若里东巴端坐在火塘上喝着水，他皮肤黝黑，很有光泽，比常人宽大的鼻子让人印象深刻。生根向克若里东巴介绍了我们并说明了我们的来意，并把我们带来的礼物交给他。老东巴慢慢挪坐

正在做欢迎法事的克若里东巴（右一）

到经龛旁，阳光透过顶上的四方天窗垂直射在他的身上。老东巴口中念诵着经书，将我们带来的米酒倒入三个碗中，用手指蘸了蘸，然后手举到额头的位置，将酒分别从额头的两边和中间弹溅出去。蘸取三个碗中的酒各做一次后，又取来杜鹃叶和杨树枝，在火盆中点燃。燃烧的枝叶让火塘充满了的香味。老东巴接着将少量的酒倒入旺旺燃烧的枝叶中，丝丝青烟徐徐而上，飘往顶上的方洞升入天空。最后老东巴把酒倒在给先祖供奉祭品的黑色石块上。整个过程伴随着老东巴沧桑的经书念诵声。声音时高时低，忽急忽缓，不时反复咏叹。场面非常十分庄重，大家都危坐肃静，注视着老东巴的每个动作，纵然是不懂其中奥义的我们也随之肃然起敬。生根告诉我们，这是争伍的待客习俗，老人家很欢迎我们，并感谢我们带来的礼物，他刚才是按照习俗，把收到的东西供奉给先祖，同时也请祖先祝福我们。

克若里东巴不习汉语，我们在生根的帮助下和他聊了起来。克若里东巴属羊，今年六十有九（虚岁），妻子去世了，儿子在外工作不在身边，除了生根一家，还有妹妹一家也在村中居住。自己的东巴技艺是家传，经书也多是祖传。除了争伍，还常去外面做法事，最远到过永宁和泸沽湖。自己一生就收了阿克瓦加和生根两个弟子，大弟子阿克瓦加已经出师，可以独立做法事。老东巴还告诉我们，争伍算上他和生根一共有12个东巴，大家都分属不同的派别。以他为例，属于呷甲家族，他的经书就和噶突东巴以及俄亚的不同。

一番交谈后，我们提出希望看看克若里东巴的经书，没想到气氛突然紧张了起来。克若里东巴喝着酒一言不发，生根和其他人也都低着头拍弄着东西，不敢说话。我们心里都打着鼓。来访路上，村民就告诉过我们，克若里东巴对外人非常警惕，平日里连村民都不能看他的经书，更不用说我们这些外来客了。这次平和地接待我们已属罕见。正当大家不知道如何是好时，克若里东巴起了话头，他仔细询问了我们的来历和背景，以及此次科考调查的目的。我们详细回答了老东巴的问题并打开相机，请他看了我们之间在麦洛村所拍摄的照片，然后把这些照片的用途，还有今后的保护和出版计划都一一向克若里东巴说明。老东巴听后抿着嘴思量着，一阵沉默后，克若里东巴用争伍话说了一会儿，然后独自走向了门口右手边的房子，打开门锁，走了进去。赵老师、加凯老师和我面面相觑，村民们则坐在火塘边你一言我一语，脸上略有失望和愠色。生根走过来，让我们跟着他一起去小房子里。我们急忙抓起相机和笔记本快步走了进去。

小木屋内光线昏暗，却洁净干爽。整个房间五六平米不到，一张挂着破旧蚊帐的床倚墙而放，由于房间太小，门被床挡着，只能打开一条缝隙，让一个人小心挤过。与门相对的墙上有一个一平方不到的四方孔洞作窗。窗外能望见近处的山崖、河谷和远处的大川。微弱的光线透进来照射在与床相对的雕花木柜上。不同于其他东巴家藏经所用的小经阁，克若里东巴的藏经阁更大更精致。整个经柜有一米多高，四边雕刻着精美的彩色花纹，里面摞着各种经书和法器。屋内墙上还挂着兽皮鼓、毡帽、礼服等仪式相关用具。我们五人挤在狭小的小木屋里，生根告诉我们，大伯时刻惦记着经书的安全，所以把它们搬来这里，亲自看管，因此这里既是大伯的卧房，也是家中的藏经房。克若里东巴坐在床上，让生根把门关严，确认环境安全私密后，才把他的想法告诉了我们。

克若里东巴素来非常看重自己的所学和这一脉相承的经书，一直希望这些来之不易的宝贵经书能够安全完整地得到传承。十年前，经书被盗事件后，还曾有一些人到山村用各种名义购买搜集村民手里的经书，虽然最后都以失败告终，但村民慢慢地意识到，他们眼里这普通得不能再普通的经书原来也有许多经济价值。之后，个别村民开始出售少量经书，虽然都是日常比较普通的经书，但这让东巴对自己的经书愈发留意。近些年，由于各种原因，村中几家藏经大户的经书都存在不同程度的散失和破损。而唯有被克若里东巴视为生命、精心看护的经书是没被破坏的珍品，加之这些经书本来就年代久远，一脉相承，因此吸引了越来越多村民的关注。常有村民上门用各种理由翻看借阅经书。对此非常警惕的克若里东巴无奈之下只好搬到人迹罕至的悬崖边，尽可能远离纷扰。对村民们也不讲情面，凡是与经书有关的事一概免谈。虽然付出了很多，但经书也因此得以完好保存至今。可而今老东巴年纪越来越大，保护经书愈发心有余而力不足，对经书的未来也是越来越担心。

这次我们的到来和所做，正合老东巴所想，一番严格考察，很是赞同我们保护经书和传扬民族文化的做法。所以老东巴决定把所有经书全都交给我们拍摄，尽自己所能支持我们的工作。大家听后都非常高兴，同时也对克若里东巴的这番宏愿发出由衷的赞叹：如今物欲横流的时代，在这物质条件如此匮乏的偏僻山村中，十几年来，一人、一屋、一心，尽自己所能，固执而骄傲地持守着自己民族精神根基，这样的老先生是多么的难能可贵！

中午，生根留我们在家吃饭，午饭是当地难得见到的牛肉和牛杂。当地的牛都用来农耕，很珍贵，村民很少有机会食用牛肉。我们好奇问起，生根告诉我们这些是叔叔此次做法事所得。按照当地习俗，东巴做完法事后，做法事的事主会以谷物、肉类或其他食物作为酬劳。所给的都是上好的部分，比如这次的牛肉，伯父得的就是最好的部分。根据习俗，酬劳是不给钱的。在当地做东巴不缺衣食，但想赚钱也不可能。所以现在愿意学东巴的人也越来越少了。

饭后，我们马上在克若里东巴的帮助下，清点经书、法器和相关物品，制作目录。克若里东巴所藏的经书整齐地摞放于经柜之中。经书根据种类用途分成不同捆，每捆经书紧夹放在两块厚厚的柏树木板中间，以牛皮带、木楔和兽面黄铜扣绑紧固定，虽然已年代久远，但都保管得很好，表面没有太多的污渍。经书内容涵盖了婚丧嫁娶、祭祀祖先、卜卦问知等日常生活各个方面，有《东巴送葬经》《敬水龙经》《敬山神经》《平安经（大中小三种）》《医病经》《左拉算卦经》《常人送葬经》《长寿送葬经》《凶死经》《除秽解咒经》《历书》《祭天经》，当中，《东巴送葬经》更是全村现存唯一完整的一套。此外还有种类繁多的散经，有过年祝福吉祥如意的《本夸》、驱除流言风语的《布白普》、让幼儿开口说话的《农布》、驱赶鬼怪保平安的《扎区》、保生产平安的《坑布实巨》、治疗传染病的《实巨》、记录东巴仪式舞蹈的舞谱《搓谷》等。所有经书合计12捆，290册。

拆开木板，经书呈黄褐色，部分也因年代久远已经有些发黑。经书以黄色牛皮纸为原料，质地粗而不糙。经书为长方形，采用线装或纸糊装订，每册大小基本相同。经书封面会根据空间大小选择横写或竖写，封面上经书名称四周都描绘着精美花纹，一些重要经书则还会贴上书封来保护。经书是东巴用竹炭笔写成，一般的图画和文字都为黑色，重要的部分会用彩色颜料绘制。经书从左到右书写，不同于汉字，经书行文没有句逗标点，而是均匀地用横线将页面分隔成数行后，通过行内竖线断开语句。经书中的文字十分奇特，完全不同于汉字和之前的普米族文字。这些文字既不是简洁的符号，又没有固定的笔画线条。每个文字看上去如同一个事物的粗略画像，与现代汉字的老祖先甲骨文类似，是更为原始的象形文字。但又更加形象具体，从每个文字中能够清晰地看出实物的轮廓，每个图像都栩栩如生。一些文字，人的五官、手指都有清晰的描绘。每一个文字即图像表示一个含义，拥有一个或多个音节。虽然在我们外人眼中这些文字都如天书一般，但对于当地村民，尤其是通晓经文的东巴们，都是再熟悉不过的日常文字。虽然当地村民日常生活中越来越多地接触汉字，村中也有了现代小学，但是这些文字仍在当地使用。向导杨大哥告诉我们，他村中仍有人使用这些文字互通书信。

许多经书都搭配了相应的彩绘图幅。卡片少则单独一张，多则几十张，卡符往往以8或10张为一联，背后或用绳线串接或用牛皮粘连叠在一起，使用时则展开挂起，如《大平安经》中就有23张之多的卡符。这些卡符质地和大小与经书基本相同。上面以红、黄、白、蓝等各种颜色，精美地绘制了各种神灵、鬼怪、奇兽、动物、东巴和人类先祖。有的卡符以横线为章节的分割，记述了各种同经书相关或相配的传说和故事。图片所画之物各个栩栩如生，惟妙惟肖。动物身上的斑纹，神灵的每个手指和神怪的鳞片等都能清晰辨认。画中有人首鸟身的神怪，有腾云驾雾的青鳞红鳍的龙，有头戴月形冠，身着火焰，袒胸露乳，腰缠虎皮的神灵，还有双手合十的东巴。有的人物与佛教或

全卷展开的《常用神路图》（克若里藏）

汉族民间信仰中的人物相似，如有的神闪着圣光，骑着神兽，掐起无名指和大拇指，很像佛教中的菩萨。这些作画构图虽无法与名画相比，但能让人深深地感受到图片所传达出的那份气质和精神。

克若里东巴藏有祖上相传的两卷神路图、若干唐卡和各种法事所用法器。克若里东巴的神路图的卷轴都以亚麻布制成，便于携带和展开。图画以灰白色为底，左右两边分别画有一条红色线条，作为边框。每幅图画皆为彩绘，图与图之间用彩色边框分割。图画从下往上展开，记录了人去世后在阴间所要经历的路程。两卷神路图虽然笔法简单，但绘制精细，人物的衣着服饰，乃至手指脚趾都能清晰辨认。两卷神路图分别是《东巴神路图》和《常用神路图》。《东巴神路图》是东巴去世后专用的神路图，图画全长8.2米，宽18.3厘米，全图共有40到60幅画，记录了东巴去世后，由各路神灵从阴间护送到天堂的整个经历。《常用神路图》长达12米，宽23厘米。全图需要六个人合力才能完全展开。全图共129幅图画，详细记述了人死后从地狱到天堂所要经历的整个过程。

由于克若里东巴所藏经书、卡符和相关器物较之前几位人家都更多，加之他对每卷经书都有清晰的释读，我们的任务量也因此翻了一倍有余。拍摄对环境的要求最高，我们便将拍摄地点选在光线柔和的生根家门口，将经书放在一个用三个小板凳架起的圆桌台上，在下方垫上我们预备好的白纸进行拍摄。拍摄时，克若里东巴和生根坐在旁边，对经书的书名、内容和其他相关信息进行释读和讲解。

我们每天早上八点开始工作，对经书进行拍摄、记音和基本释读，了解经书来源、用途、使用方法和禁忌等相关概况。而当地条件有限，无法在黄昏后进行工作，我们也更加争分夺秒地利用白天的时间进行工作。当地村民往往都将饲养的小型动物在村中放养，生根家也不例外。因此我们工作时，常常要与突然窜上桌台的小猪们搏斗，保护经书。忽至的山风也是我们工作时警惕的重点。

在经书的拍摄和释读中，生根和克若里东巴不辞辛劳，全力支持着我们——克若里东巴不会普通话，生根担任翻译。克若里东巴对经书的了解非常清晰透彻，他详细地为我们讲解了经书的各种用途和禁忌。他还结合具体法事，向我们讲解法事流程和每册经卷的含义。外人眼中无从下手的经书在他深入浅出的讲解下，变得生动而立体。虽时间有限，无法做到全面，但管中窥豹，让我们对经书的基本情况有了一定的了解。我们感受到经书中处处体现出的人文关怀和聪明才智，对这个质朴的民族充满了敬意。

经书虽以用途分类，不同仪式使用的经书各不相同，但实际上经书是以册为基本单位，每册有固定的内容和用途。同时，每种法事和经书都有固定的程序，经书开篇第一册大多是讲解法事如何进行的规程经。实际操做法事时，东巴会根据具体情况，在固有规程模式的基础上，对所需经书进行针对性的选择和特定组合。经书选用的标准和尺度全都把握在东巴手中。这一特点与中医的治病开方有类似之处。比如《平安经》系列，当家中需要保平安驱除污秽时，若情况严重，用《大平安经》；情况轻的，则用《中平安经》或《小平安经》。其中最基本的规程，三部经书都相同，但《中平安经》和《大平安经》则会在《小平安经》的基础上，有针对性地增加一些经书。又如《送葬经》系列，东巴专用的《送葬经》实际是在一般村民所用的一般《送葬经》的基础上进行增改所得，其基本规程也都一样。

我们一直对争伍的历史源流非常好奇，可惜村民不能给我们确切完整的答案。当拍摄到争伍村民每年正月初一祭拜祖先时所用的《祭祖经》时，我们的好奇心再次被勾起。这次克若里东巴通过经书的讲解，解答了这个萦绕在我们心头许久的问题。根据经书记述，很久以前，丽江土司木天王派遣一支军队前往西藏一个叫滴吧如阿的地方与当地的西藏军队进行比试，双方比试了建造房屋和搜集黄金竹子，结果木天王的军队不幸被打败，军队一哄而散，一部分逃到了俄亚。而另一部分军队的首领帮布吉在撤退时，在木里遇见了一位美丽的藏族女子阿空[1]并迎娶了她，之后途经争伍时，发现这里土地肥沃，气候宜人，便在这里居住了下来，经过世代的繁衍生息，形成了今天的争伍村。同时，东巴还提到另一种说法：争伍的村民来自丽江，都是以前土司木天王派来采金的军队，村子因军队的驻扎而形成。

---

[1] 据甲阿若东巴讲述，这个藏族女子叫阿思，两人的讲述不同。

我们从经书的释读中认识到，争伍村民保留着原始朴素的自然崇拜和祖先崇拜，他们崇信借由大自然想象出的鬼神和自己的先祖。在争伍，每年的固定时节，如三月十三的转山节，人们都要祭祀先祖和各种神灵并向他们祈福。人们相信杜鹃叶和松叶是最圣洁的，它们拥有敬拜祖先神灵、驱除鬼怪的能力，在日常的驱邪除秽以及固定时节的祭祀中，它们是必不可少的。面对身边发生的谷物歉收、自然灾害、人畜疾病、死亡不幸等消极事件，人们都认为是鬼怪在作祟，而摆脱它们的唯一办法就是获得祖先和神灵的保佑。他们会请祖先和神灵降神力于东巴，使东巴驱鬼。有时，还需要祖先和神灵亲自前来在东巴的帮助下驱鬼除秽。这些鬼神多以争伍周围的自然界事物为原型。如人民所信奉的贡嘎战神，可以看出它是争伍附近的贡嘎雪山的化身，而彩绘卡符或神路图中的异兽，除了有老虎、大鸟、山鸡、牛等村民触过或听闻过的生灵，还有一些结合多种动物不同特点想象拼接而成的异兽，如翻云覆雨的龙、青皮八头蛇、鸟首人身怪等等。

村民与鬼神的关系，并非简单的敬畏崇拜和憎恶恐惧，而是更加微妙。村民试图在鬼神与人之间力图保持平衡，最终使鬼神为人所用。在经书的释读中，我们发现作为人类代表的东巴，与鬼神的交流方式不是一味地尊崇膜拜，东巴常单方面召唤鬼神，与鬼神商讨，操控鬼神，有时东巴还能够与鬼神们讨价还价。实际上，在许多经书中，东巴才是人鬼神三界中真正的主宰，他们为人类服务，讲求实用效果，对鬼神召之即来，挥之即去。例如，在除污秽保平安的《平安经》中，东巴往往前脚召来神灵把鬼怪驱除，后脚就立刻把神灵请走。当我好奇地问起缘由，生根翻译道："既然已经用完神灵，就要马上把他们请走，防止他们也生出其他事端。另外，在有的经书中，东巴会先召唤法力较强的大鬼怪前来镇压同类的小鬼，接着请来神灵镇压之前的大鬼怪，最后再把神灵也送走。"而相反，村民们对自己先祖的态度则是绝对的崇拜和敬畏。在争伍，每年正月初一家家户户都会念经并将最好的祭品摆上敬拜祖先，平日也不敢怠慢。平时若收到外人给予的礼物或得到了好东西，村民们都会将这些东西的第一口放在火塘的灵石前，首先供给祖先品尝，而后再自己分享。克若里东巴当时在火塘上的仪式即是如此。另外，我们发现在对经书的分类中，祭祀祖先所使用的《烧香经》和《祭祖经》以及一些家谱性质的经书无一例外都是作为单独的一卷经书而独立存在。在争伍家家户户都会备有这些经书，它们是村民们最常用的经书。而在大多数法事中，东巴需要施法时，首先会请祖先保佑并降下神力给自己，之后才能顺利地施法，达到目的。在法事尾声，东巴还要再次感谢祖先的帮助，并向他们祈求，希望今后一直得到护佑。

死亡无论在哪儿都是一件重大的事情，争伍也不例外，不过在这里当人们面对死亡，除了对亲人离去的悲痛和依依不舍，还多了一份慰藉。在他们看来，逝者可以重新回到祖先所在的地方，享受永远的宁静。每到这样的日子，东巴都要念诵送葬经并举行送葬仪式来超度死者，当中还要使用神路图指引逝者顺利前往祖先之地，而不至于在灵界迷路。争伍的送葬经书分为普通人使用的《凡人送葬经》、长寿者去世时使用的《长寿送葬经》和东巴专用的《东巴送葬经》。

争伍的送葬无论在经书还是仪式上都很特别，让人印象深刻。虽然根据死者身份的不同，经书和相关仪式也存在出入，但三部经书的基本框架都大同小异。例如为东巴送葬时，整个送葬仪式由一位德高望重的东巴主持，主持东巴念起送葬经书，经书第一章是讲解法事的大概内容和安排，列明所需的各种法器和相关物件。接下来仪式正式开始，在主持东巴的带领下，在场的所有东巴念起送葬经书，首先计算逝者的阳寿并告诉他阳寿已尽，请他安心回归祖地，不要再留恋人间。再用毛毡将逝者的骨灰包起并在上面插上神圣洁净的杜鹃树枝。随后如出殡前一样，召唤逝者起床，请他享用饭菜和茶点。逝者出殡前主持东巴会在一日三餐的时间念诵相关经书，重新唤醒逝者，家人依旧会做好饭菜，沏好茶水，请逝者享用食物和茶点。接下来人们开始杀掉事前准备好的马匹和骡子，东巴则在一旁念诵经书，并把拐杖一起送给去世的东巴，同时念经一起超度死去的牲畜，让它们尽心侍奉东巴，不要心生怨念。之后东巴们念经正式请逝者的魂魄上路，回归到祖地。在这之前，东巴们还用经书请门神为东巴开道。随着经书的念诵，逝者的骨灰和魂魄在阴阳两界一同赶路，一边去往村附近高山顶祖先的安息之地，一边去往天堂祖先所在之地。一路上，东巴们继续念诵经书，代表曾与逝者结怨的人向逝者道歉，请他不要计较，更不要报复，同时请他将自己的神威留给子孙万代。东巴们一边给逝者讲述自己民族的来历，一边指路。去世的东巴稍后便来到了阴间，要穿过十八层地狱才能到达祖地。地狱里有各种各样的鬼怪要阻止和残害去世东巴，但随着仪式的深入，阳界的东巴请来了各路神灵斩妖除魔，一路护送去世东巴前行。穿过了十八层地狱，继续前行便来到了仙境。到了这里还不能松气，仍旧有一些鬼怪来阻挡去世东巴的前行。在神灵们的护送下，去世的东巴见到了龙王，与龙王一番对话后，终于来到了旅途的终点——祖先之地的门口。在阳界，去世东巴的骨灰也在人们的护送下来到了山顶的祖先安息之地，东巴们念诵着经书，继续举行着各种仪式，请灵界祖先之地门口的侍卫们让去世东巴通过。进入天堂圣地后，去世东巴将获得一个新的名字，并在战神的帮助下除去之前旅途中的污秽。伴随着最后一章经书，去世东巴来到神庙，这意味着一个全新的开始，东巴成为了众先祖神灵中的一位，永享安息并护佑着子孙后代。阳界的主持东巴也将去世东巴的最后一点尘世遗物——骨灰撒在山顶，使之归入祖先之地。至此，送葬仪式完毕。

整个过程阴阳两界的行动契合对应，又如同神话故事一般，天马行空的想象与人们朴素的美好愿景交织，充满了浪漫与神秘的色彩。而当中无论是逝者身后依旧被待如家人的三餐服侍，还是出殡前的餐食照顾和马匹拐杖相赠，又或是对逝者愧疚的道歉和对被杀牲畜的安慰，这看似不科学的行为和思想背后都让我们感受到了争伍村民们质朴的生活情怀和对生命的尊重。

我们的向导杨大哥一直听闻克若里东巴卜卦灵验，趁着这次在克若里东巴家拍摄经书的机会，便请求克若里东巴为自己卜上一卦。不同以往，克若里东巴这次愉快地答应了。我们也幸运地目睹了克若里东巴使用《左拉》经为人卜卦的过程。

《左拉》经专门用于算卦，听老东巴说经书还算完整，配有木偶、鹰头骨、贝壳、水晶石、铜碗等法器。征得克若里老东巴的同意后，我们拍摄并记录了这部难得的经书以及使用的全过程。

卜卦法事的地点选在了家中的火塘。克若里东巴先询问了杨大哥的求问事宜后，便开始法事的准备。克若里东巴在经龛下放置了一个盛满玉米的簸箕，簸箕正中插上数张印有人像的卡符，簸箕旁是装有烧红火炭的香炉。一切准备就绪，法事正式开始。由于问卦法事相当私密，只有问卦人和东巴才能在场。生根说平日里若有人问卦，法事期间家中更是闭门谢客。不过这次例外，允许我们

正在卜卦的克若里东巴

在远处观看并偶尔进屋拍摄。我们便一边等待机会进屋，一边在门外拍摄经文。屋内一直传来克若里东巴低沉的吟诵经文的声音。等我们再次进屋时，发现克若里东巴盘坐在火塘上，双手结印放在腹部，在他的前方摆放着一联30余张的卡符，香炉中的松木正生出徐徐青烟，簸箕旁放着一张50元人民币。法事持续了好一会儿，大约半个小时后，杨大哥走了出来，我们上前想询问结果，但被告知询问结果是忌讳。虽然不知道具体结果，不过看着杨大哥一脸笑容，想必很是满意。

在生根家拍摄的最后一天，天气晴好，我们提出请克若里东巴穿上东巴仪式用服，并希望为他一家拍照。克若里东巴非常高兴，马上让全家换上最好的衣服，并且让生根把他父母和姑姑一家都请来共同合影。生根的爱人丢下农具，赶忙抱着孩子回屋打扮，生根请村民帮忙通知父母和姑姑后，一面帮着克若里东巴收拾，一面忙着与爱人一起给孩子穿衣服。看着一家人虽然忙作一团，但脸上始终洋溢着笑容，我们也十分开心。生根告诉我们，当地太闭塞，村中很多年轻人都没拍过照，更不用提年纪大的人了。生根的父亲请求我们为他照单人照，今后好办身份证，而克若里东巴更是说，自己以后去世总算能有张照片做遗照了，我们听了都很不是滋味。穿戴好后，大家来到屋顶旁的崖边。日光和煦，晴空碧蓝，周围大川河谷把我们拢抱其中，远处的贡嘎雪山若隐若现。生根爱人、母亲和姑姑穿戴着艳丽的民族服饰，克若里东巴更是头戴红黑色礼帽，身穿印着祥云和龙的红长袍，脖挂彩珠，肩披紫色雕花披肩，胸佩着兽纹黄铜饰带，脚踏藏式靴，站在家人中间，看着相机露出了不常见的灿烂笑容。

傍晚，经上村古老的村道回往住家。炊烟袅袅，家家都结束了一天的忙碌。太阳渐渐落山，暮色给眼前的一切披上了一层深蓝色的纱衣。我们借着微弱的光线走在古老村道上，耳边是家家户户做菜叮当作响的忙碌声，偶尔还有村民背着竹篓从我们身边经过。回到驻地，复查确保所拍照片清晰完整后，我们三人商议明早便出发赶往油米。收拾好行装，我们便早早睡下。

夜里，不知为何我突然睡醒，却久久无法再度入眠，躺在床上辗转反侧，遂起身披衣拿着电筒，到屋外透气。争伍的夜黑得彻底，只有天上的星光，空气中透着清寒，却更加精彩，充满浓浓诗意。在这海拔3000多米的世外山村，天空已不是城市中那被灯光染成彩色的平板，在这里，深邃的穹庐更是闪烁着满天繁星，苍穹是那么的近，我不由得伸手去感受，仿佛真能触摸到这璀璨星空。屋内牛马偶尔嘶鸣一两声，远处的上村不时传来的犬吠回荡在山中。算来，我们在争伍停留已一周有余了。但却觉得只过了一两天。

在山外的纷繁世界里，人们为了生计而打拼，因着房子、工作、收入而困扰，被各种名利所纠缠。而在争伍，外面的喧嚣都与这个宁静的小山村无关。这里仿佛只有晨昏，没有日月，人们日出而作，日落而息，不问世事。这里没有人定胜天的张狂，人们尊重自然、敬畏自然，但也不因此看低自我。人们朴素而单纯地知晓自己仅仅是大自然的一部分，遵守着大自然的规律，用自己的辛勤，享受着大自然恩赐的粒粒粮食，颗颗硕果。这里仿佛就是《桃花源记》中那个避世的村落。在这里，我手机收到的短信常常令我们感到"洞中方一日，世上已千年"。然而，我们却不愿离去，也只有在这样纯净的地方，才能让人保有那份朴素和浪漫。看着这星空，我越加理解为何我们能在经书中感受到天马行空的浪漫、淳厚真挚的感情和朴素原始的神秘。

访阿克瓦加东巴

第二天早饭时，克若里的大弟子阿克瓦加东巴来到驻地，热情地邀请我们到他家做客，还说家中经书想请我们看看是否也有保护价值。由于之前不停歇的高强度工作让赵老师的腿脚愈发疼痛，且前去阿克瓦加东巴家的路途山势陡峭，相当辛苦，而接下来我们马上又要马不停蹄地赶往油米；三人商议后，就由加凯老师和我两人前去，赵老师在驻地休息。

阿克瓦加东巴，今年34岁（虚岁），属马，从小没上过学，虽然爷爷是东巴，但11岁开始拜克若里为师，成为克若里的大弟子，曾到过达都、加泽、加屈和俄亚。现在也开始收徒，已经有两位徒弟——18岁的达加和19岁的甲波。阿克瓦加东巴是村里少数有在外工作经历的人，他曾在丽江的东巴谷抄写东巴文。

阿克瓦加东巴家一共9口人，除了年迈的老母和夫妻两人外，还育有三个女儿和一个儿子。

阿克瓦加东巴的家位于下村，房子建于村旁的山腰，从下村我们居住的村民家里需要步行20多分钟才能到达。阿克瓦加东巴自豪地带我们参观了他刚建好的新家。房子呈四方形，是最为典型的纳西式双层房屋。房屋外用山石掺杂着黄土垒建，内用粗大圆木堆建而成，外面用黄泥裹覆。

阿克瓦加东巴（左一）及其家人

　　下层房间用以蓄养牲畜，地面上铺满稻草，里面没有窗口，光线阴暗，仅有一个四方的圆木小门供牲畜出入。在争伍，村民主要饲养马、山羊、猪、狗、鸡和牛六畜。当中，马匹用以驮载重物往返于大山之间，是当地必不可少的交通工具。牛、羊、猪、鸡为经济牲畜，都是放养的。加泽大山上物产丰富，水草丰美，还生活着许多野牛，每年三月份村民将家牛赶上山野放，九月份赶回过冬。山羊和猪也为半放养状态，村民将其赶上山与野生猪羊交配，从而得到经济价值更高的混合品种。而狗则既可看家护院，又可清理净化周边环境。

　　我们沿着土坡来到上层入口，这一层主要供人居住并用以储物。房子的屋顶是在横梁上架好细木枝后，再在上面铺以木板而成。与其他房屋一样，两扇木制屋门朝里开合，门边四周雕刻了精美的递进阶梯式彩绘雕花。走进屋内，光线幽暗，但可清晰分辨屋内事物。地面为山坡土地，泥土地一直向屋内延伸直到对面的墙壁。门内左侧的空间里散乱地堆放着竹筐、锄头等各种农用器械和两台木质的老式纺车及榨油机。门内右侧是空洞，从这里可以直接观察到下层牲畜的情况。但也因此，屋内的卫生条件恶劣，牲畜引来了很多苍蝇，整个屋内更弥漫着草料和牲畜混杂的气味。为防家人失足跌落下层，细心的东巴在洞边建上了木质的栏杆。

　　环视屋内，整个上层约有100多平米，屋内结构格局呈倒L型。L的夹角处便是火塘的位置。火塘上方开有一扇四方天窗，阳光从这垂直射入屋内，使火塘在昏暗的屋内显得格外明显。火塘的右手边是用圆木撑起的木质阁楼。

来到火塘，射下的光线使这儿比之前阴暗的屋内敞亮了许多，也让人心中舒畅不少。火塘约有三四十平米。整个火塘呈四方形，巨大的四方形土石块夹在两墙壁之间，上面垫着木板，铺着彩绘的毛毯和毡子，这既是村民的沙发，也是床铺。四方形沙发的正中是炉灶，平日里的炊事和冬天的取暖都靠它完成。灶坑里铺着火炭，上面烧着劈好的干柴，干柴的油汁在燃烧中不时发出啪啪的声响。灶上架设着一大两小三口炒菜锅，大锅直径足有一米多，一个人都无法抱拢，用以烧煮家畜饲料。小锅则用来烹煮家人的日常饮食。灶上方用铁丝悬挂一个木架，上面挂着许多熏黑的猪肉和动物内脏，东巴告诉我们，家中吃不完的肉品常用这种方式制作熏肉。炉灶后两边墙上挂着历届国家领导人的海报，海报对面是一根梁柱，上面巧妙地捆扎着竹丝，生出许多晾挂勺筷的小钩。这就是主人的客厅、饭厅以及天冷时的卧房。

火塘紧靠的两墙夹角摆放着供奉祖先的经龛，经龛分为上下两层，里面放着和祖先有关的重要物件和经书。左右两角各贴着陌生文字书写的符文，经龛台上左右两边也各放着一个银制花瓶，里面插着花草，供奉着经龛里的经书和先祖遗物。其下阶梯式地放着木制供台和山石，供台上摆放着两捆常用的经书，山石则用以盛放供物。这里终年摆放着猪膘肉、松叶等供品，由于长期的烟熏火烤，山石表面早已被熏黑。火塘正上方开着一平米见方的四方形天窗，用以屋内的采光和室内的通气，天窗上还架着一块防雨的木板。略暗的光线从天窗垂直射下，偏射在经龛和山石上，当中还夹杂着少许炊烟和空气尘埃。丝丝青烟和缓慢浮动的尘埃结合着明暗交织的经龛和山石，让人感觉时间都静止了下来，屋内的一切在无声地诉说着争伍沧桑而古老的故事。

阿克瓦加东巴还带我们参观了火塘右手边的木阁楼。这是家里的卧房和储物室。木阁楼以木板搭建而成，共有三个房间，每个房间都朝向一致，背靠圆木墙体，门朝着家门方向。靠房门的木墙上镂空彩雕各种图花并以此为窗。

阿克瓦加东巴告诉我们，靠近火塘的两间是卧房，房里很简单，除了床，没有多余的家具。最里面的房间是储物室，里面挂满了女主人和孩子们五颜六色的民族服装。往回走，右手边严丝合缝的圆木墙上，一个不到半人高的小木门引起了我的注意。东巴说这是仓库。好奇的我们征得东巴同意后钻了进去。木门很小，一人弓着背才能进去。里面的空间与门的尺寸实在不配，足有十五六平米。宽敞的房间里倚墙放着四个大木槽，里面存放着鸡蛋、大米、玉米、小米、圆饼状的猪油和一摞猪膘肉。

谈起经书，阿克瓦加东巴很是自豪。他说自己的经书虽不能与师傅相比，但和一般人相比，还是多很多的。与其他村民一样，阿克瓦加东巴的经书都存放于火塘的经龛之中。除了《一般送葬经》《平安经》《祭水龙经》等常用经书外，阿克瓦加还有8册比较特别的经书。阿克瓦加东巴告诉我们，虽然他无法解释这8本散经的内容，但这些都是祖上相传，克若里师傅那儿也没有。我们征得阿克瓦加东巴同意后逐一拍摄并记录在案，当中一本黑色的小册子最为特别。不同于一般经书的纸质封皮，小册子的封皮和封底都是皮革，简陋的保存条件虽让皮革上沾满了污垢，但依旧能模糊的看到封面上的精美的花纹。为便于携带，小册子里还缝有许多碎绳。小册子内的文字和图案大多为彩绘，我们还是第一次见到这样别致的经书。阿克瓦加东巴告诉我们这本经书是"帕罗贝"，翻译成汉语大概是古图经，里面记载了阿克瓦加东巴祖先的宗族历史和相关故事。我们再次尝试请阿克瓦加东巴解释这本经书，可惜还是没能成功。回到驻地，看到我们拍回的那本小册子，赵老师说，这种经书她就见过一次，记得还是二十世纪五十年代科考队赴三江源做田野调查时所得。我们听了很是兴奋。

至此，我们已在争伍停留了一个星期有余，已远远超出原定停留两天的计划。这些天里，我们走访了争伍上下两村，了解了村庄的基本情况和生活风俗，拜访了克若里、噶突等村中四位有名望的东巴并对他们的经书进行了拍摄和相关情况的记录，共调查并拍摄经书500余册，获得文字记录数千字和图片资料万余张。然而我们虽尽全力调查和工作，但这很少有人探访的争伍仍有太多问题值得我们继续探究。在我们的邀请下，生根和克若里东巴和我们约定十月份再会北京，与我们一起继续对经书展开详细的释读和翻译，共同保护这古老的东巴经书。

此时已到正午，我们决定马上出发前往油米，杨扎实东巴久候我们多日了。装上行囊，背上背包，牵上骡马，沿着古老的山石土路，伴着驼铃声，我们离开了争伍，顺着通天河而下，朝着大山深处继续进发。离开这个给了我们如此多惊喜，又依然存在许多神秘的宁静山村，此刻，旅途的艰辛和村中的简陋早已消散，我们品味的是越走越长的不舍。

笔者在争伍

二 路的尽头

——灵魂归处是吾乡

夏津京

彩云之南

2014年1月11日凌晨4点半,帝都还沉睡在清冷的梦中。赵老师带着我、金璧、俞升基一行人从清华园出发,早早赶到机场。检票进港后,大巴片刻不留地带着我们奔向飞机。由于临时改签,四个人的座位都在机尾。窄窄的座位容不下俞升基的大长腿,却勉强盛装一份飘摇的回笼觉。懒散如我,自然难负周公盛情,定要抓紧一切闲暇补眠。只在飞机与气流邂逅的片刻,耳边飘进一两句赵老师向空姐介绍我们历次调查的只言片语。而两位学长的情况,更是无暇顾及了。

降落前半个小时,小飞机盛情挽留,硬是将我颠簸到要吐出点什么才肯停稳。匆匆取过行李出站,迎面而来的是丽江风土,顿时让人觉得天朗气清,仿佛耳目都被擦拭一新。普米文化研究会的胡文明老师热情地迎接我们的到来。一路上驱车向市区,两个男生兴奋地品评着路边风物,而我则毫不害臊地充当着过来人,像模像样地发表四六不着调的解说。

不多时,来到丽江城中的旅馆,来自昆明的杨宇豪学长已经提前一步到达并迎接。吃过午饭,我们有幸拜访东巴研究院的李静生老师,请他审校《纳西宝山卷》[1]的内容,并听李老师和胡老师对纳西族和东巴教起源的释疑解惑。

李老先生告诉我们,在川滇交界的四川一些地区,纳西族往往被错划为蒙古人。这是因为这些地方曾被蒙古军队占领,成为元的属地。因此史书将纳西族木天王的爷爷记录为蒙古人。二十世纪五十年代民族划分的时候却又错误因袭,将"蒙古人"的名称沿袭了下来。其实,这些地方的"蒙古人"不论外貌特征、饮食服饰、节日风俗均与纳西族一样,而毫无蒙古人特色。可笑的是,由于长期的政策宣传,有些事实上的纳西人竟也自视为蒙古人,并在家中挂上成吉思汗的画像。

关于东巴教的来历,李老师认为东巴教是纳西族原始巫术与西藏苯教结合的产物。纳西族原始巫术中本来有男女两种巫祝。女性叫"帕"[pha^{31}],是一种巫师,通过占卜决定该如何进行巫术仪式。男性叫"哔"[pi^{55}],相当于药师,会根据"帕"的占卜结果进行医药仪式并为部落成员

---

[1] 赵丽明、孙宏开主编:《宝山纳西东巴文应用文献调查、整理与研究》,广西师范大学出版社,2019年。

治病。到后来，女性的巫祝角色逐渐消失，单由男性完成所有的占卜、做法事、开药方、制药剂等功能。到现在，东巴教中的祭司——东巴仍然保留着最原始的看病问诊的作用。在有些地方，东巴进行仪式时也确实需要其他角色的协助。东巴教的另一个来源是苯教。李老先生认为，"东巴"并非原本的纳西语，它是藏族苯教中"本波"的借词。而"本波"即是古藏语中"口述者"的意思，特指苯教中的祭司，因为他们是教义的讲述者和传承人。东巴教和川滇地区许多流行的少数民族宗教中都有关于大祭司和神灵丁巴什罗（争伍村东巴念为东巴沙拉）的传说，而李老先生认为丁巴什罗即是苯教中的圣者"丹巴辛饶"的转音。丁巴什罗也是传承经书、传播智慧的使者。因此在现代的东巴教中，"帕""哗"与"本波"三者的职能合而为一，东巴既是宗教的神职人员，仪式和法事的主持者，也是各种疾病灾祸的占卜者和医药师。

此外，李老师认为现在盛传白地是东巴教起源地的说法是不可靠的，白地可能是传说中丁巴什罗的显圣地之一，但不会是东巴教的发源地。李老师道德文章都令人钦佩。他极爱八大山人的画，仿作和自作的字画俱佳。临走前升基还从他那儿讨得一幅他自题的《前赤壁赋》，令赵老师也羡慕不已。

是夜，我们匆匆浏览了丽江古城。舞榭歌台，灯红酒绿，以及遍布街边的东巴文商铺名，与古老的石板路和人家是那么不搭调。夜里，一户人家中的女子悄悄将一桶生活污水倾倒进河里。赵老师有感而发：这才是真正纳西人的生活。没有歌舞升平的豪华壮丽，却是小桥流水边的日日年年。倒不是人家的污水弄脏了河流，而是这世外的喧嚣侵扰了他们的生活。所幸，广场上飞扬的仍旧是质朴的纳西民歌，人们也手拉着手，跳着古老的圆圈舞，我们这些外来的陌生人，也被热情的纳西人拉入其中。夜里起了丝丝凉风，将旅人的倦怠也搅碎在古城迷离的灯火中。

路的尽头

我们一行分为两队，高倩栏、刘丽婷和金璧、俞升基的目的地是云南省宁蒗县的油米村，而赵老师、我和杨宇豪学长则要经过油米村去四川省木里县依吉乡的争伍村。12日中午，第二批出发的高倩栏、刘丽婷姐妹花的航班也在丽江安全抵达。我们一行七人从丽江城区出发，汽车驶向三江口。司机师傅恰好是三江口本地人，一路上，他热情地给我们讲述当年忽必烈在三江口革囊渡江的故事。他说，现在的金沙江边，还有当年革囊渡江的遗迹。

我们驶过高速公路、县级公路，一阵颠簸，便来到了盘山小路上。窄窄的山路蜿蜒蛇行在陡峻的山间，往往在已没有前方的时候峰回路转。山行渐远渐无人，唯有天边云彩、深山残阳一路相随。在这里，我们惊叹于毗邻的天空、纯洁的云彩、薄薄的新雪和蹒跚的羊群——这是不入深山就无从得见的世外美景。与之相比，高原反应带来的耳鸣，深山小镇上的堵车，都不过是拉格朗日余数罢了。

走过曲折但平整的盘山公路，眼前却是一段未经修整的山石路。哪儿有路？走的人多了，也便成了路。司机勇敢地向一堆砂泥驶了过去。沙石飞扬，颠簸翻腾，偶尔还遇到一辆辆横在路中的修路车，邂逅一群朴实的修路工人。小汽车就这样一路艰辛地穿行在山间。突然，一个陡坡下去，司机师傅环顾四周，忽觉不对，停下车四处张望——原来是走岔了路。倒回几步，又下了一个山坡，路却没有了。

原来此处已是路的尽头——前往三江口的渡口。

渡船远远驶过江流来接我们。一行人经过一路山石，难得见水，兴奋得不得了，不停呼朋引伴，拍照留念。同行的还有一个在上海念书回加泽村的大学生，让我们感慨她上学路途的不易。此刻月亮已然升起，真乃江上清风与山间明月，相映成趣。

不多时，短短的航程结束，我们停在了三江口渡口。一下船，来迎接的便是一个来自目的地油米村的司机，说已在路口等候我们多时了。暮色四合，夜路难行，司机师傅不停催促我们赶紧上车，趁早在完全天黑前到达油米。一辆小小的农用车，前面连司机竟挤了七个人，却仍然不够，只得委屈杨宇豪学长与金璧在后面敞篷货物箱拥抱寒风与行李箱。借着一点点昏暗的天光，我看向窗外，只见窄窄的山路外是陡峻的高山深涧，不觉冷汗直冒，不敢再看。司机师傅却淡定得很，嘴里说着危险，却一茬茬地与赵老师聊天，讲述村中风物，看得我心惊肉跳。直到天完全暗下来，因为不知道路的艰险，也不觉得可怕了。

车颠簸着向前行，远处深山里突然现出一丛星星点点的灯光，仿佛民间鬼怪传说中的狐仙居处。我以为这便是油米了，司机却说这是加泽村委会，我们大概才走了一半的路程。不多一会儿，左手边出现了一幢现代建筑，司机师傅告诉我们，这是他们这儿的小学——加泽完小，还是汶川地震后加多宝公司捐钱修建的。

又是一路重重的颠簸，正当我们已被颠得头昏眼花、五脏翻腾之际，赵老师忽然兴奋地说："咦，那不是吗？"车终于停下，而我们也终于一路颠簸到了今天的目的地——油米村。

油　米

油米村，赵老师曾开玩笑说这里是"有油有米"的好地方。我们还未进村，老村长石农布早已带着女儿和新村长杨宝荣大哥在村口捧着热热的姜茶相迎。石老村长和赵老师是老朋友了，每当赵老师到油米调查时，他都会远远过来迎接。2011年秋天我大一刚入学时，就曾在清华园请杨宝荣做油米村语音调查的发音合作人。一下车，杨大哥便叫出了我和高倩栏的名字。两年多未见，杨大哥竟还记得这么清楚，真令人吃惊。石老村长唱着歌儿迎接我们，又让女儿为每一位来客奉上热腾腾的香姜茶，一路的旅途劳累顿时被一碗热茶一扫而光。

喝完了茶，老村长一行又带我们到杨扎实老人家吃晚饭。杨扎实老人是本村最年长的东巴，在村里社会地位极高。杨宝荣大哥是他的大儿子。目前老人家夫妇俩和两个儿子及他们各自的小家庭一大家子生活在一起。为了迎接客人，他们一家晚上粒米未进，直到我们晚上十点半到达时才和我们一起用餐。

来村里之前，赵老师曾多次给我们打"预防针"，说村里生活条件差，也不像城里人那样讲究

杨宝荣一家

卫生，劝我们逮着什么吃什么，切勿挑剔。我们做好了闭着眼睛把一堆黑乎乎的东西塞到胃里的准备。谁知好客的杨扎实老人一家却为我们准备了丰盛的晚餐。排骨、五花肉、腊肉、猪舌、血肠、青菜汤，还有鲜嫩的自制磨豆腐，不但食材丰富新鲜，味道也很不错。今年纳西汝卡历恰好和公历的日期一样，我们来的时候也正是这里的正月时节，家家户户都准备了可口的年货，再加上这里的村民热情好客，为我们奉上了最好的食物，看来之前关于食物的担忧真是多虑了。

席间，村民们询问我们进村一路可好。当我们告诉他们队伍里有两个同学今天早上才从北京坐飞机出发，仅花了一天时间就到达村里，老村长无不感慨地告诉我们：当年他徒步去永宁镇，来回就要花十多天。想去省城昆明则要走月余。而如今交通更方便了，从北京到油米村里也只需要一天了，真是奇迹！吃完饭，老村长带我们分别去几个村民家里休息。第二天是正月十三，是纳西人传统的转山节，全村村民都要在天刚亮时起来，一起到本村的神山上祈求守护山神保护来年风调雨顺，村民平安。我们约好了早上七点出发，一起参加村民们的转山仪式。

第二天天不亮，屋外就传来了清脆的铃铛声，原来是有人赶早骑着马儿上山了。我们一行也匆匆收拾好行装赶上转山队伍。只见所有的村民无论骑马或步行皆盛装打扮，有的还手拿经幡，盛大非常。

我们跟着队伍一路爬到山顶，这座山叫虎头山，是油米村的守护神山。在山顶，村里所有的东巴都围着一个祭坛进行仪式。他们用面粉捏成神灵和东巴的偶像，一边焚烧松枝和杜鹃花枝，一边

对着面偶念诵经文的东巴

念经。念经仪式结束，所有人都手持大米，将米粒扔向祭坛，祈求来年丰收、平安、顺利。接着，东巴将象征平安幸福的酥油点抹在每个人头上，这个酥油是不可以洗去的。仪式结束后，人们按家庭在山上席地而坐，享用随身带上山的米饭、火腿、腊肉、鸡蛋等食物。仪式结束后，所有人再一起下山。

下山后，我们又在杨扎实老人家里吃了午饭，几个同学便分别在石老村长、杨宝荣大哥等人的带领下进行入户调查。晚上，石老村长举行了盛大的篝火晚会，邀请全村人和我们一起跳圆圈舞，欢迎我们的到来。

这天晚上，我们仍然在油米村歇息，打算第二天出发进入更加与世隔绝的争伍村。

三江尽入我铦中

14日一早，辞别了油米的村民们，赵老师、我和杨宇豪学长三人就一起向争伍村进发了。来接我们的向导是一个老爷爷，牵着两头驴。一头用来驮行李，一头留给常年关节不好的赵老师做脚程。我和杨宇豪学长则和老向导一起在山路间徒步行走。这条路比来的时候进油米的山间车道更加荒废，完全是大山间靠人一步步踩出来的羊肠小道。曲曲折折的小径隐藏在漫山遍野之中，真不知道当地人怎么记得住这么多曲折蜿蜒的道路。仅容一头驴行走的山路上，一边是繁芜丛杂的树枝与荆棘，一边是笔直陡峭的高山峡谷，前路坎坷，后路幽幽，真是后退不得，只能硬着头皮向前。忽而路边的野花令人心旷神怡，忽而山间的溪涧令人乐以忘忧，忽而连绵的梯田令人大呼奇景，忽而前方的荆棘令人寸步难行。十点就出发的我们到了下午两三点还在山林间转悠，不知身在何处，也

马帮路

不知路在何方，真是"正入万山圈子里，一山放过一山拦"。

跨过一条小涧，突然，眼前的道路一片开朗。碧空之下，白云边陲，赫然一个村落独立于山巅之上。嗬，那不是争伍么？早先，赵老师曾给我们看过她远眺争伍村的照片。然而到了跟前，才发现这里真如与世隔绝的仙人幻境。天那么蓝，那么近，真仿佛伸手就可以触摸。争伍的祖先们是如何翻越了崇山峻岭，才觅得这片大山深处的世外桃源呢？

一进村，就遇到了老朋友生根和甲阿若。2013年暑假，我和张琰学姐、杨宇豪学长曾在丽江的小旅馆里请他们作为发音合作人，2011年生根也曾到北京参与调查，彼此之间已经是老朋友了。生根见我们这次跋山涉水来到争伍村，心里异常高兴，连忙请我们到家里坐，还兴奋地将我们介绍给其他村民。

其实，争伍村最惊人的还不只远眺时惊鸿的一瞥，它的地理位置也十分巧妙。争伍村正位于东义河和水洛河两条河流相遇汇入金沙江的三岔口。站在村口生根家屋顶上放眼望去，就是江水交汇的地方。峰峦挺拔，江水滔滔，真令人不禁感慨于大自然的雄奇壮丽与人类筚路蓝缕的生存追求。据说，"争伍"是纳西话里"小平底锅"的方言，意思是争伍村就是这崇山峻岭中平底锅大小的一块小小土地。这里高山环绕，三江汇聚，岂不是"三江尽入我铛中"？

灵魂行迹

吃过一顿迟到的午饭，我们开始了新的调查工作。争伍村原先有12个东巴，其中噶突老东巴是年龄最长、资历最深的一位。他丰富的藏经和高深的法力一直令村里人敬服，连附近村落的年轻人也会找他拜师。2013年暑假我们调查时，却听说一个月前噶突东巴年老过世的噩耗。东巴和村民们难过之余，也为去世的老东巴举行了隆重的葬礼。葬礼本是过渡仪式中十分重要的一种，而在纳西东巴教中，东巴的葬礼又比寻常人更加重要。赵老师和我仔细询问了老东巴葬礼的细节，试图理解东巴教对逝者的缅怀与尊重。

生根告诉我们，噶突老人是生肝病去世的，很可能是肝癌。他生病时度过了一段痛苦不堪的日子。为了缓解他的痛苦，村里的小伙子曾轮流守在他身边，企图用青年人的阳气驱赶给老人带来疾病的邪祟。然而，老东巴最终还是与世长辞了。

噶突东巴去世之后，需要停尸几天，再进行后续的送葬仪式。纳西东巴教中的送葬仪式也体现了纳西人对灵魂的认知和世界观。为逝者的穿衣、供食、念经、送礼以至最后的火葬及下葬都只是仪式的过程，而更重要的是将逝者纯净的灵魂平安地送到其归所。普通人去世后，东巴们会念诵经文，驱除在灵魂前行路上出来捣乱、勾魂的野鬼邪祟，将灵魂一路从争伍村送出，送到永宁、昆明和拉萨。纳西人认为，这是他们祖先一路迁徙的道路，因此要将灵魂顺着祖先的足迹一路送返，回到他们发源的地方。这样灵魂才能顺利地去往祥和的天国，而不是成为在外飘荡的孤魂野鬼，为害世间。如果不进行完整的送葬仪式，灵魂就会变成恶鬼邪祟，对子孙后代和他人的平安幸福造成威胁。

然而东巴去世之后的灵魂之路却并非如此。由于东巴们生前做法事时杀死大量牲口作为牺牲，因此人们相信这些死去的牲口的灵魂会变成恶鬼，在东巴去世后会阻碍他的灵魂升天。这时，东巴的弟子们以及其他东巴会通过经文和仪式，或通过面偶供奉，或通过威力驱除，将这些阻碍灵魂升天的恶鬼赶走。当东巴的魂魄历经艰难险阻摆脱了恶鬼的追杀时，他将在祥和的天国接受众神灵、战神、菩萨、佛陀的祝福。然而，天国却不是东巴灵魂的居所。弟子们还要继续为师父的灵魂引路，将他送到东巴教创始人——东巴沙拉（又称丁巴什罗）在天国创立的三十三层经堂。在那个美丽的世界里，东巴的灵魂才能永远留存，成为东巴教永恒的部分。

通过这种送灵魂归葬的仪式，东巴们完成了与逝者和鬼神的沟通，让逝去的灵魂各归其所。由此，灵魂的存在不仅是对活着的亲朋好友的抚慰、对逝者的追思，也体现了一种秩序的平衡。凡人的灵魂送往天国，不会侵扰活人的日常生活，而是在天国荫佑子孙。东巴的灵魂没有成为法力强大的怨灵，而是回到了发源之地，在永恒的经堂里诵经做法。人、神、鬼三界秩序井然，分毫不乱，却又通过送葬这个仪式在东巴的经文中紧密结合。

火　塘

由于时间有限，我们一行人兵分三路。白天赵老师到附近的村、镇、乡政府搜集关于争伍村的各种文献记录，而我和杨宇豪学长则分别找不同的对象调查争伍村的语法、语音、词汇、经书翻译等内容。因此晚上吃饭时便成了大家相聚杂谈、了解风俗民情的好时机。而这些杂谈，大多发生在火塘边。

纳西人的房屋是以火塘为核心的。每一家的房子，不论杂物间、牲口棚、次卧室的数量和方位如何，最重要的一定是中间集起居室、餐厅、卧室于一体的火塘房。火塘房的中间自然是纳西族特色的火塘了。火塘正中常年生着火，平时可以煮饭菜、烧热水、煮猪草，晚上睡觉时还可以保温、取暖。火塘周围是一圈L型的榻床作为休息区，像是现代化人家中的凳子、沙发和床的合体。人们白天坐在上面吃饭，晚上在上面聊天、休息。在这里，我们听到了东巴沙拉的传说、纳西族祖先措扎立俄的故事、木天王的英勇事迹和争伍村祖先邦布吉的传奇经历；在这里，我们聊到了村里的饮食起居、婚丧嫁娶、节日风俗和生活点滴；在这里，我们吃到了传统纳西人家的菜肴，感受到了他们的真诚与朴实；在这里，我们还争分夺秒地工作，努力记录下更多的信息和细节。杨宇豪学长还在生根家的火塘榻上住了四个晚上，可算是真正体验纳西人家的生活了。

星　空

在争伍的最后一个晚上，我们在生根家里聊天，克若里老东巴、阿甲若东巴、甲阿若东巴、生根、下朗杜基都在，小伙子噶土若也来给我们送别。我们听老人讲着这里流传的各种神奇的传说：天地初始的故事、东巴文的故事、木天王的故事、邦布吉的故事……说着说着，我们谈到了日历与卦书，谈到了算吉日良辰时需要参考的星宿与传说。

生根兴奋地告诉我们他小时候如何听老人们讲星星的故事，如何认清天上不同的星宿，如何和好友下朗杜基逃学回家学东巴经。几天以来，我们听说的都是年代久远、影像模糊的传说故事，看到的却是近在咫尺、平淡静默的日常生活。仿佛眼前一直有两个割裂的世界，神话的世界里有怪

（从左至右）夏津京、杨宇豪和阿甲若东巴

力乱神、光怪陆离，有着原始神话般的大力、苍茫与悲壮；而现实的世界又掩映在火塘的烟灰袅袅中，平凡而质朴。而小孩儿看星星、听故事的这一件小事，又仿佛把两个世界的尽头汇聚在一起：那么多浓墨重彩、奇谲瑰丽的神话故事，不正是这样一代代口述下来的么？而我们这群外来人们，也不过是凭着一支笔，把他们口耳相传的故事记录下来，不致后人相忘罢了。

待我们走出生根家回各自的住处休息时，夜已经很深了。抬头望望，这夜空是我从未见过的繁星密布，真的有如河流般宽广浩瀚，异样璀璨。生根兴奋地指给我们看："我们瞧，那可不是七姊妹星、北斗七星、牛郎和织女星？"赵老师不禁好奇地问道："这么多星星的名字，我们怎么能全记得住呢？"噶土若笑道："老师，您跟我们聊了一晚上，已经知道了这么多，要是像我们这样从小听故事，还能不记住吗？"

归　途

终于，到了该说再见的时候。18日清早，我们与争伍村的老朋友、新朋友道了别，坐上下朗杜基帮忙联系的小客车启程回去。回程的时候，我们选了另外一条路，沿着江水向上游走，经过麦洛村委会、依吉乡政府、屋脚、前所，到永宁镇上住了一晚。第二天再坐班车到丽江。这一路上又是别样的风景，赵老师还顺路和许多老朋友打了招呼：依吉乡的党委书记和乡长，屋脚的卓玛，前所气象所的杨老所长……旅途匆匆，我们和许多人只能打个照面。赵老师忍不住懊悔地心念着：这个老达巴今年过世了；那个老喇嘛身体不好，下次该来看看他……

夜宿永宁的街边小旅馆，没想到又碰见了老熟人，原来生根的弟弟撒打仁青到镇里来买摩托车。小伙子挑了一辆大红色的摩托车，风光十足地放着歌儿开回了家。小旅馆里还住着来县里办事的阿克瓦甲和他的儿子。阿克瓦甲得意地向我们展示他的新身份证，说有了这个他以后就可以坐飞机了。

第二天从永宁启程，去到丽江。看着永宁破败的街道和店铺，我们只能幻想古时候永宁府的繁华阜盛。路过宁蒗县时，在一家宾馆里偶然发现了带有东义河、水洛河汇入三江口信息的地图。回丽江的车上，一个小伙子带着他的父亲去城里看病。细问才知道，这个小伙子的"父亲"其实是他的舅舅。他们家族在小伙子的母亲这一代还保留着母系氏族的结构。到了他这一代，已经开始小夫妻俩单过了。

19日傍晚，终于回到了丽江城。在村里时日日想念现代社会的灯火和手机信号，现在终于"回归"了，却并没有故里的感觉。人类学家本尼迪克特曾说：我们只有自身有无比坚定的信仰，才能有无与伦比的宽容。人类学家穿行在不同的文明之间，领略与理解他人的同时，又是如何坚定自己的信仰、找寻自己的归属的呢？此去争伍，大概算是我第一次真正意义上的人类学田野调查；来去皆匆匆，我的思考却忍不住良久良久地徘徊。

三 天边净土

杨宇豪

临别的清晨

2014年5月，离开争伍那天早上，最先醒来的还是生根的小女儿，出门还看不见路的天色里她已经在榻上咚咚翻腾多时了，啪啪跳下那榻，赤着身子蓬头跣足屋里屋外地窜。女孩跑出门外，我于是又听见了楼板下牛马的喘息声，羊的叫声，屋外鸡的打鸣，然后是生根、他媳妇、他儿子轻微的呼吸声，依稀能听见山脚下江水的声音和穿过土墙缝隙流进的冷风的声音。后来又听见生根媳妇打着呵欠起身，在榻边打消睡意，穿上鞋出门劈柴，然后又是安静。

生根媳妇回来时，生根的手机按时开始播放民歌。那歌就是那丽江城里能买到的廉价碟片里装着的纳西族、藏族民歌，城里听起来满是热闹，在村里听却很动人。生根不时也跟着唱上两句，腔调也就像城里的小青年跟着娱乐节目作势一般。生根吩咐媳妇几句。媳妇便划一根火柴，点上松明，等松明的火烧旺了，借火点燃柴火，烧上水，又取一口锅，找布条擦去锅里厚厚的积灰，再取一只瓢，倒进家里不多的小半袋面粉，和面，一点点倒进锅里摊成饼。我这才明白，生根那是叫媳妇给我们这一路备干粮。

我起身收拾行李，又盘腿坐到榻上。生根媳妇便打一碗酥油茶搁到我面前，再放上玉米面磨的糌粑，对着我一笑问早。生根把铺盖卷起放到一边，前一天晚上我们已经说了很多，一早睡意未消，似已无话可说，只好相视一笑。我一直想和生根有更多谈天，可是我们生活的环境实在太不相同。除了衣食住行，好像再找不到别的话题。我也尝试过聊孩子，但我毕竟没做过父亲，只能凭着对家长身份的想象和对晚辈的关照徒劳地找几个问题。我要是有孩子，我对孩子的期望和生根对孩子的期望大概也很不一样。

"有若，一吡就满就？"（小杨，烟有没有？）

"阿布一吡持。"（哥哥我抽烟。）

我于是掏出烟，从火塘里拣出一块木炭自己点上，再递上烟，用我的烟头给生根点上。我把剩下的空白笔记本和笔送给生根的儿子。因为儿子要上学了，跟村里的支教老师上一年级，其实我也别无相赠。我把行囊背到村口接应赵老师和姑娘；又返回村尾生根家，向生根、媳妇、儿子和小女儿道别。我来来去去，没注意到，生根长我没几岁，却比我稳重许多。大家在村口合影，我们坐上摩托车，挥手作别，我们会回到城市回到学校，回到有电、自来水和现金的地方，而生根们则会继续在望着现代化的路上迷茫。

跟着生根东巴去做法事

生根早上要去村民家给人做烧香仪式。人家出嫁到宁蒗的女儿带孩子回家省亲，要烧香敬神，向祖先交待。就着酥油茶吃过糌粑，生根便带上两三法器，轻快地往村里去，又在山坡上驻足转身喊："小杨，跟不跟我走？"我便乐呵呵地跟着他往村里去。虽然有在陌生文化里的恐惧和谨慎，我在这里却也毫不拘束，进门就"阿噗咕叨阿别啊？阿伯咕叨阿克啊？阿尼阿克啊……"（爷爷，伯伯，阿姨身体可好？）地挨个问个遍。于是大家都高兴，让我想起在我本来的地方人人都忙着学外语的时候，人们笑一个用京腔问"您吃了么"的"老外"。

生根坐到神龛一边，长者坐另一边，我也就挨着生根盘腿坐下。老人随即递上一碗白酒，我于是盘算着该喝多少才能既礼貌又不至于耽误工作，我究竟是局外人。长者向我敬酒，我举碗喝一口，见长者那么随性，我也不好拘束，只好多喝一口，碗才放下。老人又提着塑料桶来给我添满，笑着说"吃，吃"（喝，喝），我抿一口，老人又加满，来回三次，这才作罢。老人又盛"索尼玛"酒与众人，那是敬神要用的，我不便拒绝，又只好接下。老人见我伶俐，又盛一碗米酒来，依然笑着叫我"吃，吃"，我每吃一口，老人再加满，又三四回才作罢。

生根念着经，那抑扬顿挫的经文咒语不知有怎样的法力，叫阳光忽然穿透墙壁，径直照进神龛里。我听着生根起起伏伏的咒语，看他念着经同几位长者相视打趣，好像生者和亡灵一起，在笑吟吟地望着归省的儿女。那女人带着儿子跪在神龛前，生根点燃一束"香"，屋里旋即弥漫了烟气。长者和老人又向我敬酒，我便也笑，也饮，却始终不忘算计该喝多少的问题。

仪式简短却温暖，仪式将毕，我向所有人举起酒，想不再喝了；那老人却又倒满，不论我怎么推辞。我只好向生根求助，他这才示意我不必继续。我于是跟着生根跟跟跄跄回去。才听他说，在我们这里，留一口酒表示下次还来再聚。

宗教中的幽默感力量很强

我曾经幼稚地以为宗教仪式都会伴随有超越体验，特别所谓"原始宗教"，直到争伍驳斥了我的偏见。在争伍我们看到了几次或大或小的仪式，我们看到仪式中途念经到起兴时，东巴之间，东巴和做仪式的家人间不时会有幽默的打趣：东巴念着经，看着另一人会意地笑。我猜想各个文化中幽默感或许不同，但幽默感在各个文化中都是一种很强的力量。

我想到昆德拉的阐释："幽默是一道神圣的闪光，它在它的道德含糊之中揭示了世界，它在它无法评判他人的无能中揭示了人；幽默是对人世之事之相对性的自觉迷醉，是来自于确信世上没有确信之事的奇妙欢悦。"（米兰·昆德拉《被背叛的遗嘱》，余中先译，上海译文出版社，2003）

老乡眼里的期望已预先包含了失望

几位老乡说话小心翼翼，感谢清华大学，感谢赵老师，感谢我们同学，感谢我们研究文化，感谢我们到这里来……我听着老乡的感谢，感到不舒服，因为他们这样的自卑。一位老乡不好意思地说着感谢，其他人坐在一旁不语，老乡眼里的期望已经预先包含了失望。

我们也看到了，我们每次来，我们都被当作朋友，家里头有一个鸡么宰起。

"以后你们也要常来。你们现在来了，我们也不好意思。你看，我们住处是没有一个，厕所也没有……我们现在这个项目，清华大学的项目，电视上是看得见，你们帮帮忙。我们没有别的什么，我们下次来你们有厕所，有屋子给我们住就可以……"

无法在调查之后还保持局外人的心态——责任的迷茫

又一次要离开争伍了，几位东巴找到我们，还是希望借我们的项目改善争伍窘迫的经济状况。他们这次有了一个新想法：想在争伍修一座博物馆，收集古旧物什、东巴法器等等。他们说，他们觉得东巴的文字、法式传到他们这一代就再传不下去了，年轻人再没人愿意学，也很少相信了。生根受清华博物馆的启发，和几位东巴商量，想保存他们的文化。"但是我们这个经济上，有点困难了。"几位东巴希望清华的项目能募集资金帮助实现这个愿望。

无论东巴们真的打算设所保护文化，还是想以此为机集资改变争伍的经济状况，我都有无能为力的愧疚。一方面，我对作为田野工作者对当地居民的责任感到迷茫；另一方面，在与田野中的人建立联系后，我们无法在调查之外还保持局外人的心态，全然作为旁观者面对我们社会里的弱者。知识分子应该怎样承担社会责任，承担什么样的责任？知识，在现代的世界里，又能怎样为人谋福祉？

在争伍，一位老乡质问："你们说调查可以给争伍带来好处，现在那么长时间过去了，我看我们的房子啊、路啊都没什么变化啊；你们用我们的东西写书，书里有我们的名字吗？"我惊讶于他对市场经济中契约与现实回报的理解，这样的观念在其他老乡身上还没有，或只是很少地出现。这位老乡外出打工过，我想：从争伍这样淳朴、重人情的地方外出务工的他，会在合法或非法的雇工和劳动中受到怎样的刺激和挫折，以至于他会用做生意谈判的方式和我们交涉，带着戾气？

和别人讲到我的田野工作时，很多人，主要是学习经济学的学生或有较长市场经济经历的人，会对我帮助老乡的意愿有这样的批评：市场是自由的，竞争的，他们有权力自己做选择；外界只要提供自由市场就好，不应该偏袒他们。刚开始遇到这样的批评时，我哑口无言。现在我会这样回应：争伍人当然有权力自己做选择，但我们把他们暴露在市场时，并没有让他们准备好，这是不公平的。

生根借我"传统"——老乡都喜欢我

初次到争伍时,我得意地发现村里的长辈都很喜欢我。后来生根解释说,这是因为我用了生根教我的旧式打招呼问候的方式("阿伯身体可好?")。生根补充说:现在我们这里年轻人都不讲传统了,这些我们现在都不说了,所以老人听到我这样说都很高兴。"传统"可能是生根借给我用的词,但生根有这样的观念让我很吃惊。因为从习俗有变化,到意识到习俗的变化,再到自觉自己"传统"的价值,我想不是一步能完成的。

考虑到争伍与外界的隔绝之远,我在迷惑中有几个假设:一是习俗本身是在快速变化的,或者习俗的变化有其内生的动力,不一定要受到外部刺激;二是生根他们惦念的"传统"是霍布斯鲍姆所谓"被发明的"传统;三是"现代"的冲击真的有那么强大,以至于有几个年轻人外出务工带回的经历足以让整个村落出现明显的变化。

在和那位老乡"谈判"后,我现在觉得最后一种假设成立的可能比较大。

记录他们美的时刻,一位支教大学生

张老师呷一口啤酒,向大家回忆昨天的经历。"从村里往上走不远有一所小学,一个老师,是来支教的大学生,河南人,从学校休学一年来这里支教。支教项目的办公室在西昌,支教的志愿者半年一轮换,离开的老师把教案、笔记、学生情况记录、花名册、成绩单留在西昌,下一任用这些材料接替,可以继续。"他语速很快,口气冷静,"学校两年一招生,家长把适龄儿童送到学校上一二年级的语文、数学课。"

"那个支教的年轻人是你们的同龄人,他就住在那个学校里面。"张老师跟我说,"就那么一间房子,一张桌子,边上摆着几口锅,跟争伍的老乡一样。那年轻人说他有时候自己做饭。但村里的小孩儿对他很好,就从家里给他带口饭,今天我带,明天他带。那个年轻人,我一看,就跟村里的老乡一样。"

"来来来,"张老师举起酒杯,"我下次还来。""那年轻人说:'我到这儿来,感觉灵魂被净化了,要不是家人的关系,我会继续住在这儿。'赵老师,我跟你说,你知道吗?那孩子在房梁上用粉笔写,我都给照下来了,写四个字——'居安思危'。我跟你说……"张老师流泪了。

"村里的孩子,"张老师说,"家长都愿意把孩子送到那里上学,有的家长孩子上完一二年级的课,又把孩子送去再上一次,家长觉得比乡里小学老师好。"

想念这些经历,很多事,觉得温暖

结束在争伍的工作后,经常想念这些经历:想起生根的热情;想起甲阿若大叔长辈的慈祥;想起赵老师缠着两层护腰每天乘四五个小时摩托,下车就拿出录音笔,想起她教的那么多田野工作的

笔者在争伍

方法，想起她的照顾；想起张新辉老师的竭力工作，还有他给我们的安全感；想起云遥的单纯和坚定；想起张琰每每的鼓励，在我第一次在田野中记录语音时那么耐心；想起夏津京的体贴认真和关怀社会的体量，她的幽默感和善意。想起很多事，觉得温暖。

四 纯洁的眼神

——争伍行记

张新辉

2014年5月1日下午3点半左右，我们整装好行李，村长杨宝荣为我们准备了两匹马，驮着我们的行李，在油米村民阿公塔的带领下开始徒步走向争伍。

刚出了油米村，就走进了加泽大山里。开始还有条看得见的路，马儿驮着我们的东西，在无人牵引的情况下竟然丝毫不差地前进着，让人不觉想起了"老马识途"的成语。而此时的阿公塔，因出发时喝了酒，戴着草帽，深一脚浅一脚地走着。让人觉得是否"鞋儿破，帽儿破，身上的袈裟破"的济公活佛显灵在世了。即使这样，阿公塔也比我们走得快许多。大约走了半小时后，阿公塔开始带着我们走"近路"。其实根本不是路，几乎是呈35度角的斜坡。斜坡上干枯的松叶和枝条下埋藏了许多滑溜溜的青石，使我们走一步退两步，最后我们不得不手脚并用了。又过了半个小时，我们走到了一处平台上，两个队友已经累得无法喘息了。于是在此休整。站在平台上向正前方远眺。蜿蜒曲折的无量河就在眼前生生不息的流淌着，在阳光的照射下，河水就像一条玉带镶嵌在横断山区。这时微风轻轻从身边拂过，送来了缕缕清香，让人沉醉，更让人流连忘返。小憩片刻，阿公塔觉得我们的体力确实很差,决定走正道。这时我们才发现,原来略带醉意的阿公塔是在有意"作弄"我们呢!虽然是走正道,但我们的队员中有两名还是骑上了马。就这样,马儿驮着行李和人走在仅能通过一人的羊肠小道上。我们紧跟其后,随着有节奏的驼铃声不断地前进着……

不远处传来了"咩咩"的叫声,在空旷的山谷里回荡着。开始以为是遇到了野黄羊,但行进半小时后才发现在前方的一堆乱石岗上有一个牧羊女,放牧着一群羊。我们走进后发现这群羊大概有四五十只,而牧羊女呢,也不过才八九岁,蓬头垢面的,混沌的眼神中透出了无助的眼光。我们走向前去想和她聊几句,但她却露出了防备一切的架势,一言不发,又带有点怯生生的。我们给了她一些巧克力和蛋黄派;可她原封不动的放在了岩石上,赶着羊群离我们远去了。我们只好继续前行。

穿过松林过后,道路开始变得平坦了,我们的视野也豁然开朗起来。只见四周高山环抱形成的草甸上,一些牲畜在悠闲地吃着草。涓涓的溪流从草甸上穿行而过。远处一座小山也被环绕其中。我们在感叹于大自然的鬼斧神工,能让这座小山在群山峡谷中傲然挺立的同时,更惊叹于在它上面竟然矗立着错落有致的房子,连成一片,远看像一座古代的城堡。阿公塔告诉我们,那就是争伍了。听到这好消息,我们一行人不觉松了一口气,总算快到了!无奈,望山跑死马,我们还是花了很长时间才到达目的地——争伍。

进村后,已近晚上七点了。我们被阿公塔带到了上村一座山崖边的孤立的土石混搭平房内,据说这是克若里东巴和他侄儿木生根的家。这座房子的结构和油米杨宝荣村长家的房子大致相同,只是它的牲畜圈的开口开在外屋,不时会有苍蝇、蚊子从洞口飞出,进到房间来与人们发生亲密接触。与此同时,房间里还弥漫着牲畜圈溢出来的呛人的发酵过的屎尿味。屋内的火塘上增加了一个放污水的锅(因为这里水资源匮缺,村民们把洗菜、淘米、洗手的水倒入锅中,加热后给牲口们煮食用),永久地加着温。在污水锅上还有一个支撑架,架子上放着竹条编的笼屉,里面蒸着食物。从盖着的笼屉的周边冒着淡淡的烟,飘出浓浓的酒香。询问后才知道,这里家家都是这样做苏丽马酒(自家酿的米酒):利用蒸汽加热,使米发酵。

与我们同来的宇豪是第二次来这里,和这里的老乡都比较熟悉了,他在用当地话交流着。但一个小时过去了,不知宇豪在和他们谈些什么。因为时间已过晚上8点了,饥肠辘辘,忍不住把宇豪叫出来交流了一下。原来他们这里有人走出去打工接触到了外边的世界,有了更强的经济意识,所以此次我们来,他们和宇豪谈我们付钱的问题。后经过化解,终于达成了共识,允许不付费了,这样我们才开始准备吃晚饭。晚饭难以下咽,我只是礼节性地吃了点,然后村民把我和怀宇带到了我们要访问的计生员衣下家。

时间紧,任务急,来到衣下家,他的家人已入睡了,简短的寒暄过后,谈了第二天的工作:健康问卷的培训及发放,作答,户籍簿的拍照,带我们访问通过户籍选定的采访对象等。待谈完工作后已是午夜12点了。这时才无意间抬头环视了衣下家。他因为是村里文化相对高一些的人,又外出打工过;因此他的房子虽有纳西族的风格,但或多或少融进了汉族人的文化和理念,已经显得有些现代化了。火塘已被铁炉替代,已经有了烟囱将烟雾排出屋外,污水锅也放在了外屋,牲畜们也和居室隔离开来，显得干净、卫生。

晚上躺在床上时，突然觉得夜从来没有这么安静过，安静得连人的呼吸都能听见；夜也从来没这么黑，黑得真是伸手不见五指。在这宁静的夜晚里，白天的一幕幕不断重新上演着：这里的大多数人是如此朴实和单纯，又是如此顺从自然，敬畏自然，仿佛人生在世只有日出而作日入而息，就没有其他世事能融于心中。没有了世外的尔虞我诈，没有了任何的攀比。虽然贫穷但又是那么简单快乐。真不知是世界抛弃了他们，还是他们抛弃了世界……

清晨，从阁楼上下来，外出小解。但满视野没有厕所，只好到一个大山的后边去解决。回来后问衣下才知道，这里的风俗是"厕所随身带"。真是无语啊！因缺水，所以也不好意思去用干净的水洗脸刷牙，只好让自己的牙和脸受一次苦了。衣下为我们准备了丰盛的早餐，但因饮食习惯不同，还是觉得味同嚼蜡，勉强吃完后就开始了当天的工作。

偶遇支教青年

为了便于以后沟通，就让衣下帮忙找一个会说普通话又有文化的人作为长期的联系人。于是衣下就把我们带到了村头的一个山坡上，那里坐落着一座低矮的平房，平房前有块光秃秃的平地算是一块小型的广场了。到了后，衣下告诉我们这儿就是争伍的小学，这里有个支教老师，或许可以帮忙。我们先环视参观了这套平房，它是石砌的，估计房高两米，有两间，较小的一间是宿舍，另一间是教室，无论是教室还是宿舍，都没有窗户。墙体与房顶之间用木头做椽子支撑着房顶的瓦片，亮光就从椽子和房顶的空隙透进来。我在想，如果遇到暴风雨，或许宿舍就成了水房。教室也会被雨水淹。参观教室时发现狭窄的教室里仅安放了七八张桌椅，靠宿舍的墙体上涂了一块水泥板，长约两米，高约一米，板面上涂着黑漆，这就算是黑板了。讲台是一张小课桌，上面摆满了作业本和批改完的考试卷。看到这些，不由得感到一阵阵的心酸，共同在一个蓝天下生长的孩子，为什么境遇会如此的不同！

支教老师（左）和笔者（右）

出了教室的门，衣下敲开了支教老师宿舍的门，开门的是一个睡眼惺忪的小伙子，身高大约一米八，穿着短衣短裤，皮肤已和当地人一样变成了古铜色。衣下向他说明了来意，他把我们领进了屋，刚进屋，映入我们眼帘的是进门的地上几乎摆放满了未洗的盆盆罐罐，小伙子不好意思地解释说，因为缺水，要攒多了一起洗。来到了宿舍的卧室，看到房顶到处挂的都是塑料布，屋里因为光线不足，显得灰暗暗的，小伙子自嘲似的解释道，下雨时屋顶到处漏雨，只好用塑料布来遮雨了。用的电是太阳能发电，时有时无，这会没有电了。我们在这样昏暗的卧室里开始了交谈。原来这个小伙子是上海大学巴士汽车学院营销学的毕业生，名叫李阳阳，祖籍是河南焦作温县。刚在上海一家汽车专卖店里实习了三个月，因不适应上班的节奏，带着种种的困惑，在父母都反对的情况之下只身报名经过考核来到了争伍村支教。刚开始来，因脱离了大城市的喧嚣和便利的生活条件，他感觉很不习惯：缺水，没法天天洗脸，刷牙，更不用说洗澡了！在这里没有电视，手机也要等到晚上9点后才会有信号，人在白天几乎是与世隔绝。不过两个月过后，他开始习惯了，也开始思考自己走过的路。他认为：以前，他的心太浮躁，做事总想急于求成，急功近利，而现在，每天看着孩子们一张张天真无邪的笑脸和渴望知识的眼神，他就觉得自己的心变得无比沉静。在他看来，这里的孩子心里的纯净是外边的世界看不到的，孩子们对他的爱是最真诚的，是能感受到的。与其说他在这里教育孩子，不如说是孩子教育了他！听了他的这番话，我也感慨万千：现在有浮躁心理的青年又何止他一人啊，但能真正做到自我反省的却很少。假如现在的独生子女都有了像李阳阳这样的支教经历，或许社会上就会多出很多能够相互理解和彼此关爱的人，那时社会也许真正进步了！

时间如白驹过隙，当我们互留联系方式后，时已过午，匆忙间赶回衣下家，取了行李，和云瑶、宇豪及文明汇合后，在阿公塔的带领下，告别了争伍的父老乡亲，告别了这片淳朴的带有原始泥土芳香的村落，我们踏上了回油米的路。

 五 比墨脱还要闭塞的横断大山里的纳西古村

——川滇行笔记

沈云瑶

这是我第一次踏上云南这片土地，从机舱向外望去，发现云南也是由山脉、丛林以及海子组成的。与西藏不同的是，这里民族众多，历史渊源复杂，而此次行程我们探访了纳西族以及蒙古族的居住地区。

在现代化发展的大潮下，我们必须走进大山深处去寻找这些即将被人遗忘、转瞬即逝的传统文

化。为了找到它们，我们乘坐飞机、汽车、铁皮船并徒步才得以到达目的地。有人说墨脱闭塞，我可以很负责任地说：争伍、油米才是真正的闭塞！

这一路艰辛，但也快乐。当看到当地的人们和原始的村落时，我心里非常喜悦。那里保留了最完整的经书和象形文字。人们至今过着平淡却安逸的生活，生活习俗与从前并没有太大变化，或许仅仅多了刚刚进来的手机、摩托车、电灯以及一些包装食品吧。

争伍之行

我们的到来让当地人觉得新奇，我享受着被人们当成新奇生物观赏。一次与原始村落的亲密接触——我喜欢与那些从来没有走出大山的人交流。他们眼神中透露出的一切都是那么纯净、那么安详。我们言语不通，但可以用肢体语言、眼神以及表情交流。我依然清晰记得一位小女孩看到我时发疯地跳了起来，并大喊着逃回家里。她一会露出头看看我，一会又逃了进去，最后拉着她的母亲出来一起看我。这样的场景只有在四年前藏北魔鬼湖边我才见过。争伍地区闭塞的地理环境和完全与时代脱节的生活，让我想到了几年前阿里神山冈仁波齐脚下的一户人家。晚上我们靠松明灯来照亮屋子，跳蚤造成的瘙痒在我写这篇文章时依然困扰着我。

老中青团队

争伍村一景

纳西文印棒

醉醺醺的阿公塔

作为随行负责照相的我，除了照相外，此次行程也有很多值得我深思之处。我们看到了几个民族的一个共同现象，那就是传统文化无人继承。一旦这些老一辈人离世后，这些象形文字将无人再可解读。而对于屋脚地区来说，认定他们为摩梭人还是蒙古族是一个复杂的问题。传统母系大家庭的瓦解现象非常严重，对于他们来说，瓦解后的生活似乎是他们比较喜欢的，而对于整个民族来说却是一个灾难：试想，多年以后各民族风俗和传统都已绝迹，他们说着和汉族一样的语言，穿着打扮皆和汉族一样。我们不能让这些千百年流传下来的文字与文化静静躺在博物馆或者只存在于书本和照片中，而应让它们在后人身上传承下去。活着的文化和文字才有意义。这方面赵老师和宇豪同学应该比我更担心和着急。

这次出行也认识了很多朋友：头发花白、腰椎不好，却依然坚持研究人类学的赵老师；担心赵老师身体而陪同前往的张医生、朱医生；毕业后依然坚持自己爱好、研究人类学的宇豪；天天说冷笑话的焦摄像。当然还有阿公塔，每天喝得醉醺醺的，他带着我们徒步去争伍。大家协作顺利，完美完成了各项需要调查和拍摄的任务。

旅途艰辛，却充满了欢乐，我很享受这样艰苦却富有乐趣的行程。这是真正的旅行和探秘！有机会的话，我还会跟随赵老师继续探访和拍摄那些不为人知的地区的风光和生活场景。一位年近70的老人都在追求梦想，年轻人为什么不可以？

 远古的地域，一行五壮士

——川滇之行

焦文明

颠簸之路

2014年4月30日一早我迎着日出从首都机场和赵老师、朱医生一起踏上飞机。抵达丽江机场，宇豪、云遥、张医生来接机。我们一行6人，包车直奔三江口，路途5个多小时。经过鸣音，听说海拔将近4000米，朱医生说头晕，我也顿时感到有点头晕，不知是不是心理作用。

一路欣赏大山景色，呼吸森林空气。到了三江口，换乘柴油船。到岸，一辆双排货车来接我们。司机挂着一挡走着山路，又是5个多小时。我坐在后坐感到自己的206块骨头都分家了。云遥一个人在车斗，估计都得得"癫痫病"。

深夜到了油米村。热情的乡亲们来村口接我们，帮我们拿行李。我们入住了村长家，一幢两层的木质房子。这里有电，有水，还有空气和银河。把骨头拼接在一起，躺在床上，晚安，油米的颠簸之路。

一行五壮士

5月1日上午跟着老达巴去参加了一家订婚聚会，又跟着当地在县里当教育局局长的杨老师在村子里转悠了一圈。下午当地的阿公塔备了两匹马，拖着行李，带着我们一行五壮士，准备向争伍村出发。路过村口教育局局长家，他为我们壮行，请我们吃了凉粉，阿公塔喝了酒。

出发，目标争伍！没走多远我就体会了什么叫"爬山路"。路程约5个小时，起初的一段路需要手脚并用才能爬上去。本地人阿公塔倒是哼着歌，赶着马，很是悠闲。张医生长期锻炼，带着旅游的心态，一路上拍拍风景，拍拍放羊娃。不过，和他同一办公室的朱医生出村口没爬多久就体力不支，骑上马就不下来了。清华学子宇豪之前来过这里，家也是云南的，一路上照顾我们，还帮我们拿包之类的东西；又学了语言，和当地人交流都没问题，也喜欢吃我们都不爱吃的当地饭，换上一身衣服和本地人一样。还有云遥，这个去过西藏支教，徒步走到过墨脱的大学生，在西藏的深山里一个人拿着摄影三脚架打跑两只狼，掩护驴友撤退的戴眼镜的书生，总说自己有心脏病，做过手术，这次出行还随身带了药。去争伍的路上他成了张医生的摄影老师。至于我，去过黄山，心想这次争伍爬山肯定小菜一碟。但万万没想到人工开发的旅游景点的山路和山区未开发的山路有巨大差别。按照难度系数划分，黄山50分，争伍之路80分。

太阳能发电的照明和萤火虫的微光差不多，可以忽略不计

太阳落山时我们赶到了争伍。当地的一位老东巴杀鸡招待我们。这里完全靠火取暖、做饭和照明（太阳能发电的照明和萤火虫的微光差不多，可以忽略不计了）。饭后，两位医生住在了计生员家。阿公塔酒后直接躺在老东巴家，强行占了我次日早起拍摄的位置。我、云遥、宇豪三人住在另一个年轻东巴家。听说这里还有虱子，管它呢，什么也挡不住我们疲劳之下的睡意。晚安，争伍的山路！

5月2日一早醒来，就没闲着，一直在挠身上的包。大概数了一下，约50个包。脚脖子、腰上都是。看了一下旁边的宇豪，他没有被咬，莫非我比他睡得早，虱子吃我吃饱了？后来得知朱医生睡在睡袋里也被咬得浑身包，我心里平衡了很多。

东巴文化濒临灭绝

上午又去了老东巴家。他的侄子骑着摩托带我去了村子山泉的源头，这里是村民聚会祭祀水龙的地方。他找了一个地势平缓的地方，希望村委会能够把这片地批给他盖博物馆存放经书，因为东巴文化濒临灭绝。他下面只有一个20岁的徒弟，这徒弟对东巴文化已经不是很上心学了。

中午他又杀了一只鸡，为我们回油米壮行。这次我们所有人都轻装上阵了，顶多就拿一个水杯。

回油米

这次回油米，阿公塔带我们走了一条比较远但好走一些的路。阿公塔还是哼着歌赶着马先到了油米，云遥凭借强劲的耐力跟着他。朱老师这次没骑马，不声不响地跟在最后面，走进油米村子时我们才想起他，张医生给他打电话，关机。宇豪主动回去找他，沿着一户盖房的人家东侧下去了。宇豪刚下去，我们就看见朱医生从盖房的人家西侧上来了。嘴里还念叨："语言不通，都没法问路，要是找不到住的地方，就偷老乡的麦子，让老乡抓到，扭送到老村长家就可以了。"张医生打电话叫回了宇豪。

晚上在教育局局长家吃晚饭，又参加了村民的篝火舞会，朱医生一边跳，一边挠痒痒。估计他做梦都得挠痒痒。我也一样，躺在油米的床上挠个不停。

告别油米，走"新娘路"，4000米加泽山巅

5月3日醒来后，我们到房顶的佛堂参观了老东巴的经书。住在油米下面江边树枝村的东巴专门来看赵老师。在此之前，赵老师一直和他通话，但从未见过面。宇豪还在一字一音地记录，我们已经在收拾行李了。

出了村口，又坐上了双排货车，乡亲们来送我们，握手，拥抱，难说再见。

张医生和宇豪主动要求坐后面的车斗。这次不再坐船走水路了，直接开车奔永宁。还是一挡开车，6个小时的颠簸的碎石山路，骨头再一次分家。沿途有一丛一丛的红白小花，参天的松树上还有图腾，赵老师称之为"新娘路"。真希望以后能铺上柏油马路。

到了4000米的加泽山顶，看见了牦牛。这里也长不出高树木了。我们下了车，泸沽湖、加泽大山，还有蔚蓝的天空尽收眼底。云遥拿出自己的一拍得，发现在高原上相纸全部报废。好在我们装备相当充足，相机至少7个，DV两个，手机至少人手一个，在这里拍了个痛快。

下午到了永宁。从这里打车，10分钟就到了泸沽湖畔老村长的客栈。他很忙，不在家，我们在老村长的小侄子家吃晚饭。晚饭后，回到客栈，这里有网络，有浴室。我们拼接好骨头，躺在床上，晚安，泸沽湖。

地震后的永宁古镇

5月4日，我们去了附近的摩梭人博物馆参观。之后调整了计划，赵老师送两位医生及宇豪去丽江机场，他们都有自己的工作，分别回北京和昆明。我和云遥去永宁、屋脚、前所进行拍摄及采访。

我们租车去了永宁。因为去年永宁发生地震，在皮匠街上很多房屋都在修建。具有300多年历史的扎美寺，佛像损坏严重，正在修缮。找了负责人，他说明天才可以进去。在永宁坐长途车去屋

脚，又是五六个小时的山路。但这次比较好一点，我可以靠着窗户睡觉，云遥坐在我旁边。山路的颠簸使我一直处在半睡半醒中。

屋脚，尼玛，拉姆，偏初

终点站屋脚下车后，就看见学校门口的尼玛，打了招呼。我们去旁边的客栈找拉姆。拉姆黝黑皮肤，身着一身黑，是个蒙古族妇女。她把我们带到二楼的客房后，下楼去洗衣服，我们也跟了下去。不一会儿，她又去山坡上的老房子给老人做饭，还喂猪、喂牛、喂鸡，我们一直伴随她。之后她又回到客栈这边的厨房做饭。断断续续聊了一会后，她收拾行李，明天一早要送孩子去西昌看病，不能陪我们了，便让她的父亲带我们去找达巴偏初。

云遥拍了偏初的经书等东西，便和老人家聊了起来。不知聊了多久，拉姆的父亲坐在土炕上睡着了。我坐在小凳子上迷迷糊糊的，也打起了瞌睡，在半梦半醒中我一直在挠我身上的包。都不知怎么走回拉姆客栈的。今天还想给赵老师打个电话汇报一下，可是今天停电，没有了手机信号。躺在床上，晚安，屋脚的蒙古族。

前所，杨大哥，老达巴，小喇嘛，老喇嘛，西藏情怀

5月5日，早上我们醒来时候，拉姆和孩子已经走了。8点的时候，昨天的司机把车开到拉姆客栈门前带上我和云遥，我们颠颠簸簸到了前所。下车后，一打听就找到了杨大哥。他热情好客，普通话不标准，好在云遥可以听得懂。他带着我们顺着溪流，往山上走，找一位老达巴。四四方方一个小院，里面养着各种牲畜。达巴把我们引到他的房间。房子非常小，中间一团火，勉强容下四个人。聊了一会，达巴老人拿出经书、法器等，云遥全部拍摄完毕。

告别老东巴，杨大哥又带我们到了旁边的喇嘛庙，一位胖乎乎的小喇嘛迎接了我们。说明情况后，他拿出经书让我们拍摄。得知老喇嘛正在念经，云遥希望在老人家一会休息的时候拜访一下。"那大约要一个星期以后才休息。"小喇嘛一本正经地回答。我们请小喇嘛现在请示一下可否拜访老人家。

很快，我们被邀请上了二楼老喇嘛念经的房间，老人家耳朵已患重听。云遥拿出手机，给老人家看他在西藏拍的图片，一时勾起了老人家的回忆。依依不舍的，我们出了门，下了楼，在窗下还和老人家挥手告别。

扎美寺，皮匠街，土司府，泸沽湖

下了山，吃了饭，杨大哥为我们找了车，送我们回到了永宁的扎美寺。进了寺院，看到佛像手臂掉落，很多佛像倒在地上，墙上出现了裂纹。一些工人在维修外面的院墙。

我们离开扎美寺，走在皮匠街，一路打听，问不到土司府，也没有找到一个皮匠。伴随着我们的失意，老天也下起了雨。无奈打车回到泸沽湖畔老村长的客栈，他外事活动比较多，一直没有回来。此时雨越下越大，从客栈借了伞，冒着雨，找了个饭馆吃了些东西。回到房间，躺在床上，晚安，泸沽湖的雨夜。

石头城，银河

5月6日醒来没多久，客栈小伙子帮忙找的轿车也来了，带我们到了泸沽湖口岸。司机就说约好的另外两个驴友不来了（谁都听得出来，这是瞎话），把我们甩给了另一辆商务车司机。一路"Z"型山路，让我这辈子头一次感到晕车。到了一个用餐的休息地点，司机花言巧语游说所有乘客下车吃饭，就我和云遥坚如磐石，铁打不动，就不去吃。很明显司机要拿回扣，好在我们带的巧克力和饼干比较充足。大约下午到了鸣音，和赵老师会合了，吃了午饭。

司机何师傅开着小面包带着我们去石头城，又是一段骨肉分家的旅程。翻过大山，远远地看见了梯田，在梯田中间竖立着一块大石头，或者说石头组成的小山。据说上面住着108户人家。到了石头山脚下，有一个停车场，所有车辆都停在这里。进城只能靠"11路公交车"了。台阶陡峭，道路崎岖。司机何师傅搀扶着赵老师，我和云遥边拍边走边休息。半个多小时后见到了村书记。以城门划分，他家住在城外，今晚我们住在他家。

这个村庄坐落在一个大石头上，四处梯田环绕，在梯田的末端还有长角的支流，可谓依山傍水，也让我们有了拍摄的兴致。村口，城门，村子最高处（也是山顶），拍了个遍。

晚饭后，云遥带着我拍摄银河，我们到了城门外面的平台处，这里没有灯光，很适合拍摄。忽然间听到旁边的树林中有声音，云遥拿着手电照了过去。"在下边，有东西，还在动，你看见了吗？"毕竟是去过深山的人，他很有经验，拿石头扔了过去。我眼神儿不好，看不见，也听不到什么动静。但是他这样一说，就把我带到恐惧之中了。"嗷"的一声，吓我一跳。原来是云遥在吓唬丛林中猪、鸡之类的家畜。也不提前打声招呼，把我吓个半死。他倒拍得不亦乐乎！都12点了，还打电话问朋友银河的位置，纯粹一个"夜里欢"。最终没有拍到银河，他很沮丧。回到房间，躺在床上，晚安，石头城的美丽景色、美丽传说，还有没拍到的美丽银河。

丽江古城

5月7日天没亮，闹钟就响了，我们准备出发。用手电照着向前爬行近一个小时，到了石头城的停车场。沿着山路，去往丽江。半路上有个收费口，要收我们游览玉龙雪山的景点费，可是我们是从石头城来的。好说歹说，还是不行，这样不合理的地方在中国很多，我们也没办法，只得绕路去丽江。赵老师改签了机票，这样我们有充足的时间去丽江古城。

中午到了丽江，我们把东西放到云遥订的宾馆，去吃了午饭。云遥回宾馆调整照片。赵老师带着我去了丽江古城。刚到古城就下了小雨，这时候逛古城氛围更好了。可是这里太商业化了，就是酒吧、商店、客栈的综合体，即使在小的地方也要开个小店。带着后悔的心情回到了酒店，看见云遥还在调整照片，也不嫌累，估计他就是用图片记录一切的。

我和赵老师去丽江机场，司机来了，我们和云遥告别。机场客服告知我们，由于雨天，我们的航班延误到明天上午。赵老师与机场客服几经交涉，改签了两个小时后的一个航班。何止是在机场，整个川滇行程赵老师一直都在忙前忙后，为我们着想。一位年近七旬的老奶奶带着我们翻山越岭，实地考察。对于东巴文化，她老人家更具有发言权。

七 纳西新年行之到争伍过大年初三

王福德[1]

2015年1月21日，纳西族的大年初二。午饭过后，赵丽明老师与国家图书馆的摄制组田苗导演协商后，决定兵分两路，留下三人在树枝村参加初三的转山（烧天香）活动，我们一行八人，乘坐一辆皮卡货车（四人挤在驾驶室的双排座上，其余四人则在货箱里），由树枝村出发，前往油米村。

汽车时而走在密林中，时而走在悬崖边上

汽车行驶在崎岖的山间土路上，身体随着车厢，不停颠簸，左摇右摆。这条路用挖掘机和推土机边挖边推而修成，根本没有进行路面处理，所以路上坑坑洼洼，布满了大大小小的石头与沙子。据司机说，站在树枝村头，抬头就能望见半山腰上的油米村。当地人爬山过去大约需要一个半小时，而城里人因为不常走山路则需要两到三个小时。开车去油米要绕很多路，常常也得两三个小时。最长的一段山坡有四十多道"之"字形转弯，其中三十多道需要倒车才能通过。汽车时而走在密林中，时而走在悬崖边上，向下望去，水洛河（也称为冲天河或无量河）就像一根绸带蜿蜒着向前延伸。时间一长，我们一个个被颠得腰酸背痛，也顾不上欣赏外面的美景了，货箱里的人再也站不住，只好拥挤着躺在车厢里。遇到陡坡时，为了安全，大家只好下车步行一段路程。赵丽明老师告诉我们说，她初次来油米时，根本就没有路，只能靠两条腿，许多路段还要手脚并用地爬行才能通过，如今通了路，有车坐，已经是奢华了，就别考虑什么车了。

---

[1] 王福德是清华大学医院副主任医师。

告别油米的热情,直奔争伍

三个多小时后,我们到了油米村头。赵老师手指前方说:"看,老村长带人来迎接我们了,这是当地人的传统,每次都是站在村头相迎。"

只见老村长穿着民族服装,头戴狐皮帽,和村长杨宝荣及几名村民一起,手拿着酒壶及酒杯(碗),微笑着向我们走来。向我们每个人都敬上一碗他们自酿的苏尼玛酒。赵老师介绍说,老村长多才多艺,能歌善舞。说着,老村长高兴地舞蹈、唱起歌来,边唱边跳边敬酒。

赵老师同老村长经过协商并与争伍村的东巴木生根取得联系后,决定直接到争伍去,待完成了争伍的工作后,再回到油米来。随即,我们请村长联系了两个向导及四匹马,带上必备的行李及器材,向争伍进发。此时,已经是下午五点多钟。

整装出发,马帮驮着辎重,我们轻装上路。一路上,大家有说有笑,还不时拍照留影。而时间一长,我们渐渐跟不上马帮而逐渐拉开了距离,向导每遇到岔路时不得不停下来等候,行进速度逐渐慢了下来。

油米老村长手提着酒壶在村头迎接

夜半迷路大山

时间一点点过去,天也逐渐黑了下来,完全看不清脚下的路,也不知在什么地方。向导突然发现走错了路,急忙冲着后边的人喊叫,叫我们停下来等候。向导牵着马回来,再次找到路后,我们依次跟上,生怕掉队。当我们走到一片已收完庄稼的梯田时,完全迷失了方向,再也找不到正确的道路。周围一片漆黑,没有一丝光亮,我们时而用手电向周围发出求救信号,时而大声呼喊,然而除了自己的回声就再也听不到回应,抬头望着漫天的繁星,我突然有了一种叫天天不灵、叫地地不应的感觉。赵老师让大家原地休息。我拿出手机看了看,没有信号。以前时常看到驴友在夜晚的深山里迷路、手机没有信号、无法求救的电视新闻，这时候，我算是体会到了他们是什么样的心情了。

我们焦急等待并小声发着牢骚，争伍村明明知道我们要来，这么晚不见我们到达，却不来接我们一下。

不知是谁先发现了远处有两点光亮，光亮似乎在慢慢地移动着，我们急忙大声呼叫并用手电发出信号，向导也迎着光亮走去。原来是来迎接我们的争伍村民。我们得救了！

山村松明夜话

终于到了这个至今还未通电的小山村。我们穿过村子，来到村高头的生根家中，受到了生根一家的热情接待。他们为我们准备了丰盛的晚饭，这是我有生以来第一次的"烛光"晚餐。

饭后，生根给我们安排住宿，我和沈云遥下榻于东巴呷垮边玛（简称边玛）家中。松明灯燃起，我们同边玛一起坐在火塘边，就争伍人的生活与习俗，聊到了深夜。边玛向我们介绍，这个小山村隶属于四川省木里藏族自治县，全称是依吉乡麦洛村争伍组。共有村民57户，基本都是纳西族人，共有11个东巴。纳西族人一年四季、生老病死都离不开东巴。

过年这几天主要有点灯及烧香的仪式。家中有东巴的家庭，从初一到初三，每天早、晚两次点灯，没有东巴的家庭要在初二或初三请东巴到家中进行一次点灯。初三早晨天还不亮时，村民们就要出发到村外几里地的山上去烧香，这是一种祭山神的活动，当地人称之为转山。转山下来后，山下有一个水井，在那里还要烧香，这个活动是祭水龙，就是希望这一年都有水用，不要干旱。每年的前五个月是祭山神和祭水龙的时候，六月什么都不做，其他时间是做平安。一般每年做一次平安，家中无人生病时，东巴到家里来烧香、诵经，以此保佑家人一年当中平平安安。

笔者住宿在边玛家

孩子出生时，需要请东巴来起名字，一般在七八个月到一岁左右时做一次小平安，四五岁时做一次大平安，十三岁的时候，要请东巴来办成人礼，也叫穿裤子（男孩儿）或穿裙子（女孩儿）。因为地处深山，交通不便，村里缺医少药，村民们生病时，首先是请东巴到家中烧香、诵经，如果没有效果才会到医院去看病。

夜深了，终止了同边玛的谈话，我带着一天的疲惫与兴奋进入了梦乡。

山巅城堡，群山怀抱

2015年1月22日，初三。早晨天还没有亮，沈云遥同边玛要去参加转山了，我来到生根家中休息。天亮了，时间已八点多钟，我来到屋外，村里村外到处转悠着，看看这个地处滇川边界的小山村。

争伍村远看像是一个城堡坐落在一个小山顶上，西面是深深的峡谷，其他三面群山环绕。站在山峰向远方眺望，峡谷下面，东义河在此汇入水洛河后蜿蜒南下。

村北高头儿有一座孤立的房屋，平平的屋顶与山顶平齐，这就是东巴木生根的家。房屋为两层结构，上层是人生活的场所，下层则是牲畜生活的地方。村里有牲畜的家庭，房屋布局基本如此。

村里大部分房屋主要为石木结构。平平的屋顶是由四五层木组成，顶面覆盖有土，就如平地一样。在屋顶的边缘或者角落里，有一个五六十公分高的像炉灶一样的小建筑，挂着经幡的松树枝插入其中，这是东巴烧香、诵经的香炉。家家户户的屋顶几乎连在一起。

在村子下方的山坡上，有种植粮食和蔬菜的成片梯田，这是村民们赖以生存的田地。

我们发现在村子周围已经树立起一些电线杆，并拉起了电线，据说再有几个月就通电了。争伍村即将告别无电的时代，告别漆黑的夜晚，这是村民们等待已久的期盼。

走在村里，几乎没有一块平地。有些路段非常泥泞，这是村民在家门口随意泼洒污水导致的。村民家中没有下水道，村里也没有排水沟。在村子周围的山坡上，除了一些散在的纸片、破酒瓶和人畜粪便外，我没有看到在城里常常见到的不可降解的白色垃圾，也没有看到堆积如山、散发着臭味的垃圾场。人们的剩饭菜用来喂猪、鸡等牲畜，屋内清扫出来的灰尘则垫在猪圈里，猪圈里的淤泥经过发酵后就成了良好的有机肥料，垃圾最终归于尘土。

进村的路有两条，一条是从云南方向经油米村后马帮所走的崎岖的山路（就是我们进村走的路），我们称之为马路；另外一条在村子的东北边，从四川方向进村，如今有了一条用挖掘机和推土机修出来的路，已经有农用卡车和摩托车进入村内。

跟着老东巴去点灯祈福

早餐后，赵老师和田导在生根家中，对生根的师傅（也是生根的大伯）克若里老东巴进行访谈。因为克若里老东巴不懂汉语，访谈时由生根充当翻译。

访谈后，克若里老人换了套衣服，带上他的法器，准备应邀到村民家中去点灯。摄制组准备跟

生根在自己家屋顶上点燃松枝后吹响螺号

随克若里老人全程拍摄。

我们一路相随，来到了现年70岁的郎布里老人家中，在火塘边上就座。房间里三面都是长木板制作的床榻。在床榻的一个角落里摆放着一个木柜（称为神龛）。木柜上方摆放着神像和一些植物并挂着经幡。在神龛的下方则摆放着大块的猪膘肉和一些其他食物。火塘则建在这个角落，紧邻两边的床榻。家家户户都是相似的布局，做饭、就餐、待客以及晚上睡觉都在这里，这间房是家庭的活动中心。

克若里老人在火塘边盘腿就坐，点上蜡烛摆放在神龛上，手里拿着法器，嘴里诵着经文，开始了这次点灯仪式。郎布里的家人吹起海螺。仪式进行当中，克若里的徒弟生根来到这里协助做事，并到屋外点燃一些带有松香的松枝，吹响螺号并诵经，完成屋外的仪式后返回屋内。在仪式的最后，郎布里家中的晚辈轮流上前给克若里东巴叩头，克若里东巴在其额顶部点上一点酥油，至此点灯的仪式就结束了。

郎布里的家人热情挽留我们在家中就餐，我们本想拒绝并返回生根家与赵老师等人会合；然而村民们却说，我们来了就是客，既然赶上了，如果不吃饭，主人会不高兴的，我们不好再拒绝，只能留下来。餐后，我们给郎布里全家合影留念，之后田导带着他的摄制组离开了。我则留下来同郎布里的一个儿子及一个女婿就村民们如何看病的问题进行了简单的访谈。

生病首先请东巴

郎布里的女婿住在县城里，就医比较方便，他们身体不适的时候是直接到医院就医，而其他村民因为到医院就医不方便，所以生病时首先是请东巴来看病。东巴给村民看病的方式是烧香及诵经，而不用药或者扎针。郎布里一家人每年因为身体不适而请东巴十几次，大约有1/3的情况经东巴看后能够好起来，多数时候是没有效果的，只有在身体扛不过去的时候才会考虑到医院就医。这与边玛东巴介绍的情况基本一致。

傍晚的时候，我们回到生根家。老东巴克若里在他的经房内开始了晚上的点灯、诵经仪式。经房通常谢绝外人进入，今天克若里老人却破例让我们的摄影师进入经房拍摄。老人在诵经的过程中不时敲着一面小鼓和锣。仪式的后段仍然是交给了他的徒弟生根，生根来到屋顶上诵经、点燃松枝并吹响螺号。

晚饭后，天逐渐黑了下来，在村口处，村民们点起了篝火，围着篝火跳起舞蹈。领舞的人吹着长笛，其他人在其身后排成一圈，旋转着跳着。我也高兴地融入其中，同村民们一起欢乐，但是我却怎么也跟不上他们的脚步。

深夜出诊

晚上10点多的时候，村计划生育专员衣下带着一个小伙子来找我和赵老师，说小伙子的娘娘病20多天了，一直也不好。他们家住在三家村，希望我能到三家村去给病人看看。赵老师简单问问病人的情况，衣下说陪同我一起去。就这样，小伙子骑着摩托车带着我来到了三家村（也是一个至今还没有通电的小山村）他的娘娘家，家里有接近20个人在等候着。

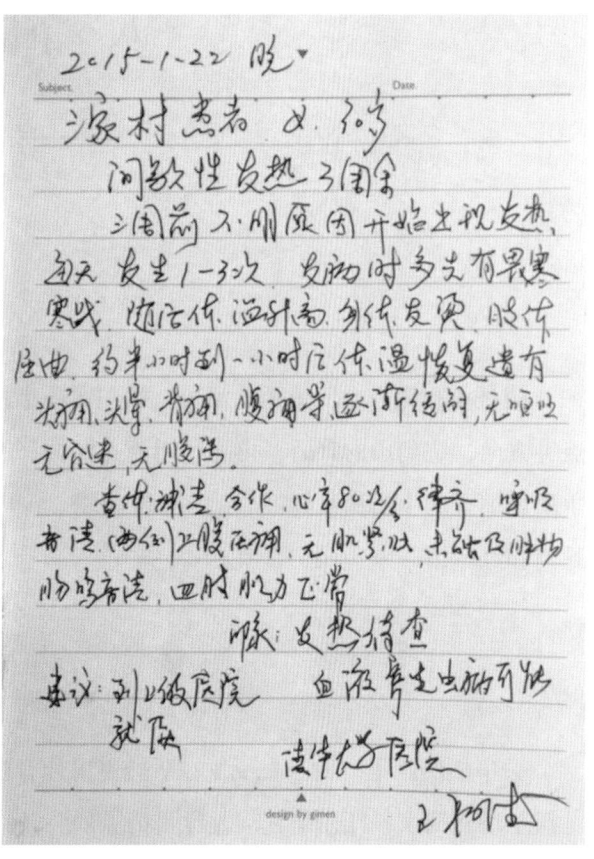

三家村一患者的接诊病历

小伙子的娘娘今年30岁，躺在床上，看起来很虚弱的样子。20多天前开始出现发烧，每天发生1—3次。发病时多先有怕冷、寒战症状，随后体温增高、肢体屈曲，半小时到一小时后体温逐渐恢复，但遗有头痛、头晕、背痛、腹痛等症状。

当我问及有没有找医生看过时，家里人说每天都请东巴来看，但是没有作用。我说不是有汽车可以出山吗，为什么不将病人送到医院去就医？家人说近来大雪封山，根本就出不去。我给病人做了身体检查后，同家人说，我很遗憾，病人可能是得了一种寄生虫病，必须到医院里去进行化验等检查后才能确诊，目前没有办法给她进行治疗。

离开了三家村，回到争伍衣下家中，赵老师还没有入睡。她在担心我路上会不会不安全，看到我回来了，她放心了。这一晚，我很久都没有睡着，总觉得心里沉甸甸的，病人家里那么多人，满怀着希望请我到家去看病，而我最终却无能为力。这一次特别的出诊，使我终生难忘。

初四的早晨，我们准备告别争伍，到油米村去了。临行前，我将头天晚上病人的情况写了一份接诊病历，交给衣下，请他转交给病人的家人。待他们出山到医院看病时，给接诊的医生提供一个参考吧。

衣下、生根和另外几个村民送我们到村口，手指着山坡下梯田，说这片梯田，就是我们来时迷路的地方。从这里下山，过了梯田里的蓄水池，路就好走了。再来的时候，村里可能就通电了。挥挥手，告别了，我们踏上返回油米村的路程。再见了，争伍。

八 争伍的星星

——争伍随笔

丁茗

树枝小村就在山凹里无量河边。站在树枝小村的村头一望，对面山腰上就是油米。沿着油米九点钟方向，绕到山的背面，再翻过川滇交界的那一座座山，就会看到矗立在对面山头上的小村——争伍。那里的生活离我们很遥远，至今缺水、少电、不通车、不通手机信号、信仰东巴教、吃着猪膘肉和红米饭……

去争伍的路

去争伍的路上，我一直反复在听捷克民族音乐家斯美塔那的交响诗套曲《我的祖国》第二乐章《沃尔塔瓦河》。沃尔塔瓦河是纵贯捷克的一条大河，是捷克人民赖以生存的母亲河。这段乐曲从河水的源头开始描写，逐渐映现出奔腾不息的河流、岸边茂密的森林、富有生气的乡村、宁静的月夜、险要的峡谷、古老的城堡，这些景致与民俗生活和神话传说相联系，展示了捷克山河的美丽和悠久的历史文化。

我想，没有哪一曲会比这一曲更适合陪伴我走在去争伍的路上了。在横断山脉的深谷中有一条河——通天河（又叫无量河）。如今，走在横断山脉群山中蜿蜒的山路上，渺小的我望着高山、深谷、河流，无法用言语表达对大山的敬畏、河流的感激，以及对顽强人类和广袤祖国的礼赞，耳边回旋的乐声告诉我，是这样的，人就是这样对土地产生了感情。

衣下家的女人

土房的门，像洞一样。进屋后只有火塘屋顶投下来的光。衣下张罗我们睡在火床的一头，"L"型的火床另一头睡着衣下失明的老父亲。清早，衣下家的女人起床，咳了几嗓，在原本厚重的头箍上围了一条围巾，把手腕上的银镯子撸下来挂在屋柱的钉子上，便在火塘边忙活起来，烧水煮酥油茶。烟呛着她的喉咙，她咳了几嗓，用围巾捂着嘴，没有停下手里的活。

衣下家的女人身段修长，穿着纳西的传统衣服，随手操刀把肉林里的一块肉割下一条，左右前后转来转去地忙活，准备着早饭，声音碎碎，不吵人。水在火塘上咕嘟咕嘟地发出信号，衣下家的女人从茶砖上捻下一撮茶，和着酥油放到滚烫的水里，捏点盐巴倒进竹筒里捣拌起来。酥油茶的香气飘满了屋子。窝在火床上的我觉得一夜没有焐热的手脚也开始升温了。

衣下家的女人不会说汉话，也听不懂汉话。递茶的时候，腼腆地笑。我很喜欢她，想和她聊聊天，这个美丽的纳西女人会有怎样的名字？问什么都回应：嘛咪，嘛咪！"难道你叫嘛咪？"她用围巾捂着嘴咯咯地笑，肩膀都笑耸着。我也跟着一顿傻笑。后来，衣下告诉我："嘛咪"的意思是听不懂。

衣下的女人生了两个儿子、一个女儿，都是衣下接的生。衣下张罗我们吃早餐的时候，女人靠着角落的杂物上坐了下来。衣下说女人经常肚子疼，争伍没医没药，既心疼又无奈。

争伍的星星

夜里起夜，争伍没有厕所。在村子里绕来绕去，找不到合适的点，又担心摸不回衣下的家。争伍的夜晚既安静又热闹，贴着土房墙边走，听得到里面熟睡的鼾声。

抬头便是热闹的繁星，倾盆泻下，伸手可触。深夜里，山是灰色的，天是漆黑的，星星是银亮的。山的轮廓镶满了闪烁的星星。争伍纳西人信奉东巴教，他们相信人死后，灵魂会走过神路图上所描绘的地狱、人间、天堂，而最终回到祖先曾居住过的圣地。纳西人死时，东巴和助手会为亡者唱经做法事，把不好的留下，带着美好和家人的思念，按照神路图上必经的路线，有地点，有岔口，有困苦，有情节……东巴会帮助亡者判断，导引亡灵穿越困苦，摆脱折磨，最终回到祖先那里。可是祖先的圣地在哪呢？没来争伍前，我只听说过：地上一个人，天上一颗星。争伍的星星让人觉得天与地很近，满天繁星不知道哪一颗属于谁？我就站在满天繁星下，灵魂出窍般神游。

争伍新年初三那天

二十公里的山路摸了七个小时，还好天上没有云，月亮和星星一直陪伴。到了争伍，第一个见到的就是仁青。仁青长得细细高高，轮廓分明，鼻子挺拔，黑夜里眼睛奇亮，虽然不及想象中康巴汉子那般魁梧，却不失亲切和安全感。

第二天是纳西新年的初三，也是大转山的日子。天还不亮，全村的壮男壮女穿着纳西传统衣裙，佩上漂亮的服饰，腰间别着白海螺，拿着柏香，带着糖果、糌粑和自酿的苏尼玛酒，跟随东巴们前往属于争伍的那座神山，祭天地、祭山水，祈求佛神消灾赐福。

正午过后，仁青回来，站在在阿甲若家的房顶上。仁青的声调不高，语速很慢，汉话生硬。仁青有一双柔情似水的眸子，他抬眼望去的平地上，一群孩子正在嬉戏打闹，还有三五成群背着孩子的纳西女人们，远远望去纳西的长裙短衫，好看又平和。仁青指给我哪位是他的女人。他体谅女人们为各自家庭的操劳与付出，对争伍的贫穷和落后感到无奈，对未来却茫然无所求。

阿甲若家门口的石槽里倒进来一桶泔水，猪们、狗们、鸡们便一拥而上，猪挤着狗，狗窜左窜右的就是不抬头，鸡们蹦上蹦下也是一通忙活。旁边拴着的一匹马却静静地站着，尾巴也不甩动一下，就连眼睛也不看石槽一下。两只公鸡却在竹笼边打斗起来，新年里东巴们格外忙碌，要按照公鸡打鸣的遍数烧香念经，难不成这两只公鸡是为明日叫早的事情在决斗吗？

争伍的天黑得晚，村里的姑娘小伙们已经迫不及待升起篝火，吹响笛子，跳起了锅庄舞。和着悠扬而错落有致的笛声，朴实有力地踩着舞步，争伍的人们充满了自豪和快乐。记得在电影《黄金时代》里有这样一段旁白：

有我所不乐意的，在天堂里，我不愿意去；
有我所不乐意的，在地狱里，我不愿意去；
有我所不乐意的，在你们的世界里，我不愿意去。
我只愿蓬勃生活在此时此刻，无所谓去哪，无所谓见谁。
那些我将要去的地方，都是我从未谋面的故乡；
那些我将要见的人，都会成为我的朋友。
……

这就是我此刻的心情。争伍，安好！

后　记

　　历时10年，几经磨难，《争伍东巴文献的发现、解读与研究》终于可以付梓了。这期间经历了几批研究者。由最初的两个年轻人，到后来的几拨学生（有本科生、研究生，有学中文、社会学、生物学的），还有清华大学校医院的医生们，广西师范大学出版社和国家图书馆的年轻人。他们都经历了同龄人没经历过的洗礼，经历了一生最难忘的一段，三观有了新的认识，心灵得到了净化。在原态淳朴的文化中，在青山绿水的阳光下，那些阴暗与龌龊被历史所遗弃，淹没在尘埃中。

　　先后到争伍调查访谈的有赵丽明、何沛然、李加凯、夏津京、杨宇豪、张新辉、朱怀宇、王福德、丁茗、焦文明、沈云遥、郭晓青、万国华、张立红等清华师生、出版社编辑，争伍村留下了他们的足迹，他们的感动。访谈过争伍老乡的还有张琰等清华同学。爱心团队的徐焰、李碧琪、赵阿平等来这里访贫问苦；崔曦和她的同学、同事、朋友们资助了大山里的贫困学生，从高中资助到大学大毕业。他们一路辛苦一路爱！

　　很多人接受了我们的访谈。已经去世的噶突老人，我们见到他时，只见他坐在——应是守在——火塘经堂前，那是他一生所在。甲阿若的父亲一直跟我们，他那一身清代的打扮和满脸的憨笑深深留在我们的记忆中。威武霸气的克若里老东巴，每次见到他，他都在忙着给乡亲们做事情，要么刚回来，要么急急忙忙要出去。继承克若里老人事业的木生根，他的名字真好！一下子就把我们拉近到村里了。憨厚的生根一直是我们最基本的合作伙伴，他读了两年小学，又经常出去打工，会说汉话。我们几乎离不开他。请他到北京，他居然还没有身份证！去乡里办，要走上一整天。甲阿若东巴，因为他是噶突的徒弟，家藏的经书很多，又住在村口，他第一个把家里的经书给我们看。生根的父亲，他当过多年乡村干部，他知道要让外面的人进来，了解争伍，把争伍介绍出去，争伍走出去，才有希望。是他把我们引进了争伍村。汪布若东巴，他几次带我们见他的师傅——已经双耳失聪的木良布。其他还有阿甲若、下朗杜基、嘎土若、高他、古玛塔。衣下老师每每在我们碰到困难时，主动帮助我们。老村长、老干部等都给予我们热情的帮助。深深感谢你们！祝福你们！

上厕所找乡里。只有乡政府才有厕所。乡政府热情地接待了我们。面对我们这些不知突然从哪里冒出的"不速之客"，他们提供了乡里的基本情况。他们常年工作在大山里，其艰苦可想而知。

尤其印象深刻的是，当生根的弟弟仁青驾驶摩托带我去俄亚时，遇到的俄亚村官夏航。这个对家乡满怀深情的小伙子总是在呐喊"关心一下我们俄亚！"

这10年，几位老人相继去世，噶突、克若里、木良布！深深感谢！怀念！

10年的工作中，我们一直被那些自觉坚守的东巴们所感动、激励。是他们让我们坚持下来。我们忘不了老东巴拖着沉重的步伐，刚刚做完法事，为我们讲故事；我们也忘不了年轻的东巴，为传承自己的文化而着急，废寝忘食和我们一起工作。我们更深深感受到乡亲们的热情，在十分艰苦的条件下，每次他们都用大山一样的胸怀，迎接我们，把最好的食物给我们吃，把最好的地方给我们住。

我们也忘不了，那一双双清澈的眼睛，充满希望、盼望，也有失望。

我们知道，我们的力量有限。我们只不过做了记录、描写等力所能及的工作，把他们保存至今的文化尽量原原本本记下来，告诉世人——在大山里还有坚守着的快要消失的文化。

我们仅仅是匆匆过客，可是这里的人们还要继续生活下去。

庆幸的是，赶上了好时代，精准扶贫，乡村振兴！路已修到脚下。

我们的生活越来越好，我们的文化越来越被人知道。外面的人会走进来，里面的人会走出去。让争伍不再封闭。总之，争伍要变，变得更美，变得更幸福！变成一个现代民族特色的古堡！横断大山里璀璨的明珠！

赵丽明
2021年初秋于清华园蓝旗